实践

2013-2018

上海市卫生健康系统基层工会特色工作

案例汇编

上海市医务工会　编

上海科学技术文献出版社
Shanghai Scientific and Technological Literature Press

图书在版编目（CIP）数据

实践：2013-2018 上海市卫生健康系统基层工会特色工作案例汇编 / 上海市医务工会编．—上海：上海科学技术文献出版社，2019

ISBN 978-7-5439-7927-7

Ⅰ．①实…　Ⅱ．①上…　Ⅲ．①医药卫生组织机构—基层组织—工会工作—案例—汇编—上海—2013-2018　Ⅳ．① D412.6

中国版本图书馆 CIP 数据核字（2019）第 128131 号

责任编辑：徐　静
特约编辑：马艳芳　吴　越
封面设计：袁　力

实践：2013–2018 上海市卫生健康系统基层工会特色工作案例汇编
SHIJIAN: 2013–2018 SHANGHAISHI WEISHENG JIANKANG XITONG JICENG GONGHUI TESE GONGZUO ANLI HUIBIAN
上海市医务工会　编
出版发行：上海科学技术文献出版社
地　　址：上海市长乐路 746 号
邮政编码：200040
经　　销：全国新华书店
印　　刷：常熟市文化印刷有限公司
开　　本：720×1000　1/16
印　　张：18.5
字　　数：246 000
版　　次：2019 年 7 月第 1 版　2019 年 7 月第 1 次印刷
书　　号：ISBN 978-7-5439-7927-7
定　　价：128.00 元
http://www.sstlp.com

编委会名单

PREFACE

EXPERIENCE

实践

序

党的十九大指出，中国特色社会主义进入新时代。在新时代中国特色社会主义建设事业中，党的群团工作肩负着庄严使命。各级工会组织要认真学习贯彻习近平总书记关于工人阶级和工会工作的重要论述，坚持走中国特色社会主义工会发展道路，坚定政治方向，凝聚奋进力量，团结动员广大职工积极建功新时代。如何把握时代脉搏，在体现时代性、把握规律性、富于创造性中不断展现蓬勃的生机活力是各级工会必须直面的时代课题。

近年来，全市卫生健康系统各级工会组织和广大工会干部坚持党的领导，切实保持和增强工会组织的政治性、先进性、群众性，立足本职，积极探索，在加强职工思想政治引领、扎实开展建功立业活动、深化院务公开民主管理、保障医务职工权益、繁荣医务职工文化、加强工会组织自身建设等方面做了大量富有成效的工作和有益的尝试探索。各级工会切实承担起引导群众听党话、跟党走的政治任务，把职工最广泛最紧密地团结在党的周围；

围绕卫生健康事业发展中心任务，充分发挥医务职工主力军作用；坚持以职工需求为导向，认真履行维护职工权益、竭诚服务职工的基本职责；注重打造行业工会特色品牌，努力提升行业工会工作水平。这些基层工会的生动实践，对我们而言，是一笔宝贵财富，为下一步把握规律、深化认识，不断实现工会工作理论和实践创新奠定了坚实的基础。

2019年，是中华人民共和国70周年华诞。我们将迎来上海市医务工会第九次代表大会的召开和上海市医务工会成立70周年纪念。上海市医务工会将2013年以来上海卫生健康系统各级工会工作的特色案例汇编成册，以期更好地记录六年来各级工会工作取得的丰硕成果，以便于各级工会相互学习、分享借鉴，进一步弘扬卫生职业精神，树立行业品牌特色，推动工作持续发展。

面对新时代的机遇与挑战，唯有与时俱进、开拓创新；唯有加倍努力、携手奋进，以更大力度、更实举措推进工会创新发展。站在新时代的起点，希望各级工会不忘初心，牢记使命，接力探索，接续奋斗，以强烈的责任担当真抓实干，努力开创上海卫生健康系统工运事业和工会工作新局面，以优异的成绩向中华人民共和国成立70周年献礼！

上海市卫生健康委党组副书记、上海市医务工会主席

郑　锦

2019年6月

CONTENTS 目录

>> 服务事业发展

>> 保障职工权益

>> 职工素质提升

>> 职工文化建设

>> 关心关爱职工

01

EXPERIENCE
实践

加强民主管理

上海市肺科医院工会

开发网上职代会平台　创新医院民主管理形式

职工代表大会是实行院务公开民主管理的主要途径，但传统职代会的召集形式和医务人员工作岗位的特殊性存在一定矛盾。为提高职代会的工作效率和职工代表的参会率，近年来，上海市肺科医院工会在医院党委的领导下，在上海市医务工会的支持和帮助下，设计开发网上平台，将传统职代会转变为富有弹性的网上职代会，职工代表不管身处何地，只要在规定时间段内登录平台，就可参与会议、阅读报告、发表意见、提出修改建议及投票表决。网上平台拓宽了院务公开民主管理的渠道，提高了职工代表的履职积极性，促进了医院职工民主管理的有效性。

一、从时间、空间两个维度实现职代会常态化管理

肺科医院网上职代会管理平台上线后，涉及职工切身利益的议题，都可以通过平台直接发起，无须等待。（图 1）工会作为职代会的办事工作机构，从幕前走向幕后，成为整个职代会流程的“会务管理者”，大大节省了职代会的组织、管理的人力和时间成本，突破了传统职代会一年仅召开两次、会期短暂的局限性，从时间上实现了职代会的常态化管理。同时，富有弹性、高效便捷、页面友好的网上职代会模式，不必再占据医务人员的宝贵时间，无论职工代表身处何地，只要在有效时间段内登录平台，就可参与会议、阅读报告、发表意见、提出修改建议以及进行投票表决，大大提高了职代会的参会率，彻底改变了传统职代会的地域固定模式，从空间

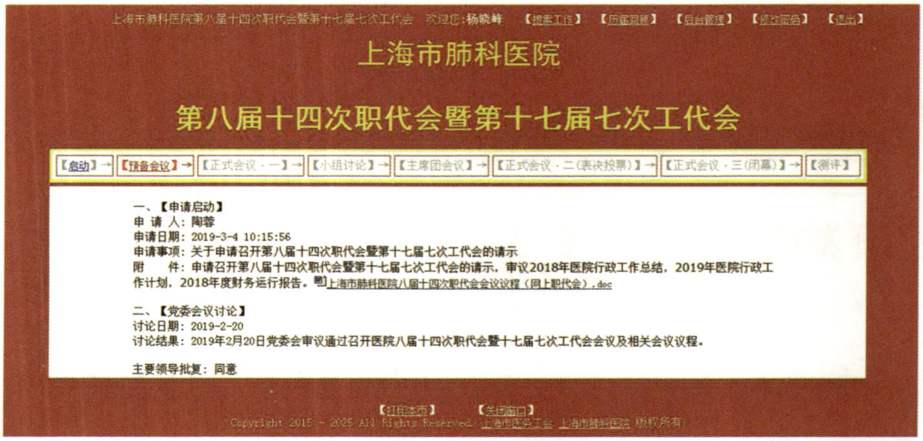

图 1　上海市肺科医院第八届十四次职代会暨第十七届七次工代会网上职代会启动界面

上实现了职代会的常态化管理。

二、激发职工代表履职意识，调动广大职工参与医院管理积极性

职工代表作为职工选举的民主管理代言人，通过管理平台的培训，熟悉流程操作，可以随时随地借助平台及时反映广大职工的诉求，充分表达意愿，行使民主权利，履行职责更加便捷了，职工代表的责任意识和履职意识得到进一步加强。同时，网上职代会扩大了职工知情渠道，调动了广大职工参与医院管理的积极性。较之以往传统形式的职代会，网上职代会更让代表和职工乐于接受。（图 2）

三、聚焦院务公开四个着力点，科技平台强化反腐纠风机制

医院党组织充分发挥网上职代会民主监督的职能，将院务公开与新形势下医院反腐纠风工作的要求结合起来。按照卫生部《关于加强公立医院廉洁风险防控的指导意见》等文件精神，在网上进一步搭建廉洁风险防控平台。通过明确职务权力、职业权力、患者满意度、供应商诚信度四方面的工作要求，建立权责清晰、流程规范、风险明确、措施有力、制度管

图 2　肺科医院荣获“全国厂务公开民主管理示范单位”称号

用、预警及时的内控机制，实现信息、办公和廉洁的“三网合一”，力求保证权力在阳光下运行，提高民主管理工作成效。聚焦院务公开的四个着力点——职务权力监控、职业权力监控、患者满意度监控及供应商诚信度监控，使网上职代会发挥了民主监督和廉洁风险防控的作用。

点评 COMMENT

上海肺科医院工会运用现代科技手段，改造传统职代会形式，开发了网上职代会平台，大大节省了职代会组织、管理的人力和时间成本，使职工代表的履职和发挥作用更为便捷。网上职代会的运行，扩大了院务公开的渠道，让广大职工及时了解到院务公开的信息，激发了广大职工参与医院民主管理的积极性，同时也为医院完善廉洁风险防控平台提供了有利条件。新形势下职代会形式的探索，提高了职工民主管理的有效性。

上海市第一人民医院工会

创办“公济 e 家”打造便捷高效的移动服务平台

信息技术的快速发展，互联网和移动智能设备的普及应用深刻地改变着人们的日常生活。也启示我们创新工会工作运行机制、拓宽服务职工的方式和途径。

上海市第一人民医院工会立足医院职工特点，探索“互联网＋工会建设”。2018 年 4 月，启动了“公济 e 家”职工会员移动服务平台建设项目。

一、“公济 e 家”建设初衷

为了便捷服务职工会员，让职工办事“再少跑一次”，畅通联系职工的渠道，全天候倾听职工心声，不断增进群体凝聚力，推进智慧智能医院建设，提升职工的满意度和幸福感，更好发挥工会组织、宣传、引导、服务的作用，医院工会充分借鉴其他行业及兄弟医院经验，结合医院具体实际，引入社会机构及专业力量，合作设计了平台架构和开发系统程序。采用微信公众号内嵌模式，以方便职工使用，形成职工维护、建设、参与、教育的移动端平台。

二、“公济 e 家”服务内容

“公济 e 家”主要有三个栏目：一是“民情月报”，通过一对一互动应答界面，搭建一线职工与医院管理者的沟通平台。职工可将自身的意见建

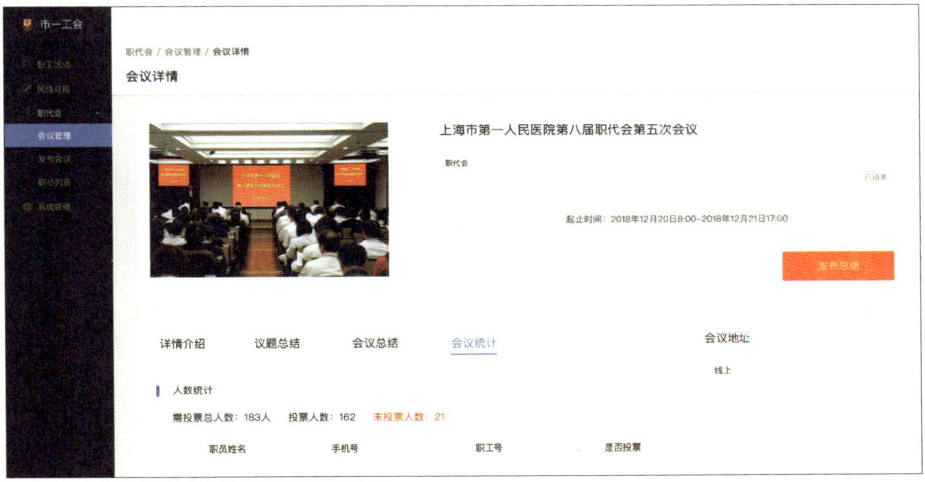

图 1　网上职代会操作界面

议以及维权诉求与管理者展开互动，医院工会通过平台进行审核、答复与转办，及时为职工排忧解难、解惑答疑，不断改进服务，提升管理水平。同时，“点对点”互动避免了“大众点评”可能产生的舆情。

二是“网上职代会”。“网上职代会”可实现网上发布会议通知、在线组织重要会议、线上完成投票表决，提高民主管理和民主监督的参与面和有效性，提高职工代表参与的能动性，促进职代表充分履行职责，提升医院民主管理水平。

三是“职工活动”。“职工活动”可实现工会活动发布、职工在线报名、活动效果测评、总结新闻宣传等功能，职工更充分掌握工会工作动态，了解工会活动信息，扩大工会工作覆盖率，提升工会活动参与度。

三、主要成效

自 2018 年 8 月上线运行以来，已有 1 500 余人完成注册，占医院职工总数的 39.47%。

“民情月报”先后共收到职工留言 90 余条，涉及工会活动和福利咨询、医院后勤管理、信息化建设、医疗护理管理等各个方面。职工留言件件有回复，事事有落实。职工切实感受到医院职能部门处理意见的效率和能力，受到了职工的好评。

项目获评“2018 年度上海市医务工会服务职工优秀实事项目”，医院工会获评“2018 年度直属基层工会考核优秀单位”。

点评 COMMENT

上海市第一人民医院工会运用互联网思维、创新工会服务职工的方式，大胆实践探索，打造便捷高效的移动服务平台。“公济 e 家”移动服务平台的建设运行，使工会服务职工更加高效精准，提高了工会工作的覆盖面和职工群众的参与度，增强了工会工作的普惠性和服务性，促进了医院民主管理，项目取得了显著成效。

上海市第六人民医院东院工会

心心交流解疑惑　建言献策促发展

上海市第六人民医院东院工会（以下简称“市六东院工会”）坚持定期利用午餐一小时，组织院领导与一线职工代表面对面沟通交流，即“实话食说”活动，近年来活动取得明显成效。（图 1）

图 1　市第六人民医院东院“实话食说”活动

据统计，市六东院工会自 2014 年 7 月至今，共开展“实话食说”活动 42 场，参与人员 840 人次，征集职工提出的各类意见、建议达 382 条（职工诉求类 95 条、医院建设发展类 149 条、优质服务类 68 条、科室建设类 70 条），均由相关职能部门在规定时间内给予一一落实或答复，其中已解决225条，答疑解惑117条，受到广大职工一致好评，有效地拓宽了院务公开的渠道。

为及时听取广大职工对医院建设发展的意见和建议以及他们的诉求，推进医院更好地发展，为职工做好事、办实事。市六东院工会利用每个月第一周的周二中午，在职工食堂，组织部分职工与院领导以午餐会或茶话会的形式进行沟通，使大家在轻松的氛围之中，一方面让医院领导能够了解基层民意；另一方面也使职工群众能够知晓院务院情，既起到了下情上诉和上情下达的效果，又搭建了干群有效交流和沟通的平台。

“实话食说”活动以职工自愿报名、工会特别邀请、科室部门组织等方式参与，工会结合医院年度计划、职工代表提案、群众关注热点等设定每次“实话食说”的主题，其中包括关系职工切身利益的事宜，诸如吃、住、行、福利待遇和医院医疗事业发展过程中涉及多部门协调的事项以及医院便民服务举措等。

近两年来，市六东院在“实话食说”活动的形式、内容和对象上不断进行细化和拓展，根据不同的活动内容或各个重要节点先后开设了女高知专场、医生专场、护士专场、青年团干部专场、院聘干部专场等。这些专场活动的相继举办，使探讨的问题更有针对性。大家先后就全面提升医疗服务质量、深化优质护理服务内涵、推进医院科研教学工作、推进信息化建设、强化后勤保障管理、促进医院文化建设等主题各抒已见，畅所欲言。

职工在“实话食说”活动中提出的所有意见、建议均由院工会记录，汇总整理后分解至各相关职能部门，由各职能部门提出解决办法或予以解释，经分管院领导确认，最后由党政领导班子审阅并予以公示。

通过“实话食说”活动听取职工意见建议，医院党政领导真抓实干，指导和督促相关职能部门积极落实，已经先后解决了职工双定双限房分配、班车站点变更、职工子女暑托班开办、后勤社会化职工人身保障等涉及职工切身利益的实际问题。院领导亲民、务实的工作作风受到广大职工的爱

图 2 “三八妇女节”女高知专场

图 3 青年团干部专场

戴，职工满意度逐年提高。

经过四年多时间的实践，市六东院“实话食说”活动切实在凝聚职工队伍、提升医疗质量、保证管理实效、为职工排忧解难等方面取得明显效果，院领导在依靠职工办好医院、做好人文关怀、提高职工待遇、协调临床一线诊疗秩序等方面，突破常规的新型办公模式为其他远郊办医单位提供了可复制的优秀管理经验。

市六东院工会主席叶茂表示，“实话食说”活动调动起了广大职工为医院建设和发展建言献策的主动性和积极性，不少人已实现了“三大转变”，即：从开始的“要我参加”，到现在的“我要参加”；从过去的“少说不说”，到如今的“多说抢说”；从之前的“谈个人问题”，到目前的“提医院建设发展建议”。“实话食说”活动已经吸引越来越多的职工积极踊跃报名参加，大家争相参与医院的各项民主管理和院务公开活动，要为加快医院的建设和发展做出贡献。

点评 COMMENT

市六东院工会“实话食说”活动，突破常规模式，以午餐会、茶话会形式，让医院党政班子与职工围坐一起，进行交流沟通，医院领导在此倾听一线职工的意见、建议，职工表达困惑、诉求等，活动形式轻松和谐，活动内容、参与方式灵活多样。此举为职工民主参与拓宽了渠道，医院领导能更直接了解职工的思想诉求。市六东院“实话食说”项目为医院领导在依靠职工办好医院、加强人文关怀、提高职工待遇、协调临床一线诊疗秩序等方面的工作创造了有利环境，对民主管理、院务公开的深入和可持续发展进行了有益的探索。

复旦大学附属金山医院工会

抓好职代会提案工作
推动医院民主管理落到实处

为了更好地调动职工参与医院民主管理的积极性、创造性，充分发挥职代会在改善医院管理，维护职工权益，促进医院发展的积极作用，复旦大学附属金山医院工会积极做好职代会提案工作，从健全制度建设、完善民主程序、提高职工代表素质和参政议政能力等方面下功夫，努力提高提案质量，使之成为了解职工心声的重要途径，和推动职代会有效发挥作用的重要环节。

金山医院工会在每年职代会召开一个月之前，就开始了提案的征集工作。通过医院OA网、工会公告和部门主席群等途径宣传动员，让全院职工积极参与。为提高提案质量，医院工会对职工代表进行培训，邀请上级工会或工会学院老师来院，为职工代表作关于“如何撰写职代会提案”“如何提高提案质量”的课程培训，以提高职工参政议政的能力。

提案工作，最终要体现在提高办理质量、发挥提案作用上。金山医院工会对于重点、难点提案，做到主动协商、多方沟通、共同探讨解决问题的办法，确保“事事有落实，件件有回音”。

对于非职工代表在会议闭幕期间提出的提案，工会按照一般性的意见和合理化建议处理，在收到建议后一周内给予建议人答复，并将建议整理分类统计后分送行政分管领导批转有关职能部门处理，在一个月内向建议人反馈落实情况。

为鼓励职代会代表提出高质量的提案，职代会提案工作小组每年组织评选“优秀提案奖”“优秀金点子奖”，在职代会上进行表彰和奖励。

2018 年 3 月下旬，金山医院召开十一届七次职代会，共收到提案 22 件，其中立案 9 件，内容涉及员工福利 5 个，后勤管理 2 个，医疗安全 1 个和优化流程 1 个。（图 1）同时，经过代表们的分组讨论后，还就医院管理、信息管理、医疗管理、员工福利等方面共提出 13 条宝贵的合理化意见。分管领导和相关职能部门也在第一时间做出解答，并将对立案的 9 项提案认真落实。由代表们提出的《关于“开通本院职工挂号、收费快捷窗口”的建议》《关于“提高职工就餐费补贴”的建议》等提案都得到了落实。职代会提案小组根据提案的内容、提案建议的可行性及提案处理落实情况等，对职工代表提案进行了认真评选，授予外科部门工会《关于“开通本院职工挂号、收费快捷窗口”的提案》等 6 项为提案优秀奖，医技部门工会《关于“优化医生工作站门急诊开药界面，提高工作效率”的建议》等 9 项为合理化建议金点子，鼓励广大职工代表多提提案、提好提案。（图 2）

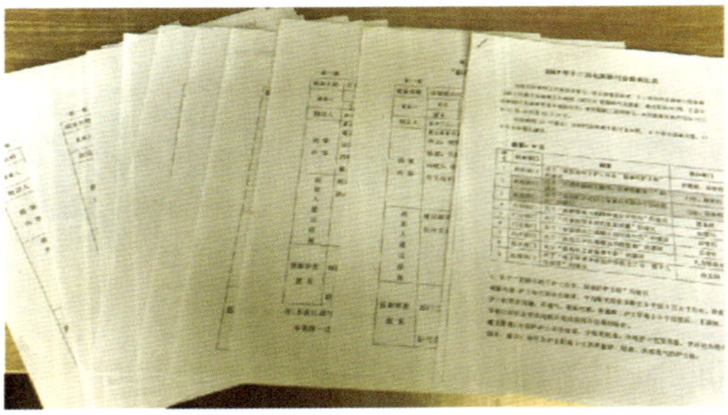

图 1　金山医院十二届七次职代会收到的提案

图 2　金山医院对代表提出的《关于“开通本院职工挂号、收费快捷窗口”的提案》的落实情况

点评
COMMENT

职代会提案是企事业单位了解职工心声的重要途径，是职工参与企业民主管理的重要渠道。金山医院工会作为职代会的日常工作机构，坚持“提高质量，讲求实效”的原则，抓好职代会提案工作。从提案的征集、处理、落实、督办等环节着手，让职工广泛参与医院民主管理，多提提案、提好提案，通过提案，反映职工意见建议，架设医院领导和职工群众联系沟通的桥梁，调动了职工的积极性，促进了医院的和谐发展。

上海市第六人民医院金山分院工会

拓展形式　注重内涵　深入推进院务公开

近年来，上海市第六人民医院金山分院工会扎实推进院务公开工作，将院务公开作为促进医院改革和发展、推进医患关系和谐、加强职工民主管理的有效途径。多层次推进医院管理事务的公开透明，拓宽院务公开民主管理的形式，加强制度建设，形成职责清晰、分工明确的院务公开领导体制和工作机制，先后荣获“上海市卫生计生系统院务公开民主管理先进单位”“全国（卫生系统）院务公开示范点”等荣誉，主要做法如下。

一、明确责任，健全机制，实现院务公开的规范有序

医院领导高度重视院务公开工作，明确“党委统一领导、行政全力推行、工会履行监督、党政齐抓共管、各条线分工负责、职工全员参与”的院务公开领导体制和工作机制；明确责任与分工，做到院务公开工作各条线专人负责，层层落实。

以市医务工会下发的多个文件为指导，医院修订了21项院务公开制度。2017年，对照上海市卫生计生系统院务公开工作评估体系修订了《院务公开制度汇编》，做到职责明确，内容清晰，流程规范。

医院成立由纪委、工会、职工代表组成的院务公开监督小组，定期对院务公开执行情况进行监督检查。工会广泛征求职工意见，开展多层次的院务公开满意度调查，进行实时监督和阶段评估，定期分析状态，查找薄弱环节，使得院务公开做到明处，落到实处，求得实效。

二、明确多层次推进院务公开的内容，推动院务公开落到实处

医院明确，在实行院务公开过程中，始终要坚持“五项公开原则”即突出重点，实事求是，服务群众，循序渐进，持之以恒。“突出重点”，即凡涉及医院改革发展的“焦点”、职工群众关心的“热点”，都要作为院务公开的重点；“实事求是”，即一切从医院工作实际出发，注重公开实效、不搞一刀切，对需要公开的院务内容，成熟一项，公开一项；“服务群众”，即院务公开的落脚点要体现在医院广大职工和患者的根本利益上；“循序渐进”，即先易后难，从重点到全面，把该公开的内容做到件件透明，样样落实到位；“持之以恒”，即把院务公开工作，作为医院民主管理的长效机制来抓，长期坚持。

立足服务职工和服务广大患者，市六医院金山分院从以下层面推进院务公开。

一是向社会公开，接受广大群众的监督。医院利用网络、报纸等形式，及时向社会公开医院信息，方便群众查询、接受群众监督。院报刊发医院发展进程中的大事、要事以及教学科研、学术交流、文化建设等各方面成绩。在门户网站中将医院概况、就医指南、专科建设、专家介绍等内容向社会公开，为公众提供更加及时、便捷、优质的服务。2014 年起又通过医院微博、微信公众号增加了公开渠道，及时发布就诊指南、医疗服务开展，公开的时效性和覆盖面明显提高。

二是向患者公开，确保医患沟通知情权。通过门诊、住院大厅的触摸屏、电子屏等形式，将医院各项临床科室医务人员的姓名、专业、职称、特长等进行公示。对各类收费项目标准进行公示，患者可以随时查询医院药品价格和各项医疗费用收费标准。率先实行住院患者“一日费用清单制”，建立各种患者告知制度，向患者公示服务承诺，告知服务流程，确保患者知晓、知情。

三是向职工代表公开，扩大职代会作用。医院坚持把职代会作为职工参与民主管理的重要形式，通过召开职代会审议表决医院重大事务和涉及职工切身利益事项，如医院规划、计划、财务预算、绩效工资实施办法等均经职代会审议表决。职工代表列席行政工作会议，听取和讨论院情工作报告。从1997年起，每年召开民主评议领导干部专题职代会，实行职工代表组小组测评和职工代表个人测评相结合，由正式代表无记名填写测评表书面评议。持续开展职工代表巡视工作，巡视主题不断丰富，针对巡视中发现问题所提出的改进意见，均得到落实。发挥了职工代表民主管理、民主参与、民主监督的主体作用，提高了职工代表参与医院民主管理的能力。（图1）

图1　医院召开职代会

四是向全体职工公开，参与医院改革发展。医院通过院务公示栏等形式，将医院重大决策、重大事项、干部任免以及重大建设项目等向全体职工公开。与职工利益密切相关事宜，如职称晋升、绩效考核办法、规章制度等，及时通过院周会、下发文件和手册等形式向职工公开。医院还实行中层干部空缺岗位公示和公开竞聘，先后有47人经民主测评后提任干部岗

图 2　医院中层干部公开竞聘现场

位，提高了医院内部管理的透明度，让职工群众共同监督，不断推进医院民主管理。（图 2）

五是拓展形式和载体，将院务公开融入医院文化建设。医院职工春节联欢会已坚持举办 34 年，每年春节联欢会表彰先进、弘扬正气、通报院情，成为激励全院职工团结奋进、推进医院建设的又一工作载体。全院职

图 3　医院职工春节联欢会暨年度表彰会

工的联欢，促进了职工之间的交流，凝聚了人心、营造了融洽和谐的氛围。作为职工文化品牌项目，获第三届上海市“五一文化奖”职工文化品牌项目提名奖，被列为医院创建区“活力工会”的主体特色项目。（图 3）

点评 COMMENT

上海市第六人民医院金山分院工会扎实推进院务公开，建立了职责清晰、分工明确的院务公开领导体制和工作机制；拓宽院务公开民主管理的工作形式，从医院工作实际出发，建立多项推进院务公开的工作载体；明确院务公开的重点，将院务公开落脚点放在实现医院广大职工和患者的根本利益上；拓展院务公开的形式，多层次推进医院管理事务的公开透明。院务公开的内涵不断丰富，成为促进医院改革发展、和谐医患关系、深化职工民主管理的有效途径。

宝山区仁和医院工会

推行院务公开　促进医院发展

宝山区仁和医院建立于2000年10月，是一所综合性二级甲等医院。建院以来，医院领导重视院务公开工作，将院务公开工作作为加强医院民主管理以及党风廉政建设的重要载体，同时也作为凝聚职工、激发职工主人翁精神的有效抓手。为此，医院在推行院务公开工作上大胆尝试，不断创新，取得了良好的效果，得到了宝山区厂务公开检查组以及宝山区卫计委的充分肯定，在2013年医院等级评审中也得到了评审专家的高度赞扬。

一、树立责任观念，制度规范行为

一是建立健全领导体制，并制订相应工作职责，明确责任，保障了院务公开工作的深入推进。目前院务公开工作基本形成党政领导主抓，分管领导各负其责，工会认真监督，员工积极参与的工作格局。二是不断完善工作制度，使医院在重大事项的管理上更加规范。

二、创新公开形式，增强公开实效

仁和医院从2010年开始，成立药事会（图1）、资源管理委员会，对医院药品采购、设备购置的有关事宜，一律召开会议，邀请职工代表全程参与，并由职工代表从专家库里抽取参加本次会议的专家，各科申请购买的药品和耗材采取无记名投票方式投票，之后由职工代表参与计票（图2），最终通过的品种由职工代表确认，购置的药品通过本单位《药讯》向全院

图 1　职工代表参与药事会

图 2　职工代表参与计票

职工公示，耗材通过医院网站公示。这一举措避免了人为因素和“暗箱”操作，既增加了工作透明度，又加强了干部的廉政建设。2013年，宝山区电视台对医院药事会工作进行了专题报道，对于药事会的工作方式、方法予以肯定。

“午间重大事项通报会”（图3）是仁和医院院务公开的又一个途径。医院利用午间休息时间，及时向职工代表公开相关内容，如医院重大基建项目以及进程、新一届中层干部的聘任情况、区卫计委年轻干部的推荐、药事会和物资会会议召开情况以及其他一些需要让职工及时了解的相关内容。这一形式得到广大职工的好评，一致认为“短会高效”，使职工及时了解医院信息，充分实现了职工的知情权、监督权。除此之外，凡是院务公开涉及的内容，做到及时公开。公开的形式多样，有医院职代会、月度会议、公示栏、院讯、医院网站等。不同的内容分别采用不同的形式公示。如各种评优评先、中层干部竞聘的岗位、干部聘用任命等及时进行张榜公示；大型医疗仪器的购置等项目，由政府采购中心集中统一采购，采购结果在政府网站公示。

图 3　医院召开午间重大事项通报会

近三年，职工对医院院务公开满意率分别为 100%、98.6%、100%。

三、激发职工参与热情，促进医院和谐发展

院务公开形式的不断创新和拓展，进一步畅通了职工的沟通渠道，充分发挥了“上情下达，下情上传”作用。职工提出的合理化建议医院及时采纳，既改进了工作，又肯定了职工主人翁精神，从而激发了职工参与民主管理的热情，增强了职工参政议政的意识，无论是职代会，还是座谈会或是日常工作中，职工充分发表观点或意见，为医院建设发展建言献策。民意的体察、主人翁地位的认同，使医院的院务公开工作形成了良性循环，推动了医院的和谐发展。

院务公开畅通了医院管理层和职工之间的交流，密切了医院管理层和职工之间的联系，增强了全院职工的凝聚力。和谐融洽的氛围促进了医院的发展，仁和医院领导班子曾连续两年被评为宝山区卫生系统五好班子，医院先后获得“上海市卫生系统精神文明单位”“上海市文明单位”等称号，2011 年医院荣获上海市劳动关系和谐职工满意企事业单位荣誉，2013 年获上海市职工职业道德建设“十佳标兵单位”称号。实践证明，实行院务公开，对构建和谐干群关系，提高职工主动性、积极性、创造性具有十分重要的意义，只要真心真意依靠职工办院，公开、公正、公平处理医院事务，广大职工就会以主人翁的意识顾全大局，支持医院管理工作，促进医院和谐健康发展。

点评 COMMENT

宝山区仁和医院领导班子重视院务公开工作，将院务公开作为加强医院民主管理以及党风廉政建设的重要载体，党政工组织分工明确、各司其职，扎实有效的公开措施，保障了职工对于医院管理事务的知情权、参与权和监督权，激发了职工主人翁精神和参与民主管理的热情，促进了医院干群关系的和谐、凝聚力的提高，实现了医院的健康和谐发展。

闵行区马桥社区卫生服务中心工会

坚持职工民主管理　推动医院和谐发展

马桥社区卫生服务中心（以下简称“中心”）的前身是乡卫生院，目前已发展成为拥有“六位一体”服务功能的上海市标准化社区卫生服务中心。中心工会坚持以习近平新时代中国特色社会主义思想为指导，创新工作思路，积极推进民主管理建设，抓住“决策、监督、协调”三个环节，积极组织职工参与中心民主决策、民主管理、民主监督，促进中心的和谐发展。中心先后荣获“上海市文明单位”“上海市卫生系统文明单位”“上海市平安单位”等荣誉称号。

一、抓住决策环节，提高民主意识

在党政领导班子的重视下，中心制订完善了《“三重一大”事项决策监督制度》《党员群众议事会制度》《职工代表恳谈会制度》等一系列制度，成立民主管理委员会，做到“三个明确”，即目标任务明确，主责部门明确，责任人员明确。多种渠道向职工宣传民主管理的重要性以及民主管理制度，提高职工的民主意识。

坚持以职代会作为民主管理的重要途径和基本形式。完善职工代表大会制度，建立职工代表大会长效管理制度、提案管理制度，优化民主决策。每年定期召开职代会，对涉及中心发展规划、重大事项及职工福利等方面的重要决定，均经过职工代表讨论通过后方可实施，有效确保了中心决策符合大多数职工的愿望和要求。（图 1）2013—2018 年职代会提案 25 件，

图 1　中心工会召开第七届五次职工代表大会

落实率 100%。

二、抓住监督环节，落实民主权利

中心认真做好院务公开工作，成立院务公开领导小组和院务公开监督小组，形成党、政、工、团四方联动，部门齐抓共管，干部职工全员参与的院务公开工作机制。（图 2）中心工会三次修订《院务公开实施方案》，进一步明确了院务公开的内容、形式和目标要求，坚持做到一月一通报，每季度一督查，执行年终考核评比表彰制度，促进了科室部门开展院务公开的积极性，增强了职工与中心同舟共济的责任意识和主人翁意识。在维护职工正当利益、促进中心行风建设、廉政建设等方面起到了重要作用。近几年来，职工对院务公开满意率达 97% 以上。

工会听取职工的意见和建议，不断拓展方便、快捷的信息渠道，促进院务信息公开，自觉接受职工监督，保证民主监督落实到位。除设立意见

图 2　院务公开监督小组监督中心党务院务公开执行情况

箱、编印院刊、设置院务公开栏外，还充分运用现代信息技术的优势，通过 LED 显示屏、微信公众号、微信群及内部 OA 系统，对学科建设、职工福利、干部任命、基建、采购等重大事项向职工公开，自觉接受职工监督。

三、抓住协调环节，实现民主参与

中心工会积极搭建平台，由职工代表组成的民主管理委员会，充分发挥职代会延伸作用。一是参与中心“三重一大”事项决策监督、干部聘任监督等工作，进一步增强职工责任感和凝聚力，让职工充分发挥主观能动性，行使民主权利。二是参与日常安全检查，查漏补缺，排除隐患，保障中心各项工作的顺利开展（图 3）；三是发挥纽带作用，及时反馈民意民情，上传下达，做好信息的沟通交流，构建和谐工作氛围。工会科研论文《非在编职工参与民主管理的途径和方法》荣获上海市卫生系统工会论文评选三等奖。

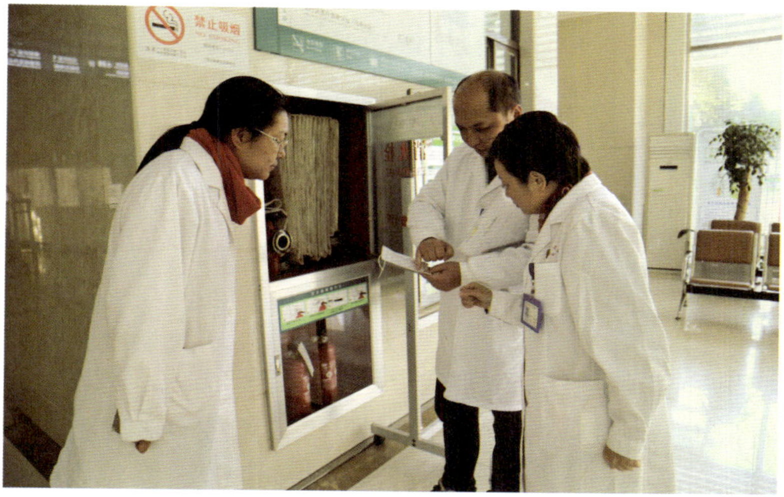

图 3　民主管理委员会成员参与安全检查

中心针对患者、职工、科室的需求，设立“院长接待日”，推行“行政查房”等制度，定期由党政班子成员轮流接待和处理职工与患者的来访来信。工会对“院长接待日”和“领导查房”落实情况进行监督；同时，督促解决“院长接待日”和查房过程中职工提出的各类问题。职工民主参与促进中心各项工作落到实处。

点评 COMMENT

马桥社区卫生服务中心通过民主管理的“决策、监督、协调”三个重要环节，加强了中心改革发展稳定。一是有力地促进了中心党风廉政建设，增强了职工民主管理民主监督的意识；二是有力地保障了中心领导决策的科学合理和职工利益最大化，让职工对中心事务充分了解、参与和监督，职工凝聚力、向心力、凝聚力空前高涨，激发了持久旺盛的工作积极性；三是有力地推动了中心各项工作的快速发展，中心的综合实力明显提升，在全市社区综改试点单位中，综合指标名列前茅。

上海中冶医院工会

深化民主管理　维护职工权益

职工民主管理是职工通过职代会、院务公开等方式，审议单位重大决策，监督单位行政领导，维护职工合法权益，体现劳动者当家做主的重要制度。上海中冶医院终将职工民主管理作为凝聚人心、融洽医患关系、干群关系的重要桥梁，持续稳步加以推进。

一、加强“两个注重”，落实职代会职权

深入贯彻依靠职工办好医院的指导思想，医院注重发挥工会和职代会的主渠道作用，鼓励、引导职工为医院的发展集思广益、献计献策，畅通职工代表信息反馈渠道。

一是注重工作制度化，稳固基本形式。医院认真落实相关法律法规要求，积极推行以职代会为基本形式的职工民主管理制度，引导职工积极参与医院重大事情、热点、焦点问题以及涉及职工切身利益相关问题的讨论和制订，为医院改革发展积极出谋划策，形成了民主管理、民主决策、民主监督的良好氛围。医院每年年初定期召开职代会（图 1），审议通过《医院行政工作报告》《医院福利费、业务招待费使用及投资情况报告》等相关内容，确保代表们充分行使民主权利，履行代表的职责。

二是注重工作常态化，拓展基本形式。职代会闭会期间，医院积极推行职工民主管理经常化，每季度的党群工作例会上，党群工团主要负责人研究部署工作，对职工代表提出建议进行落实，着力解决群众反映突出问

题。对外，医院充分利用网站、微信、院报、监督公示栏、公告宣传栏、价格滚动屏幕、电子屏等进行院务公开，接收群众监督。对内，通过OA办公系统、《医院信息》、干部大会、季度例会、党员大会、院周会、行政查房等形式进行院务公开和工作情况通报。各项工作的公开透明，充分得到了广大职工的支持和拥护，调动了职工参与医院管理的热情，在职工中树立了以医院为家的良好风气。

图1　召开四届五次职工暨工会会员代表大会

二、突出“两个公开”，充分发扬民主监督

多年来，医院将重大问题决策、干部的选拔任用和管理、涉及职工切身利益问题、领导廉洁自律情况、基建工程及较大维修项目、物资采购供应、职工关心的热点问题等均纳入公开范围，并坚持在职代会上规范履行民主程序。特别在两个重点领域上持续深化，推动院务公开的质量和效果不断提升。

一是公开职工关心的热点问题。对涉及员工切身利益的问题多以文件形式公开，以制度形式约束，以保证公开、公平。对固定资产的租赁、大笔资金流向、奖励处罚等通过文件及通知公告形式公开，制订并下发院内、院外《奖励标准》。对评优先进通过院内OA及时公示，确保充分知情。

二是公开重大问题决策。医院制订并下发《"三重一大"决策制度实施办法》，设立决策机构，确立决策形式和程序，明确重大决策、重要人事任免、重大项目安排及大额度资金运作流程。医院经营方针，五年发展规划、年度工作总结规划，劳动人事制度相关改革实施方案等均以文件形式公开；重大投资项目、设备、基建工程从申请、评估、决策、执行、成本效益分析等都有较完整执行记录，相关内容在专题会上进行公开；业务招待费使用情况每年提交职代会审议，使得职工群众知情权、参与权、表达权及监督权得到有效落实。

三、借力新媒体平台，提升总体工作效能

适应形式的发展，提升工会民主管理工作水平，离不开新媒体平台的支撑。医院充分利用微信、OA、QQ群等现代即时通信载体，提升信息传播速度，满足多元化的民主管理工作要求，强化工作针对性和科学性，契合职工现实需求，提升民主管理活动的总体效能。

点评 COMMENT

中冶医院建立健全职代会制度，扎实开展院务公开工作，总结形成了一套比较完善的民主管理制度。对内公开，阳光操作，消除了职工的疑惑，凝聚了人心；对外公开，塑造了医院的良好形象，有力地促进了医院事业的发展。职工民主管理的不断深化，进一步激发职工参与医院管理、关心医院运行发展的积极性，提升了凝聚力和向心力。

02 EXPERIENCE 实践

服务事业发展

上海交通大学医学院附属仁济医院工会

弘扬医院文化　宣传院史院训

——仁济医院“红五月院史定向赛”

在迎接“五四”青年节和“五一二”护士节之际，仁济医院工会携手团委及护理部于2018年5月联合举办了首届“红五月——仁济院史定向赛”(图1)。

本次活动以“了解仁济历史，传承仁术济世精神”为主题，融合院史教育、团队合作、体育竞技于一体，通过竞赛的方式让青年职工更加深入、全面、切身地了解仁济医院的历史传承及仁术济世的精神，充分展示青年人蓬勃向上的精神风貌。在致力于培养职工之间的团队合作意识、加强团队凝聚力的同时，加强团队内部建设和思想建设，从而传承仁济医院的物

图1　2018年仁济医院“红五月定向赛”合照

质文化精神，彰显仁术济世、奋发有为的精神风貌。

所谓定向运动是指利用地图和指南针等工具到访地图上所指示的各个点标，以最短时间到达所有点标者为胜。常规的定向运动通常设在森林、郊外或城市公园里进行，也可在大学校园里进行。而本次仁济院史定向赛则由赛事主办部门提前设计完成活动地图及任务九宫格并制订活动规则，选址东西两院进行本次“红五月院史定向赛”。

活动主要围绕院内历史文化、历史建筑、发展历史、重要人物、团队建设等主题设立了9项任务，包括历史建筑文物站点的铭牌集邮、仁济老照片拼图、竞技贴贴贴、平板支撑、踢毽子、打乒乓、跳绳等趣味项目。（图2）

比赛过程采用积分赛方式，一共设立了“仁济院史达人奖”“仁济院史人气奖”“完赛奖”等三个奖项。每个奖项的获奖规则和额定队数均不相同。如，“仁济院史达人奖”中分别设立金牌队伍一支，银牌队伍两支，铜牌队伍三支，根据积分由高到低排名，具体采用两种积分方式：（1）完赛用时加分。第一名完成加20分，第二名加19分，依次类推，第21名不加分；（2）九宫格加分。任务一至九，列出九宫格，如完成的任务顺序在

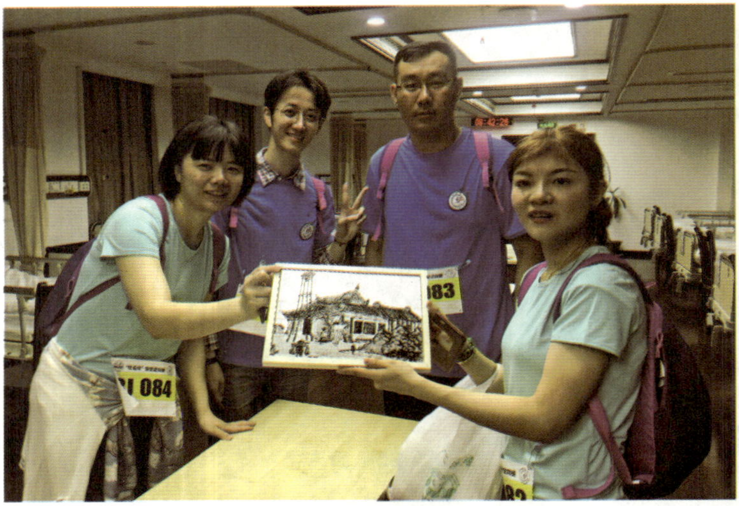

图2　参赛团队正在进行仁济老照片拼图

九宫格内形成三个章贯通，并加5分，每支队伍最多两次加分；每个站点只有三个贯通加分机会，额满为止，需主动要求工作人员记录。比赛集合时间迟到30分钟以上视作退赛。“仁济院史人气奖”的获奖规则为在终点站统计集赞数，根据地图完成任务后，由全体队员在微信的朋友圈中获赞人数最多的一支队伍获得。“完赛奖”则是从出发时间计算，四个小时内完成比赛的所有队伍均可获得。赛事规定从西院到东院必须使用公交或地铁，不能乘坐自驾车、出租车、网约车，且每位队员使用赛事规定的手机软件记录行程轨迹，在终点站，由工作人员根据轨迹判定，如发现有乘坐自驾车、出租车、网约车的，则积分扣除5分。

此次活动声势浩大，比赛从仁济西院开始，路线延续至仁济东院，共分为21支队伍，由84名职工共同参与。活动当天，所有参赛职工在比赛开始前便仔细阅读题目。在仁济医院党委副书记闵建颖满怀深情的演讲过后，比赛正式开始了。随着一阵锣鼓喧天，参赛选手们陆续奔跑出发。赛程中，选手们认真阅读着仁济医德十二条，探寻着仁济悠久的历史。铭牌集齐后，大家纷纷在“仁济大家”的铜像前合影留念，感受着仁术济世的百年精神。随后便开始了拼图环节，一边观赏着历久弥坚的仁济老照片，一边迅速进行着拼图比赛。年轻人在拼图的过程中逐渐加深了对仁济历史的了解，感受着深厚的仁济物质文化精神。护理工作者们在参赛中体现了工作时的严谨、耐心、细心的特点。（图3）集齐铭牌、完成拼图后，选手们转而搭乘公共交通从西院前往东院进行下一阶段的趣味比赛。年轻人打着乒乓、踢着毽子、跳着绳，看似寻常简单的日常运动，蕴含着不畏艰险、甘于奉献、救死扶伤、勇于献身的仁济医训。竞赛也考验着护理工作者们的爱心、耐心、细心、责任心，以及倡导相爱互助、团队合作、劳动愉快的精神。经过一上午的精彩比拼，在职工们互相帮助，彼此合作下，终于完成各项赛事，最终评选出了人气奖一名，院史达人奖的前三名，并由党委副书记闵建颖、党办主任龚兴荣、护理部主任杨艳、团委书记王涵韬等

图 3　仁济心内护理组团队合影

领导为获奖团队颁了奖。

这是一次内容生动、形式活泼、印象深刻的院史院训教育课！

点评 COMMENT

仁济医院工会举办“红五月院史定向赛”，以趣味活动赛事为载体，通过生动形象、主动参与并互动教育的形式，让青年职工加深对仁济医院院史的了解、深化“仁术济世”的百年精神在仁济医院青年医务工作者心中的传承，巩固院训在医务工作中的重要地位和价值，这对于加强医院文化及医德医风建设，增强医务工作者的团队合作精神及凝聚力具有积极作用。从活动中可见，不畏艰险、甘于奉献、救死扶伤、勇于献身的人道主义精神宣传，医务职工职业精神的培育可以蕴含在生动活泼、青年人喜闻乐见的活动形式中。

上海中医药大学附属龙华医院工会

用亲切语言开启温馨服务

——龙华医院开展文明用语沪语服务竞赛

上海中医药大学附属龙华医院创建于1960年7月，是全国最早建立的四大中医临床基地之一。经医院几代职工的努力，现已发展成为集医疗、教学、科研为一体，中医特色鲜明和中医优势突出的全国著名中医医院、全国示范中医院、上海市三级甲等医院。医院获上海市文明单位“十三连冠”，2015年被评为第四届全国文明单位，2016年荣获上海市五一劳动奖状。

医院始终坚持“质量第一、病人至上、继承创新、追求卓越”的使命，秉承“严谨、仁爱、继承、创新”的医院精神，在医教研全面发展的道路上，不忘“以病人为中心”，用温馨的服务为患者带来生命的希望。为了在全院上下营造良好的就医氛围，提高医务人员的服务意识，提升服务的温馨度，医院工会依托医院创建全国文明单位的契机，积极开展各项活动，加强文化建设，服务医院中心工作。

龙华医院工会认为，温馨服务的内容涵盖多个方面，但首见于文明用语，它是缓解医患关系的润滑剂，是帮助久病缠身病人重燃希望的暖心之举。自2014年起，医院工会每年组织开展“杏林医之魂，文明沪之声”文明用语沪语比赛，以此促进温馨服务，深化文明医院建设。

由于医院接诊多为本市病患，且老年病人不在少数，在面对这些患者时，如果可以使用方言（即沪语）询问病情、解释病因、开具处方、叮嘱用法，患者就易产生亲切感，也易降低因病痛带来的无助感和恐惧感。

其次，院工会考虑到：近几年来，优秀非本市医疗人才落户上海，为上海市民问诊治疗，为了帮助他们更好地工作，更快地融入上海、了解海派文化，沪语的学习以及使用尤为关键。与此同时，新一代的上海医生中很大一部分人习惯用普通话交流，这对于老年患者极其不便。督促新上海人多使用沪语交流，帮助年轻一代的上海小囡更标准地讲沪语，提升他们对上海文化的认同已变得非常重要。

“杏林医之魂，文明沪之声”活动旨在全院范围内提倡使用文明用语，服务病患，同时结合医院实情，对上海患者用沪语来表达文明用语，使他们倍感亲切，减少医患交流障碍，更好地开展诊疗服务，提高病人的信任度。

这项深受职工欢迎的比赛已连续举办了五届。每次比赛均以部门工会为单位，选手来自医院工作的各个部门，包括医生、护士、医技、药剂以及行政、后勤等岗位。比赛要求每个部门工会选派两位职工，其中一名必须是非上海人（按照身份证）。比赛分为两个部分，第一部分为用沪语表达各自岗位的规范文明用语（由主办方提供）。（图 1）

图 1　参加“杏林医之魂，文明沪之声”比赛职工用沪语表达各工作岗位文明用语

第二部分为用沪语展示才艺，可根据自身工作情况自编自演，向观众展示日常工作中的文明用语，也可用沪语诵读中医经典、诗歌、沪语绕口令、童谣、沪剧等，既可感受海派中医文化，又可领略上海市井特色。（图 2 ～ 3）

图 2　参加“杏林医之魂，文明沪之声”比赛职工表演沪语配音

图 3　参加“杏林医之魂，文明沪之声”比赛职工自编自演文明服务情景短剧

赛前选手们精心准备，从咬字吐音，语音语调到表情手势反复练习沪语，工作中时刻要求自己使用文明用语，并带动身边的同事为患者提供温馨服务；赛时，他们认真应对，争取展示最佳状态；赛后，他们积极总结，继续学习沪语的热情，保持使用文明用语为患者诊疗。

“杏林医之魂，文明沪之声”的比赛既能以赛促练，为各部门、各病区职工提供讲沪语，展示才艺的大舞台；也是号召全体职工深入学习文明服务、文明用语的契机。

通过连续五年的练习和比赛，在医院各个岗位，文明用语的使用已蔚然成风，非沪籍职工可以从羞怯地说出“侬好”“谢谢侬”这类的问候语，到渐渐开始用沪语询问病情、叮嘱服药，与沪籍同事之间也能从半开玩笑的沪语调侃到正常的沪语交流。用沪语表达文明用语促进了医患沟通，融洽了医患关系，也增加了同事友情。

医院工会总结过去五届比赛的经验，积极探讨改进比赛形式，以进一步扩大职工的参与面，提高参与的积极性，方便沪语患者，也进一步规范医院文明用语，彰显龙华医院全国文明单位的风采。

点评 COMMENT

龙华医院“杏林医之魂，文明沪之声”文明用语沪语比赛已连续开展五年，通过比赛，达到以赛促练的目的，既在全院范围营造了使用文明用语的良好氛围，又推动了所有职工，特别是非沪籍职工学习沪语、使用沪语，为沪语在医院的推广起到了积极作用。这是方便广大沪籍患者特别是沪籍老年患者就医，为他们打造温馨诊疗体验的务实之举，体现了龙华医院以病人为中心、全心全意服务患者的精神。

上海市中医医院工会

组建志愿者服务队：化解矛盾　促进和谐

随着改革开放的不断深入和社会生活节奏的加快等诸多因素，职工在日常工作生活中经常会碰到权益受损、矛盾纠纷的现象，上海中医医院工会组建医院志愿者队伍，采用职工帮助职工的自治途径，为职工提供及时、便捷的法律咨询服务，成立十余年来，得到医院党政组织的充分肯定和职工的欢迎，被职工誉为是一支杏林“维和”志愿服务队。（图 1）

一、组建志愿者队伍，积极开展服务

2008 年 7 月，医院工会在充分讨论、统一认识的基础上，制订《上海市中医医院工会关于开展法律咨询援助服务工作的决定》，开展法律咨询援

图 1　为志愿者颁发聘书

助服务工作。

加强队伍建设是工作顺利开展的基本保证。医院工会提出了5项志愿者任职条件，组建了一支由11名志愿者队员和45名信息员组成的志愿者服务队，任命了志愿者服务队队长，并举行了启动和聘任仪式。

根据咨询服务志愿者的资质情况，医院工会明确了服务内容，规定凡本院职工在劳动就业、劳动保障、婚姻家庭、妇女儿童权益、老年人权益、职工就业、晋级晋升、经济权益等方面遇到困难，志愿者服务队均可提供力所能及的服务，同时在服务范围上还扩大到了医院的退休职工，从而使服务的内容和范围得到较大的覆盖。

为了提升服务质量，医院工会加强对志愿者服务队的管理。一是明确服务队是在工会指导下开展活动；二是服务队采取队长负责制，日常工作由队长负责；三是建立志愿者档案；四是在院报上公布志愿者联系方式；五是认真做好服务台账；六是定期组织工作交流，不断提高服务水平（图2～3）；七是每年进行工作总结，不断完善服务工作。

图2　志愿者服务队交流座谈

图 3　志愿者服务队专业培训

二、用热情化解矛盾、用责任营造和谐

上海市中医医院法律咨询援助服务工作自 2008 年 7 月启动后，在 11 年时间里为 70 余名在职职工、退休职工提供了服务。志愿者服务队的服务工作得到了领导和职工的信赖，干部职工称它为医院建设的“维和”小分队。通过职工自愿热心的服务来推进医院和谐建设，从而为职工提供良好的工作环境，更好地调动了职工工作的积极性。闻名卫生系统的职工上访大户情况得到了彻底的改变，职工倾诉方便了，工作生活心情舒畅了，领导的忧虑减少了，工作精力集中了，干群关系密切了，全院的工作积极性高涨了，医教研得到了全面发展。

法律咨询志愿者服务队被医院评为十佳好事、法律咨询援助服务工作被上海市卫生系统评为“优胜文化品牌”，上海医工报以《“维和行动”创新职工维权模式》作了宣传，劳动报以《医护职工维权“自治”创新模式试水》作了推广报道。

点评 COMMENT

上海市中医医院工会组建志愿者服务队，为职工提供法律咨询援助服务，是推进医院和谐建设，为职工维权服务的一种制度创新。通过志愿服务方式，采用同事帮同事的方式，以更为柔性的方式来化解矛盾、处理纠纷，及时为职工排忧解难。探索了一条职工参与管理、自助助人的方法和途径。

上海生物制品研究所有限责任公司工会

开展“五月新风　我为公司献一技”劳动竞赛

上海生物制品研究所有限责任公司工会自2013年起每年组织职工开展劳动竞赛，至2018年已连续举办六年。劳动竞赛活动时间放在5月，因此此项竞赛题为“五月新风　我为公司献一技”。

一、基本做法

劳动竞赛由工会主办，结合每年的公司中心工作发文征集参赛项目。各部门工会与科室党政密切配合，审慎组织内部自评，推选出本部门一个最佳项目参赛。经过工会委员的无记名推荐，筛选出六个擂台决赛项目。（图1）擂台决赛项目经抽签进行现场陈述推介，并接受由公司领导组成的专家团以及由部门工会代表组成的观察团的提问考评，最后通过无记名投票方式排定最终成绩单，对获得优胜的项目予以奖励。（图2～3）

图1　活动会标

图 2　决赛选手进行项目现场推介

图 3　决赛项目接受现场提问

二、效果显现

工会通过有效的宣传组织，使得此项活动得到了职工的认可与重视，广大职工积极参与，六年来共收到 92 个申报项目。每个项目都在一线岗位上发挥了具体作用，为公司精细化管理提升做出了一定的贡献。随着每年项目的出新，逐步加压，对于科室管理来说是一种考验，项目申报越来越难，项目申报的涉及面越来越广，越来越深入，使得该活动渐入佳境。如“消毒剂的综合利用”项目，不仅仅立足于本科室，更具有全公司推广价值；“工程报修紧急情况协作系统”是科室管理员利用自己在计算机方面的优势，开发的工程报修紧急情况协作系统的小程序，该系统表单可在手机上简单操作，目前已投入了实际运用。“我为公司献一技”活动连续开展以来，已成为公司的一个品牌，充分调动了职工的积极性创造性，展示了职工的聪明才智，职工献计献策践行“节能减排”理念，不仅为公司节省了经济上的支出，更是对国家资源的一种有效保护和合理利用，通过一个个申报项目，可以深深感受到广大职工爱岗敬业、积极进取、不断创新的精神，用自己的每“一小技”来推动公司管理和效益提高向前迈进“一大步”。

点评 COMMENT

“我为公司献一技”活动作为工会组织开展劳动竞赛的一种形式，有效激发调动了职工的积极性、创造性，体现了工会组织职工劳动竞赛积极参与企业管理的优势，更集中体现了一线职工立足岗位，从不同的角度努力提高工作效率和工作质量，向管理要效益，向技术技能要效益的“勿以为小、精益求精”的企业主人翁精神，实践和唱响了“工人伟大、劳动光荣”的时代主旋律。

上海市中医文献馆工会

“看见，你的美”：一次生动形象的中医药科普活动

上海市中医文献馆作为“蔡氏妇科”流派传承基地、上海市健康科普文化基地以及上海市科委科普项目立项机构，一直关注女性健康，重视中医药科普。2018年，中医文献馆党政工联合，开展了题为“看见，你的美”的中医药科普活动。从呵护女性健康的角度，以图文并茂的设计、浅显易懂的方式，传播中医有关女性身心养护知识，弘扬中医之美，展现中华传统文化的博大精深。

一、“看见，你的美”摄影大赛

奥古斯特·罗丹曾说：生活中从不缺少美，而是缺少发现美的眼睛。因此，科普活动以“看见，你的美”为题。2018年9月30日，中医文献馆启动了“看见，你的美”摄影大赛，征集各种青春期女孩与母亲互动的美好场面，以体现母女之间美好互动的场景为主要题材，旨在让女性在平凡的家庭生活中发现彼此的美丽，共同探索健康和生命的意义，营造和谐的家庭环境。同时向全社会展示不同年龄不同角色女性的精神风貌和健康之美，引导大众关注、关心、关爱女性。

大赛共征集了334幅参赛作品，经过5位专家评委的严格评审，50幅作品脱颖而出。10月27日，50幅作品开始网络投票。最终，结合网络排名和专家评分，评选出了一等奖1个，二等奖3个，三等奖6个，优秀作

品奖 40 个，以及最佳人气奖和评委特别奖各 1 个。

11 月 10 日的思南公馆弥漫着青春气息，一个个生动可爱的“天癸小精灵”在不同角落向人“招手”，小广场的“荷花大道”上一幅幅精彩的摄影作品引得过路人纷纷驻足。(图 1)“看见，你的美”摄影大赛在此举行颁奖典礼。

图 1　小广场的“荷花大道”上的摄影作品

颁奖典礼由上海电台《活到 100 岁》节目主播李宁主持，来自上海市文明办、上海市卫生计生委的有关领导及摄影界、中医界的嘉宾到场见证，并为获奖者颁奖。活动现场，获奖选手及代表依次上台接受颁奖，并领取

了奖品。(图 2)

图 2　摄影大赛颁奖典礼现场

这 50 幅入围作品在思南公馆小广场的展出一直持续到了 11 月 16 日。仪式结束后，由上海市中医药学会妇科分会的张婷婷主任委员和中医文献馆文化传播研究中心肖芸主任分别以“呵护你的美”和“芳香你的生活”为题作有关青春期少女的中医保健、女性精油保养的公益讲座。现场还有张婷婷主委率领海派中医骆氏妇科骆春、蔡氏妇科王海丽、朱氏妇科王春艳等专家为女性朋友进行义诊。

二、“看见，你的美”主题专列

11 月 23 日，上海地铁 2 号线，乘客们坐上了一辆满载“天癸小精灵”的专列（图 3）。这趟专列就是以中医文献馆“看见，你的美”为主题打造的，宣传设计聚焦青春期女性，立足经典，巧寓医理，将中医有关女性的身心养护知识，以图文并茂、浅显易懂的方式在地铁车厢内部、沿线灯箱广告中呈现。旨在将中医“治未病”理念传递给更多人，引导大众关注青春期女性的身心健康。

图3　地铁二号线沿线灯箱广告

设计的天癸小精灵形象，旨在点出影响女性成长发育的关键动力是天癸，女性的月经、痤疮等问题均与天癸的充盛与疏泄有关，树立大众见病求源、见标知本的观念；将“一源三歧”“二七天癸至”等概念赋予天癸小精灵，通过其不同姿态的演绎，使深奥的中医经典内容落地。以小精灵的形式暗喻陪伴青春期女性成长的外在与内在的环境：在内，是女性生理发展本身具有的生命力；在外，是来自社会、父母、老师等的呵护。将这两方面的力量具化为小精灵，集老师、家人、朋友于一身，提醒青春期女性生活起居注意事项，寄托她们的情感需求，有助于使她们真实地感知到被呵护与被关注，有助于她们身心的健康发展。在车厢里的乘客被这群可爱的“天癸小精灵”簇拥着，本次地铁专列的整体设计为中国画风格，颜色协调，形象柔美，带给人身心愉悦的观感。与此同时，与中医妇科相关的科普知识，针对青春期、更年期等不同阶段女性的养护方案，对青春痘、痛经、失眠等女性常见病的中医调理方法，也在中医文献馆的官方微信号中陆续推出。

点评 COMMENT

上海市中医文献馆党政工联手，以“看见，你的美”为题，举办科普系列活动，向社会公众传播女性健康中医养护理论知识。活动立足中医经典理论，深入浅出、图文并茂，使医理落地以指导生活。成为中医药文化推广活动的有益探索，也是进行精准化中医药文化传播的又一次尝试。

长宁区妇幼保健院工会

开展创新奖擂台赛 推动医院温馨服务上台阶

自2008年开始，长宁区妇幼保健院工会组织开展“温馨服务创新奖擂台赛”，要求医院各班组根据业务工作特点，聚焦人民群众反映的热点、难点、瓶颈问题，围绕优化服务流程的新举措、体现人文关怀新做法，人性化细节服务新亮点，提出具有领先性、独创性、可操作性、示范性的项目。“擂台赛”每两年举办一届。

一、领导重视、全员参与，培育扶持创新项目

为确保温馨服务创新奖擂台赛保持常态长效，长宁区妇幼保健院成立由党、工、团负责人组成的工作小组，聘请专业评委点评推荐出“创新奖”，行政专项经费支持，每两年进行表彰鼓励。“温馨服务创新奖擂台赛”聚焦服务中心工作、服务患者和服务职工，创新内容涉及改善休养环境，优化医疗流程、提升服务质量、促进沟通机制以及各类小发明小创造，所有项目均由一线员工领衔，相关职能部门指导。“温馨服务创新奖擂台赛”为一线员工创造了学习管理的机会，激发了员工主动参与医院民主管理的热情，用心关注身边的服务细节，改善服务细节，解决医疗服务中的难题。对入围院级“创新奖”项目，医院集全力进行培育，择优推荐到区级市级参评。（图1）

图 1　职工在温馨服务创新擂台赛讲述项目由来、优化举措、创新成果和服务体验

二、积极参与医院管理，推动优质服务成效显著

“温馨服务创新奖擂台赛”自 2008 年开展以来，得到职工的大力支持，班组参与率 100%。10 年来，全院共征集到温馨服务案例 130 件，合理化建议 80 余项、五小发明 20 余项，其中获国家专利 26 个，全国优秀品管圈项目 4 个，市级医疗服务品牌 12 个，上海市职工创新项目和金点子奖 5 个。近三年，全院职工结合上海市改善医疗服务行动，先后推出了“产科初诊流程优化”“IPAD 图谱助力术前谈话”“健康 360”“术中保暖三件套”等项目，医疗服务品牌在全市卫生行业推广。（图 2）服务职工的一些项目，如“速递易”“蔬果进医院”“家庭日活动”“巴林特小组”“悦读者”等备受职工喜欢。（图 3）“温馨服务创新奖擂台赛”成为医院改善服务品质的重要举措，已经融入医院的骨髓，成为医院优质服务的基因。职工主动参与民主管理，主动观察服务流程，主动思考解决方案，主动提供优质服务已经

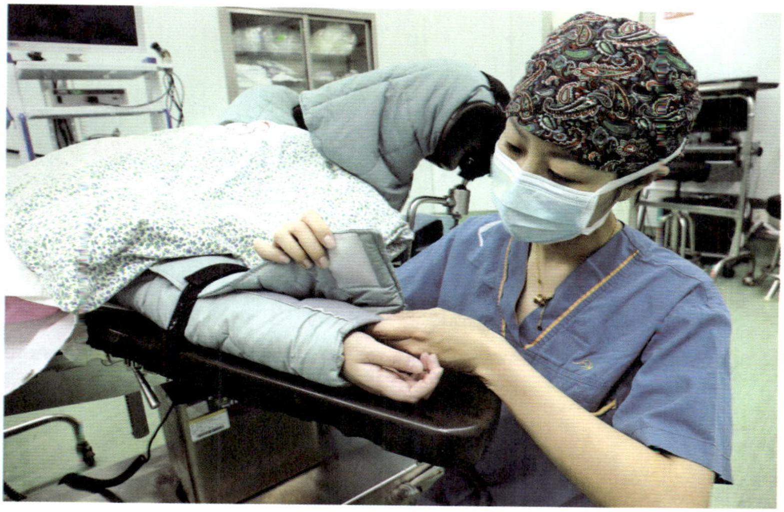

图 2　一线护士为温暖手术患者肢体创新的术中保暖五件套获国家实用专利，市医疗服务品牌

图 3　家庭日活动是每年职工子女最期待的活动

形成氛围，对医院发展和优质服务的责任感和使命感得到极大的提升。

点评 COMMENT

长宁区妇幼保健院以开展“温馨服务创新奖擂台赛”为载体，引导医务职工参与医院民主管理，在工作中发现服务缺陷，在思考中探索服务瓶颈，职工的积极性和聪明才智得到充分发挥，竞赛中涌现丰硕的创新成果，促进医院不断改善服务，形成优质医疗服务品牌在全市产生较大影响。

徐汇区凌云街道社区卫生服务中心工会

多层面开展“凌距离”活动
助推医疗服务的“零距离”

徐汇区凌云街道社区卫生服务中心（以下简称“中心”）工会以“凌距离”为题，开展服务职工、服务患者的主题活动，通过形式多样的活动，搭建工作平台，推进实现医院与职工、与居民、与社会的零距离，增强了工会组织的影响力和凝聚力，发挥了工会的桥梁纽带作用。

“凌距离”活动以畅通中心与职工，职工与居民，职工与社会这三个方面的服务渠道为切入点，着力打造一个密切相互联系，真正实现零距离服务的医疗环境。

一、医院领导与职工的“凌距离”

医院领导与职工的密切联系沟通，是建设和谐医院文化，为患者提供优质服务的基础。凌云街道社区卫生服务中心党政班子成员、工会干部与职能科长以“凌距离”干部现场办公会形式，深入到各科室（团队），进行面对面沟通、近距离交流，搜集职工意见建议，进行业务指导，通过加强沟通、协调，及时解决问题，提升了整个中心的工作效率。中心多渠道打造与职工的交流沟通平台，坚持开展金点子意见征集活动，群策群力“云畅想”活动，引导、鼓励职工畅所欲言、建言献策，围绕社区卫生服务中心建设、发展，新医改落实、便民服务、优化流程、党群工作等积极献计献策，发挥主人翁作用，集思广益，用集体智慧来发现问题、解决问题，增强服务百姓的能力。中心工会开展形式多样、内容丰富的文体活动，展现职工的兴趣爱好及特长。中心成立凌云学社，以“快乐工作，快乐生活！”为主题，以缓解职业压力、提高职工综合素质为目的，充分利用业余时间组织开展相关活动。全院职工自愿参组到医生组、护理组、防保组、医技后勤组，形成社长、副社长以及组长的组织结构，由各组组长协调落实小组内活动，开展 MV 拍摄（图 1）、专题竞赛、参观学习、热门话题讨论、健康跑等内容的活动，丰富职工业余生活，加强相互交流、沟通，增进彼此了解、互帮互助，形成互助友爱、积极乐观的和谐氛围。

图 1　职工自编自导自演 MV 拍摄

二、医务职工与居民的“凌距离”

为了能使患者、居民和工作人员之间有更深的信任度，凌云街道社区卫生服务中心结合推进上海市卫健委提出的 10 项细节服务举措、优质服务基层行等主题活动，不断优化完善服务流程，改进服务细节，医护防结合岗位特点，全面开展优化服务活动。医疗，做实家庭医生签约服务内涵，提升居民获得感。（图2）护理，通过“有约有爱有护”，实现优质护理社区行。有约，即我和居民有个约会，举办社区护理知识小讲课活动；有爱，即阳光之家献爱心活动，与智障儿童“医”起学；有护，即服务敬老院送关爱活动，把优质护理服务送上门。防保，以诚心、真心、暖心、耐心、放心的“五心”服务显优质。通过主题活动，不断提高服务水平及业务能力，让每一位患者体验到温馨、优质、便捷的服务，不断提高患者满意度。

图2　家庭医生史超上门为签约居民开展慢病随访管理

三、职工与社会的“凌距离”

承担社会责任也是社区卫生服务中心工作人员不可或缺的工作职责，为了能实现职工与社会之间的紧密联系，中心以“奉献爱心、服务患者和社会”为目标，以徐汇区志愿者服务基地为平台，以“凌”距离志愿者服务团队为主体，开展社会服务活动。活动充分体现志愿服务无偿、利他的基本要求，有针对性地设计项目、开展活动，做到量力而行、务求实效。一是积极关爱独居老人，开展义诊服务（图3），加强社区文明共建，发挥卫生特长，有针对性地开展志愿服务活动项目，打造“凌”距离志愿服务文化。中心已连续七年每月为孤老提供上门服务。二是加强街道居委沟通，宣传解释医改工作，广泛征询意见建议。聘请社区行风监督员，开展满意度调查，提升中心良好的社会形象，提高社会认可度和满意度。

图 3 “凌距离”志愿者服务队开展义诊活动

点评 COMMENT

凌云街道社区卫生服务中心工会以“凌距离”主题活动为载体，以医院与职工、与居民、与社会这三个方面为切入点，着力打造一个真正零距离服务的医疗环境，推动医疗服务的改善与进步，发挥了工会联系党政领导与职工的桥梁纽带作用，增强了工会组织的影响力和凝聚力。医疗服务理念上的革新无论是对于医务工作人员还是对于患者而言，都是一种思想观念上的变更，中心工会开展“凌距离”活动助推医疗服务改革，迈出了坚定不移的一步。

上海市第二人民医院工会

劳模创新工作室：推进学科建设 培养人才队伍

上海市第二人民医院“李琦换药室”是本市首个以第39届南丁格尔奖获得者、全国劳模李琦老师命名的团队。（图1）2016年成功申报上海市劳模创新工作室。医院党政领导和工会组织重视劳模精神的引领作用，以劳模创新工作室的命名为契机，完善工作室管理制度，为劳模创新工作室的发展运作积极创造条件，推动工作室在学科建设和人才培养上进一步发挥积极作用。

一、完善制度、明确责任、规范操作

在医院党政组织支持下，李琦工作室制订了规章制度，从组织机构、运作模式、工作制度、考核制度，工作标准，技术操作流程、经费使用办法、拟定攻关项目等都做了一系列的规定。在师徒结对的基础上，进一步推行导师制，为工作室高效有序发展奠定基础。

图1 劳模创新工作室集体照

二、精益求精推进学科建设

李琦换药室作为伤口专科擅长治疗各种急慢性及久治不愈疑难伤

口。团队大胆创新开展对中药外用膏药的研究，将自制的立奇膏与新型敷料联合运用，利用立奇膏去腐生肌的作用，结合新型敷料为创面提供湿润低氧密闭的环境，从伤口的清洗清创局部引流为切入点，改变了传统单一的换药方法，从而达到愈合时间短、治愈率高、换药频次减少、患者舒适度明显提高的疗效。同时引进“负压封闭引流技术”通过全方位的引流将传统的点状或局部引流变为面状引流，保证创面每一处坏死组织及渗出液排出体外，从而提高伤口愈合率。近三年来各类伤口治愈率分别为压疮Ⅲ期80%左右、Ⅳ期接近70%；下肢慢性溃疡65%；窦道90%；急性乳腺炎90%；术后皮瓣坏死95%；糖尿病足80%以上。

三、在科研和人才培养上不断取得新成绩

作为上海市伤口护理培训基地，工作室团队不断探索总结，编制换药操作的标准流程、对伤口进行标准化管理、规范伤口护理病历、制订伤口护理指导手册、拍摄教学视频、完善教学器具。已经承担了上海护理学会造口见习护士83名，伤口适任护士168名的带教任务，各类进修人员几十名，丰富的案例资源、多元化的带教模式以及李琦老师南丁格尔精神的传承，使学员不仅有了业务上的收获，更感受到劳模精神的光辉。实训基地的学员满意率达100%。（图2）

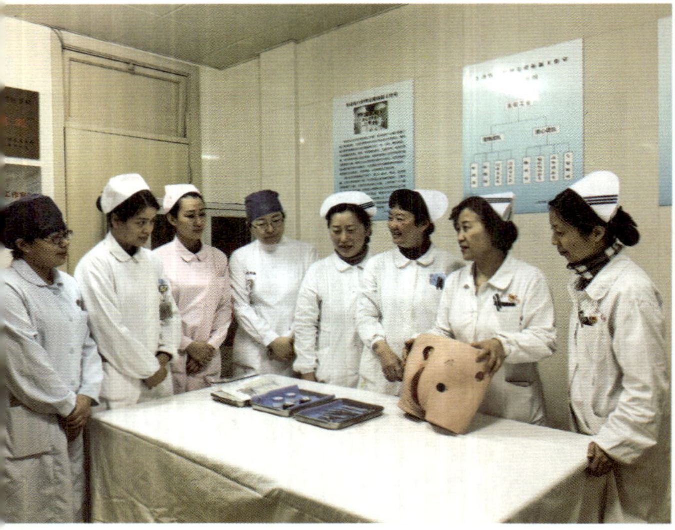
图2　市伤口护士适任班学员教具带教

护理事业的发展需要科研来推动，科室根据临床经验大胆创新不断突破，近几年来成功申报市区课题8项，荣获黄

浦区重点医学专科称号，在各类核心期刊发表论文 16 篇，出版专著《李琦伤口护理》获上海市职工创新资助项目。2016 年“蚕食清创法联合立奇膏治疗糖尿病足”获上海市总工会“第 28 届上海市优秀发明项目”银奖。同时科室不断提高内涵，目前已有两人获得国际伤口造口师，团队多次应邀参加市区有关伤口护理业务学习讲座及培训，如市护理学会“常见换药案例分析”、上海国际造口治疗师学校“清创术”工作坊授课、黄浦区医师沙龙规培生进行伤口护理讲座及操作演练，传播伤口专科护理新理念、新知识、新技能，受到广泛好评。（图 3）

四、推广创新成果，打造学习交流平台

医院工会为劳模创新工作室积极创造条件，争取资源，通过走出去，请进来，打造学习交流的平台。先后与顾玉东、解海霞、绿波廊等劳模创新工作室开展同行业和跨行业的交流，更新理念、不断创新工作模式。并

图 3　第三届伤口案例比赛

加入市医务工会劳模创新工作室联盟，拓宽渠道，深化内涵。医院还以劳模创新工作室名义与上海护理学会联合举办爱岗敬业主题会；与黄浦区卫生培训中心成立区域护士上课培训基地并连续三年举办区域案例评比会。随着优质护理服务的不断深入，科室打破传统就诊换药模式，在业余时间为行动不便的患者提供上门服务，足迹遍及上海的大街小巷。同时编制形式多样的健康宣教手册，建立微信公众平台，入驻360护理家平台，全方位地为患者及同行提供实时咨询以及指导会诊，使优质护理资源向全市辐射。

点评 COMMENT

上海市第二人民医院以劳模创新工作室为平台，充分发挥劳模的引领作用。通过制度建设、人才培养、学科建设、互动交流、推广宣传，来深化劳模创新工作室的内涵。劳模创新工作室推进了学科建设和人才培养，劳模精神及其创新成果的辐射影响不断扩大，工作室的品牌效应得到提升，在医学科学领域和社会领域等方面都取得了出色的成果。

复旦大学附属上海市第五人民医院工会

劳模创新工作室引领职工创新

复旦大学附属上海市第五人民医院（以下简称“五院”），位于上海市西南郊地区，是一所集临床、科研、教学为一体的三级乙等医院，共有职工 1 600 余名。由五院泌尿外科主任施国伟担纲的施国伟劳模创新工作室，创建于 2015 年 3 月，现已成为上海市级劳模工作室（图 1）。五院工会注重宣传弘扬劳模施国伟“规范化、人性化、精细化”的精神，发挥劳模创新工作室的引领作用，推动医院职工创新，有效激发职工创新活力，助推医院的良好发展，造福广大患者。

五院工会通过组织参观创新成果展、参加创新讲座等活动，分享创新

图 1　复旦大学附属上海市第五人民医院施国伟劳模创新工作室

的经验，鼓励职工从日常工作中遇到的问题入手，在做好临床医疗工作基础上，注重创新研发。自施国伟劳模创新工作室成立以来，通过不断的创新钻研，申请并授权专利 40 余项，发明专利 6 项，发表 SCI 文章 10 余篇，实现临床转化 2 项。将行为治疗领域新突破——完全自主知识产权的“賓式盆底优化训练疗法”进行推广，以点带面，帮助全国患者，取得极大的社会效益。获得 2016—2017 年度上海市卫生计生系统优秀志愿服务品牌，2018 年度闵行区优秀创新团队称号。

面向职工普及专利知识。由施国伟劳模创新工作室为全院各临床科室的医护人员宣讲专利申请的相关知识，以身边人、身边事带动其他科室专利工作向前发展。（图 2）医院开展知识产权宣传周，结合院情实际，面向社会公众、医务人员等群体，陆续组织开展了专利知识版面巡展、记事本的制作与发放、专利发明创新评估会、护理专场知识产权主题讲座、“鼓励创新研发，促进成果转化”医疗专利转移转化研讨会等多项知识产权宣传活动，全面展示五院知识产权事业的发展，提升知识产权保护意识，大力

图 2　施国伟劳模工作室在康复科、耳鼻喉科开展专利知识宣传活动

推进知识产权发展建设，激发职工创造发明的内生动力。此外，医院定期开展专利沙龙活动，邀请行业内专家现场进行专利难点剖析，与学员进行互动交流；大家互相切磋学习、分享经验，结合临床实际工作提出问题，大大激发了职工创新积极性。

医院长期以来注重职工创新能力的培养，鼓励并扶持职工申报发明专利和成果转化，建立了一系列的选拔和激励机制。每年医院开展职工创新发明选拔赛，并选送获奖的职工参加上海市总工会的优秀发明选拔赛和闵行区总工会创新发明奖项的申报和展览。为进一步保障各项知识产权工作的落实，做好成果转化工作，鼓励安排职工参加知识产权培训、医学科技成果转化管理与发展论坛，进一步提高职工的业务能力。2018 年医院职工申请发明专利 7 项、实用新型专利 28 项；授权发明专利 5 项、实用新型专利 26 项。有 6 名职工在第二十八届、二十九届上海市优秀发明选拔赛获得奖项，近 3 年有 10 多名职工在闵行区总工会的创新英才、创新发明展上获得荣誉（图 3）。市五医院被评为上海市卫生计生系统知识产权示范单位、

图 3　第三届医院优秀发明选拔赛汇报

闵行区专利工作示范单位。医院工会通过劳模创新工作室，为医院职工搭建创新的平台，提升了职工开展科技创新的积极性和参与度，助推医院良好发展。

点评 COMMENT

复旦大学附属上海市第五人民医院工会按照国家"健康中国 2030"规划纲要，结合医院发展实际，聚焦新时代职工创新工作，以施国伟劳模创新工作室为切入点，引导全院职工树立科技创新意识，建立多元化的创新机制和途径，有效激发职工创新活力。近年来医院在创新工作上获得良好成绩，多次获得市、区创新发明展的各项荣誉，提高了医院的社会影响和知名度，提升了职工的社会价值，展现了新时代医务人员的自主创新能力。

普陀区人民医院工会

厚植劳模文化　提升文明水平

普陀区人民医院建院80余载，一路走来积累了丰厚的文化底蕴，历年来培养了4位全国劳模、12位上海市劳模，涌现了一大批卫生系统的先进典型。为更好地发挥先进引领作用，医院工会致力于培育劳模文化，宣传劳模精神，以点带面，提升职工的整体道德素养，推动医院精神文明建设纵深发展。

一、开设“道德讲堂”，让劳模先进走近职工

继2006年首开“名家课堂”系列讲座之后，为积极弘扬社会主义核心价值观，在全院职工中形成学习劳模，争当先进的良好氛围，“道德讲堂”也在2013年应运而生。“道德讲堂”除了邀请一些有名的劳模先进之外，更多的是请来一些职工们身边的普通人讲述自己的故事。通过演讲、访谈、小品、视频播放等形式，让“身边人讲身边事，身边事教身边人”。发生在自己身边的好人好事，让聆听者更能感同身受，让劳模先进不再遥不可及，使先进榜样更具备可学习、可复制性。“道德讲堂”每一讲都由十八大代表、全国劳模于井子担任主持人。由劳模先进来采访劳模先进，由老劳模来引出新劳模，体现了一种传承和引领。至今为止的6次“道德讲堂”系列讲座吸引了全院广大职工和区卫生系统内同仁，并受到了市文明办、市文明网、红十字会等单位与媒体的广泛关注和极大好评。（图1）

图 1 “道德讲堂”第三十讲“我与中国梦”

二、建设道德基地，让劳模故事深入人心

2010 年翻修扩建的于井子思想道德建设示范实践基地通过文字、图片、音像、实物等的展示，让参观者了解于井子及其护理小组的先进事迹，进一步从普通人、平凡事中感悟到伟大和崇高，是市、区、行业内职工职业道德教育示范基地（图 2）。2017 年，该基地被市委组织部列为上海市党性教育基地。工会充分利用这一平台，扩大医德教育的内涵，使广大职工树立正确的职业理念和高尚的道德情操。它不仅是医院新职工、新党员的教育培训基地，更吸引了各行各业人士前来参观、交流。基地累计接待了 275 家单位，近万人次的参观。中宣部宣教局局长荆惠民曾来院调研，给予展馆高度评价。

随着时代的进步，医院从以前的院报、院刊等纸质媒体，发展到充分利用微信、网络、视频等各种新媒体手段做好先进典型的宣传。根据全国

图 2　新职工参观职业道德教育示范基地

劳模于井子事迹拍摄的《井子心语》荣获第四届全国品牌故事微电影比赛上海赛区二等奖。医院微信公众号不定期地推出先进专版，为获评院首届“纺一工匠”称号的 10 位职工拍摄的微视频《匠人匠心》通过微信广为传播，让更多人为他们的匠人精神点赞。

三、创建劳模创新工作室，让劳模精神传承发扬

一枝独放不是春，百花齐放春满园。于井子成为全国劳模后，院工会在院党委领导下，以于井子为引领打造于井子护理小组及其姐妹班组。于井子“六心”护理劳模创新工作室和杜洪灵妇产科诊疗劳模创新工作室先后获评上海市劳模创新工作室，医院成为全区唯一一家拥有两个劳模创新工作室的医院。劳模创新工作室的成立使劳模的示范引领作用更加凸显，全院学习先进、赶超先进的氛围浓厚。市三八红旗手、市青年五四奖章、市优质护理服务先进个人、普陀工匠、市青年文明号、市巾帼文明岗等一

大批先进个人和集体层出不穷。此外，劳模工作室还积极与外院的先进班组结对共建，相互学习，共同探索人性化服务的有效方式，实现资源共享和共同提高。（图 3）

图 3　与外院的劳模创新工作室结对共建

四、成立志愿者工作室，让劳模成为文明标杆

新时代倡导志愿奉献精神。在于井子先进典型的引领下，2011 年初成立的“于井子志愿者工作室”是上海市卫生系统首批“上海市志愿者服务基地”之一。目前为止，已开展了 100 多项志愿服务项目，注册志愿者运 1 700 余人。每年开展健康讲座和医疗咨询等志愿服务百余次，受益人数近万人。2016 年 9 月，“于井子博爱慈善专项基金”成立，为更多就医困难的群体提供帮助。榜样的力量是无穷的，劳模精神正感召、吸引着更多人投身志愿服务和慈善事业。

点评 COMMENT

劳模先进是一家医院的宝贵财富。而如何学习劳模，如何培养更多的先进典型，是工会的一项重要任务。普陀区人民医院工会充分发挥劳模先进的示范引领作用，通过各种途径使劳模先进事迹深入人心，使先进人物不再遥不可及，使劳模精神变得可复制可学习，激发了全院职工争当先进的热情，有力提升了医院精神文明建设水平，为医院改革发展注入了强劲的精神动力。

杨浦区医务工会

一张“小红卡”贯通劳模就医“绿色通道”

随着市民物质生活水平的不断提升，人们对医疗健康的需求呈现出“爆发式”增长。如何缓解“看病难、住院难”问题，同样也成了劳模群体社会生活中迫切需要解决的一大“堵点”。认真落实市总工会出台的《关于进一步做好上海劳模关心关爱和帮扶服务工作的实施意见》，杨浦区先行先试，经过周密调研、积极排摸、多方协调、制订方案、落实保障，于2017年6月在全市率先启动劳模医疗服务专项计划，用一张“小小红卡”贯通劳模就医“绿色通道”。

一、创建理念

以优化劳模医疗全过程、全流程服务为着力点，以“温馨、即时、精准、高效”为目标源，整合一二三级医疗机构资源，为劳模提供跨界延伸的优质医疗服务体验。

二、创建设计

以“小红卡”为标志，以三级绿色通道为平台，以高层次开展“双结对”（劳模、家医双结对）、高规格形成“双覆盖”（对象、服务全覆盖）为标准，全力开放区域优质医疗资源向劳模倾斜。这“三级绿色通道”分别如下。

第一级绿色通道（社区卫生服务中心）。组织41位历届市区十佳家庭医生代表与有意愿的154位劳模签约结对，提供全方位的便捷服务，为有需求的劳模优先安排家庭病床、住院等“五优先”服务。（图 1）此外，协调第三方推出“长护险”统一办理评估，优先落实保险服务的措施。

图 1　家庭医生与劳模签约

第二级绿色通道（区属各二级医院）。在各就医服务窗口张贴“劳模优先”绿色通道标识，劳模凭“小红卡”，即可享受挂号、就诊、检查、付款、取药、住院“六优先”服务。（图 2）

图 2　劳模就诊时凭小红卡享受优先服务

第三级绿色通道（区域三级医院）。建立专管员制度，跨界协调新华、肺科、红房子、长海等市属三甲医院，为区域内全国劳模提供专项绿色通道，落实便捷就诊。根据劳模意愿和居住地情况，由专管员落实全国劳模本人在上述医院的就医，就医过程有专人陪同，并根据治疗需要及时安排住院等服务。

三、创建做法

劳模诊前服务“入心”。通过建立劳模健康档案，“致劳模的一封信”、电话、微信、上门随访，加强劳模和家医的沟通；通过构建以签约医生为主、所在团队为辅的劳模团队服务模式，满足劳模全天候健康咨询和即时医疗需求，让家医关怀和信赖情感深入劳模心中。

劳模诊时服务“入身”。通过智慧医疗服务对劳模开展体质监测，并出具健康评估报告及运动营养建议，为其进一步就诊提供一些前置的、非创伤的参考指标；通过个性医疗服务为劳模开展免费体检、社区康复、长处方和延伸处方及特殊药品个性化申请等全方位的便捷服务，让科技互联和个性服务共同助力劳模身体健康。

劳模诊后服务“入脑”。通过定期召开交流会，了解劳模需求，推送健康资讯，宣传家医服务；通过解读劳模体检报告单，跟踪劳模健康状况，给予健康提示，制订健康处方，让健康理念和健康服务深入劳模脑中。（图 3）

四、创建成效

截至 2018 年 12 月，家庭医生共为劳模提供门诊服务 843 人次，上门家庭访视 312 人次，通过面对面、微信、电话等形式进行医疗咨询 768 人次，健康指导 827 人次，实现区内转诊上级医院 29 人次，通过三级医院全国劳模就诊绿色通道联系就诊 14 人次，解决了全国劳模在三甲医院一号难

图 3　家庭医生与劳模开展主题活动

求、一床难求的困境。市总工会在 2017 年第 23 期简报中，以《家庭医生与劳模“双结对”杨浦工会服务劳模又添新举措》为题，全篇报道了我们先行先试的做法。新闻坊也以“劳模签约家庭医生，诊疗实现私人订制”为题进行了专题报道。2018 年，该项目荣获上海市基层工会十大创新案例提名奖。

点评 COMMENT

以一张“小红卡”贯通劳模就医“绿色通道”的服务举措，紧紧抓住“签约平台——双结对、双覆盖”“服务平台——三级绿色通道”的关键要素，真心关爱劳模，真情服务劳模，同时用“优秀的团队服务于最优秀的人群，让优秀的团队变得更加优秀”的理念，为弘扬劳模精神、培育新生代劳模探索了新渠道。

瑞金医院卢湾分院工会

让医院成为“治愈”花园

医院是治疗人身体病痛的地方，音乐则是治愈人心灵的良药。当医院门诊开起了音乐会，这里不再是冰冷的治疗场所，而是变成了温暖的“治愈”花园。

瑞金医院卢湾分院工会与上海音乐学院合作，在医院党政领导的支持下和医院门诊办公室、团委的积极配合下，在门诊大堂举办“门诊音乐会”。音乐会采用专业和业余相结合的模式，既有上音学生的专业演出，也有本院有才艺的职工登台献艺。自 2017 年底至今已举办了十余场风格各异的小型音乐会，如上音学生的手风琴演奏、民乐合奏、弦乐四重奏、古典音乐会等（图 1）；本院团员青年的钢琴伴奏诗朗诵、长笛独奏等，在门诊有限的位置上，总是座无虚席。（图 2）

图 1　上音学生带来的手风琴音乐会

图 2　医院团委副主席表演的钢琴独奏

与上海音乐学院合作举办门诊音乐会，意义在于既是上音同学奉献爱心、展现自我的舞台，也是让患者感受艺术、减轻痛苦的“良药”，更是传递社会关爱、构建和谐医患关系的平台，通过音乐舒缓心情，提高就诊积极性与依从性，用艺术引发医生和患者心灵的共鸣，这就是门诊音乐会想传达给观众们的理念。（图 3）

图 3　医院工会、团委、门诊办负责人与音乐学院师生合影

门诊音乐会深受患者喜爱，一些患者已经开始根据音乐会的演出来安排就诊时间，甚至有些老病人带着相机专程来听音乐会。对音乐与生活的热爱，让患者在治疗病痛的时候也能拥有如此简单的快乐，这便是音乐的魅力。当门诊的喧嚷融化在音乐的涓涓细流中，当等待的焦躁在跳跃的音符里变得平静，当身体和心灵的病痛被琴键上温柔的手所抚慰时，这里便不再只是治疗的场所，而是患者和医生共同的“治愈”花园。

点评 COMMENT

瑞金医院卢湾分院工会与医院门诊办、团委联手，与上海音乐学院合作举办医院门诊音乐会，用音乐改变医院候诊的喧嚷、压抑，为患者舒缓心情、减轻痛苦，这是工会引入社会资源、传递社会关爱，服务患者、推进医患关系和谐的有效举措，也是工会参与医院文化建设，营造了一方治愈心灵的精神花园。

03 EXPERIENCE 实践

保障职工权益

复旦大学附属中山医院工会

深耕心理疏导项目　培育新型医院文化

——“巴林特小组”项目在中山医院落地和转化

复旦大学附属中山医院于2009年引进“巴林特小组”项目。项目由院工会牵头，心理医学科、医务处、教育处等部门共同合作。10年来，“巴林特小组”项目组织活动200余次，8 000余人次参与讨论和观摩。中山医院“巴林特小组”活动为上海医疗卫生行业开展心理疏导和改善医患关系提供了启示。2015年4月，由上海市医务工会牵头组织、由中山医院专家团队承担授课、培训任务的巴林特小组工作坊成立，开始为上海各医院培训巴林特小组活动骨干人员，中山医院也因此而成为上海医疗卫生系统推广“巴林特小组”项目的培训、孵化基地。

“巴林特小组”是一种在国外广为运用的训练全科医生处理医患关系的方法。近年来，巴林特小组的影响迅速在中国扩大，在一些大型综合医院已开始把“巴林特小组”作为临床医学身心医学基本技能培训的方法进行推广。“巴林特小组”项目活动以小组讨论的形式，探讨医务人员在服务过程中遇到的与心理社会因素有关的案例，重点是针对医患关系进行讨论。针对典型案例，通过角色转换、遐想、共情等方式分析事件当事人情绪背后的心理过程，让医务人员理解患者及家属的情绪及行为，从而释放自己内心的负面情绪，以包容的心态对待患者。“巴林特小组”不仅仅讨论心理学方面的问题，其案例还包括所有医生遇到的各种病人类型，通过具体讨论病人的特点和该医生在诊治过程中观察到的事实及内心感受，通过提问、讨论、建议等方式集众医生智慧来共同处理这些难题。

中山医院工会为“巴林特小组”活动提供活动场地、经费等各方面支持，加大“巴林特小组”活动的宣传力度，吸引更多的职工参与活动；配备心理学专业团队和日常管理员，定期对“巴林特小组”组长进行业务培训，培养了一支专业素质较高的“巴林特小组”工作队伍；工会牵头建立了巴林特组长制度，并联合教育处，把“巴林特小组”活动纳入中山医院住院医师规培计划。院工会还开辟专用场地成立“知心家园心理咨询志愿者俱乐部”，配备拳击沙包、手套，开设“专业拳击吧”，添置“心理沙具”等心理咨询专业用品，为“巴林特小组”开展心理沙箱疗法创造条件。

随着“巴林特小组”项目活动的开展，其帮助职工缓解职业压力，提供心理疏导的作用日益显现出来。参加巴林特小组活动的医务人员反映，在“巴林特小组”活动中找到内心的归属感。一位医生坦言，虽然在发生医患矛盾的当天，她很快平复心情，但“直到参加完活动才真正卸下心理包袱”。还有的医生表示：“自从事件发生后，我一直很害怕，每天提心吊胆，总担心再次遇到同样的患者。在巴林特小组给大家分享了这个案例，得到许多同行的建议和鼓励，我感觉心里暖和多了。”这些真实有效的心灵治愈每天都在中山医院发生。

中山医院“巴林特小组”活动始终坚持“保护原则”和“保密原则”，发言时不能进行人身攻击，要求各位成员在离开小组回到工作岗位时，不能传播案例提供者所讲的内容。这就营造了一个安全的同事交流互助平台。（图 1）

“巴林特小组”的活动以具体的案例为引导，组员们分享各自经验，原先意识的盲点被发现和阐明，从而获得处理医患沟通过程及医患关系不一样的视角。对每一个参与的人来说都是启发，可以帮助临床医务工作者提高沟通技巧及共情技术，帮助临床医务人员识别和处理自己的情绪压力，有助于解决困扰临床医务人员的非医学技术方面的问题，帮助医生更好地

图 1　中山医院院领导和职工一起参加“巴林特小组”活动

处理医患关系，提高医患沟通技巧。组员们通过思想的交汇，形成一种更具理性的思考方式，同时凭借专业优势，构建有效的员工心理关怀平台。更多理智的理解和判断，使得组员们获得来自群体的支持，有效舒缓职业压力、调整心态，起到自我调解以防止医生自身的“心力耗竭”。（图 2～3）

图 2　中山医院“巴林特小组”舞动治疗活动

图3 中山医院“巴林特小组”圣诞节特别活动

经过10年探索实践，中山医院“巴林特小组”活动已在上海乃至全国传播。作为医院国家级继续医学教育项目“医患沟通训练及核心心理治疗技术”“医患沟通及职业压力管理”培训的主要内容加以推广。近年来，中山医院先后承办了上海市卫生系统“巴林特小组”系列培训中级班、高级班共四期，每年承办或协办医疗系统“巴林特小组”工作坊培训，培养了一批“巴林特心理”疏导组组长，帮助其他医院建立“巴林特小组”。

中山医院“巴林特小组”荣获了第四届全国医院文化建设“优秀成果”奖、上海市“人文关怀心理疏导示范点”、上海市卫生系统“医院文化品牌”、上海市医务工会“服务职工优秀实事项目”、复旦大学文化基层单位特色项目二等奖。

这一有益于医务人员身心健康、促进医患和谐的文化建设项目先后被《解放日报》《文汇报》《中国医学论坛报》等以及中央电视台、上视新闻综合频道《新闻透视》节目等媒体争相报道和传播，得到了业内和媒体的广泛关注及认可。

点评 COMMENT

“巴林特小组”是广泛运用于训练临床医务人员处理医患关系的方法。在中山医院10年实践中，“巴林特小组”从单纯的心理疏导逐渐发展成为不同学科之间、医生与护士之间、医护人员与职能部门之间等不同群体间深度交流的平台。通过对具体案例的分析、讨论、分享，使活动参与者获得理解、支持、鼓励，有效舒缓职业压力，提高医务人员的沟通技巧，改善医患关系，提高医疗服务质量和满意度。中山医院的探索为医疗卫生系统推广这一心理疏导方法积累了经验，上海市医务工会在中山医院设立“巴林特小组”工作坊，联合开展项目骨干培训，为这一项目深入上海乃至全国医疗卫生系统广大职工心灵，推进医院文化建设和员工心理关怀，促进医患和谐发挥了积极作用。

复旦大学附属华山医院工会

给员工一个敬业爱院的理由

——华山医院实施员工关爱计划

2013 年，华山医院工会和华山“心灵绿洲”工作室借鉴 EAP 模式，融入心理学、管理学、社会学相关理论，与上海知名高校的心理学专业团队合作，结合医院实际情况率先启动“华山医院员工关爱计划（Huashan EAP，HEAP）”，在上海卫生系统中尚属首创。（图 1）

EAP（employee assistance program），译为“员工帮助 / 关爱计划”，是组织为员工设计的一项长期的、系统的援助和福利计划。华山医院工会认为，医务人员作为医院最重要的人力资源，对执业工作状况及所服务医院的满意度，不仅关系其个人身心健康，而且直接影响其所提供医疗卫生服务的质量、工作效率及医院团队的稳定性。在当前医务工作者高工作负荷和高工作压力的情况下，关爱保护医务人员身心健康，为他们提供良好的心理支持环境，将提升医务人员士气和积极性，激发创新力，从而提升医院服务能级，改善医疗服务水平。

一、华山 HEAP 运行模式

采用以内部项目管理包括专业人员培养为特征的内置式为主、结合第三方专业机构辅导和服务为辅的混合模式。即采用以医院主导为主、适度引入医院外 EAP 专业人员辅导和干预的模式。医院设立专门的 HEAP 实施团队，由工会、人力资源部等部门人员组成，负责计划的系统性制订、实施、评价和持续性改进，组织和培养行业自有的精神心理专家组建关爱师团队，坚持计划的整体性和系统性。

图 1　华山员工关爱计划启动仪式

二、华山 HEAP 的三级心理援助体系

华山医院 HEAP 三级心理援助体系见图 2。

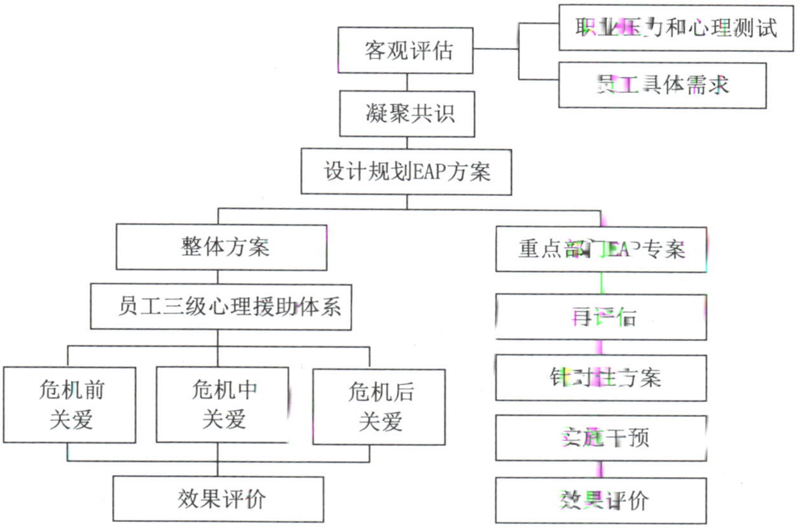

图 2　华山医院员工关爱计划实施流程

1. 危机前关爱：以正确认识和合理预防为导向

面对医院所有职工，其目的是减少或消除导致职业心理压力和心理问题的因素，建立一个积极的、支持性的工作环境。包括如下内容。

（1）开展职业压力测试和心理健康体检，扫描评估员工压力源、压力程度和心理状态，使得 EAP 项目的设计更有针对性。

（2）疏通沟通渠道，搭建交流平台，建立问题分层解决指南。让员工在与管理者的沟通交流中舒缓压力，建言献策，同时也促进了医院管理质量的持续改进。如华山 EAP 中开展的“和谁一起午餐”活动。

（3）开展主题培训，提高员工自我管理、自我调节、沟通交流技能。内容涉及身心健康（“幸福华山”系列课程）、法律知识（在行医过程中如何规避医疗风险，医疗纠纷的处理方式等），人际交往（职场和社会中如何处理人际关系），沟通技能（沟通方法和技巧），婚姻家庭问题指导（婚恋问题咨询，老人孩子照顾指南，亲子关系处理，家庭矛盾排解）等。

（4）建立支持性工作环境，通过开展领导力培训、团队建设、职业生涯规划等手段，改善或重塑支持性工作环境。

（5）定期提供形式灵活的活动，如组织文体活动、拓展训练、联谊活动，缓解员工压力。（图 3）

图 3　正念瑜伽课程

2. 危机中关爱：以解决问题为导向

危机中关爱最重要的是及时性，应激事件如处理不及时，会转变成慢性心理疾病，形成职业倦怠，不利于个人成长和医院发展。对于正常医疗过程中无辜被伤害的医务人员，医院工会及EAP专员除了第一时间给予支持和慰问外，还为职工投保并办理人身意外伤害保险和提供法律咨询援助。对于其他突发的应激事件，医院采用慰问补助和心理援助相结合的方式给予关爱。

3. 危机后关爱：以缓解不良情绪为导向

一些危机的影响一旦产生后，并不会立刻表现出来，但会在以后的生活中对员工产生长远而潜移默化的影响，这就需要对其进行进一步的跟踪观察和及时干预。比如华山医院有针对性地把“巴林特小组”工作坊纳入医院EAP，作整体运行，使更多医务人员受益，也使巴林特活动从覆盖面、影响力和经费支撑等方面都得到保障。（图4）

图4　巴林特小组活动

另外对心理压力和职业倦怠特别严重的员工和科室部门，华山 EAP 项目中还制订小型 EAP 专案，定期提供针对性的团体心理辅导、个体心理咨询和团队拓展活动，保证员工能够顺利、及时地获得心理咨询及团队支撑，也是医院 EAP 向精细化、精准化发展的实践探索。

经过近七年的扎实推进和理论创新，华山 EAP 无论从实践操作还是理论探索方面都闯出了一条具有医院特色的 EAP 实施之路，已形成了一套可复制、易推广的中国医院 EAP 运行模式和一套全方位立体的员工关爱体系。横向包含身心健康、个人成长、职业生涯发展、社会适应等四大模块；纵向囊括危机前、危机中、危机后等三级援助体系；目标体系包括个人层面和组织层面；内部保障包含制度保障，组织保障，人员保障（注册 EAP 关爱师）和经费保障；外部通过 EAP 医疗卫生行业联盟开展合作，资源共享，从而系统性整体化给予员工人文关怀和心灵关爱，从而促进员工心理健康，提高员工自我调适能力，提升员工心理资本。

三、华山 HEAP 实施效果

华山 EAP 的开展，以实现人的全面发展为目的，引导员工提高自我调节能力，塑造积极向上的阳光心态，形成互相帮助的和谐氛围，创造有利于员工成长的人文环境。据统计：华山医院开展员工关爱计划前 2012 年职工总体满意度为 83.18%，2014 年为 86.73%，2016 年为 90.60%，2018 年达到 94.6%，比 2012 年增长 13.7%。而医务人员的“职业倦怠感阳性率”下降 2%，成效显著。

与此同时，医院 EAP 的探索也越来越得到社会的关注和首肯：华山 EAP 先后荣获国际 EAP 协会中国分会客户专委会“最佳实践奖”，上海市公共关系协会“优秀实践案例金奖”，国际 EAP 协会中国分会 20 周年“最佳实践案例奖”。医院连续三届获评上海市“劳动关系和谐职工满意企事业单位”，并荣获“上海市人文关怀心理疏导示范点”，中国医院协会“人文爱心医院”。中国医院 EAP 联盟主席、华山医院工会常务副主席苏家春获评中国生命关怀协会“医院人文管理品牌建设先进个人”。

点评 COMMENT

华山医院是上海市卫生健康系统推动员工职业身心健康方面的开拓者和领航者，医院工会牵头实施员工关爱计划（EAP），在缓解医务人员的心理压力和职业倦怠，提高医务人员对工作环境的满意度等方面取得了显著成效。经过多年的探索，已形成一套全方位立体的员工关爱体系和可复制、易推广的中国医院 EAP 运行模式，并由华山医院牵头组建了中国 EAP 医疗卫生行业联盟，推动多家医院和医疗机构在更广泛的医务人员群体中开展以人文关怀为核心的员工关爱，在上海卫生行业内具有一定的影响力。相信在华山医院和中国 EAP 医疗卫生行业联盟的推动下，EAP 能助力医务人员真正成为职业健康的示范者和社会健康的引领者，为落实“健康中国 2030”做出贡献。

上海市第六人民医院东院工会

引进专业机构　实施医院员工关爱计划

随着医疗卫生体制改革的逐渐深入，以及患者日益增长的医疗需求，医务人员逐渐成为高风险、高技术、高强度、高压力、高紧张度的特殊群体，经常处于高度心理应激状态。上海市第六人民医院东院（以下简称“市六东院”），面对新建远郊三级医院职工不断承受的心理和生理挑战，大胆引入外部 EAP 专业机构，自 2014 年 3 月开始在全体职工中开展以“热情工作，快乐生活”为整体实施目标的市六东院员工关爱计划（E-EAP）。（图 1）

图 1　市六东院“快乐天使 E-EAP 计划”服务启动仪式

一、深入分析职工特点，因地制宜实施员工关爱

市六东院成立于2012年10月，是上海市委、市政府“5+3+1”项目工程之一，设41个临床医技科室，是一所集医、教、研于一体的三级甲等综合性医院。众所周知，目前医务人员承受着工作压力、人际关系、医患矛盾、家庭事业平衡、科研、晋升发展等诸多方面的压力。市六东院的职工，大多来自五湖四海，有着不同的文化背景和风俗习惯；其次，医院地处偏远郊区，离市区75千米之遥，50%员工承受同城分居之苦；加之医院内部缺少心理专业人员。面临如此状况，如何缓解员工压力，倡导正向医院文化，对医院领导班子提出了挑战。在文化背景复杂多样的同时，医院党政工组织认为，职工群体年轻化、可塑性强，是挑战背后的机遇；而借助外聘专业机构，可以更快、更有效地帮助职工调节和缓解工作压力，并逐步创建以提供职工压力管理能力、促进职工家庭事业平衡为主又兼备助力医院组织文化建设、具有市六东院特色的员工关爱项目。

二、对外公开招标，合理选择EAP服务模式

带着明确的员工关爱诉求，2014年3月，市六东院通过对外公开招标，引进上海林紫心理机构，面向全体职工合作开展快乐天使E-EAP计划服务，从而成为全市乃至全国第一家引入外部EAP专业机构，开展医院员工关爱计划的医院。经过深入的调研沟通，市六东院制订了第一年“压力心检，防患未然”、第二年“暖心沙龙，深度宣传”以及第三年“重点关怀，文化共建”的E-EAP三年规划。经过项目开展，形成了学习培训、内部EAP团队培养、心理辅导、危机干预四项实施机制，建立了较为完善的实施体系。

三、结合职工特点，确定 EAP 员工关爱内容

项目内容涉及 EAP 知识普及、员工心理健康调查、电话心理咨询服务、危机干预心理咨询、减压培训、管理者团体辅导、员工关爱团队建设、探索建立长效常态机制等八个方面。从项目阶段性及重点工作的角度来回顾，市六东院的快乐天使 E-EAP 计划有系统、有层次地面向全院职工铺开关爱活动，主要包含以下几项内容。

第一，在项目启动初期，利用院内各大宣传平台，对全体职工进行多次大规模的宣传、推广、普及，并在全体职工大会上，进行了简单隆重的启动仪式，项目启动通报覆盖全体职工。

第二，对全体职工进行了“综合压力测评”的调研，职工参与人数达到 430 人，有效回答率达 74%，较为全面地反映了市六东院职工所承受的压力来源、所处的压力情景及普遍的压力感受等情况。

第三，充分利用现代互联网，通过微信平台定期推送各类减压、人际、心身健康、生活平衡等主题的原创文章，并大胆尝试通过微课的形式，根据职工兴趣与需求，利用碎片化时间，灵活安排充电和学习的机会，微课参与及微信文章阅读达到 6 000 余人次。

第四，面向全体职工及其直系亲属开通 7×24 小时的咨询预约热线，为职工提供从工作到生活方方面面的情绪与压力困扰支持，已开展咨询个案 20 余例，其中婚姻情感 40%，工作方面 30%，情绪管理方面 10%，子女教育方面 10%，其他 10%。

第五，依据综合压力测评的调研结果，对不同科室的职工及科主任以上级的管理人员进行阶段性主题培训 15 场，培训反馈好评率达 92% 以上，覆盖职工百余人。

第六，在项目实施期间，医院某科室突发危机事件，E-EAP 项目小组在 24 小时内紧急处理，对该科室职工进行及时、有效的团体辅导，疏导职

工情绪，最大限度地降低了事件带来的负面影响。

第七，以心理学应用技术的角度，遴选内部关爱大使10名，培养一支联系全院各科室的内部关爱大使队伍，并制订从基础、进阶、应用三个阶段的实用性系列培训。为今后在医院持续、深入实施 E-EAP 项目提供有力的内部团队基础。

第八，对全体职工再次进行了“综合压力测评”的调研，与 2015 年调研情况前后进行了比对，并进行了深入分析、总结经验。2018 年年底，面向所有的工会干部及工会积极分子 85 人开展了为期 18 个学时的 EAP 执行师培训，探索建立长效常态机制。（图 2）

图 2　市六东院 EAP 执行师培训

市六东院作为一家年轻的医院，一支年轻的队伍，在开展 EAP 活动以来，运营效率逐年提高，业务量每年保持 20% 递增，学科建设不断加强。员工对项目的认知度和认可度都不断提升，医院的影响力也不断扩大。2017年市六东院工会成为国际EAP中国分会会员、中国EAP医疗卫生行业联盟第一届理事单位，同时E-EAP项目被评为中国医院协会的全国医院文化亮点特色优秀案例。

点评 COMMENT

上海市第六人民医院东院作为唯一一家外聘专业机构实施EAP的医院，做了一次大胆的尝新。EAP服务本质上也是思想政治工作的一种现代化表现形式，两者的共通性在于都是为职工谋求思想精神层面上的健康，积极正向地工作生活。实践证明，关注医疗行业人员的心理健康，意义重大。EAP关爱服务帮助职工提升心理弹性、心理资本的同时，在工作生活上给予一定的支持与帮助；让医务人员在工作生活中保持心态平和，为人民群众提供更优质、满意的医疗服务，避免高压作业、减少医患冲突；同时可以帮助科主任与员工建立良好关系，增强员工间相互理解和支持，助力医院全面发展。

华东医院工会

让劳务派遣工融入工会大家庭

华东医院是上海市医务系统较早开展劳务派遣工入会工作的单位。2013年以来，华东医院工会在医务工会的指导下和医院党政班子的支持下，不仅及时做好劳务派遣工加入工会的工作，而且立足“融入”，让劳务派遣工真正感受到工会大家庭的温暖。

一、以制度为保证，始终敞开入会的大门

制订《华东医院非在编职工入会实施办法》，明确劳务派遣工来院工作满一年后以团体方式加入工会，从制度上保证，始终敞开入会的大门。目前，有490名劳务派遣工加入了工会，动态入会率100%。在组织管理上，成立劳务派遣部门工会，由医院工会统一领导管理，并选举产生了该部门工会主席、委员，使劳务派遣工具有和在编职工同样的工会建制，在管理上体现正规化、制度化。（图1）

图1　华东医院工会领导高温岗位慰问

二、立足“融合”，共享发展成果和机遇

2013 年以来，医院工会不仅重视劳务派遣工在组织上入会，更重视劳务派遣工真正融入工会大家庭。在薪酬上，劳务派遣工中的专业技术人员，包括部分后勤保障人员与在编职工一样进行绩效考核，领取相应的报酬，基本实现与同岗位在编职工同岗同酬。在民主权利上，邀请劳务派遣工代表列席职工代表大会，参加日常院务公开座谈会、意见建议征求会等；每年医院评选先进职工，都给予劳务派遣工特定的名额，做到同表彰同激励。在生活保障上，虽然劳务派遣工每月只收取 2 元会费，但在防暑降温慰问、逢年过节福利品发放上，与在编职工无差别。

五年来，医院工会向劳务派遣工会员发放各类福利 100 多万元。每年的高温慰问，医院工会做到总务处、保卫处、配送中心等劳务派遣岗位全覆盖，每年慰问 500 多人次。

根据劳务派遣工会员的建议，医院工会组织开展“一日游”活动，参观了南翔古镇、辰山植物园等，受到欢迎。(图 2)

图 2　华东医院劳务派遣工一日游

2013 年，在医院工会的支持、托底下，劳务派遣工部门工会成立了部门“救急济难基金”，五年来对突遇困难的会员提供补助 100 多人次。

2017 年，华东医院劳务派遣工加入工会的工作受到了上级工会的关注，上海市总工会专门来院进行了调研，医院工会承担的“上海部分三甲医院劳务派遣工队伍的现状研究”课题获第二十一届上海市卫生计生系统工会工作理论研究课题三等奖。

点评 COMMENT

加强劳务派遣工入会是各级工会长期关注的工作之一。华东医院工会作为医务工会最早推进该项工作的单位之一，不仅在制度、组织、经费上保障劳务派遣工入会工作。2013 年以来大力推进工作由“入会”向“进家”深化。华东医院工会不仅及时做好劳务派遣工加入工会的工作，动态入会率达 100%，更在同岗同酬，同工同保障、同表彰同激励上向在编职工“看齐”，让劳务派遣工会员真正融入工会大家庭，使他们把岗位当作荣誉和担当，与在编职工一起，为医院改革发展做出贡献。

上海市肺科医院工会

运用互联网技术深化“职工之家”建设

为探索互联网时代的“职工之家”建设，全力满足职工多样化的需求，上海肺科医院工会在医院党委的领导下，在上海市医务工会的支持帮助下，以改革创新为动力，以服务职工为重点，创新职工之家建设。他们在优化线下“职工之家”实体建设的基础上，打造网上“职工之家”，以更及时有效了解职工需求，实现线上线下的互动融合，为职工提供更精准有效的服务。

一、线下职工之家，让职工有实实在在的获得感

2016 年，医院建成职工活动基地——“肺科之家”。“肺科之家”占地面积 300 平方米，建有健身房、乒乓球房、瑜伽房、妈咪小屋、阅读角等，并为市医务工会书画基地——艺飞苑和沙龙等专门设立了活动场地。职工活动基地每周安排 3 次瑜伽活动、1 次乒乓球活动、1 次书法和 1 次绘画活动，每天开设午间健美操活动，多功能宣传墙播报先进典范人物，心情树让职工抒发情感，等等。

职工活动基地的硬件建设，为开展形式多样的文体活动提供了良好条件。医院工会平时各类会议、培训、沙龙活动等有了自己的场所，各种活动设施丰富了职工的文化生活，增加了职工之间的交流，让职工更有“家”的感受，有实实在在的获得感。“肺科之家”吸引了国内外同道前来参观交流，上海市总工会领导、俄罗斯圣彼得堡市和列宁格勒州工联代表团以及

系统内各兄弟单位，来参观考察后均赞不绝口。（图 1）

图 1　俄罗斯圣彼得堡市和列宁格勒州工联代表团访问医院工会

二、打造线上职工之家，为职工提供更精准服务

随着时代的发展和职工队伍的发展变化，工会感到，工会联系服务职工的窗口需要进一步拓宽。调查显示，72% 的职工通过微信、微博、QQ 等社交软件、52% 的职工通过手机 APP 获得信息资讯，互联网已成为职工表达诉求的主要渠道，工会的工作方式、服务方式也需要与之相适应。因此，医院工会将“肺科之家”向网上拓展，建设“互联网＋肺科之家”平台。

“互联网＋肺科之家”平台建设秉承“建设为了职工，运行依靠职工，成效惠及职工”的理念，以职工需求为导向，确定运行的模式内容。在试运行半年余后，于 2018 年 3 月正式面向全院职工上线运行。工会定期推送服务项目，如各项活动报名、好书电影推荐等，职工也可进行订餐、健身预约、职工求助、职工建议、法律援助、心理疏导等等多方位的移动服务。通过“肺科之家”平台报名活动的便捷性、快速性及不受时间和空间的限制，活动项目不断增加，参与点击人数也越来越多。（图 2）

在上海市医务工会举办的全市卫生系统实事项目申报中，“互联网 + 肺科之家建设项目”脱颖而出，获得 2018 市医务工会服务职工优秀实事项目。

图 2　线上“肺科之家”订餐、健身预约、活动、会议预约微信界面

三、线上线下融合，提高了工会服务的效能

“互联网 + 肺科之家”的方便快捷、不受时空限制的优势，将实体工会组织搬到了网上，建立点面结合、纵横交错的网上工会组织，实现了服务时间的全天候，全面提升了工会工作效能。设置了职工诉求网上服务通道，把服务内容搬到网上，推进服务内容向一线职工延伸，打开工会联系服务职工的新窗口。通过网上倾听职工群众的想法，及时有效了解职工群众的呼声，收集职工群众意见、建议，对于能解决的线上回应处理，对于暂时不能处理的，联系、咨询相关部门，做好解释和答复。有效地构建了问题反映、建议采纳、服务流程和办理成效一体化的服务保障机制。从而推动把知民情、解民忧、化民怨、暖民心作为经常性、基础性、根本性的工作。

“互联网＋肺科之家”的服务具有亲民性、便捷性的特点，如有订餐服务、健身预约等，可以通过线上受理、线上线下办理，增强了与职工的互动和信息的透明度，拉近了与职工的距离，服务内容的喜闻乐见、贴近职工及设置个人中心板块与职工饭卡绑定等有关的因素，吸引肺科医院几乎全部职工都关注参与到“肺科之家”平台，实现了对服务对象的全覆盖，提高了信息共享和应用的效率，增强了工会工作的实效性。

点评 COMMENT

职工之家建设既是一项长期性、常态化的工作，也是需要与时俱进的工作。“互联网＋”是一种理念，也是一种方式。随着“互联网 ＋”时代的到来，如何充分运用互联网等新兴技术，有效整合工会内外资源，建立完善职工服务体系，对工会提出了前所未有的挑战，同时也为工会创造性开展工作提供了机遇。上海肺科医院的“肺科之家”平台建设，构建了上下联动、线上线下互动的工会工作格局，对于更好满足广大职工的需求、为职工提供更精准有效的服务做出了有益的探索。

上海市精神卫生中心工会

“心灵驿站”：抚慰护士心灵的温馨港湾

2013 年 9 月，上海精神卫生中心工会在党政领导的大力支持下，与护理部共同建立“心灵驿站”，为临床一线护士提供一个舒缓压力、调适心理的平台。由于精神科护士职业的特殊性，工作责任心重、工作环境中应激强度高，经常承受着社会的偏见与不理解，甚至承受患者及患者家属的暴力言语等诸多因素，使精神科护士成为职业倦怠表现突出的一个群体。据统计，2012 年精神卫生中心护士遭遇患者言语暴力事件 2133 起，肢体暴力事件 16 起，同年新护士流失率达到 20%。这些情况表明，精神科护士成为职业倦怠表现突出的一个群体。对此，中心工会加强对医护人员的心理关怀、心理抚慰。六年来，“心灵驿站”为全院护士提供心理辅导 140 余次，累计参与 800 多人次。“心灵驿站”成为抚慰护士心灵的港湾，荣获上海市卫生系统“人文关怀，心理疏导”优秀项目。心灵驿站志愿者服务队被评为 2016—2017 年度上海市志愿服务先进集体、上海交通大学医学院优秀志愿者服务组织。

一、加强队伍建设　多方联动保障

“心灵驿站”由中心工会、护理部牵头，成立本中心具备国家二级心理咨询师资质的志愿者队伍，采用值班制的形式，每天定时为有心理困惑的护士提供咨询服务，随时参与突发事件的应激处理。目前“心灵驿站”拥有志愿者 15 名，其中 3 人获注册员工援助师（医院 EAP 方向）初级证

书，1人获中级证书，更多有资质且热心为职工服务的志愿者加入“心灵驿站”。（图1）

图1 心灵驿站志愿者（右）为护士解压

二、创新服务理念 延伸服务触角

为了更好地开展“心灵驿站”工作，中心工会、护理部根据工会工作大调研和护士职业倦怠调查问卷，结合实际，不断创新服务理念，延伸服务触角。针对不同群体，采取个别心理咨询、团体心理咨询、志愿者心理督导等多种形式开展针对性的心理健康服务。六年来，“心灵驿站”完成两个转变：一是由成立初期针对新护士的心理辅导到如今对全体护士的心理关怀，尤其对男护士这一少数群体的归属感、潜力挖掘，以及资深志愿者到临床病区指导团体建设，实现从“授人以鱼”向“授人以渔”转变。二是自2015年起，通过护士上班心情“晴雨表”、全院护士职业倦怠感调查等活动，将被动应对问题向主动发现、解决问题转变。

同时，“心灵驿站”志愿者定期接受心理专家督导，提高对心理学专业理论、技巧和方法的掌握和运用，帮助志愿者处理情绪，给予支持，化解困扰，维护志愿者心理健康。（图 2）

图 2　心灵驿站志愿者定期接受心理专家督导

三、丰富服务内容　深化服务内涵

中心工会通过调查发现，护士心理问题与工作强度大、人际关系复杂等多重因素有关。针对中心护士“中度”职业倦怠、护士职业认同感差、医患、人际沟通薄弱等问题，中心工会开展“劳动最光荣——职工岗位技能竞赛月”活动，举办医护联合操作大赛、护士金点子征集、品管圈大赛、先进交流等活动，提高护士临床技能水平，提升护士自我认同；组织解压讲座、插花 DIY、瑜伽、永生花制作、巧手搭配丝巾等护士专场活动，有效缓解护士压力，丰富业余生活；举行甲状腺、乳腺、妇科体检等健康咨询、讲座，促进护士自我健康管理，为护士健康保驾护航。（图 3）

图 3　工会开展的瑜伽活动为护士解压

六年来，“心灵驿站”用爱和热情谱写着奉献之歌，用团结协作、众志成城，抚慰着护士心灵；护士同仁们在这里沟通、理解、互信、成长，朴实的话语和数据是“心灵驿站”交出的出色的成绩单：2014 年新护士流失率为零，多年来与同级医院相比始终保持较低的护士离职率，正如护士所说“有了‘心灵驿站’我们的心就有了家”！

点评 COMMENT

关注心理健康，共筑阳光心桥，聆听心灵之声，促进自我成长。上海市精神卫生中心工会开展的“心灵驿站”活动，为护士搭建抚慰心灵的港湾，如涓涓细流，滋润、温暖、慰藉护士的心灵；像良师益友，觉察、体验、疏导、沟通，构建和谐的医疗工作环境。

中心工会通过工作大调研、护士职业倦怠调查问卷等活动，主动问需于职工，问计于职工，为护士量身打造的系列专属活动，回应了护士的诉求，增强了护士的使命感、归属感、成就感，让护士有更多的安全感、获得感、幸福感，从而打造一支充满凝聚力、传递正能量的护理团队。

上海交通大学医学院附属瑞金医院北院工会

举办职工家庭日　构建友爱大家庭

上海交通大学医学院附属瑞金医院北院建于2012年12月，作为本市郊区新建三级综合医院（“5+3+1”）工程之一，按照“强化公益性、调动积极性、保障可持续”的总体要求，在学科建设、人才培养、资源配置等方面与母体医院瑞金医院实行一体化运行，是嘉定地区第一家按三级甲等医院标准建设的医院。

瑞金医院北院核定床位600张，现有职工910人。由于是新建医院，职工队伍相对年轻化，35周岁以下青年职工数占到了75%，且有很多职工是从位于市中心的总院调职而来。如何提高这支年轻队伍的归属感与幸福感，在短时间内打造一支人心齐、带不走的医疗队伍，让年轻的医务职工能够在新医改的背景下茁壮成长，成为医院今后发展的关键梯队，显得尤为重要。

2014年6月，在上海市医务工会的关心和指导下，瑞金医院北院工会正式成立了。为了让职工更好地了解嘉定、认识北院，院工会以职工家庭日的活动形式邀请职工及家属共同走进北院。首届家庭日以“梦筑北院，家定新城”为主题，开展了参观北院、嘉定新城规划馆、周边房产及车辆团购等活动，让职工及家属在工作之余融入嘉定、爱上嘉定。第一次家庭日活动深受广大职工好评，让职工更有了归属感。（图1）

此后，院工会将家庭日作为北院特色的品牌活动，每年定期开展，随着职工们在嘉定安居乐业，结婚生子，院工会持续组织开展大朋友小朋友

图 1 “梦筑北院、家定新城”活动，让职工爱上嘉定

喜欢的活动。通过广泛的职工调研，工会先后开展了以“绘北院，画明天”“六一牵小手，瑞北幸福走”“中秋缘聚嘉定，欢乐常驻北院”“华彩五章，快乐五嘉（一家）”“改革开放 40 年，浦江游览看上海”为主题的职工家庭日活动。（图 2 ～ 3）每年一次的职工家庭日活动，成为医院职工最为期待的活动之一。在此基础上，2018 年 6 月，院工会成立“瑞金北蓓（意为北院 baby）”职工亲子社团，不断拓展活动方式及频次，也增进了

图 2 “中秋缘聚嘉定，欢乐常驻北院”活动

图 3 “华彩五章、快乐医嘉”活动

不同科室职工之间的交流联系。

平日里医院职工承担着繁重的医疗工作，在各自家庭中又分担着家务与子女教育的责任。医院工会希望通过举办家庭日活动，在丰富职工业余生活的同时，促进职工家庭的和谐幸福。家庭的稳定、家人的支持是职工得以在医院安心工作的基础。通过家庭日的活动，增强职工归属感和凝聚力，促进医疗卫生事业的发展。

点评 COMMENT

瑞金北院是一家新建的医院，有着一支年轻的职工队伍。工会成立后，以凝聚职工、为医院发展打造坚强的职工队伍为己任。通过举办职工家庭日活动，让职工家庭走进北院，从认识北院、了解嘉定开始，进而爱上北院、爱上嘉定，将个人的发展与医院的发展紧密联系在一起，共建和谐的大家庭。一年一度的家庭日主题活动，增强了职工的归属感和凝聚力，营造了浓浓的家庭氛围，为瑞金北院的发展汇聚起了强大的动力。

上海市卫生和健康发展研究中心工会

寻求工会工作与职工需求的无缝对接

——市卫健中心工会开展职工需求调查

上海市卫生和健康发展研究中心（以下简称“市卫健中心”）于2017年6月完成机构合并，2018年6月成立工会。首届工会成立后，应从何处起步开展工作？大家认为，工会来自职工群众，服务于职工群众，要以职工需求为导向，确定工会工作的内容。因此，首先就要充分了解职工的需求和想法，才能有针对性地提供服务和组织活动。

秉持着“从职工群众中来，到职工群众中去”的理念，市卫健中心工会组织开展了职工问卷调查。这是工会成立后做的第一件事，也是此后制订工会工作五年规划的重要依据。

一、主要做法

职工需求问卷调查以“我用心·你关心”为题，从策划到完成，用时不到一个月。根据需求导向、问题导向的原则，问卷调查覆盖单位全体职工，采用自填匿名方式，围绕业余活动、职工关怀、婚恋育儿、权益维护、能力培养等五个方面展开。调查共计回收问卷83份，均为有效问卷，占工会会员总数的76%。（图1）

此次问卷调查工作可以概括为“四个一”：设计一份调查问卷，形成一份调研报告，开展一次调研反馈，制订一份工会工作规划。这一调查为实现工会服务职工项目与职工需求的“无缝对接”提供了有力依据。

图 1　电子版调查问卷的首页及尾页

二、调查结果和应用

通过问卷调查了解了职工思想状况，摸清了职工对提升专业知识和岗位技能的意愿，以及对工会工作的要求。

调查结果新鲜出炉后，工会第一时间组织工会干部到单位四个办公点进行结果反馈和进一步座谈。工会对调查结果的汇总分析得到了大多数职工的认可。通过座谈，工会干部与广大职工面对面，进一步摸清了职工们的所需所想，为更有的放矢地做好工会工作做好了准备。（图 2）

2019 年新年伊始，市卫健中心工会根据职工需求调查的整体情况，研究明确了 2019 年工会服务职工的重点工作和实事项目，制订了时间跨度长达一整年的工会工作月历，并结合需求调查中最受职工欢迎的几类活动，精心策划了“庆祝建国 70 周年”职工文化巡展活动，并分批组建乒乓、阅

图 2　工会干部至莘北路办公点进行结果反馈的座谈会

读、朗诵、阿卡贝拉合唱等社团，让工会工作做到从职工需求出发，尊重职工选择，满足职工多样化需求，给职工提供更大的展示舞台和更充分的发展条件。

社团组建计划受到了广大职工的欢迎，共计 50 余名职工报名参加了各类社团，报名职工占单位职工总数的半数以上，且有不少职工报名参加 2 个及以上社团。在对单位患病职工开展的爱心募捐活动中，共有 108 名职工献出爱心，超过全体职工人数的 92%。短短一天，工会募集善款逾 7.69 万元，人均捐款超过 700 元。此外，机构合并后单位重新制订的绩效工资分配方案，以 100% 的通过率高票通过。这一个个数据，无不体现着单位整体的凝聚力和向心力。作为一家刚刚合并成立的新机构，这些成绩的取得来之不易，这与工会在其中发挥的作用密不可分。工会拉近了单位与职工群众之间的距离，发挥了联系职工群众的桥梁纽带作用。（图 3）

图 3　2019 年工会工作月历邀请函及其中三月份安排

点评 COMMENT

市卫健中心工会成立伊始，即以“我用心·你关心”为题，组织开展职工需求调查。通过座谈和问卷等形式搜集第一手资料，及时了解广大职工和会员的思想动态和意见建议，以此作为工会开展工作的依据和出发点。“四个一”的做法，使调研的成果落实到了实际工作中，工会工作有了起步发展的良好开端。调查研究，为实现工会工作与职工需求的无缝对接打下了基础。

复旦大学附属儿科医院工会

关爱职工　从“心”开始

——儿科医院实施“相约星期四”员工关爱项目

2013年，儿科医院提出实施“关注患儿就医体验三年行动计划”，其中强调要从关注医患双向体验出发，努力做到让员工和社会满意。为了体现“关心职工从点滴出发”，儿科医院工会以“相约星期四”项目为载体，把星期四定为活动日，定期开展关爱职工的工作。倾听一线职工的工作生活感受，改善一线职工的工作体验。通过加强医院内部沟通、提高职工沟通技巧、合理调整认知等方法缓解职工工作、生活中的压力，用心呵护职工。经过六年的探索和实施，该项目在医院的临床工作中取得实效，改善了医务人员的工作体验，提高了职工对医院的满意度。于2018年荣获上海市医务工会“服务职工优秀实事项目”的荣誉。

儿科医院关爱职工“相约星期四”项目包含以下内容。

（1）“巴林特小组”活动。该活动是在医务工会的指导下，在中山医院心理科、市精神卫生中心等专业机构的支持下采用专业心理疏导的方式来帮助医务人员理解病人的感受，倾诉自身的困惑，调适自身的状态和避免职业倦怠，服务对象为临床一线的医务职工。（图1）

（2）“新手爸妈沙龙”。该项目是以中青年职工需求为导向，依靠医院强大保育资源，设立儿童医疗及教育专家顾问团，提供专业育儿咨询；开展亲子互动活动，在医院内形成线上线下互动的养教学结合服务平台。

（3）“让窗口更美丽”项目。主要面向医院窗口服务人员，倾听职工的

图 1　医院巴林特小组活动

意见，发现服务工作中存在的问题，通过音乐舒缓、礼仪培训、岗位练兵、制订服务规范等方式梳理和切实改进职工工作环境，改善工作作风和服务方式。（图 2）

图 2　医院窗口人员服务技能提升活动

（4）"社工就在你身边"项目。通过游戏、体验、分享、反思等方式，让医护人员学会倾听和沟通技巧，学会表达爱意的方法，在冥想中获得释放。（图3）

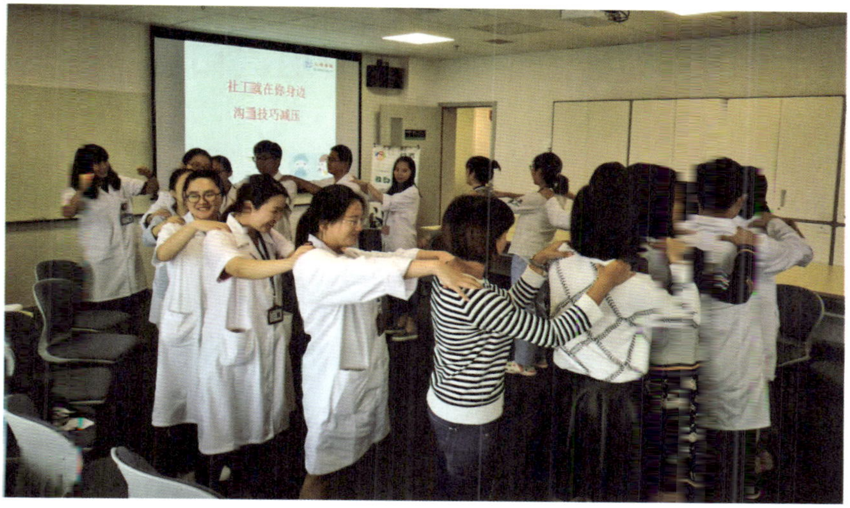

图3　医技科室开展改善沟通技巧活动

截至2018年底，该员工关爱项目共计开展197场活动，参与职工2023人次，成为医院内部的文化品牌项目。通过项目实施，将"关心职工从点滴出发"，转化为长效管理机制，形成儿科医院职业精神和文化特色。

点评
COMMENT

儿科医院工会实施"相约星期四"员工关爱计划，项目聚焦职工体验，搭建沟通平台，改善服务细节，并借力"互联网+"等智慧服务手段将项目做深做细，充分利用医院的专家顾问团队，形成线上线下互动的服务平台，同时链接社会资源，使项目形成集聚效应，真正让该项目全方位帮助职工缓解压力、提高员工的幸福感和获得感。

虹口区医务工会

积极推进社会医疗机构工会组建和工作覆盖

虹口区各级各类医疗卫生机构中社会办医的民营医院15所，各类门诊部、诊所等64所。针对社会医疗机构类型多样、规模大小不一、职工数量多，同时多数又存在经营状况不稳、职工流动性大的特点，虹口区医务工会积极推进社会医疗机构工会的组建和工作覆盖，切实维护广大职工的合法权益，引导和推动社会医疗机构健康发展。虹口区医务工会的此项工作在全国教科文卫体系统民办非企业单位工会工作经验交流会进行了交流发言。（图1）

图1　虹口区医务工会在中国科教文卫体系统民办非企业单位工会工作经验交流会上作交流发言

一、依托平台，积极推进区域社会医疗机构工会组建

（1）统一思想、形成共识，把区域社会医疗机构的党群建设纳入区卫健委党工委进行统一管理。采取单独组建、区域联建、行业统建等办法，加大党群组织的组建力度。有别于属地化管理的传统做法，虹口区将具有一定的规模的社会办医疗机构（民营医院）工会工作纳入区医务工会管理，实行行业化管理。

（2）依托行业党组织、行业协会管理优势，加强工会组建工作协调指导。虹口区卫健委2010年成立了社会医疗机构综合党总支及社会医疗机构协会虹口分会，对区域内社会医疗机构进行党组织建设，行业指导、自律、协调和管理。区医务工会依托这两个组织，针对大多数社会医疗机构对组建工会组织存在顾虑，深入各单位，宣传党和工会的路线、方针、政策，统一制作并下发民营医院组建工会工作台账资料，积极推进工会组建。同时在民营医院党组织考核和社会办医疗机构诚信评分和评优评级上提出组建工会的要求。通过努力，目前，区医务工会共下辖31家基层工会中已有13家民营医院工会。

（3）依托街道区域化、网格化管理，推动社会办医疗机构组建工会覆盖。在上级部门的支持下，建立了区域主管、行业指导的联动机制，依托街道的区域性或网格化工会联合会，推动其他规模相对较小的门诊部、个人诊所工会的组建，医务工会发挥协同作用，提供全区社会医疗机构情况，积极配合各街道工会，推进组建覆盖。

二、党群联动，深入推进社会办医疗机构工会工作的有效性

（1）统一领导，形成社会医疗机构党群工作的联动机制。在区卫健委党工委的领导下，建立社会医疗机构党群工作联席会议制度，明确工作目标和工作任务，医务工会统一协调各部门，落实社会医疗机构工会各项任

务，形成资源共享、优势互补。

（2）加强指导，结对共建，形成行业合力。在全面开展公立医疗机构与民营医院党组织结对共建并形成长效机制的基础上，进一步指导各单位相互建立工会共建制度，明确共建目标与共建内容，通过共建走访、召开工会工作者交流座谈会、组织职工开展结对义诊、参观学习和文体活动等形式，加强了对社会医疗机构工会工作的指导和帮助，提升了工会工作者的能力。

（3）突出"责任意识"，寻求社会医疗机构的良性健康发展。虹口区医务工会在开展工作中，做到对社会医疗机构与公立医院工会同布置、同要求、同开展。每年组织工会工作者、职工代表、班组长培训，积极主动为社会医疗机构提供他们所需要的信息资源和政策指导，开展依法规范办医，增强社会责任感的教育，组织法律法规、安全生产讲座等。

三、顺应职工期盼，提供多元的服务举措，不断扩大工会工作的影响力和号召力

（1）落实维权职能，及时参与化解劳资纠纷。针对社会医疗机构的特点，把工作重点放在和谐劳动关系的构建上。加强各级工会之间的沟通，及时发现、预警、调处各类劳动关系矛盾纠纷。区医务工会依托区卫健委购买专业律师事务所的法律服务，借助区总工会和各街道工会法律援助服务工作站，为职工提供法律援助。如在两家转制医院中，因改革的遗留问题，存在多种编制用工，劳资之间、职工之间时有矛盾，面对矛盾，医务工会主动出击，组织劳资协商，积极维护保障职工合法权益。（图2）

图2 举办新形势下工会工作专题培训

（2）采取更加贴近的服务措施。进一步宣传和落实上海市总工会会员卡、职工疗休养等会员普惠服务与实事项目。加大帮困救助、冬送温暖夏送清凉等工作力度。设立帮困基金，对大病、重病的困难职工给予补助。举办各类技能竞赛和职工喜闻乐见的文体活动，积极鼓励社会医疗机构单位和职工参加。（图3）逐步推进院务公开、职代会制度、工资协商制度，开展民主管理；指导建设职工之家等硬件建设。

图3　和平眼科医院职工参加区医务工会举办的乒乓球比赛

（3）推进网上工会阵地建设。建立“虹口医务工会”工会主席、工会积极分子、工会财务等微信群。充分发挥上海市总工会“申工社”微信公众号、APP，上海医务工会微信公众号的作用，鼓励激励社会医疗机构工会主席在本单位推广应用。充分利用“虹口工会”微信公众号，加大宣传力度。

点评 COMMENT

社会办医疗机构是伴随着我国社会主义市场经济发展和人民需求变化而产生的新型医疗组织，非公有制是社会办医疗机构的特点。对于这类组织的工会建设，虹口区医务工会清醒地认识到要区别于公立医疗机构工会组建的方式方法。采用多管齐下，既督促、又放手，并着重于使社会办医疗机构的投资人、负责人看得到工会组织在协调劳动关系、维护社会稳定、促进企业健康发展中起到的积极作用，从而促使社会办医疗机构自觉、自愿地组建工会组织。

宝山区大场镇祁连社区卫生服务中心工会

“新上海人情感交流站”：为非沪籍职工送上家的温暖

宝山区大场镇祁连社区卫生服务中心（以下简称“中心”）有一批来自全国各地的青年医务职工，他们远离自己的家乡，在为上海居民提供卫生健康服务的同时，也难免有身处异乡的孤独感。2011 年，中心工会牵头组建“新上海人情感交流站”（图 1），旨在通过各种交友、学习、互助、服务以及开展寓教于乐的活动，加强相互了解与联系，为他们排忧解难，使他们快速融入中心，达到中心“事业留人、待遇留人、情感留人”的愿望。

图 1　2011 年“新上海人情感交流站”应运而生

“新上海人情感交流站”由中心的非沪籍职工组成，成立以后，中心工会组织开展了一系列活动，让大家感受大家庭的温暖。

一、融入家庭，从“听得懂”起步

非沪籍职工在上海工作得先过语言关，社区卫生服务工作面对的大部分群体是上海本地老年人，看病时的沟通困难困扰着一些职工。有职工反映：“刚来医院看门诊时，最大的压力不是看不好病，而是听不懂上海话，碰到老人有家属陪同的，就请家属充当‘翻译’，要是没‘翻译’，只好‘一听二看三揣摩’。”为了让广大非沪籍职工尽快听懂本市群众语言，尽量学会基本交流，拉近与患者的距离，中心组织党团员志愿者为他们开设了沪语学习培训班（图2），让他们学习沪语沟通，增进感情交流，提高工作效率。正如学员们所说：“上海话学好不容易，但即便学成‘洋泾浜’，病人也能感觉到医生是努力的、真诚的，是想和自己好好沟通的。”

图2 沪语学习班学员合影

二、从学做上海菜开始融入

在紧张工作之余，中心工会曾多次组织“新上海人”厨艺大赛，动员新上海人参加。参加活动的职工有的拿出了自己的家乡特色菜，有的做出了地道的上海菜。活动中，大家互相品评，交流做菜的方法，以菜会友的方式拉近了新上海人与新上海人、新上海人职工与上海本地职工的距离。

三、以“活动”推进融入

“新上海人情感交流站”的成立，使中心的非沪籍职工更快地适应了生活，融入了工作环境中，思想观念也出现了新变化。从一开始普遍对中心组织的各类活动参与意识不强，或者因忙于工作没有时间参与活动，或者是因为归属感不强，难以摆脱“局外人”的潜意识。中心工会在不断听取意见，不断总结的过程中，通过茶话会、室外拓展、组建兴趣社团活动等，打开了他们的心扉，使他们消除顾虑，主动融入到中心这个大家庭中。这些活动加强了职工之间的沟通交流，取得了良好的效果，许多新上海人纷纷表示，通过“新上海人情感交流站”这个平台，有了互相交流的天地，也为他们搭建了一个很好的舞台来释放自己的热情，体现自己的价值。(图 3 ～ 4)

图 3　组织“新上海人”开展中秋系列活动

图 4　中心组织召开“新上海人”新春茶话会

如今，在这群“新上海人”中，有的已在本地安家落户，但更多的，还是远离家乡，独自在中心为社区居民提供医疗服务。因此，工会将继续推进“新上海人情感交流站”的交流服务活动，竭尽所能地关心和爱护他们。

点评 COMMENT

宝山区大场镇祁连社区卫生服务中心工会2011年成立“新上海人情感交流站”，从一开始为这群远离家乡的年轻人缝缝补补开始，一针一线搭建起了中心领导与职工、职工与职工之间的感情纽带，通过“新上海人情感交流站”的系列活动，服务“新上海人”，让他们更快融入上海，更有对新环境的归属感，以饱满的精神状态投入到工作中，在各自的岗位上发挥自己的专业技能，为社区居民的健康提供服务。这充分体现了工会组织在凝聚人心、服务职工方面发挥的重要作用。

嘉定区中心医院工会

打造多样化心灵港湾　用爱温暖医务职工

2013年，嘉定区中心医院工会提出并实施“护医心嘉园”人文关怀心理疏导项目，以多样化的形式，打造心灵港湾，关爱职工身心健康，帮助职工疏导心理压力，化解工作中的烦恼困惑，促进医患关系的和谐。

一、倾听护理人员心声的“心灵驿站”

工会联手医院护理部创办“心灵驿站”，主要针对护理人员提供心理服务，更好地关注护士群体的心理状况，为处于高工作压力下的护士及其家属提供心理疏导，缓解压力。

“心灵驿站”开放时间为每周三上午，由医院工会主席兼护理部主任黄蔚萍亲自接待有心理疏导需求的护士及家属，了解他们工作生活上遇到的困惑，有针对性地予以解答。（图1）此项目的亮点是除了关注到护士群体的心理状况外，还同时关注了护士家属的心理健康。黄蔚萍主任与来访者进行一对一面对面的沟通交流，认真倾听每位来访者的诉求。一对一的沟通

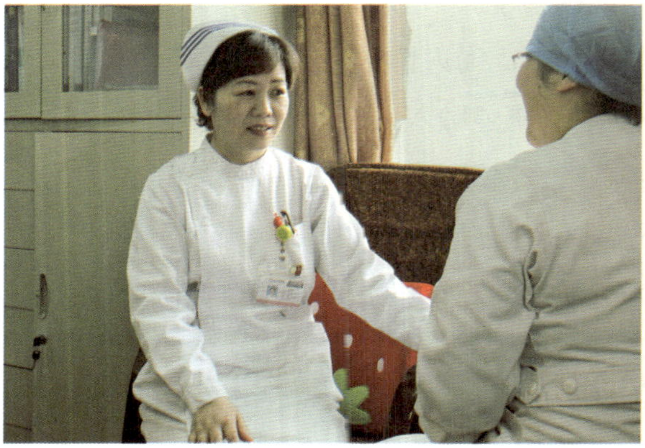

图1　心灵驿站——黄蔚萍主任接待日

方式，不仅更有利于情绪的宣泄，有助于释放压力，同时也很好地保护了来访者的隐私。

目前，“心灵驿站”已成为医院的品牌项目，并在全区护理界得到推广。

二、携手互助，开展“巴林特小组”活动

对嘉定区中心医院的医务人员而言，“巴林特”已经成为一个精神避风港。工会携手社工部每季度开展一次“巴林特小组”活动，在一来个人组成的临时小组里，三位专业心理咨询师倾听组员们的困惑。这些困惑可能与专业无关，但常常与医患关系有关。这个“集众人智慧，解众人烦忧”的小组，在医生护士中间起到了意想不到的作用，专业与心理学方法帮助医务人员切实缓解了来自工作中的巨大压力。（图 2）

今年的第一期巴林特小组活动，一位护士满腹委屈地诉说：“我只是问她补液的时候手动了没有，她就站起来将输液袋砸在我胸口。”来自不同岗位的 12 名医务人员展开了讨论。为了更好地还原现场，主持人引导大家进

图 2　巴林特小组活动

行了补充提问，了解案例细节。随后，组员对案例发表了看法和感受，将自己想象成患者、当事护士、旁观者等角色，多角度分析了案例。当这位护士回到小组中来时，她说："我听到了病人的心声，现在释怀了很多，病人似乎也不是原先想的那样不可理喻，换位思考能避免很多不必要的矛盾。"

作为一种聚焦于医患关系的病例讨论形式，巴林特小组让医护人员很好地理解患者的情绪和心理，也帮助医护人员宣泄委屈。巴林特并不一定要大家在现场给出具体的建议，但它提供了一种新的思维方式，大家携手互助、打开心结，用支持、信任、关爱，帮助处于委屈、困惑、疲惫状态下的医务人员打开心结，走出负面情绪。

三、释放心情，分享"快乐吧"

工会每季度开展不同主题的"快乐吧"活动，"快乐吧"形式多样，内容涵盖心理咨询、健康保健、手工作品展示等，尤其是养生讲座、插花学习、绘画、烘焙等活动，成为医务职工舒缓压力，感受快乐，提升生活情趣的一个有效途径。（图 3）

图 3 "快乐吧"活动

同时，“快乐吧”也为参加“心灵驿站”和“巴林特小组”的职工优先提供了一个释放心情的通道。在经过了以沟通和交流为主的“心灵驿站”和“巴林特”的心理疏导之后，加入“快乐吧”活动，通过团队自助的形式，一起运动、一起参与、一起展示，为进一步放松身心、舒缓压力提供了很好的平台，职工在活动中收获了快乐。

四、专业疏导，助力“心嘉园”

医院工会联手医学心理门诊（下设睡眠障碍门诊、记忆障碍门诊等），帮助职工解决各种心理问题和精神困扰。针对目前医务工作者普遍存在的工作压力大、医患矛盾突出等焦点问题，心理科专家在开展心理疏导的同时，运用心理治疗的专业仪器和设备，帮助医院职工纠正和改善心理问题。

“护医心嘉园”项目实施以来，得到了全院职工的一致拥护和好评，项目现已逐渐常态化、长效化。职工从中感受到医院大家庭的温暖，从而增强了归属感，进一步提升了凝聚力和向心力。

点评 COMMENT

嘉定区中心医院工会针对医务职工目前普遍存在的工作压力大、医患矛盾困扰等问题，实施“护医心嘉园”项目，通过多种形式，打造职工心灵港湾，以走进职工内心，为他们疏导心理压力，消除思想负担，这是医院工会关爱职工、竭诚为职工排忧解难的务实之举，也是工会作为职工的“娘家人”“知心人”的职责所在。

普陀区中心医院工会

扎实推进非在编职工同工同酬同等待遇

积极推进非在编职工同工同酬待遇，是工会维护职工权益的一项重要内容。2008 年以来，普陀区中心医院在工会积极促进和党政班子大力支持下，通过三个阶段扎实推进非在编职工同工同酬，并在此基础上全方位实现了他们在政治、文化、教育、劳动和健康保障等各方面的同等待遇。

一、同等奖励破冰之举

第一阶段为 2008 年至 2009 年，主要成果为奖励工资同工同酬的破冰之举首战告捷。由于事业单位人事编制和用工制度受政策制约性较大，而且政府对医院的常规性和一次性补贴均按在编职工人数发放，再加以医院内部分配在理念和制度上的固有习惯等因素，推进非在编职工同工同酬待遇，存在着各种各样的困难。然而，如果不能解决非在编职工的同工同酬问题，就会挫伤非在编职工的积极性，工会维权和构建和谐劳动关系就无法深入推进。

2008 年上半年，在医院动员全院干部职工积极创建全国文明单位和上海市文明单位十连冠之际，医院工会适时在办公会议汇报非在编职工的诉求，提出了尽快实现非在编职工同工同酬的建议。工会的建议引起了党政班子的高度重视，院长、书记当即表示支持。办公会议一致同意，责成人事科在认真调研基础上起草方案，然后提交职代会审议表决。通过召开包括非在编职工在内的不同层面职工座谈会，经过职代会联席会议的充分酝酿讨论。医院于 2008 年 7 月 17 日召开八届四次职代会，审议通过了《关于调整非在编职工待遇的试行规定》。（图 1）根据试行规定，从职代会召开当月起，所有非在编职工的奖励工资，分为工龄不足 1 年、满 1 年、满 3 年、满 5 年四个档次，逐级递增，满 5 年的享受与在编职工同等待遇。试行规定出台后，大大激发了非在编职工的积极性。由于基础工资在整个工资性收入中的比例较小，且大多数非在编职工的工龄已满 5 年或将近 5 年，因而非在编职工的整体收入得以明显提升；即使进院工作不久的非在编职工，也有了奔头。非在编职工与在编职工一样心齐、气顺、干劲足，无疑对医院和谐发展产生积极意义。

2009 年，医院医教研发展和文明单位创建工作取得崭新成果。医院获得了全国文明单位、上海市文明单位（十连冠）、全国五一劳动奖状和上海市职工最满意的企事业单位等一系列殊荣。

图 1　医院八届四次职代会审议通过《关于调整非在编职工待遇的试行规定》

二、同等待遇全面实施

第二阶段为2010年至2012年，主要成果为全面实施非在编职工基本工资、奖励工资、政府对医务职工一次性奖励和补贴，以及在按规定缴纳社保金、医疗补充保障金基础上，所有职工福利的同工同酬和同等待遇。为了巩固发展文明单位与和谐医院创建成果，更好激励全院非在编职工与在编职工一起共同为三级综合性医院的建设迎评做出贡献，2010年年初，医院党政工讨论决定，全面推进非在编职工同工同酬待遇。2010年上半年的职代会审议通过了此项决定。从此，非在编职工在劳动报酬和福利待遇上，已经完全享受同等待遇。在全院职工共同努力下，2010年底，医院成功晋级为三级乙等医院。

三、真正成为医院主人

第三阶段为2013年至今，主要成果为在同工同酬同福利基础上，全面实现非在编职工在入党、提干、选举和被选举、评优评先，以及参加在职学历教育、进修晋升等政治、文化、教育、事业上的同等待遇。在党委正确领导、行政大力支持和工会积极促成下，2013年以来，非在编职工入党占全院入党人数的41.4%；入会率100%；当选为职代表占全院职工代表人数平均为4.3%；当选各级各类先进的共有197人次；参加在职学历教育、享受同等费用报销的有23人；参加进修和出国考察学习的有13人；获得职称晋升的有699人；由编外转为编内的有87人。非在编职工已经从真正意义上成为医院的主人。（图2）

从同等奖励的破冰之举，到薪酬、福利、晋升等各项待遇的全面同等，总结成功经验，归纳起来有以下几点：一是工会加强维权履职的政治意识和能力建设，在非在编职工同工同酬同等待遇的破冰之行和深化推进中发挥积极的促进作用。二是党委的正确领导，党政班子的大力支持，党政工

图 2　非在编职工同等享受评优评先等政治待遇

团达成共识、形成合力。三是落实职代会职权，充分发挥职代会在院务公开民主管理中的作用。四是加强思想宣传，营造舆论氛围，使全院职工充分认识非在编职工同工同酬同等待遇的重要性。五是在政策性工资、奖励和补贴项目下，如果政府和卫生主管部门下拨款项的对象不包括非在编职工，医院从总体分配额度中提取相应款项，用作对非在编职工的同等奖励和补贴。六是积极协调，循序推进，直至全面落实非在编职工同工同酬同等待遇。

点评 COMMENT

普陀区中心医院在工会积极促进和党政班子大力支持下，通过三个阶段扎实推进非在编职工同工同酬同等待遇。其成功经验是：工会加强维权履职意识和能力建设；党委的正确领导，党政工团达成共识、形成合力；落实职代会职权，充分发挥职代会作用；加强思想宣传，营造舆论氛围；化解矛盾困难，分步推进实施。

04 EXPERIENCE 实践

职工素质提升

复旦大学附属华山医院工会

全方位助力青年职工成长成才

——华山医院实施青年职工岗位成才和科技创新激励计划

近年来，华山医院工会在院党政组织的领导和支持下，以“岗位学习、岗位创新、岗位成才、岗位奉献”为主题，着力打造职工创新的活动平台、服务平台和激励平台。其中，助推医院青年职工成长成才的“华山医院青年职工岗位成才和科技创新激励计划”，从青年人才的孵化、培育、成长、选树全过程下功夫，为医院青年职工职业发展提供支撑，取得良好效果。（图1）

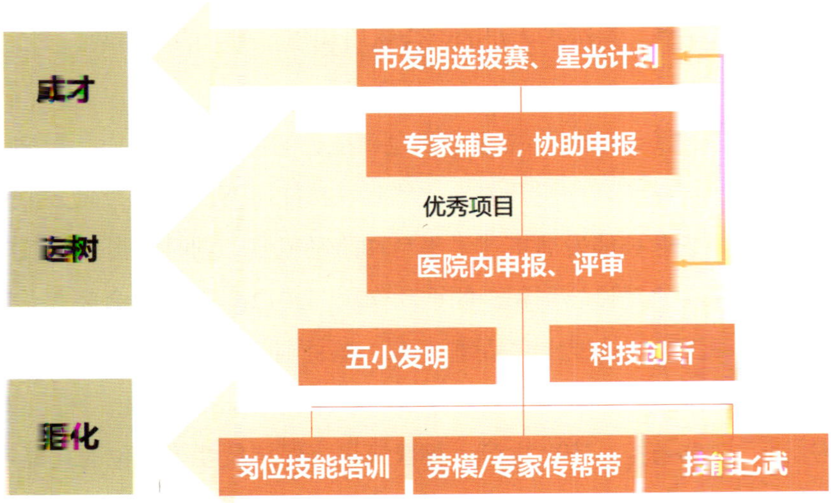

图1　计划流程

一、人才孵化阶段

1. 健全岗位技能和综合素质培训制度，提升职工创新能力

注重职工职业培训制度的制订、健全和落实，每年开展“添一样工具，多一种技能”华山职工岗位创新及综合素质系列培训，培训内容先从职工中征集，做到职工要听；再结合医院发展要求，做到职工该听。根据前期征集的职工意见，针对职工的需求来设计，从点及面，由粗到细，从普适性培训到针对个别项目的指导。比如开展“知识产权与优秀发明申报技巧”“发明专利申报技巧”，“解析优秀发明项目”等讲座，使职工了解专利申报的必要性，认识岗位创新的重要性，明确创新项目奖项申报渠道，掌握优秀项目申报技巧。再如每年开展的职工综合素质培训，包括：“平衡——年轻医生在医疗环境变化中的坚守与发展”“服务技能和沟通技巧”“神经科高手是如何炼成的”“《但求无伤》阅读分享会”“从龟甲壳到互联网：对病史书写内涵的思考”“在医学实践中如何领悟阳明心学”“临床医生需要知晓的文献检索知识”等讲座，这些讲座紧扣医学人文精神培育和职业技能素质培养，是医护人员的综合素质和创新能力的加油站。

2. 搭建岗位技能比武平台，激励职工岗位成才

创新需要“真金白银”，需要职工创新能力的提升。对此华山医院工会以赛促学，以赛促练，广泛开展岗位练兵、技能比赛活动，为职工个人职业生涯规划、职业技能发展搭建了平台和激励机制，同时为提升医院综合竞争力和医院文化建设起到积极的推动作用。2012 年起，工会创立“华山武林大会”职工岗位技能比武品牌项目，先后同护理部、医务处、药剂科、院感科、后勤保障部、团委等部门合作，开展了涵盖护理技能、医疗急救、合理用药、院感防控、安全生产、科普演讲、保洁技能等岗位的技能培训系列竞赛。（图 2）这些竞赛已连年举办多届，并形成系列，从这些竞赛中涌现出的技术能手，在全国、上海市和卫生系统等比赛中屡获佳绩。如护

理部邱慧明、李娟、卫慧获上海市护理标兵及能手称号；急救医学科胡弘、杨涛和骨科石晶晟组成的华山代表队夺得上海市卫生应急技能竞赛“突发事件紧急医学救援”项目组第一名，继而加入上海代表队在全国卫生应急技能竞赛中荣获团体二等奖；在第五届上海市青年医学科普能力大赛中，华山医院的科普短剧《医患同盟训练营》荣获二等奖，《熊出没之发烧的烦恼》荣获三等奖，由张文宏等制作的视频短片《小心“吃”出来的肝损伤》荣获科普贡献奖，华山医院荣获优秀组织奖。

图 2　合理用药知识竞赛

3. 发挥劳模作用，借力医院 EAP，营造岗位成才的文化氛围

以创建“劳模创新工作室”为契机，通过劳模传帮带，发挥示范引领作用，营造有利于高技能人才脱颖而出的良好环境。如华山医院吴劲松、花玮、朱凤平等选拔赛获奖者都是在“周良辅神经外科劳模创新工作室”的带领下培养出来的。（图 3）同时借助医院 EAP 的“成长驿站”青年辅导工作站，培养医务青年学会关注身边岗位小事、主动获取医院资源，互相

分享交流成才心得，营造出积极向上的创新文化氛围。

图 3　劳模传帮带

二、人才选树阶段

1. 积极参与创新项目申报，激发职工岗位创新积极性

利用“上海市优秀发明选拔赛”“市医务工会星光计划”等职工创新展示申报平台，提高职工岗位创新积极性。工会与科研处、护理部合作挖掘一批批临床诊疗手段、设备发明项目和“五小”发明成果获得参评。近五年来，先后选送了50余项优秀技术创新项目参加上海市优秀发明选拔赛，选送20余项优秀项目参加“市医务工会星光计划”，选送项目更是由原先的临床医疗和护理，扩展到后勤、管理多领域，由单一的个别重点科室发展至多学科申报，许多职工通过选拔赛脱颖而出，提升了医院的职工技术创新水平，激发了职工技术创新的积极性。

2. 搭建岗位成长阶梯，建立职工创新激励制度

华山医院高级知识人才云集，院士、杰出青年、长江学者等顶尖人才

云集，每年有国家级、部级以及上海市级奖项斩获。但这些对于年轻医护工作者还只是鞭长莫及。因此医院工会成立“成长驿站”青年成长辅导工作室，为本科生、研究生、基地学员及青年职工提供职业生涯规划、心理成长、工作生活困惑等方面的辅导服务，引导他们的心理平衡发展，帮助他们健康成长。同时，将“上海市优秀发明选拔赛”及“市医务工会星光计划”、上海市职工优秀合理化建议及先进操作评比等纳入医院青年英才培养计划的参考指标，引起科室领导重视，也激发了年轻职工岗位创新的积极性，使“立足岗位科技创新”真正成为医务青年成长的奠基石和敲门砖。同时院工会积极做好有关评选的推荐工作。为了更好鼓励职工岗位创新热情及创新品质，制订《华山医院职工岗位科技创新、合理化建议及技能比武表彰奖励实施办法》，根据获奖类别、参赛项目、获奖情况等积极配套给予资金支持和精神激励，五年来各类职工岗位创新比赛获奖职工与团队累计获得近17万元的资金支持。同时在“华山医院职工科技节”上对获奖项目进行展示，促进科室与科室之间互相交流与学习。

三、人才成才阶段

“华山医院职工岗位创新激励计划”实施近五年来，职工的岗位创新意识得到显著提高，由“被动”创新转为“主动”创新，通过前期创新意识推广培养、中期创新平台搭建选树、后期创新成果奖励宣传。五年来由工会选树申报的项目在市级、局级各项比赛中屡有斩获。其中上海市优秀发明选拔赛金奖8项、银奖15项、铜奖17项，上海市职工发明专利奖1项，上海市职工合理化建议先进操作法创新奖和优秀成果一等奖各1项，上海市医务职工科技创新“星光计划”创新之星入围1人，医务工会“星光计划”资助奖1项、一等奖3项、二等奖5项、三等奖3项，1人获上海市优秀发明选拔赛优秀组织奖，在上海市卫生系统中名列前茅。五年来有近60名青年医务人员从这个计划中脱颖而出，更重要的是“爱岗敬业、岗位

成才”的文化氛围已经在华山职工中形成，成为华山医院可持续发展的强大内在驱动力。(图 4)

图 4　职二优秀发明与科技创新成果回顾展

点评 COMMENT

“华山医院职工岗位成才和科技创新激励计划”是卫生系统内首创的针对青年职工成长成才和职业发展的激励计划，具有系统性，针对性、导向性和创造性。在上海建设“具有全球影响力的科创中心”的大背景下，华山医院从制度上优化了医院职工岗位成才和科技创新环境，在机制上多部门联动，通过多种载体和“培训—练兵—竞赛—评奖—展示”等多个环节，为青年人才脱颖而出创造条件，推动了医院青年职工的成长成才，全面提升了华山医院职工科创能级，为医院的发展积累了强大后劲。该项目在系统内具有引领和示范效应，获评 2018 年上海市医务工会“服务职工实事项目十强”。

上海市第六人民医院工会

因地制宜开展体育健身　全员参与共享健康快乐

上海市第六人民医院坚持多年开展全员参与的体育健身活动，充分利用这一凝聚人心、促进健康、增进交流的活动载体和舞台，展示职工精神风貌，体现医院文化建设成果，促进全院上下形成团结协作、奋发向上的氛围，丰富了医院精神文明建设的内涵，促进了医院凝聚力的提高、竞争力的增强。

一、因地制宜、形式多样，重在全员参与

市六医院把开展职工健身活动作为关爱职工、凝聚人心的工作抓手。从医疗卫生单位的工作实际出发，因地制宜设计活动形式，以实现最广泛地组织职工参与到文化活动中来的目的。近五年来，医院每年提出一个健身项目，如广播操、排舞、健身操、八段锦等，这些项目简单易学，不受场地限制，能够最大范围地实现广泛参与、凝聚人气，又能发挥后续效应，让职工能够坚持锻炼、运动强身。（图1）为保证活动质量，医院每年都

图1　六院职工八段锦活动展示

邀请专业老师进行教学和指导。全院 14 个工会部门，112 个工会小组各派代表跟随专业老师进行为期三个月的学习，再将所学内容带回部门，在部门带领每位职工学习训练。每次活动，大家都投入了很大的热情，纷纷利用休息时间，见缝插针地进行学习和训练。为了提高学习的效率和水平，医院制订了相关活动规则，每年组织一次比赛汇演来检阅学习训练的效果。健身活动吸引了广大职工的参与，比赛汇演热烈、精彩，增强了部门和单位的凝聚力，展示了职工的活力和风采，给人以美的享受。同时体现了医院健康向上的精神风貌。

二、缓解工作压力，实现健身强体

医院每年开展的体育健身活动，都贯穿一个主题，即“运动、健康、快乐”。通过群体参与，让职工学习新的体育锻炼形式，在紧张工作之余有充分放松锻炼的机会，缓解工作压力，坚持锻炼、提高身体素质，从中获得健康和快乐。（图 2 ～ 3）通过比赛汇演的形式，职工学得更认真，形

图 2　六院职工健身操展示

图 3　六院职工八段锦比赛

成你追我赶，不断向上的氛围。每次比赛同场竞技，大家热情高涨，力求完美，场面热烈。这些锻炼方式在室内就能自行练习，非常实用，易于保持，职工在业余时间放上音乐就能进行自我锻炼，也有助于推动形成健身锻炼的生活习惯，促进职工的身心健康。因此大家对每个健身项目都很感兴趣，参与度越来越高。例如，2016 年组织广播操比赛，当天 14 个部门 150 多名职工参加比赛，大家身着统一的服装，在音乐伴随下整齐动作，场面蔚为壮观。活动还设定了相关奖项，提高了大家的积极性。通过比赛选拔出一批体育活动健将，参加医务工会运动会获得广播操一等奖，并连续三年参加交大运动会，获得广播操比赛三连冠的杰出成绩。

三、展示精神风貌、体现医院文化

市六医院工会认为，医院的文化建设不是一句空话，而是体现在各种工作载体上，坚持开展群众性的体育健身活动，体现的是以人为本、关爱职工的精神。对于工会组织来说，职工有所求，工会有所应，让每个职工参与到集体健身活动中来，促进职工身体健康、精神愉悦，进而增强医院的凝聚力、竞争力，也是工会的职责和追求。

点评
COMMENT

市六医院坚持开展群众性体育健身活动，其特点在于全员参与，发动面广，活动项目有广播操、排舞、健身操、八段锦等，适应了医院职工实际，简单易学，老少皆宜，不受场地和时间限制，从而让活动最大限度地发挥它的效果，吸引每一个职工参与到体育健身中来，让职工在工作之余，身心得到放松，身体得到健康。

以“锻炼、健康、快乐”为主题的体育健身活动，成为展示职工精神风貌、彰显医院文化建设的大舞台。珍惜、尊重和爱护为医院发展积极工作的每一位员工，让大家能在和谐快乐的环境中工作，增强凝聚力和对所在单位的归属感，这一理念丰富了医院百年发展而形成的丰厚文化积淀，促进了医院各项工作的不断发展和提高。

上海市精神卫生中心工会

倡导体育健身理念　推进全员体育运动长效化

——市精神卫生中心工会坚持开展“职工体育健身月”

为推进体育健身长效化、机制化，增强职工体质、缓解工作压力，上海市精神卫生中心（以下简称“中心”）工会自2013年起，每年8月举办“快乐工作三十年——职工体育健身月”活动，倡导“每天健身一小时，健康工作三十年，幸福生活一辈子”的理念。六年来，累计6000多人次参与“职工体育健身月”活动，该项目成为“中心”工会工作的特色项目，其中在8月8日国家“全民健身日”当天举办的趣味运动会，获得了上海市卫生计生系统“十佳运动会”的荣誉。

一、精心谋划组织　全院广泛参与

为使广大职工积极投入到体育健身活动中来，“中心”工会精心策划，确定每年8月，以“快乐工作三十年”为口号，举办“职工体育健身月”。在此期间因地制宜、因人制宜开展形式多样的活动项目。考虑到职工不同年龄、性别、身体条件、健身爱好、时间安排等多种因素，创办深受女职工喜爱的瑜伽课堂、形体芭蕾社团；举办适合年龄较大职工的太极拳培训、健康讲座；设立青年职工跃跃欲试的趣味运动会、拳击体验课；组织各年龄层、男女职工都踊跃参加的健步走、定点投篮活动等。

健身月趣味运动会至今已举办六届，跳绳、踢毽子、呼啦圈、乒乓球接力跑、平板支撑、花色篮球传递、吸盘射箭、登楼大赛等项目，动静结合，张弛有度，既考验参赛职工的耐力、协调性，又体现出团队默契、协作能力。（图 1）赛后特设职工体验时间，使未参赛的职工也能体验各种活动项目，力求全员参与，让更多的职工享受体育运动，感受到体育运动带来的快乐。

图 1 "快乐工作三一年——职工体育健身月"趣味运动会

二、形式多元并举　推进常态长效

"中心"工会认为，健身不能成为"一月健身""一日健身"，而要实现健身活动的常态化，力求潜移默化贯穿职工的日常生活。因此，在每年"健身月"活动之后，"中心"工会将受到职工欢迎、参与度高的优质健身项目保留下来，坚持开展下去，为职工搭建健身减压的平台，乒乓球、篮球、羽毛球、瑜伽、形体芭蕾坚持至今。（图 2）"中心"党政领导非常支持职工健身活动，改建了职工活动室、乒乓室、篮球场等，在硬件上予以保障。

"中心"工会还通过"请进来"的方式，将专业健身资源请到本单位，专业健身教练定时来院指导职工的健身活动，健身室定期向职工开放，多维健身模式为职工健康保驾护航。（图 3）

图 2　职工在形体芭蕾课堂，训练身形修炼气质两不误

三、有效健身减压　服务职工群众

"中心"工会开展的"快乐工作三十年——职工体育健身月"活动及其落地的长期项目，在凝聚职工、激发活力、丰富职工业余文化生活等方面发挥了积极作用，对增强职工身体素质、缓解工作压力、提高工作效率起到了推进作用，体现了以人为本、和谐温馨的医院文化。

在 2018 年"中心"工会开展的"不忘初心、牢记使命，勇当新时代排头兵、先行者"工会工作大调研中，"快乐工作三十年——职工体育健身月活动"以 51.73% 的得票率当选"您最喜欢的工会活动"亚军，43.80% 的职工表示"希望持续开展"，可见这项活动得到了职工的高度认可。

图3　戏曲广播体操培训班优秀学员展示

点评 COMMENT

市精神卫生中心工会在职工中倡导“每天健身一小时，健康工作三十年，幸福生活一辈子”的理念，以创办体育健身月为平台，推进职工体育健身活动常态化。引导广大职工享受体育运动带来的快乐，让运动走进生活，让健康护航人生，是中心工会服务职工、为职工办的一件好事实事，得到了广大职工的充分肯定和积极参与。

职工体育健身活动重在广泛参与，广大职工的热情、合作、坚持，诠释了“团结、奉献、勤奋、创新”的价值观，是“中心”职工积极进取、凝心聚力、共建共享精神的体现。

上海交通大学医学院附属第九人民医院工会

建自助书屋　打造书香九院

2014年2月，上海交通大学医学院附属第九人民医院工会着手筹建医院职工书屋，他们将书屋建设定位于为职工提供宽松、舒适、温馨的阅读空间，让医院职工在紧张工作之余，通过阅读来放松身心，品味阅读带来的快乐。

2014年6月，在医院领导的高度重视和支持下，一个有别于传统阅览室的职工自助书屋在九院落成了。（图1）124平方米的空间，木制的书架，柔软的沙发，休闲的矮凳，宽松的阅读空间，处处弥漫着淡淡的书香。在这124平方米的书屋里，放松的身姿，专注的眼神，偶尔的窃窃私语，平日里高度紧张的医护人员终于品味到了他们久违的闲适。这里成了他们与书本对话，与心灵交流的小屋。

图1　自助书屋一角

吸引众多医护人员来书屋的不仅来自浓浓的阅读氛围和适宜的环境，宽松、自由、便捷的读书、借书体验更让他们乐于走进书屋。在这里，无须办理任何读书证、借书证，每天上班时间都开放，无专人管理。看好的书自行放回原处，如需借阅只需自行登记，留下联系方式即可，要成为读书会的会员，捐一本书就能完成。在这里，职工得到最大的信任，在这里，给予职工最便捷的借阅方式。自借、自还，自捐，自管，每一位书友会成员都是自助书屋的主人。（图2）

图2　自助书屋还书、捐书处

自助书屋的建立不仅为广大员工提供了一个拓展视野、增长知识的场所，也大大丰富了医院职工的精神文化生活，搭建起联络书友感情、组织书友活动、分享书友智慧的桥梁。正是这样的文化氛围，引导职工不断参与到阅读中，为深入开展读书活动打下基础。乐读分享会，九院读书节活动相继举行。

“书香九院，好书同行”读书节系列活动至今已四届。淘好书、晒书单、闻书香等不同形式和内容的活动都相继登场，一场场读书嘉年华让大家不断体验阅读之美，深入领略书香魅力。“推好书，促交流，增思考，求发展”“让阅读点亮你的人生，让医路溢满纸墨书香”“分享好书，播散书香，传递文化”，每年，医院工会都会通过不同主题的读书节活动推广传统的阅读方式，弥补网络信息时代纸质阅读的欠缺。通过阅读和交流，促进员工深度思考，并逐步养成阅读习惯，让读书成为大家日常的生活方式。而气氛活跃的互动读书会，则提倡员工间互通有无，交流心得，提高员工的阅读热情，丰富业余生活，从而营造医院文化氛围，增强医院凝聚力。（图3）

图3　读书节购书活动

2015年，为进一步激发职工内心对读书的兴趣，鼓励职工把读书作为一种生活习惯、一种生活方式、一种生活情趣，医院工会开展“自建读书角”活动，鼓励各院区及临床科室利用休息室、病区、内走廊等空间因地制宜自开辟读书角，放置书架书柜，在缓解紧张工作压力的同时，推动职工实现从“阅读”到“悦读”的境界。（图4）在职工的积极参与下，全院41个各具特色的读书角应运而生，从观自在、书香阁、清心苑、爱阅、书山小径、渡康这些韵味十足的书角名称中，就可窥见职工对自建读书角的用心和喜爱。自助书屋，开启了职工的“悦读”生活，在读书中，遇见更好的自己！

图 4　神经外科病区图书角

点评 COMMENT

上海第九人民医院工会打造别具一格的职工自助书屋，以自助的借阅形式、宽松闲适温馨的环境布置，吸引了众多职工的目光和参与。自助书屋点亮了职工的阅读热情，读书会、读书节、读书角应运而生，读书不再是个别职工的兴趣爱好，而是扩展到医院众多职工，大家在阅读中排解压力、拓展思维、感悟历史、憧憬未来，读书成为作为一种生活方式。阅读提升了医院的文化氛围，塑造了充满书香的和谐医院。

上海市疾病预防控制中心工会

结缘“喜阅社” 阅读见真知

2013年，上海市疾病预防控制中心（以下简称“疾控中心”）工会在职工中组织了为期一个月的读书月活动。如何让读书月活动经久不衰，并吸引中心各个年龄层的职工踊跃参加？工会想到了组建“喜阅读书社”，并利用这个平台，以点带面，辐射到疾控中心全体职工。

一、以书会友，营造良好的阅读氛围

“喜阅读书社”有成员近百名。他们来自各个部门，主要工作领域不同，平时鲜有交集，却因为对于阅读共同的爱好走到一起，惺惺相惜。“喜阅读书社”由阅读爱好者担任社长，自主管理。每年制订计划，以月、季、年开展活动，年终展示全年活动成果。

读书社成立以来，相继推出“每周一书”推荐活动，把各类读书榜单上的评价较高的书籍推荐给社团成员。每月组织社员一起阅读书籍，分享阅读心得。以每年“上海书展”为契机，组织社团成员前往参观。

读书社的各类活动给予了社员知识的力量，社员们将这种力量转化为动能，应用于实际的工作和生活中。这种力量传播带动了更多的人，越来越多的职工渴望汲取阅读的养分，读书社从成立之初的30多名成员，到如今会员已达到近百人。其中，不乏青年骨干、中年高级专家等，他们有着同样的阅读理念，互相取长补短，共同提高，在疾控中心这个集体中营造了良好的阅读氛围。

二、以信息化为手段，拓展文化渠道

工会在对“喜阅读书社”活动开展情况进行调研时，有社员提出，能否借助将信息化手段，让更多的人感受阅读的魅力。在疾控中心党委、工会的大力支持下，社团推出“喜阅”微信公众号。

公众号主要以发布与阅读相关的文章为主，其中包括作家手记、好书榜单、最新各类展览信息等。同时，“喜阅读书社”利用公众号发布活动信息，如读书月中各类活动的报名预告，将活动参与对象从社员扩大到全体职工。社团相继开展了“阅读沙龙”——相约最美书店、趣看立体书、二手书交换活动（图 1）；利用暑假，开展了亲子阅读等图书交流活动。

图 1　职工踊跃参加二手书交换活动

2018 年央视《朗读者》的播出在“喜阅读书社”社员中引起了强烈的反响。乘着这股热劲，在读书月活动中，“喜阅读书社”通过公众号招募“疾控最美声音”，并对候选人发起投票。投票活动得到了中心职工的积极响应，职工不仅自己投票，还发动家人、朋友为他们投票。

三、共享文化资源，激发职工潜能

在读书月活动中，“喜阅读书社”开展了经典诵读、金句分享等活动。在“经典诵读”活动中，社团邀请上海广播电台的播音员为社员进行专业指导。疾控中心20余名职工参与录制“经典诵读”片段，从中选拔3名佼佼者参加市卫生计生系统的经典诵读活动，分别获得了优胜奖和参与奖。在金句分享的活动中，有成员提议，社团活动是否能将经典语句以朗读的方式展现？这个想法得到了大家的共同支持。在初冬温暖的午后，疾控中心十余位职工集聚“职工之家”，围坐在一起分享了对自己有深远影响的一本书，并现场朗读了书中的片段，谈观后感受。社团将活动编辑成微信，在公众号中与所有职工分享，一起营造良好的阅读氛围。

“喜阅读书社”活动得到了职工的支持和参与，得到了市医务工会等上级工会组织的肯定。2018年，“喜阅读书社”组织的活动被评为上海市总工会基层优秀项目和市医务工会读书活动优秀示范项目。

点评 COMMENT

上海市疾病预防控制中心“喜阅读书社”成员来自各个部门、从事不同的工作，但他们以书会友、因阅读而幸运，在紧张、繁忙的工作之余，共同享受阅读带来的美好感受。“喜阅读书社”践行习总书记提出的文化自信，以阅读为引领，辐射全中心，营造中心良好的文化氛围，提升职工整体素质。阅读，带来了自信和快乐，提高了职工的归属感、幸福感和获得感。

上海市卫生和计划生育委员会监督所工会

聚焦内涵　以学促用

——卫监所工会开展职工读书活动

近年来，上海市卫生和计划生育委员会监督所（以下简称“卫监所”）工会充分发挥工会工作的独特优势，通过组织广大职工参加读书学习活动，以学促用，引导大家在读书学习中提高政治素质、拓展思想境界、优化知识结构、增强实际本领，为进一步推动卫生监督工作发挥积极作用。

2018年，在所党委的领导下，工会组织职工开展了“不忘初心，牢记使命”十九大精神的主题学习活动。在学习活动中，通过召开专题座谈会和读书报告会、举办“读书心得体会内网展评交流”等，为职工搭建了一个“读书、感悟、交流”的互动平台。本次活动还评选出了“职工读书优秀奖”和“职工读书活动优秀组织奖”，并推荐了4位职工参加了上海市医务工会组织的“迎进口博览会，打响服务品牌”上海市医务职工读书活动知识竞赛，参赛职工经过必答、抢答、风险题三个环节，在12支参赛队伍中脱颖而出，最终以总分第一的成绩荣获本次比赛一等奖。（图1）

图1　参加医务职工读书活动知识竞赛

卫监所投入42.5万元，一次性建成了占地面积37.56平方米，总藏书量5171册的职工书屋，并建立了职工书屋投入长效机制，从而为职工创造一个爱读书、读好书的良好环境。成立了职工读书俱乐部，经常开展读书沙龙活动，在广大职工中营造“爱读书，读好书，善读书”的阅读风尚，进一步提高职工职业道德素质和文明素养，丰富职工精神文化生活。积极组织职工参与市医务工会“医路书香　悦读修身”经典诵读活动，卫监所职工代表经初赛、复赛等一轮又一轮的精彩展示，最终在25支决赛参赛队伍中取得二等奖的优异成绩。（图2）

图2　经典诵读：90后对20后说

以进博会卫生监督保障为抓手，鼓励职工积极参加自主知识学习活动，以学促练、以学代练，进一步提升了职工的业务能力和水平，促进了工作效率和服务质量的提高。工会通过组织职工参加“星光计划”优秀项目评选，支持鼓励职工将所学的先进技术和管理知识转化到实际工作中，取得科技创新和成果应用，助推“智慧卫监”工作的深入。

点评 COMMENT

卫监所工会把引导职工参加读书学习活动作为推动职工职业思想素质和增强执法能力的重点。通过举办“不忘初心，牢记使命”的主题学习实践活动、参加职工读书活动知识竞赛和“医路书香 悦读修身”经典诵读活动等活动，激发医务职工不忘初心、牢记使命，以饱满的工作热情投入卫生监督事业当中，展现新时代卫生监督执法人员的精神风貌。

华东疗养院工会

打造“互联网+”时代的立体职工书屋

华东疗养院（以下简称“华疗”）工会将职工书屋建设作为职工文化建设的切入点，发挥新时代职工书屋宣传阵地作用，打造健康文明、昂扬向上、全员参与的职工文化。先后获得上海市医务工会、中华全国总工会“职工书屋”授牌。近年来，为进一步推进品牌书屋建设，满足职工多层次多渠道的阅读需求，华疗在保留实体书屋的同时推进“六位一体”的立体书屋建设，以突出“互联网+读书”的时代特点，在满足职工更多阅读需求、提供更为便捷的阅读方式上进行了探索。

一、建设“六位一体”职工书屋

为了让职工书屋的发展更贴近基层、贴近实际、贴近职工，充分发挥职工书屋在思想政治引领、核心价值观引导方面的作用，按照全总《关于做好全国工会电子职工书屋推广使用工作的通知》，华疗工会积极推广使用电子职工书屋。依托“全国工会电子职工书屋阅读系统”，为职工发放电子阅读卡，在职工集中的工作场所添置电子阅读一体机，推动和发展电子书屋建设，形成实体传统书屋+手机APP+微信+电脑PC端+数字阅读一体机+PAD“六位一体”的立体职工书屋模式，全面无缝覆盖，真正实现职工阅读学习的线上和线下结合的阅读空间。（图1）以职工的阅读需求为出发点，丰富电子书屋内涵，在电子书屋平台中开辟单位文化专栏，打造医院文化建设的线上平台，进一步拉近医院与职工之间的距离，增加职工

图 1　方便实用的电子阅读屏

归属感，激发主人翁精神。

工会积极投入人力物力，完善实体职工书屋的管理和环境美化，响应职工呼声建议，更新了大量图书，丰富了图书期刊种类，让书屋环境更舒适，图书内涵更丰富。通过线上的读书活动、社交化阅读，让职工们能随时随地分享阅读感悟，加强交流学习，互相促进提高，同时增进同事之间的友谊，为营造和谐医院书香文化提供助力。

二、职工书屋建设取得新成效

“六位一体”的立体职工书屋模式，是顺应了信息网络高速发展的大数据时代，契合医疗卫生行业的发展，满足了职工多层级多渠道的阅读需求。线上线下的职工书屋，为职二提供了交流联谊、分享阅读感悟、呵护身心健康的综合文化平台。职二书屋成为职工陶冶情操的“净化站”，成为职工素质提升的“加油站”。(图 2)

图 2　诊疗中心公共书屋

“六位一体”职工书屋让职工阅读兴趣更浓厚。通过“全国工会电子职工书屋阅读系统”的后台数据统计发现，职工的自愿阅读意愿有了明显提升，立体的职工书屋更为便捷，这样的阅读方式深受职工喜爱。

“六位一体”职工书屋让医院读书氛围更浓郁。以立体职工书屋为主体，策划组织了系列主题读书活动，提高了职工知晓度与参与度，让医院的读书氛围更为浓郁，更好地引领职工群众爱读书、读好书、善读书，弘扬主旋律，倡导劳模工匠精神，传播正能量，激发广大职工群众以更大的激情与活力投身健康中国的行动计划，为医疗卫生事业做出更大贡献。（图3）

图3 主题读书活动

点评 COMMENT

华疗工会把职工书屋建设作为提升职工综合素养的重要载体和服务职工、联系群众的重要纽带。适应时代发展和职工需求，打造“六位一体”的立体书屋，以更亲和的姿态、更丰富的内涵、更多元的载体，成为职工群众增长知识、提升素养、增强本领、增进交流的优质平台。在引导职工多读书、读好书，营造浓厚阅读氛围，提升职工文化知识和素质修养上发挥了积极作用。在市医务工会的大力支持下，华疗工会通过上海医务职工读书活动平台，在行业内分享交流“六位一体”的立体职工书屋模式，积极宣传推广研究成果，对进一步深化职工书屋的服务内涵，创新职工书屋建设发展模式、推动医疗卫生行业职工书屋向“综合化、数字化、便利化”延伸发展具有积极意义。

上海中医药大学附属曙光医院工会

引导职工阅读修身　营造浓郁书香环境

为丰富职工的精神文化生活，激发职工读书学习的兴趣，营造崇尚读书、热爱读书的浓厚氛围，2017 年 8 月，曙光医院工会在全院职工中开展“阅读修身　书香曙光”的主题读书活动，以期通过读书活动，提升职工的文化内涵，促进职工之间的沟通交流，建设积极健康向上的医院文化，进一步推动学习型、创新型医院建设。

读书活动设立了丰富的书籍服务项目，以激发职工的读书热情，使职工养成爱读书、多读书、读好书的习惯。

一是书展办到职工之家。工会联系了书店，在医院职工之家举办图书展销，让职工利用工间休息时间选购心仪的图书。书展的图书内容丰富形式多样，结合党的十九大召开、“一带一路”建设、抗日战争胜利纪念日等重大时事节点，将“红色书籍”送至职工手中，同时职工也可以在书展中寻觅到自己喜爱的书籍。（图 1）

二是设立“图书交换吧”。职工反映，家里有很多旧书闲置着，扔掉或当废品卖掉不舍得，如能相互交换图书则利人利己，使得书籍资源得到再利用。鉴于此，工会特地开设了“图书交换吧”，职工们将家里闲置的书籍拿到会场进行交流，大家各取所需，既不浪费书籍，又增加了阅读范围。

三是名人作家现场签名售书。活动现场特邀《新民晚报》高级编辑、著名文学家、作家曹正文（米舒）现场签售，在签售现场，大家围坐在作

图 1　书展现场

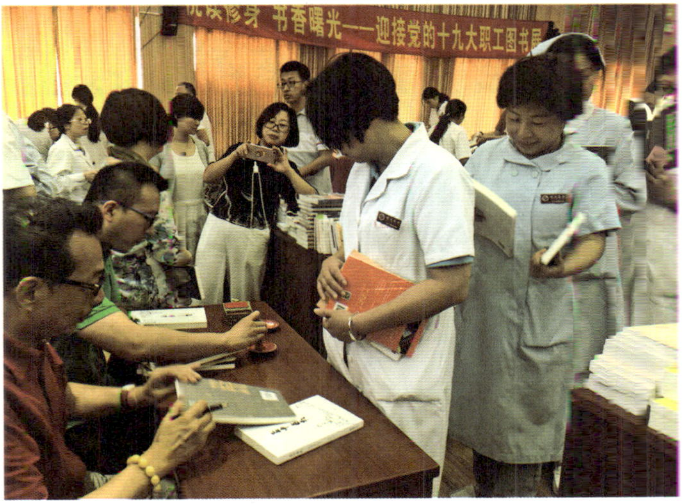

图 2　签售现场

者旁边，和作者一起畅谈阅读对于生活的影响，分享阅读经验，交流读书的快乐（图 2）。

四是向先进科室赠书。为了鼓励职工多读书、读好书，医院领导精心挑选书籍，向先进科室代表赠书，鼓励科室营造读书氛围，提高职工队伍

整体素质。(图 3)

图 3　向先进科室赠书

五是亲子读诗会。本院职工子女均可参加，家长与孩子共同参与，旨在推广阅读，让更多的家庭爱上诗歌爱上阅读，同时倡导家长们放下手机，用阅读的方式陪伴孩子们的成长，营造家庭读书氛围，用读书促进家庭和谐。

六是“微信”征集书中“好词好句”。职工通过扫码进入工会微信号，推荐所读书籍的好词好句，并提供一句话的推荐理由，分享读书的收获，传递正能量。

曙光医院是上海市卫生计生系统首家将书展办到职工之家的单位，至今已办到了第六届，全院职工几乎都来过此地选购书籍。这些活动，营造了浓郁的书香氛围，促进职工爱读书、读好书，培养职工阅读习惯和阅读能力，丰富了职工的业余生活，促进了职工知识的更新、思维的活跃、综合素质的提高。工会还将读书活动与节日、纪念日结合，如三八期间的

"书香三八"活动。工会力求将读书活动常态化，通过读书活动，推进书香医院建设，在医院内形成热爱读书的良好风气，不断提升职工队伍素质。

职工读书节的开展大大推动了职工的学习热情，丰富了职工的精神文化生活，营造了积极向上的医院文化和职工文化，提高了职工队伍整体素质，促进了医院的和谐发展。

点评 COMMENT

书籍，是人类宝贵的精神财富，是知识的宝库、文化的结晶。读书是文化传承的通道，是培养文化自信、实现民族复兴的桥梁。曙光医院工会开展"阅读修身 书香曙光"主题读书活动，在倡导医院职工多读书、读好书的同时，举办各种书籍购买、交流服务活动，为职工读书学习提供方便。曙光医院工会读书活动内容丰富，体现了工会参与医院精神文明建设、推进职工队伍建设和积极服务职工所发挥的积极作用。

上海市口腔病防治院工会

参与体育运动　享受快乐健康

——记上海市口腔病防治院职工运动会

自2012年起，上海市口腔病防治院工会坚持每年举办职工运动会。运动会比赛项目丰富多样，职工在参与活动中享受快乐和健康，增进了职工之间的交流和友谊，积极性和凝聚力得到增强，推动了医院各项工作的开展。

第一届职工趣味运动会形式新颖，集参与性、趣味性、合作性、娱乐性为一体，共设有毛毛虫、集体跳绳、投石问路、组合趣味接力和呼啦圈五个比赛项目。在赛前的热身运动中，全院职工通过一系列的小游戏被分为四个参赛队，并选出了各自的队长。首先登场的是毛毛虫接力赛，四条毛毛虫上的每一位队员都施展出浑身解数、奋力向前，特别是在整条毛毛虫调头回转的过程中，有的队员跑掉了鞋子，而骑在毛毛虫中间队员更是被整体抬起，却依旧卖力地“挥舞”着双脚，逗得一边的接力队员们忍俊不禁、笑声连连。在组合趣味接力赛中，各队队员们积极参与、默契配合，尤其是在比赛的最后一步“制造”了不小的难度，有些男职工在蒙眼原地自转失去方向感后背起女职工奋勇冲向其他队伍的终点线，惹得大家的欢笑声与加油声交织在一起，将现场的气氛一次次推向了高潮。整场运动会上，精彩场面随处可见，各个项目或欢声雷动，或扣人心弦，或趣味盎然，虽然当时的天气已渐深秋，但职工们高涨的热情犹如初秋微醺的暖阳，快乐与欢笑的气氛不仅洋溢在整个体育馆的内外，更铭记在每位职工的心底。（图1）

图 1　第一届运动会现场

第二届职工运动会不同于上一届，以团队培训的形式，通过对比赛项目的精心设置，不仅锻炼了职工的体魄，磨炼了意志，更增强了大家的团结协作精神，每一组队伍都为完成一个共同目标而凝聚成一体。比赛环节将全体职工分为黑、白、红、蓝、粉、灰、黄、紫八个参赛队，通过四组项目的连贯配合，最终，最接近完成时间的队伍胜出。可以说这是一次竞技拼搏、交流切磋的赛会，也是一次欢声笑语、放松身心的聚会，更是一次展示魅力、释放激情的盛会。（图 2 ～ 3）

图 2　职工欢声笑语、出发参赛

图 3　在黄浦区市民健身中心举办第二届职工运动会

第三届军营趣味运动会在武警上海边防总队训练基地举行。为了调动大家的积极性，提高队员的战斗力，全院职工被分为四组，目的是从军事训练与军事比武两方面进行 PK，每个团队也通过共同的智慧设计出了相应的旗标、口号、造型和队歌。值得一提的是训练场的正中是一座高达十几米的高空训练架，在军事技能比武环节，职工们利用高空安全架绳攀上顶点后，跃过断桥，再下落到地面。“别往下看，相信自己，你没有问题的，加油……”一位女队员已在高空过断桥，却迟迟不敢迈步，队员们正想尽办法给她鼓劲。只见她在同队队员的鼓励下小步挪向断桥的边缘，好几次鼓起勇气想跨过去，都没敢抬脚。“跨越一小步，人生一大步”“我们会接住你的”，欢笑声从人群里传来，其他队的队员也加入了助威的队伍。她鼓起勇气，使劲一跃，居然很轻松地就过去了。从高空断桥上下来，许多女队员围上去问她是否还害怕，她说：“跨过去就不怕了，感觉人一下子轻松了。”只要我们勇敢地面对，总能找到解决的办法，总能跨越眼前的障碍，跨越的体验果然很不同。职工运动会首次将比赛场地搬进军营，也体现了全体口防人与部队官兵互利共建，军民一家亲的和谐氛围。

第四届职工运动会在松江影视基地举行，活动将参赛人员分为12组，每组以太阳系十二星座之一命名组队，凭借配发的简图在规定时间内收齐星座卡，用时少、完成任务多的队伍获胜，队员们的协作精神与奇思妙想更是将运动会气氛点燃到高潮。

第五届、第六届职工运动会选择在风景秀丽的长兴岛举行，内容有健步走与团队协作活动。第七届职工运动会则选择在蹦床中心举行。无论运动形式上如何变化，职工运动会的举办丰富和活跃了职工的群体性文体娱乐生活，加强了医院各科室之间的相互沟通，同时培养了广大职工积极向上、顽强拼搏的精神，取得了竞技成绩和精神文明双丰收。

点评 COMMENT

上海市口腔病防治院工会坚持每年举办职工运动会，以丰富多彩兼具趣味性、娱乐性的文体项目，吸引广大职工的参与。职工在参与中享受快乐、修养身心、锻炼体魄，营造了团结、奋进、健康的医院文化。开展有益广大职工身心健康的文体活动，是工会服务广大职工群众的职责所在，职工运动会重在职工的参与性。千方百计做好职工运动会这一文化品牌，体现了工会善于发动群众、组织群众、服务群众的优势和工作特色。

长宁区医务工会

坚持“三基”培训竞赛　促进职工素质提高

“三基”培训竞赛，是长宁区医疗卫生系统对区域内区属及民营医疗机构医务人员在基础理论、基本技能和基本操作方面的培训考核。至2018年，这些培训竞赛活动已在长宁区医疗卫生系统连续开展25年了。开展“三基”培训和竞赛工作是长宁区医疗卫生系统推进职工素质工程和开发优质人力资源的影响力大、覆盖面广、效果显著的基础工作和持续时间较长的文化品牌。作为职工素质工程的主要载体，“三基”培训和竞赛工作以“全面覆盖，全面提升”为宗旨，包括医疗、护理、医技、公共卫生、全科团队、财务、后勤保障等在内的各级各类人员均能积极参与，基本形成了“培训、练兵、比武”三位一体的工作机制，最大限度地调动了医务职工学习、竞赛的积极性和主动性。

一、培训及竞赛的基本情况

长宁区医务工会的“三基培训”和竞赛活动，体现了“以人为本、面向职工、服务基层”的特点，医务工会明确，活动以提升职工专业技能、工作业绩、文化素养等综合素质和提高自我学习兴趣、学习能力为目标，配合卫健系统党政中心工作为基础，推动整体工作。培训和竞赛工作历时5个月，全系统20个基层单位和14家民营医疗单位的一线职工全部参加了本单位组织的内容丰富、形式多样的“三基培训”，并开展了中医基础、《劳动合同法》、医疗信息交互平台应用、工会财务经审、安全用电等专题

的竞赛。（图 1）

图 1　三基培训现场

二、培训及竞赛的特色亮点

1. 领导高度重视，多部门齐抓共管

培训竞赛活动启动早、历时长、参与部门多，在卫建委党政工团共同组织下，医管科、人事科、疾控科、信息中心、培训中心大力合作，各基层单位、社团总支共同参与，“三基”培训竞赛成为一个覆盖全系统、多层次的活动。各单位均成立“三基”领导小组和工作小组，制订培训方案，编制培训计划，并在活动完成后形成总结。

2. 培训内容充实，形式丰富多样

在卫健委的统一部署下，区属各医疗卫生计生单位结合自身工作特点，开展内容丰富的培训及竞赛活动。各单位设计出具有卫生行业特点、针对

性强的培训科目。并在相对固定的时间段，安排了相关学科具有理论知识、实践经验丰富的专家授课，采取学术交流、专题讲座、案例分析、集体讨论等形式，使活动有了广泛的参与性。

如卫生监督所在2008年9月初举行了卫生监督执法的专业知识竞赛，不仅有笔试环节，还与仪器检测、录像分析等实际操作相结合，成为夯实业务工作基础、实践练兵的一项重要手段。区医务工会在2014年7月举行的工会财务经审比赛，涵盖了工会财务经审基层知识和实务的方方面面。2018年开展“进博会”紧急医学救援专业知识、技能竞赛。

3. 培训针对性强，服务党政中心工作

为了保证培训竞赛的实效性，体现出一定的质量和水准，每年的培训竞赛活动，区医务工会都是结合当年卫健委工作的总体思路和各医院发展的既定目标，精心设计准备授课内容、培训主题、交流重点及预期效果，培训竞赛活动始终围绕卫生发展的主旋律。

如同仁医院和妇幼保健院围绕医院能级提升，以市综合性医院评比的标准为参照指导，以医生、护士、财务人员为重点，提高了医护人员的应急能级、操作能级、服务能级和管理能级。同仁医院着力从制度管理围绕提高医院医疗质量，通过医教科制订《三基三严培训制度》，建立医疗技术“三基三严”培训档案，以培养医务人员扎实的基本功为主要目标，使医院临床操作规范有序。

三、培训及竞赛的成效

三基培训、竞赛活动是长宁区卫健系统推进职工素质工程和开发优质人力资源的影响度大、覆盖面广、效果显著的基础工作和品牌项目。通过培训和竞赛，提高了医务人员的基础理论、技能、操作水平，强化了他们的职业意识、学习意识和主体意识，提升了“三基”工作在卫生事业发展大局中的导向作用和服务水平。

1. 以医务职工为主体，扩大培训和竞赛的覆盖范围

三基活动作为卫生系统的品牌项目，在卫健委的统一部署下，各基层单位结合自身工作特点于年初制订培训计划，在年内开展大容丰富的培训及竞赛活动，年末形成总结。各单位设计出具有卫生行业特点、针对性强的培训科目，并逐年增加项目覆盖范围，医务工会在各单位培训的基础上遴选出具有代表性的工作项目进行集中竞赛。

2. 围绕党政中心工作，创新培训和竞赛的内容形式

三基竞赛活动作为卫生事业发展的助推器，体现出一定的质量和水准，避免流于形式走过场，加强培训工作的针对性，各医疗卫生单位党政领导作为“三基”培训竞赛的领导部门都做了精心策划和周密安排。在培训和竞赛中充分开发系统内优质资源，引入区卫生培训中心作为第三方专业培训机构对部分培训和竞赛项目进行平台设计、师资引进、场景模拟、数据统一、质量评估等工作。（图 2 ～ 3）

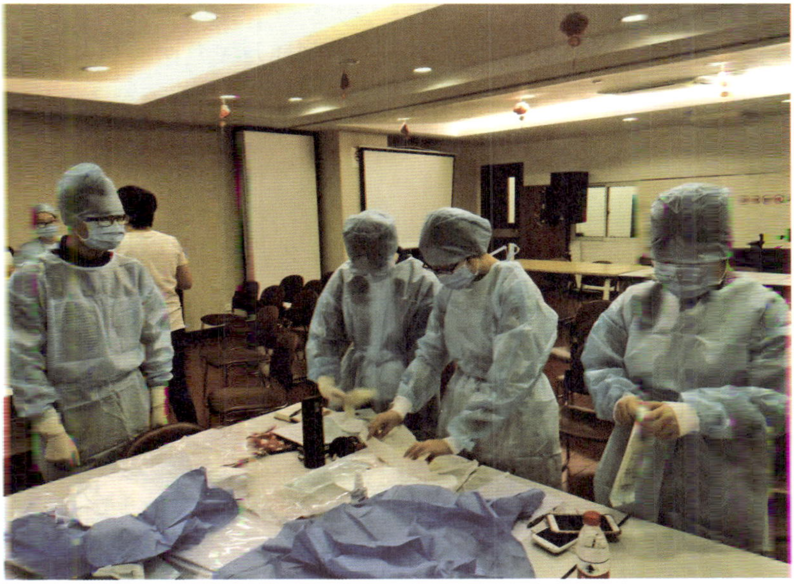

图 2　传染病防控训练

图 3　三基操作比赛现场

3. 拓展内涵外延，提升培训和竞赛的服务水平

近年来的培训竞赛活动突破了以往的工作模式，并逐年增加或调整培训及竞赛项目，结合长宁区卫生发展特色，开展了“中医治未病”、构建和谐医院、医疗信息交互平台等重要培训及竞赛活动，提高了这些新的、重大的课题在全系统医务职工中的知晓率和参与率，并取得了良好的效果。如开展的2010年世博双语和手语培训中，区属及民营医疗机构约30家单位参加培训活动。在一定程度上拓展了“三基”培训竞赛工作的内涵和外延，提升培训和竞赛的服务水平。

点评 COMMENT

经过20多年的不懈努力，长宁区“医海泛舟”三基培训、竞赛活动已经成为工会工作的品牌项目。各基层医疗单位高度重视，紧密配合，广泛宣传和参与。三基培训、竞赛活动把“敬佑生命，救死扶伤，甘于奉献，大爱无疆”的职业精神，作为职工岗位培训的重要内容，不断强化了他们的职业意识、学习意识和主体意识，宣传树立竞赛活动中涌现出来的先进典型和模范人物，提升了工会在医院文化的发展和传承中的导向作用和服务水平。

浦东新区医务工会

以赛促学　进一步提升社区全科医师专业技能

为充分展现基层医疗卫生专业技术人员扎根基层、服务群众的良好精神风貌、职业素养和社会形象，以赛促学，提升新区全科医师的专业技能和医疗服务能力，浦东新区医务工会连续三年组织开展了“天使护航”——社区全科医师技能大赛。（图 1）

图 1　社区全科医师技能大赛复赛理论考试现场

2018 年的社区全科医师技能大赛活动在 6 月至 8 月举行。全区 47 家社区卫生服务中心，1 600 多名全科医师参加了此次大赛。活动共分三场赛事，每场赛事都由全科理论和技能操作两部分组成。（图 2）

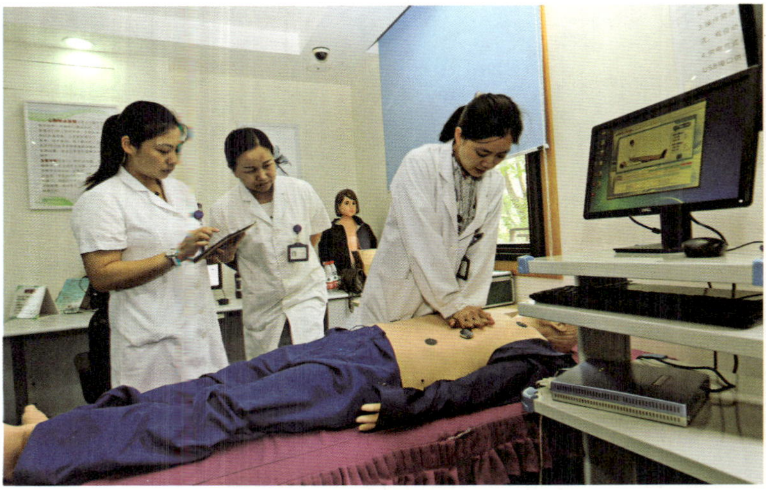

图 2　社区全科医师技能操作现场

2018 年的大赛利用信息化技术手段，同时对题库进行了升级，涉及内容更加全面，对社区全科医师的能力要求更高。赛事流程设置上通过层层选拔推荐，让更多专业素养强、技能操作好的医师们脱颖而出，通过初赛、复赛、决赛，最后有 20 名优秀社区全科医师获奖。（图 3）

图 3　社区全科医师技能大赛总决赛现场

通过开展社区全科医师技能大赛，考核社区全科医师熟练掌握常见病、多发病和诊断明确慢性病的基本理论、基本知识和基本技能，有利于促进提升基层卫生人员综合素质，提高新区基本医疗和基本公共卫生服务管理水平。同时可以有效提高家庭医生签约率，更好地胜任分级诊疗，提升区域医疗服务质量。通过做实“1＋1＋1”组合家庭医生签约服务，着力构建科学高效的医疗服务体系，实现健康管理、资源配置优化、就医有序的医改目标，真正把居民健康需求与医疗资源更好地匹配起来，让医疗资源分配和利用更加有序有效，让广大市民享有更有效、更便捷、更安全的医疗卫生服务，使医务人员的专业技能更好地为人民群众的生命健康保驾护航。

点评 COMMENT

浦东新区医务工会连续三年组织了全区社区全科医师技能大赛，做到了新区 1 600 多名社区全科医师全覆盖。通过技能大赛调动了基层医疗卫生专业技术人员提高专业技术素养、服务社区群众的积极性，充分体现了工会团结职工、围绕中心、服务大局的组织优势，对于促进基层医疗卫生事业的发展起到积极作用。

青浦区华新镇社区卫生服务中心工会

创建“心语坊”职工减压平台

——畅谈心语　舒缓压力　构建和谐

华新镇社区卫生服务中心顺应新形势、新模式、新观念的发展需要，紧紧围绕构建“和谐医院”主题，形成“健康、活力、和谐、创新”的中心特色文化，从中心和职工的实际出发搭建职工减压平台，建立“心语坊”，为职工搭建一个“畅谈心语、舒缓压力、构建和谐”的平台。“心语坊”创建了温馨又浪漫的环境，营造了平等宽松的交流氛围，搭建了排忧解难的渠道。（图 1）

一、顺应发展，满足企盼

随着医改的深入，社区卫生服务模式的转变，服务人群的拓展和服务需求的提高，相对应的医务人员配置数量不能及时跟上，加上当今医患关系紧张，医务人员工作、精神压力随之加大。针对这一普遍存在的情况，党政工领导在经过调查研究后，决定开设“心语坊”职工减压平台，缓解职工压力，舒缓职工心情。

二、温馨浪漫，追求品质

“心语坊”整个装修风格为暖色调，粉色的墙面上挂着职工自己不同的作品，一块裱挂“仁心、仁术、仁爱”的书法作品完美诠释了医务工作者的美好追求和精神品质。（图 2）“心语坊”内电脑、电视机、书橱、沙发、空调等一应俱全，给人的感觉是既温馨又浪漫。在闲暇之余，职工们走进坊间，泡上一杯茶，职工之间、领导和职工之间可以交流畅谈，平等、无压力。这一形式，受到了广大职工的欢迎，通过谈心、拉家常，拉近了职工之间、领导和职工之间的距离。从 2012 年 7 月起，“心语坊”正式根植于华新镇社区卫生服务中心的土地上，根植在 183 名职工的心坎上。

图 1 “心语坊”外观

图 2 “心语坊”内饰

三、平等交流，营造和谐

近六年来，有很多职工走进了“心语坊”，内容涉及工作、学习、生活、情感、学术等话题。有离职人员走进“心语坊”，把他们离职原因进行说明的同时，也感谢中心领导对他们的关心和挽留；有新上任的中层干部与中心相关领导相约在“心语坊”，他们畅所欲言、促膝交谈，有领导的期待和鼓励，更有个人的体验和想法，大家在和谐的氛围中增进了彼此的了解和信任；有新职工们把自己来到单位的感受向领导们做了一次轻松的表述，并表达了自己在新的岗位上工作的决心和目标；也有职工关于绩效考核和薪酬分配的疑问来到“心语坊”……。如今，中心职工一遇到烦心事，都会想到“心语坊”坐一坐，聊一聊。“心语坊”成了职工“知心屋”。

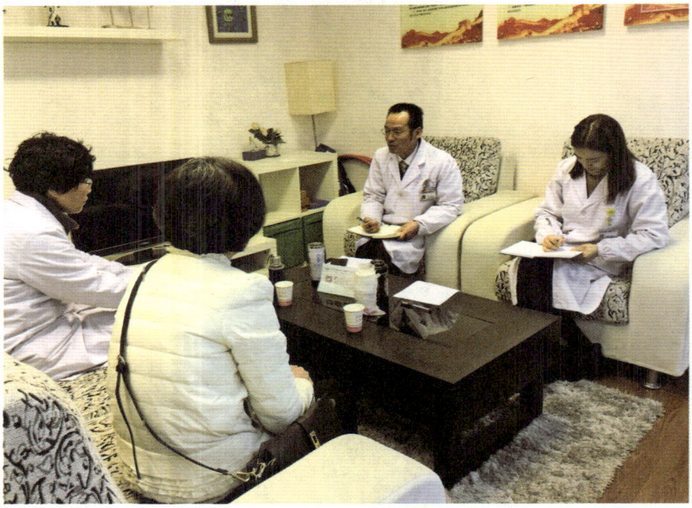

图3　中心班子领导在和员工交流谈心

四、“三剑”合一，聚集力量

“心语坊”的结构和运作模式为“三剑”合一，各显神通，即“中心搭台、工会唱戏、职工参与”。单位利用领导干部在社会阅历、知识经验、文化底蕴深的优势，担任“心语坊”的“老师”，并成为职工倾诉、交流的对象。这样，“心语坊”里的倾诉对象就有了选择性，职工可以选择自己信赖或者觉认可的领导进行交流，职工满意度高了起来，“心语坊”里的“老师”队伍也壮大起来。“三剑”合一，凝聚了力量，为单位管理注入了活力和动力。

五、分忧解难，成效初显

“心语坊”的创建，找准了新时期单位管理工作的方向，找到了卫生文化建设的着力点。六年来，扩大了单位管理工作的触角，起到了了解职工动态、掌握职工诉求和心声的作用。中心按照一切从职工的需求出发，竭尽全力为职工办实事、做好事。当职工工作岗位交流、职务任免或退休时，当受到重要表彰、奖励或受到批评、惩处时，当职工工作遇到较大困难或挫折时，当家庭生活发生特殊情况时，当发现或被举报有违纪、违规等问题时，当干部之间出现矛盾时，干部职工主动要求找领导谈心时，“心语坊”便成为大家心扉所向的港湾。

2013 年，“心语坊”被评为上海市卫生系统基础工会特色品牌项目；2015 年，荣获上海市卫生系统“人文关怀 心理疏导”优秀项目。

点评 COMMENT

华新镇社区卫生服务中心从单位和职工的实际出发搭建职工减压平台，创建了“心语坊”，通过“畅谈心语”达到情感释放、增进了解、构建和谐的目的，“中心搭台，工会主导，职工参与”的合力逐步形成，实现了文化建设和单位各项工作的协调统一，单位全面建设和职工成长、进步的和谐一致，形成了“健康、活力、和谐、创新”的特色文化，为单位的持续健康发展提供了思想和精神文化动力。

青浦区香花桥街道社区卫生服务中心

关爱员工　共创和谐

香花桥街道社区卫生服务中心坚持把关爱员工工作作为推动中心整体健康发展的抓手，不断完善员工权益保障体系，实现员工身心全面关爱，打通员工职业发展通道，努力创建和谐稳定社区卫生服务中心。

一、建立激励机制，激发向上精神

中心始终重视调动员工学习创造热情，为员工进步与发展提供空间。每年选派专业技术人员参加市、区短期医疗，公共卫生培训班，业务进修；鼓励参加在职学历深造、职称晋升辅导，为专业技术人员订阅各类专业报纸杂志等（图1）。中心出台《关于职工参加各类竞赛的奖励办法》，对参加各类竞赛的职工按所参加比赛级别和获奖名次给予奖励，激发积极、健康、向上的精神。

图1　医院订阅的各类杂志书籍

二、办好职工实事，保障职工权益

中心每年为全体在职职工办理住院补充医疗保险、特种重疾团体互助医疗保险、女职工团体互助医疗特重保险、女性之光“妇友情”关爱保险及家庭财产综合保险；为方便职工工作生活，专门承租有运营资质的班车，为职工上下班提供班车接送，并制订班车运行管理规定；督促行政办好职工食堂，提供卫生安全职工工作午餐；开展“得人心、暖人心、稳人心”活动；每年坚持做好“冬送温暖、夏送清凉”活动，慰问伤、病、困难职工，及时送去组织的温暖。（图 2）

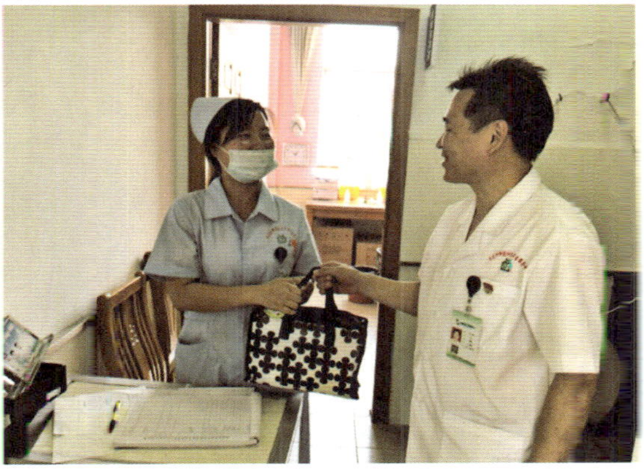

图 2　职工送清凉

三、多样文体活动，愉悦员工身心

通过开展丰富多彩的文体活动，创造宽松的工作氛围。中心工会组建篮球队、乒乓球队、羽毛球队、健身操队等文体兴趣小组，创立了职工之家，建立了图书馆、篮球场、乒乓室等文体场所，购置活动设施，通过开展趣味体育运动、各类体育比赛、青年户外拓展、迎新春联欢会等活动，丰富职工的业余生活，使原本紧张的工作得到舒缓。职工在活动中促进了人际关系和谐发展，愉悦了身心，释放了压力，以充沛的精力、更饱满的

热情投身于工作之中。（图 3）

图 3　职工文体活动后合影

四、关注特殊需求，解决实际问题

中心有从安徽、吉林、湖北等地引进的数十名外地大学生，如何做好这些职工吃、住、行的安置工作，成了各级领导心系的大事。各级领导先后多次实地走访，与职工亲切交谈，询问和了解这部分职工的住房条件，吃住行安排，业余生活等需求。中心从以人为本，努力构建和谐生活的角度出发，着力解决困难，做好关心职工工作。先后为宿舍配备床铺、衣柜、书桌、座椅、空调等等，同时安装有线电视、电信网络，并提供乒乓球、篮球等活动以丰富职工的业余生活。

五、关注员工健康，完善健康档案

中心每年集中组织在职职工和退休职工进行全面健康体检。组织健康体检旨在使全体职工充分了解自身的健康状况，做到“有病治病、无病预防"。健康体检的项目有测血压、B超、胸片、心电图、肝功能、血常规、预测肝癌标志物检查等，同时还专门为女职工设立妇科检查项目。每次体检结束后，工会都将体检结果和对应的疾病预防信息及时反馈给员工，并为每位职工建立健康档案。通过体检，提高大家对自身健康的关注，达到预防疾病和早发现早治疗的目的。

点评 COMMENT

以人为本、关爱职工是构建和谐社区卫生服务中心的基础，是推动单位发展的动力。关心职工生活、热情为职工服务，是稳定职工队伍、调动职工工作积极性、提升管理效果的有效手段。作为职工之家，工会这些至情至性的做法温暖了职工的心灵，也增强了中心的凝聚力和战斗力，为促进中心和谐稳定发展发挥积极推动作用。

05 EXPERIENCE 实践

职工文化建设

上海交通大学医学院附属瑞金医院工会

引入社会资源　建设面向医务职工的社区楼宇健身房

为落实《上海市医务职工健康促进工作实施方案》，保障医护人员的身心健康，2018年，瑞金医院工会与街道、区体育局合作，将社区楼宇健身房引入医院，推出面向全院职工免费开放的职工健身房，为职工提供专业的健身服务，获评2018年市医务工会服务职工优秀实事项目。

一、创造条件，打造职工健身房新模式

2002年，为满足职工们的健身需求，瑞金医院工会在职工俱乐部添置了部分简单的健身器械，放置于走廊过道上，供大家免费使用。随着人民生活水平的不断提高，职工对健康和体育运动需求也在不断增长。为更好地关爱和服务职工，促进职工身心健康，瑞金医院工会在2017年对职工俱乐部改建的方案中，专门规划了职工健身房。

在职工健身房的筹建过程中，为响应国务院印发的《全民健身计划（2016—2020年）》和《“健康中国2030”规划纲要》的精神，医院工会与所在的瑞金二路街道、黄浦区体育局等相关部门进行了密切沟通，多方合作，引入社会资源，最终成功将楼宇健身房的概念引入医院，为医院职工的体育健身创造了良好的条件。

该健身房使用面积为80平方米。由医院出资按照标准健身房的要求进行施工装修，经黄浦区体育局群体科进行现场评估，同意在瑞金医院建

图 1　瑞金医院职工健身房

设黄浦区瑞金二路街道楼宇健身房，即瑞金医院的职工健身房可以同时挂牌瑞金二路街道楼宇健身房，仅面向瑞金医院职工开放。（图 1）

三方明确，健身房所有健身器械的配置和申购由黄浦区体育局负责，器械资产归属瑞金二路街道所有。器械的维护保养、报废再申购均由瑞金二路街道负责。该健身房的正式启用，开创了由医院工会、区体育局和社区街道三方合作运行的健身房新模式。

二、专业化管理，提供最佳健身服务

职工健身房器械完全参照社区百姓健身房的标准配置，分为有氧区、力量区，并配备跑步机、椭圆机、划船器等十余件专业健身器材。瑞金医院职工可以凭胸卡入场，免费使用健身器械。（图 2）为了让医院职工享受到更为专业的健身服务，医院工会出资购买了托管服务，委托上海星之健身俱乐部有限公司进行日常管理。健身房开放时间为周一到周五的 11:00—19:30。健身房有 1 名专业健身教练担任主管，负责健身房的运行管理和健身指导。为向职

图 2　瑞金医院职工在健身

工提供最佳健身体验，健身房在高峰时间段采取预约制（按每小时场内限额8人预约）。健身房还开展职工体质测试，让职工了解自己的身体状况，激发职工健身意识。“每日健身主题”活动引导职工科学健身，传播专业运动知识，使得健身房更具专业性和吸引力。健身房教练还及时根据员工需求，开设公益收费标准的团操、舞蹈等学习班和私教服务。目前，健身房平均每日使用率达到150人次。

三、多样化活动、倡导科学健身、传播健康理念

职工健身房在提供健身服务的同时，还积极开展多样化的活动，如：开展月月健身主题活动，吸引职工每月参与比赛打卡，完成不同健身的内容，赢取奖品，调动参与积极性。在院工会的指导下，推广工位健身概念，由教练将工位健身课程送到各部处科室，指导简便易学的办公室健身技巧，倡导健康生活方式，普及科学健身知识，鼓励职工在空闲时间“轻”健身。开展丰富多彩的活动，传播健康理念，倡导科学健身，在医务职工健康促进工作中起到了积极作用。

点评 COMMENT

“社区楼宇健身房进医院”，不仅是职工健身房运行的新模式，更是医务职工职业健康促进工作的新探索。首先，职工健身房由医院、社区和体育局的三方合作，统筹全民健身公共资源，推动医院职工健身常态化，为丰富和完善全民健身体系提供了一种全新的模式。其次，职工健身房为职工提供了专业、高质量的健身服务，提升了职工幸福感和获得感。此外，健身房开展多种形式的健身活动，在职工中倡导科学健身的健康理念，促进了医务职工的身心健康，是工会服务职工的好事实事，得到了职工的欢迎和称赞。

上海市胸科医院工会

传承三十载　打造胸科特色文化品牌

——上海市胸科医院坚持举办职工文化节

为了丰富医院职工文化生活，促进职工之间的情感交流和团结协作，上海市胸科医院工会自20世纪80年代起，两年一度、交替举办职工体育文化节和文化艺术节，至今已坚持三十载。随着时代的发展，胸科医院职工文化节的内容不断丰富，形式不断创新，职工参与人次逐年增加，2018年胸科体育文化节累计参与达到了2 500多人次，举办文化节成为医院工会的一项常规性工作，形成了胸科特色文化品牌。

一、围绕医院中心工作，贴近职工实际

两年一度的胸科体育文化节或文化艺术节通常安排在6—10月，从开幕式起到闭幕式止，历时4至5个月。工会承担了活动策划、拟订方案，确定组织架构、活动内容及整体预算等工作，而且在整个过程中做好协调组织工作。文化活动紧紧围绕医院中心工作，聚焦社会热点，贴近职工实际。如在建院60周年之际，举办了“点亮未来　胸科精彩”浦江游览、胸科历程定向赛、“我在胸科的日子”演讲比赛等活动，让职工进一步了解医院发展的历程，增强对医院发展的自豪感、责任感，增强职工的凝聚力。在2018年改革开放40周年之际举办了“迎进博　颂改革　展风采”朗诵比赛（图1），进博会期间又举办了“健步迎进博　运动护健康”胸科线上健步走活动，展示了医务职工积极进取，拼搏向上的精神风貌。在活动项

目设置方面，充分考虑职工个体差异、爱好、身体素质等，最大限度地减少活动重复率，不断推陈出新，满足职工需求，先后举办了“阿卡贝拉音乐会”“爱乒才会赢”“胸科 3V3 篮球冠军挑战赛”等特色活动，得到职工的欢迎和踊跃参与。（图 2）

图 1 “迎进博 颂改革 展风采”朗诵比赛

图 2 2018 年胸科体育文化节“爱乒才会赢”乒乓球比赛

二、活动形式丰富多样，职工参与面不断扩大

工会加强活动宣传，从板报、院报、海报到工会微信公众号、胸科官微等自媒体平台，使体育文化节/文化艺术节活动能够辐射到全院职工，让更多的职工参与到工会活动中来，坚持传承与发扬，全力做好这一胸科文化特色工作，力求常办常新。

职工文化节内容丰富，形式多样，既有射箭比赛、乒乓球比赛等竞技类活动，也有文化走读、院史馆参观等文化活动，满足了不同职工的需求。近年来，还探索线上和线下相结合的方式。针对医务人员工作压力较大，空余时间较分散，集中活动相对困难的特点，举办了线上卡拉 OK 和朗诵比赛，线上十九大知识竞赛及线上健步走等活动，职工参与面不断扩大。文化节活动不仅面向医院职工（包括非在编职工），而且面向职工家属，定期举办“暑期夏令营”等活动，邀请职工家庭一起参加。全员参与、欢聚一堂，促进了医院职工的情感交流，增强了职工的归属感和凝聚力，调动了职工的积极性，也促进了医院精神文明建设和各项业务工作的发展进步。

点评 COMMENT

胸科体育文化节及文化艺术节已连续交替举办近 30 年，自开展以来，活动内容不断丰富，形式不断创新，得到了医院各部门工会积极响应与支持，参与人次逐年增加。文化活动紧贴社会热点，紧贴医院中心工作，展现胸科医院职工昂扬向上的精神风貌，起到了凝心聚力、鼓舞士气的作用，也使职工的艺术和体育才能得到展示发扬，在紧张繁忙的工作之余，有了放松心情、舒缓压力、陶冶情操的平台。坚持三十载，体现的是关爱职工、重视职工的医院文化，这将激励职工立足本职、为医院的发展和医疗卫生事业的发展而积极努力。

上海交通大学医学院附属仁济医院工会

坚持医者本色　公益边走边做

为了丰富医院职工业余文化生活，服务职工的体育健身活动需求，仁济医院工会于2014年组建“仁济医院暴走社”，成员为医院内爱好户外体育健身活动的职工。四年多来，“暴走社”利用休息休假时间，足迹从上海市区及近、远郊地区，走到了江浙一带，同时“暴走”队伍也不断发展壮大。“暴走社”在行走中不忘自己医者本色，开展了健康咨询和慈善义诊活动，为当地百姓提供服务，体育健身运动伴随慈善公益事业，体现了医务职工服务社会的奉献精神，得到居民群众的欢迎和好评。

一、精心选择路线、行走中获得快乐

为使医务工作者在繁忙的医疗工作之余，能有强身健体、舒缓压力的机会，多年来，全民健身活动一直是仁济医院工会的工作重心。“仁济暴走社”秉承快乐工作、健康生活的宗旨，选择符合各年龄层次员工需求的健康走路线，环境以野外自然为主，活动以健体强身为目的，同时呈现出一定的知识性、趣味性，吸引医务工作者参加，展现健康、乐观、积极的生活状态和精神面貌。

2014年至2018年期间，“暴走社”分别组织成员前往上海市内的滴水湖、交大校区、徐汇滨江、浦东滨江、虹口滨江、前滩、崇明岛走步行走，以及上海周边的阳澄湖、杭州湾、大洋山岛、江苏如皋、浙江南浔等地进行暴走活动。（图1～2）

图 1　仁济暴走社在徐汇滨江暴走

图 2　仁济暴走社至大洋山岛暴走

在徒步活动中，社长带领成员们参观博物馆等文化场馆，学习人文知识、开展社会活动，例如慰问被打急诊护士丁妮，举办“一个鸡蛋的暴走”等主题活动，进行医疗募捐，帮助贫困患者。他们赋予了普通的体育健身活动以更丰富的内涵。职工在放松心情的同时，还能学习到人文知识，丰富了职工的业余生活。定期的暴走活动也为职工提供了相互交流、相互合作的机会，提高了团队的凝聚力。

二、热心服务社会，用爱心传递温暖

在行走中，“暴走社”逐渐将活动内涵提升至传递健康、服务社会。他们以医者的仁心仁术，将服务社会的理念贯穿于日常活动中。自大洋山之行开始，仁济医院“暴走社”正式开始了行走中的义诊服务。在大洋山首次义诊成功后，社团接连开展了杭州湾义诊、南浔义诊（图3）和“仁济——如皋一家亲”等系列义诊活动，将仁济医疗资源辐射、惠及当地百姓。在义诊期间，“暴走社”成员们根据自身专业特长主动分担义诊任务，如，通过详细询问患者病史指导正确分诊；发挥专科护士优势，帮助有需要的患者建立档案，随时保持跟踪联系；用简洁明了且通俗易懂的语言向患者解释用药知识，宣传如何按时、足量、按疗程用药，以及告知用药过程中可能出现的不良反应，指导患者科学合理使用药品等。在义诊过程中，发挥了人才、技术及设备等方面的优势，为义诊中遇到的危重病、疑难病人转到仁济医院治疗提供方便。

仁济医院暴走社的义诊活动在为当地群众服务获得欢迎的同时，提高了仁济医院的知名度、提升了仁济医院的服务品牌，宣传了仁济医院职工健康向上积极奉献的精神状态和医院的社会公益形象，也使医务人员发挥了专业技术特长，增加了自身的职业荣誉感和获得感。

图3　仁济暴走社南浔义诊活动现场

点评 COMMENT

仁济医院暴走社的成立以促进职工运动健身为目的，通过这一活动形式，向职工推广积极、健康的健身方式，丰富职工的业余生活。医院职工在行走中，感受到了普通群众的健康需求。他们随手做公益、热心服务群众，将健康咨询和公益义诊贯穿于体育健身活动中，这正是医者仁心济世价值观和奉献精神的体现，得到了当地群众的欢迎和高度赞扬。在运动健身中，职工增强了职业荣誉感和获得感，更加热爱本职工作。通过活动也宣传了医院的品牌价值，使得仁济医院优质医疗资源的服务范围得以进一步辐射、扩大。

同济大学附属同济医院工会

打造以语言艺术为特色的职工文化品牌项目

同济朗诵话剧社成立于2009年，目前有固定成员28人。同济医院工会组建这一职工社团，明确以朗诵表演、语言艺术为特色，旨在通过语言艺术的学习运用提升医患沟通能力，弘扬行业精神，展示医务职工风采。（图1）10年来，朗诵话剧社以语言、声音和文字进行创作，培育了多个优秀作品，在系统内外演出产生一定社会影响，为推动语言艺术的普及、提高发挥了积极作用。2011年、2013年先后获得上海市医务职工语言艺术文化基地挂牌；2018年获评上海市医务职工五星社团。

图1　同济朗诵话剧社成员接受劳动报专访

一、规范管理，提升内涵，着力建设语言艺术学习传播基地

医院工会把培育朗诵话剧社作为推进语言艺术基地建设的工作载体，完善管理制度，倾注资源支持，创造条件，开展学习培训，提升艺术修养，推动发挥基地的交流、服务、指导以及辐射功能，承担架设与社会沟通的桥梁、展示医务人员形象的社会职能。

规范日常管理，加强内涵建设。同济朗诵话剧社成立以来，安排了丰富的活动，以苦练内功，提高自身艺术水平。通过学习交流、阅读培训、讲座分享、观摩参观、参演录制等多种活动方式，培育优秀朗诵话剧艺术队伍。每周一次邀请专业讲师定期进行规范化专业化培训。每季度一次经典作品赏读分享，每年深度学习经典名著20余篇，微信群实时分享诵读作品，提升诵读技巧。组织学习观摩了《剧院魅影》《罗密欧与朱丽叶》《魔法坏女巫》《卡门》等高品质歌剧、舞台剧，开阔眼界陶冶情操。围绕医院工作有主题开展活动，每年迎新联欢会、纪念宝隆朗诵展演，组织主持人、朗诵、演讲、小品等比赛，展示医务人员的自信和风采。坚持一年两次举办面向全市医务职工的对外开放活动，通过医务职工诗歌鉴赏、朗诵演讲等系列培训，展示基地活动成果。

拓展服务功能，拓宽沟通渠道。开展同济课堂鉴赏沙龙，邀请专业讲师主讲《如何提高演讲与沟通水平》，结合巴林特与医患沟通举办系列讲座沙龙，提升医务职工与病人沟通的技巧。开办沪语培训班，为加强医务人员与社区居民沪语交流助力。

发挥区域合作、高校联建功能。配乐诗朗诵《生》进高校、联合同济大学共同演绎经典独白、普陀区各界人士春节团拜会、“身边的感动”浦江伴馨风剧社十周年汇演、多次受邀参加甘泉文化节朗诵及沪语表演，展示了医务职工良好素质和形象，让社区市民及学生多一个了解医务人员的窗口。

二、创作培育精品力作，展示行业风采、弘扬职业精神

在日常训练之外，朗诵话剧社还注意从生活中挖掘素材，创作艺术作品。已有若干职工原创作品成为社团的保留作品：《美丽人生》《生》，结合十九大"不忘初心 牢记使命"主题排演作品《从石库门到天安门》，改革开放40周年主题演讲系列作品和多个经典诗文诵读作品。通过语言艺术表演，讲述白衣天使故事，诠释行业精神。

由同济朗诵话剧社成员自编自导自演的原创音乐剧《美丽人生》，生动展现医务工作者为抢救患者无私奉献的高尚情怀，在医院家庭日上成功上演，荣获第八届医务职工文化节主题演绎一等奖，获劳动报赞誉。（图2）

图2　同济医务职工自编、自导、自演原创音乐剧《美丽人生》剧照

原创配乐诗朗诵《生》源自一位年轻医生的创作，用优美的语言、真挚的情感讴歌了白衣天使救死扶伤的职业精神，医院朗诵话剧社经过重新

改编和艺术演绎，多次登台演出，2017年荣获“我要上五一”上海职工文艺节目汇演金奖。（图3）

图3　原创配乐诗朗诵《生》登上上海朗诵艺术展演舞台

同济朗诵话剧社致力于用语言展示行业风采，用语言诠释行业精神，并取得了出色的成绩。荣获第18届读书节闭幕式暨上海职工经典诵读大赛一等奖，振兴中华上海市读书节经典诵读二等奖，“医路书香·悦读修身”上海市医务职工诵读大赛二等奖，上海市医务职工“讲精彩故事，为天使点赞”主题活动“故事大王”，上海市卫生计生系统先进工作者和模范集体事迹宣讲观摩会优秀奖，“中国梦·劳动美·我与改革创新”主题演讲比赛一等奖。先后受邀参与上海市市民修身展示季表彰活动展演（图4）、上海市医务职工读书活动开幕式暨诗乐欣赏会经典诗文诵读、上海市医务工会年度总结表彰主题活动情景诗朗诵展演、上海市“仁心医师”表彰颁奖典礼展演、上海市“健康中国 美丽上海”公益广告大赛展演、“情系中华·声暖浦江”上海朗诵艺术展演、首届上海市民文化节闭幕式暨第八届上海朗诵艺术节展演；配合拍摄微电影《爱满心身》（改编自精神科医生救治抑郁症患者真实事例）获上海市总工会首届微电影金奖。劳动报记者专访并以《朗诵是真情的流露，更是坚守信念的表达》为题，作了专题报道。

图 4　原创配乐诗朗诵《生》受邀参与上海市市民修身展示季表彰活动展演

点评 COMMENT

同济朗诵话剧社成立以来，专注于语言艺术的学习、交流和传播，他们在行业内外、在各类文化舞台上，用文字、语言和声音进行艺术创作，讲述白衣天使的故事，诠释行业精神，倾诉医务职工的职业追求和人文情怀，架设医务行业与社会沟通的桥梁。专业的精神、艺术的追求，打造了精品职工文艺社团，为加强医院文化建设，推动医疗卫生行业职业精神的培育和传播，发挥了积极的作用。

复旦大学附属眼耳鼻喉科医院工会

丰富多彩的活动　全员参与的盛会

——眼耳鼻喉科医院工会坚持举办职工文化节

复旦大学附属眼耳鼻喉科医院是全国知名的三级甲等专科医院，每年门急诊量达220万人次，住院手术量近5万人次，医务人员承担着大量医疗、教学、科研任务。在繁忙的工作之余，更渴望医院有良好的精神文化氛围，让职工得到精神上的放松与休息。医院工会坚持以职工为本，根据职工多元化、多层次、多样化的精神文化需求，开展职工文化活动。

自2013年以来，工会在每年的1—6月，举办“汾阳文化节”活动。在此期间，每月组织开展1～2项文体活动，内容有文艺表演、体育比赛、摄影作品展、读书演讲、文化沙龙、标兵评选等，其时间、规模、参与度、影响度都是医院历时最长、覆盖面最广、内容最丰富的文化活动。“汾阳文化节”丰富了职工精神文化生活，提升了职工综合素质，推动了医院文化建设，增强了团队凝聚力和活力，展现了医务人员朝气蓬勃、奋发向上的精神风貌。

具体做法是：年初，医院工会围绕党委精神文明主题活动，结合工作实际，精心制订详细的活动方案，并广泛发动，下发通知，力求做到“参与面广、形式新颖、俭朴热烈、健康和谐”的要求。充分利用节假日、业余时间因地制宜开展职工喜闻乐见的文体活动。按照方案“月月有活动”，先后举办过联欢会、拔河比赛、跳绳比赛、篮球比赛、羽毛球比赛、卡拉 OK 比赛、趣味飞镖三人团体赛、时装秀旗袍秀、读书演讲活动等，其间还穿插各类文化沙龙和兴趣小组活动。较好地满足了不同层次、不同爱好者的需求。医院每年参加文化节活动的职工达 1 300 多人次，前来观看的职工达 2 000 人次。每项活动结束，工会还及时编写活动信息，通过医院微信公众号、OA、院刊、宣传板报等不同形式和渠道，图文并茂展示医院职工参与各类活动的照片和视频，使职工在参与、体验中，感受集体活动的快乐，受到健康和谐的医院文化熏陶、行业正能量的引领。

职工关注文化节、参与文化节

精彩纷呈的文体活动，已成为职工展示风采、增进交流、凝聚团队合力的重要平台。特别是已连续举办了 15 年的春节联欢会，更是全体员工的文化大餐，视觉盛宴。每年的春节联欢会，更是全院职工的盛会。职工全员参与，上至院士、专家、教授、医院和科室领导，下至普通员工，无论身份和地位，大家同台献演，尽情展示才艺、抒发情怀。值得一提的是，所有的节目都是各科室和部门员工自编自导自演，内容取材于日常工作和生活，节目既接地气又能和大家产生共鸣。因而受到全体员工的热烈追捧，是参与度最高的一项活动。

文化建设助力医院发展——文化是医院的软实力，更是一个单位的精气神。精彩纷呈的文体活动，已成为医院职工展示风采、增进交流、凝聚团队合力的重要平台。职工在参与、体验中，受到团结互助、积极向上、健康和谐的医院文化熏陶，增强了凝聚力和对单位集体的归属感。（图 1～3）

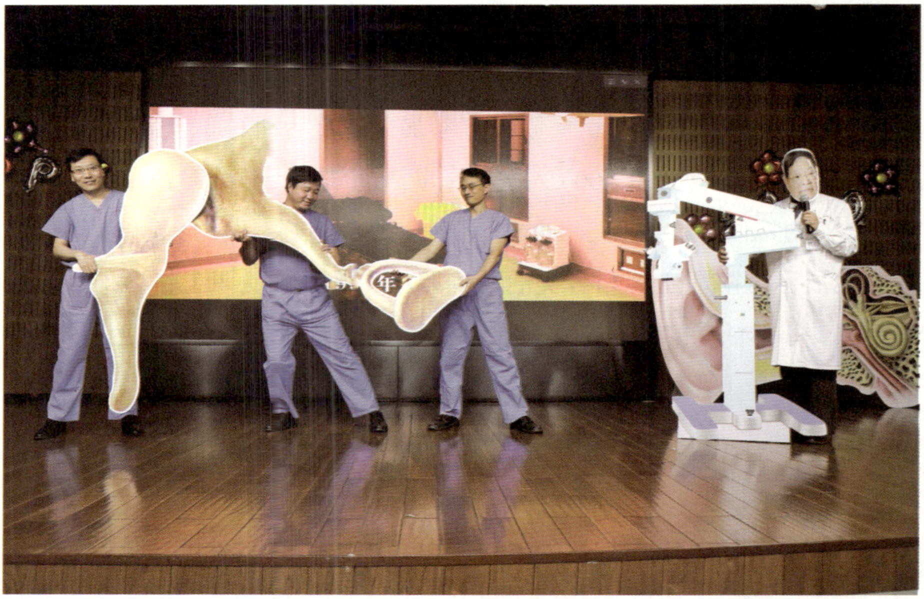

图 1　耳鼻喉科医生自编自导自演舞台剧《就医变迁》

图 2　眼科专家教授倾情出演的情景剧《指尖上的光明》

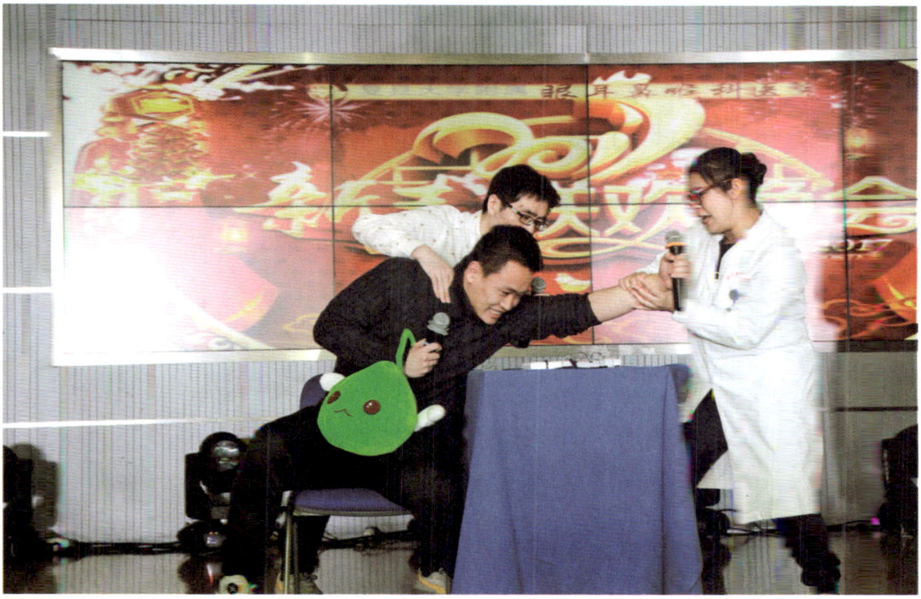

图3　检验师自编自导自演的小品《检验窗口初体验》

点评
COMMENT

眼耳鼻喉科医院工会以“汾阳文化节”活动为载体，组织职工开展丰富多彩的活动。参与者热情投入、奋力拼搏，组织者精心谋划、齐心协力，观众们激励鼓劲、共争荣誉。在轻松融洽的气氛中加强了沟通，联络了感情，培养了团结协作的精神，提升了职工对医院的归属感。通过开展“汾阳文化节”活动，发现和培养了一批文艺骨干，为医院开展各类文体活动奠定了基础，也为促进和谐医院建设提供了文化支撑。

上海市第十人民医院工会

深耕职工书画基地　艺术滋养医院文化

——上海市第十人民医院深入开展职工书画文化活动

上海市第十人民医院（以下简称“十院”）成立以“拾缘斋”为社团名的职工书画社，汇聚医院职工中的书画爱好者，定期组织开展书画学习欣赏交流活动。成立五年来，在院领导的支持下及社长张翔宇主任的带领下，“拾缘斋”以书画欣赏学习为基点，从感知传统书画艺术美入手，激发医务人员内心对高雅艺术的品悟和对生活趣味的追求，在全院产生越来越多的响应和参与，书画爱好者的队伍不断扩大，医务人员在学习欣赏传统艺术中产生美的共鸣，并将这种美带给患者，以此成为构建和谐医患关系的新途径。

一、定期组织社团活动，丰富职工业余生活

十院书画社团坚持举办和推广书画活动，在院内形成一定群众基础和影响力。今年“三八”节，举办了以关爱女性医务职工为主题的“画花卉、继传统、展风采”瓷盘彩绘活动。活动邀请海上知名油画家现场教授瓷盘画技法，女学员学习后，能寥寥数笔绘出一朵艳丽的牡丹。当大家手捧作品合影时，一朵朵绽放在瓷盘上的牡丹，衬着脸上洋溢的笑容，充分体会到绘画创作带来的愉悦感，展现了十院女职工热情阳光的精神风貌，同时增进了职工对医院的认同感和凝聚力。（图 1）

2018 年，“拾缘斋”与市医务职工书画协会共同举办《上海市医务职工书画协会会员作品集——纪念改革开放 40 周年专辑》征集活动，征集书

图 1　关爱女性医务职工为主题的“画花卉、继传统、展风采”主题彩绘活动

法及国画作品 47 件，这些作品经精心筛选制作成册，受到了行业内和社会的一致好评。这既是医务职工对纪念改革开放 40 周年的献礼，也展示了十院职工的优秀文化素养与道德风尚，同时也是一个极好的交流学习过程。

二、以书画结缘，艺术活动影响力不断扩大

十院书画社每年定期举办两次大型书法沙龙活动，活动邀请来自院内外的多位书法家、书画爱好者参加，静安区书协诸多书法家也常受邀前来交流，并进行现场书法教学指导，他们的支持参与丰富了社团活动内涵，促进了社团与区书协的互动，提升了医院书画活动基地的品牌影响力，为服务好本院及医务工会书画爱好者打下了基础。

2018 年初，书画社团“拾缘斋”被命名为上海市医务工会书画活动基地，书画社在院内举办了隆重的挂牌仪式。这是市医务工会对十院书画社“拾缘

图 2　市医务工会书画基地挂牌及高式熊工作室成立仪式

斋”一直坚持举办和推广书画活动，形成一定群众基础和影响力的认可。今后，市医务工会的部分书画活动将会放在“拾缘斋”进行，由此可以为院内书画爱好者提供更大的交流活动平台，“书画之友”的队伍将不断扩大。

十院书画社团成为市医务工会书画基地之后，邀请书法界德高望重的老前辈高式熊先生来十院成立工作室。（图 2）高老对于十院书画社坚持钻研和推广书法艺术表示支持，勉励书画社社员在自身努力和老师指点下，要有志成为优秀的医生书法家。

书画基地的挂牌及高式熊工作室的成立，激励和推动十院书画社更好继承中华优秀传统文化精神，从中汲取宝贵的精神滋养，志行高远，专注精研，提升医院文化的内涵。

三、传递书画之美，促进医患和谐

每年春节，书画社都会隆重举办以“翰墨福暖医患”为主题的迎新年写春联活动（图 3）。每次都有区内书法家参与。新朋旧友，挥毫书画，交

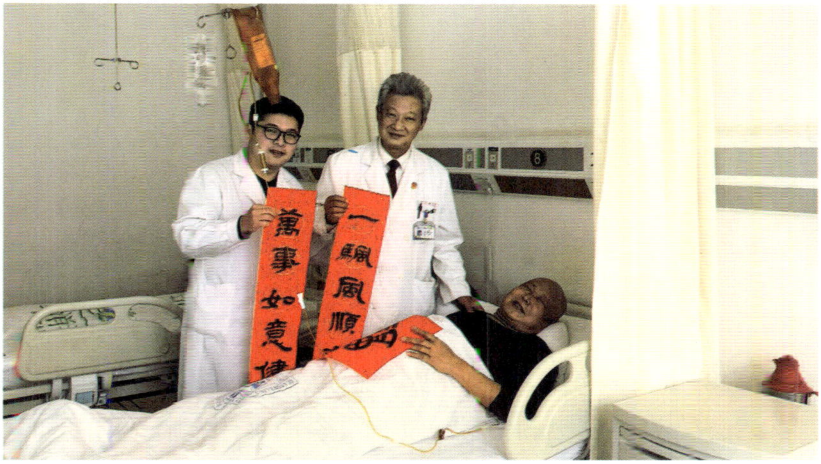

图 3　翰墨福暖医患——迎新年写春联活动

流切磋，非常热闹。它既是医务职工的一份祈福，也是心与心之间的交流。写好的春联送到各病房，新年时各病区门口都是“新桃换旧符”的喜庆气氛，在十院范围内营造了以传统文化为特色的艺术氛围。书画社社员们将写好的“福”字送到饱受疾病困扰，暂时无法回家过年的住院患者床前，或将春联赠送给医院同仁，让大家一起感悟书法之美，同时感受到十院这个大家庭的温暖。

点评 COMMENT

十院书画社借“拾缘斋”这个平台为医务人员在繁忙的工作之余辟出一片心灵净地，让职工有机会将自己沉浸在艺术的气息中，汲取艺术滋养，陶冶内心情操，提高传统文化修养，获得身心的愉悦和工作的动力。以书画为载体，加强全院职工团结联谊，广泛凝聚人心，为推动医德医风建设，构建良好的医患关系发挥了积极作用。“拾缘斋”被授予市医务工会书法基地，并成为高式熊工作室，是对其弘扬中华传统文化、参与医院精神文明建设的充分肯定和鼓励。

上海市第一妇婴保健院工会

“抒画”社团：为医院文化建设添彩增色

上海市第一妇婴保健院“抒画”社团现有成员30人，分别来自本院妇科、产科、门诊、行政科室、后勤保障等部门。工会成立“抒画”社团的初衷，是想利用中午休息时间为喜爱绘画的职工提供一个交流学习的机会，同时也有利于让职工舒缓情绪，陶冶情操，培养艺术修养，提升医务人员的综合素养。“抒画”社团成立后，定期举办活动，成员队伍逐渐扩大，成员的美术水平和鉴赏力不断提高，作品还走出医院大门，在地区和系统内产生了一定影响。

“抒画”社团定期组织活动，精心制定活动内容，确保社团活动的密度和质量。邀请专业绘画老师来现场指导，让医护人员进一步了解绘画的基础知识和基本技法，如美术种类、常用工具、基本使用方法等，不仅重视基础方面的学习，更着重培养成员的观察能力和创新思维能力，提高成员的审美能力。（图1）成员通过社团和个性化的学习，使美术特长得到更好的发展。

“抒画”社团经常以举办绘画比赛、展出绘画作品、评选优秀作品的形式检验活动成果，鼓励成员利用基础元素进行创作，运用所学的美术鉴赏及知识技能完善绘画作品，培养医务人员的业余爱好和美术特长，营造了医院的艺术文化氛围，丰富了医院文化建设的成果。（图2）

“抒画”社团不仅为全院喜欢美术的医护人员搭建了一个互相交流的平台，而且在绘画中充分表达自己的情感，舒缓了情绪，释放了工作生活的压力。社团成员绘画水平得到提高，不断取得了新的艺术成果。2017年“抒画”社团成员作品入选第一届浦东中外企业书画、篆刻优秀作品联展；社团荣获2016上海市“健康中国、美丽上海”公益广告大赛优秀创作团队；成员荣获2016上海市“健康中国、美丽上海”公益广告大赛优秀奖；2014年分获上海市医务职工第八届文化艺术节书画比赛二等奖及三等奖。在2013年第五届职工文化艺术节“数字油画”比赛中，成员获一等奖。同年，在“美丽新家园”职工子女书画作品征集评选活动中，成员子女获一等奖。

图1 专业老师为“抒画”社团成员进行培训

图2 “抒画”社团成员作画现场

点评 COMMENT

上海市第一妇婴保健院工会成立“抒画”社团，旨在搭建一个绘画爱好者的交流平台，自创建以来，深受医务人员的喜爱。社团积极举办培训活动，长期邀请专业老师开展绘画指导，帮助医务人员感受“抒画”之美，陶冶情操，提升文化底蕴与艺术气质，享受繁忙工作之余的写意生活，增添医院人文氛围和文化建设成果。社团成员在日常的交流和活动中，绘画能力得到了长足的进步，也日渐增强了对医院文化的认同感和归属感。社团成立至今，成员作品屡次入选赛事并获得荣誉，“抒画”社团被上海市医务工会评选为“四星”社团。

上海市肿瘤研究所工会

全员参与　打造职工体育文化品牌

近年来，上海市肿瘤研究所工会在市医务工会的指导下，在关爱职工、服务职工上狠下功夫。针对本单位职工中大多是科研人员，平时整日在实验室埋头工作，缺乏体育锻炼的情况，工会因地制宜组织开展形式多样的体育活动，以促使职工劳逸结合、增强体魄，得到职工的欢迎和踊跃参与，全员参与体育锻炼，成为该所一道亮丽风景线。

一、春季运动会，每年全所职工的盛会

图 1　上海市肿瘤研究所职工运动会拔河比赛

自 2013 年以来，上海市肿瘤研究所每年春季举办职工运动会。运动会在比赛项目的设置上因地制宜，从实际出发，充分考虑到职工不同年龄、不同体质的特点，精心策划丰富多彩的运动项目，使大家都能找到适合自己的运动项目。既有短绳、飞镖、八十分这样的小型项目，也有长绳、拔河、趣味篮球比赛这样的大型项目。另一方面，为了鼓励全所每一位职工都能参与到运动

会中，所工会还制订了一套完善的运动会奖励机制。精心的筹备，广泛的动员组织，使每年的职工运动会都能达到近百分之百的参与。

在运动会的众多比赛项目中，拔河比赛作为一个凝心聚力的传统项目，在每次的运动会中都能掀起高潮。（图 1）不论是参与比赛的人还是在一旁加油鼓劲的人，此刻的大家在力量和精神上都融为一体，同为最终的胜利而拼搏，展现了职工团结一心的精神。

通过运动会，职工们不仅增强了体育锻炼，还将平日散落在不同实验室、办公室的职工联系在了一起，在强身健体的同时促进了职工之间的交流，加深了同事感情和友谊。

二、重在平时，坚持日常的体育锻炼

随着职工生活质量的提高，健身意识也有了不断的增长，每年一次精彩的春季运动会已经无法满足广大职工的健身需求。因此，研究所工会积极调研，从 2014 年开始陆续开设了每周一次的瑜伽班、桥牌班和乒乓训练

图 2　上海市肿瘤研究所小型室外篮球场

班，同时聘请相关的专业指导老师进行授课，让职工不光能够动起来，更能够科学健身，收获高质量的健身效果，真正做到有规律的体育锻炼。课程设置至今，受到广大职工的肯定和热烈追捧。2016 年，在所党政领导的大力支持下，研究所修建了一个小型室外篮球场，以供职工日常使用，大大改善了职工的运动空间，为职工的日常锻炼提供了便利。（图 2）

由于研究所平日坚持开展群众性体育锻炼，职工体育工作形成了良好的基础与传统。在 2017 年上海市卫生计生系统第十一届职工运动会中，所工会积极动员组织，研究所有四十余名职工报名参赛，参赛人数占全所职工总数的近三分之一。最终取得了不俗的成绩，获得了丁组团体总分第六名，参加了所有 7 个类别 13 个项目的全部比赛。在团体项目中，第九套广播体操和龙舟比赛获得了第三名，趣味项目和四国军棋获得第四名，真人 CS 获得第五名；在个人项目中，女子象棋获第二名，女子青年组 50 米蛙泳获第八名，男子组保龄球获第八名；在本次运动会上还获得了优秀组织奖和体育道德风尚奖。职工体育文化建设取得了丰硕的成果。（图 3）

图 3　上海市肿瘤研究所在“上海市卫生计生系统第十一届职工运动会”中获得的奖杯

点评 COMMENT

上海市肿瘤研究所工会坚持为科研人员的健康生活服务，因地制宜，组织开展丰富多彩、形式多样的体育活动，得到职工的欢迎和积极参与，职工体育锻炼形成良好风气，打下扎实基础，在上海卫生系统职工体育文化建设中取得亮丽的成绩。职工体育文化建设，不仅为职工带来了心灵的愉悦、体魄的强健，更将团结、拼搏、奋斗的体育精神融入了职工的工作生活中。体育锻炼，成为全所职工健康生活的坚实后盾，也成为上海市卫生系统体育文化建设的优秀品牌。

上海交通大学医学院附属新华医院工会

开设“新时尚生活课堂” 丰富职工文化生活

近年来，新华医院工会把加强职工文化建设作为促进职工素质整体提升的有效抓手，持续地推进职工文化活动常态化。2014年，新华医院工会开办了“新时尚生活课堂”，以更好地满足职工的精神文化需求，丰富医务职工业余文化生活，缓解职工工作压力，增进职工间的相互沟通，促进传统文化交流。“新时尚生活课堂”项目已成为新华医院工会工作的一个文化品牌。（图1）

图1　活动标识

为了使开设的各类课程更加贴近职工需求，更具针对性和实效性，工会深入临床科室调研，广泛征求职工的意见和建议。每次课堂开课前，主动向职工征集关注的热点题材，并从中选取职工感兴趣的生活主题。“新时尚生活课堂”开设以来，活动内容主要有：

（1）手工制作类：多肉盆栽制作、插花课程、水仙花雕刻、植物微景观制作、传统团扇绘画、陶艺器皿制作等；

（2）健康与减压类：女性化妆与护肤、冬令养生知识、心理舒压课程、预防肩颈痛课程（图2）；

（3）节日文化类：元宵节猜灯谜品元宵，新年写春联等；

（4）节日福利类：护士节化妆课程、三八节写真拍摄等；

（5）饮食文化类：鲜肉月饼制作、桂花糕制作（图3）、西点烘焙课、中式点心等；

（6）社会热点类：玉石收藏鉴赏、法国葡萄酒品鉴、理财知识讲座、丝巾搭配、手机摄影、玩转摄影棚、集邮知识、旅行达人分享等。

图2　医院职工学习肩颈舒缓操

为提高课堂的效果，工会根据职工需求和开课的内容，开拓各种资源联系老师“送教上门”，为职工介绍相关知识，并进行现场互动。为了不给职工增加工作时间里的额外负担，活动时间一般安排在午餐后的休息期间，活动地点安排在院内食堂六楼的职工之家，方便职工在就餐后就近参加，为职工参加培训了提供便利条件。通过开展各类职工才艺培训、健康教育等活动，提升职工素质，促进职工健康。

为提高职工参与度，“新时尚生活课堂”在开课前，医院工会通过微信服务号提前预告内容安排，职工可以直接在微信平台进行报名，并会及时收到平台的信息反馈。

图 3　职工迎重阳学做桂花糕活动

每次活动结束后，活动中的花絮会通过医院工会微信服务号推送，使未能参加的职工也能了解工会开展的活动，让更多的人看到医院职工丰富多彩的业余生活和才艺展示。目前，医院工会微信公众号关注人数已上升到 3 300 余人，基本达到了职工总人数的 85% 以上，有效地扩大了新时尚生活课堂的影响面，通过公众号也让工会及时了解职工对工会开展活动的反馈意见。

“新时尚生活课堂”作为新华医院工会的一个文化品牌项目，自 2014 年创办至今已经经历了三个年头。陆续开展活动近 50 期。课堂系列活动立足和谐医院建设，开展传承传统文化、引领品位生活、培养阳光心态、提高幸福指数的一系列课程，营造生动活泼、积极向上的新华美好生活。寓教于乐的生活小课堂活动，发现生活情趣，培养生活技能，倡导积极健康的生活方式、缓解职工心理压力，深受职工们的喜爱，在增强职工对工会的感情、改善人文环境、增强工会凝聚力等方面发挥了积极的作用，丰富了职工之家的文化内涵，使医院工会真正成为全体职工的精神家园。（图 4）

图 4　医院职工迎新春写春联写福字

点评 COMMENT

职工文化是医院工会开展活动的灵魂。新华医院工会通过“新时尚生活课堂”这个文化项目，打造职工文化阵地，丰富职工的业余文化生活，培养医务职工阳光开朗的心态，“新时尚生活课堂”是一场丰富多彩的时尚课堂，也是一场充满生活气息的互动交流，更是一场令人愉悦的分享体验。新华医院加强职工文化建设，提高了工会会员的幸福指数，营造了生动活泼、积极向上的新华美好生活，增强了工会的凝聚力，使医院工会真正成为全体职工的精神家园。

上海中医药大学附属岳阳中西医结合医院工会

岳阳职工合唱团：享誉行业内外的文化品牌

岳阳医院职工合唱团由本院职工组成，成员来自医院临床一线、行政、后勤等部门，他们都是文艺爱好者，热爱歌唱、具有一定音乐特长和积极性。合唱团成立十多年来，坚持进行规范化训练，聘请优秀的专业指挥家指导，艺术水平不断提高。合唱团积极参加院内外重大活动演出，为院内外职工和市民百姓现场献唱，在虹口、杨浦、崇明、闵行等地区都留下了足迹。在医务系统文化艺术节、科技文化节、中医养生节等重大活动和节日中，用合唱展示医院文化、宣传院训和卫生职业精神，并在上海市总工会、市医务工会的平台上，唱响主旋律，展示医务职工的精神面貌和良好的艺术人文修养。（图 1）

图 1　合唱团在每年的文化艺术节、中医养生节上献演

2015 年，岳阳合唱团参加纪念中国人民抗日战争暨世界反法西斯战争胜利 70 周年主题活动“为和平歌唱”，作为优秀表演社团参加上海市民抗战歌曲大联唱，在 93 岁的著名指挥家曹鹏老师的指挥下在上海大舞台献演，东方卫视现场直播了表演。（图 2）

图 2　参加纪念中国人民抗日战争暨世界反法西斯战争胜利 70 周年主题活动“为和平歌唱”

岳阳医院职工合唱团经常在上海卫生系统的重大活动中献演：在 2018 年上海市医务工会年度总结表彰大会上参加演出；在 2018 年上海市医务职工读书文化节闭幕式上献演，上海教育电视台直播了表演；分别参加 2018、2019 年上海市卫计委“三八”国际妇女节主题活动演出；此外，还参加 2017 年“中国好医生、好护士”全国道德模范事迹现场交流会展演；参加 2018 年上海市妇联“5 · 15”国际家庭日主题展演，东方卫视现场转播演出；在 2019 年上海市第二届“医树奖”颁奖典礼上献演。

合唱团成立以来，在院内外积极参加演出，演唱水平得到社会认可，在本市具有较大影响，获得市民百姓的好评，在历年的市、区、局级合唱比赛中屡屡获胜。

2014—2018 年连续五年蝉联上海市民文化节社区合唱大赛第一名；在 2015 年“唱响我们的梦”闵行区卫生计生系统职工合唱比赛中获一等奖；参加 2016 年上海市民文化艺术节暨第二届温暖同行“融义杯”合唱大赛获铜奖（图 3）；参加 2018 年上海市总工会“我要上五一”合唱比赛获优秀“展演奖”；2018 年获评上海市医务职工“五星级”社团。

图 3　岳阳职工合唱团参加上海交响乐团市民合唱节大赛获铜奖

点评 COMMENT

岳阳医院合唱团是医院工会组织的由医院职工组成的合唱团，汇聚了职工中的音乐爱好者。成立以来，坚持严格训练，积极参加系统内和社会演出，艺术水平不断提高，得到同行认可，获得百姓好评，深受职工喜爱，具有品牌影响力，享誉院内外，创出医务职工的文化品牌。合唱团成员热爱歌唱，不辞辛苦、积极参加训练、演出，在唱响主旋律、传播正能量的同时，职工身心得到放松，感受到较大的荣誉感、自豪感，他们为医院和卫生行业赢得荣誉，展示了医务职工的精神面貌和艺术人文修养，获评上海市医务职工“五星级”社团。

复旦大学附属妇产科医院工会

推进职工文体活动经常化常态化

复旦大学附属妇产科医院有一支年轻的职工队伍，医院职工平均年龄只有30岁左右。职工年轻、精力充沛、充满活力，渴望在紧张工作之余，参加文体活动，丰富业余生活。医院工会认真研究职工的特点和需求，根据本单位的工作特点和职工的业余爱好，创建“我爱我家职工文化沙龙”，组织开展丰富多彩的文体活动。医院工会认为，职工文体活动要立足本单位，充分发挥职工的才艺，为有特长的职工提供一个自我展示和对外沟通的平台，同时要力争做到活动经常化，形式多样化，以丰富职工的文化生活，让职工享受快乐、陶冶情操、释放压力、提高综合素质。(图1)

图1 职工在书画课堂学习

近年来，工会每年制订文体活动计划，力求内容丰富，形式创新，达到了“月月有活动，活动有主题”的要求。活动立足本院，发掘本院职工的才艺，职工自编自演，或当老师传授技艺。如2018年春节期间，组织各部门职工举办春节联欢会；“三八妇女节”期间举办的“魅力女性 花漾生活”插花活动（图2）；4月举办厨艺讲座，由本院职工当老师教授厨艺，并在微信公众号内持续更新；“五一劳动节”期间，开展以“学习劳模精神”为主题的“岗位技能比赛”；6月组织儿童节职工亲子游“我是小小牙医”活动等；7月由医院基建科陈维耕老师教授中国书画；8月，组织“八月浓情 纸醉花迷——纸花制作活动”，由工会杨石含老师现场教学；中秋节组织主题为“团圆庆中秋，巧手做月饼”的烘焙活动，由医院B超室张君丽老师授课；国庆节组织医院旗袍队举办T台秀演出等。

图2 “魅力女性 花漾生活”插花活动

工会积极组织职工参与上海市医务工会、复旦大学工会组织的各项活动，搭建与其他医院之间增进交流和学习的平台，让职工走出医院，获得才艺学习交流提高的机会。以上海市医务职工篮球活动基地——杨浦院区篮球场为基地，开展篮球队训练比赛活动，充分利用资源，为职工体育活动创造条件。在原篮球队的基础上还成立了足球队等体育类社团，经常组织队员们以球会友，与兄弟单位和相邻公司的体育发烧友们相聚一堂，开展足球、篮球等各种友谊竞赛。至今共 4 次组织各大三级医院职工及家属于浦东源深体育馆观摩学习 CBA 中国职业男篮联赛，参与人群共计 1 600 多人次；多次举办与外单位的友谊比赛和投篮比赛，参与人群 400 余人。医院篮球队曾荣获复旦大学首届“青骏杯”篮球赛优胜奖、在复旦医疗系统篮球赛中获得第三名（图 3）；足球队拿下复旦大学附属医院足球联赛五年四冠的好成绩。

图 3　妇产科医院篮球队与啦啦队

工会积极倡导“每天锻炼一小时，健康工作五十年，幸福生活一辈子”的理念，定期组织开展多种形式的午间体能训练项目，如瑜伽训练、伦巴舞蹈训练等。让职工锻炼身体、缓解工作压力，消除疲劳，增进身心健康。

丰富多彩的职工文体活动，增强了职工的团体合作意识，提高了职工的凝聚力和对医院的归属感，扩大医院的影响力。

点评 COMMENT

妇产科医院工会坚持从职工需求出发，开展形式多样的文体活动，不仅丰富和活跃了广大职工的业余文化生活，而且由职工自己担任讲师，充分发挥职工才艺技能，为有特长的职工提供一个自我展示和对外沟通的平台，调动了职工的“主人翁”积极性，增强了职工的凝聚力和向心力，为医院文化增添了一道亮丽的风景线。

徐汇区长桥街道社区卫生服务中心工会

创"桥艺社"特色品牌　开展系列文化活动

2018年，徐汇区长桥街道社区卫生服务中心（以下简称"中心"）工会创建"桥艺社——悦读修身、书香长桥"特色文化品牌，以此为载体，组织职工开展系列文化活动，引导职工通过阅读学习，修养身心，提高人文素养和业务能力，获得全面发展。

"桥"是沟通，是纽带，在此表明工会发挥党联系职工群众的桥梁纽带作用。"艺"基于儒家孔子的"依于仁，游于艺"，艺指礼、乐、射、御、书、数六艺，于现在而言即是指德智体美劳等全面发展。建"桥艺社"旨在对职工文化活动内容的不断拓展延伸，形成多样性、群众性、系列性的文化活动，在弘扬、传承优秀历史文化中，丰富职工精神文化生活，陶冶情操，焕发积极性创造性，从而为推进社区医疗卫生健康事业发挥积极作用。

长桥街道社区卫生服务中心工会开展"桥艺社"系列文化活动有以下内容。

（1）举办读书交流会、道德讲堂系列活动。"礼"字开篇，在读书交流会上，引领职工阅读《员工岗位精神》，以及对自编《大家堂》学习感悟的分享，宣传社会主义核心价值观，宣传弘扬上海卫生职业精神"大医精诚、平等仁爱、敬畏生命、追求卓越"；宣传中心的"五同"建设目标，即思想同心、理念同认、决策同议、目标同向、工作同步；开展爱岗敬业、明礼守信的道德教育，发挥思想文化建设的强大优势作用。

（2）举办“五四”青年节诗歌朗诵诵读会、职工医德医风知识竞赛和家医风采诗歌创作。以“奋斗的青春年华”为诵读会的主题，展现了中心青年锐意进取、蓬勃向上的精神面貌。医德医风知识竞赛内容涵盖了“十九大”知识、健康中国2030规划纲要、医疗服务品牌、国际进口博览会、卫生行业“九不准”、“十项不得”、医德医风等内容，优化窗口形象，助力中心健康发展。参与区家庭医生朗诵日，展示中心职工风采，获得一致好评。

（3）开展暨纪念改革开放系列征文观影活动。中心职工秦姗姗的原创《春风沐浴下的新长桥》获得市总工会“回眸四十载：与改革同行”征文大赛优秀奖并参加入册编审会。通过组织观看《我的战争》及《厉害了，我的国》，进一步激发职工爱国热情。

（4）举办廉政教育专题学习讲座。支部邀请区检察院、区监察委白老师从生动案例、翔实数据，针对性地提出了强化内部监管、完善风险防控机制、加大打击力度的预防对策建议，帮助中心医务人员提高防范职务犯罪风险的意识。

（5）开展职工微课堂和“我们的节日”系列活动。由区总工会邀请专业讲师开展手机摄影、瑜伽修身、八段锦养生等课程，举办手机摄影比赛；“三八”国际妇女节开设“天使之手献爱心”编织培训班，编织成品捐赠给西藏萨迦的贫困儿童；举办端午知识竞答、包粽子做香囊、中秋猜谜等活动；“六一”节开展“汉风雅韵，传承经典”亲子活动，通过学习汉代礼仪及服饰文化、吟诵经典、古风才艺展示、绘制宫扇等引领职工子女走进中国传统文化的大门，陶冶情操，丰富职工的业余生活。

（6）开展“我运动，我健康，我快乐”职工趣味运动会。进一步激发职工运动热情，提高身体素质，增强团队凝聚力，构建和谐单位。（图1）

（7）开展“一路改革，医路前行”纪念改革开放四十周年暨2019年迎新会。节目形式多样、精彩纷呈，有集体舞、合唱、故事小品、情景剧、

图 1 “我运动，我健康，我快乐”职工趣味运动会

三句半，京剧、小组原创诗朗诵等，节目最后中心党政班子、全体中层干部合诵《祖国颂》把现场气氛带向高潮，不仅带来一场视觉盛宴，也彰显了中心职工奋发向上的向心力和凝聚力。（图 2）

图 2 中心党政班子、中层干部合诵《祖国颂》

（8）开展协力创全美丽窗口建设、岗位练兵、技能比武。各班组争先提升窗口服务水平；病区开展优质服务标兵评选；护理部、医务科组织开展岗位练兵、技术比武、技能竞赛。护理部获得上海市职工合理化建议优秀成果奖、上海市护理工作改进成果奖，中医科获得上海市职工先进操作法创新奖。

（9）开展文化墙、才艺墙、荣誉墙建设。以“我们的活力、风采、节日、才艺”等主题，打造职工自己的文化墙、才艺墙、荣誉墙，宣传报道职工文化体育活动，展示职工自己的手工、书画创作（图3）；通过身边先进典型的示范，引领职工树立正确的价值观，在传承传统文化、践行社会主义核心价值观上，做到艺在修德修心、艺在修身修为，带给职工归属感，从而达到全面发展。

图3 “桥艺社”职工文化墙、才艺墙、荣誉墙

点评 COMMENT

2018年以来，长桥街道社区卫生服务中心工会在党组织的领导下积极打造“桥艺社——悦读修身、书香长桥”特色文化品牌，通过丰富多彩的文化活动，引领职工践行社会主义核心价值观，以文化活动潜移默化的作用，达到修德、修心、修身、修为的目的。职工文化建设，促进了职工队伍建设，推进了精神文明建设，2017—2018年度，中心获得上海市职工职业道德建设标兵单位荣誉，并蝉联四届上海市文明单位称号。

奉贤区中医医院工会

建设职工文化社团　打造医院文化品牌

奉贤区中医医院（上海中医药大学附属龙华医院奉贤分院）建院于1983年，发展至今已逾35个年头，职工人数由初成立时的几十人壮大为600余人。在坚持“人才兴院”发展方针指引下，医院不仅快速吸纳人才，更注重对个人能力的提升和培养，通过医院文化建设，营造和谐发展的环境。

为促进医院文化建设，打造职工参与文化活动的平台，奉贤区中医医院工会积极开展职工文体社团建设。在以往职工们自发组织的各类基于爱好的兴趣社团基础上，整合资源，聚合人才，将零散的兴趣团体统一组织、共同管理，组建奉中医兴趣社团（图1）。2018年初，奉贤区中医医院职工社团正式宣告成立，旗下组建有覆盖文体两大类的10支小社团。

图1　奉中医兴趣社团启动仪式

各支兴趣社团按照自身发展需要，分别设计了个性化的队徽、配置服装、制订管理方案与活动开展规则、选定社团负责人，队员们齐心协力，共同的爱好，让社团发展红红火火。（图 2）

图 2　各社团队徽

目前，奉贤区中医医院主要有以下职工文化社团。

（1）“银杏树下”悦读会

口号：文化中医、悦读引领

成立于 2015 年 1 月，整合后吸引近 40 名文学爱好者。大家建立了微信群，线上线下，同步分享美文，推荐好书，交流心得。践行“读万卷书、行万里路”的活动宗旨，开展了丰富多样的参观、讲座、文学类竞赛、读后感分享等活动，在院内掀起了一股“文化中医”的学习氛围。

（2）“行云流水”软笔书法班

口号：读诗千首、挥毫万字

软笔书法班成立于 2016 年 3 月，特聘上海市书法家协会会员、奉贤区书法教研员执教。书法班成立近三年来先后进行了楷书、隶书、行书的学习。（图 3）工会先后组织进行院内作品展示，又挑选优秀作品参与“区医务工会文化艺术节书法比赛”和“区卫计委廉政书法比赛”，先后获得了一、二、三等奖荣誉。

（3）“笔墨雅趣”硬笔书法班

口号：笔墨雅趣、怡情养性

笔墨雅趣硬笔书法班由本院职工带教，以田英章楷书为学习教材，结合微信学习群的方式每天布置练字作业并群内打卡，培养学员坚持每天练

图 3　书法班成员每周上课

字的好习惯，晒出作业起到监督、点评、鼓励的作用。社团优秀会员踊跃参与了医院组织的反腐倡廉书法作品展示并积极完成了医院中秋节吟诗对句部分书法小作品。

（4）“杏林光影”摄影组

口号：杏林光影、光影追逐者

“杏林光影摄影小组”目前有组员35人，所拍作品多次发表于院刊，经常有组员在群里共享摄影作品、技巧以及摄影地介绍。小组成立以来共组织了多次摄影基础知识培训和数次外拍实践，大家热情高涨，并多次为院重大活动提供摄影支持。（图 4）

（5）“天音”朗读社

口号：诵国学经典、品盛世文明

天音朗读社创建伊始恰逢“世界读书日”，社员们积极参与，多个精彩

图 1　杏林光影摄影组嘉定古猗园外拍活动

朗诵作品在院内微信公众平台推送，获得好评。2018 年 8 月市卫计委举办“医路书香，阅读修身”系列活动，天音朗读社共有多名社员参与，分别获得区卫计委一等奖和市卫计委三等奖的好成绩。

（6）“乒然心动”乒乓社

口号：乒出健康　乓出快乐

医院乒乓社宗旨是：活动筋骨、增强体质，摆脱亚健康！乒乓社团定期活动地点就在院建立的职工健身房，健身房配有乒乓桌 2 台，每周定期开放，便于职工锻炼身体。社团成员代表医院多次参加区级比赛，获得荣誉。

（7）“心途”徒步队

口号：心之所往　人在征途

“心途”徒步队目前有组员 102 人，分 5 组，每组平均 20 人左右，每组设立组长 1 名，负责组内的日常工作。每次的徒步线路根据气候情况进行调整，徒步频率为每两周一次。目前，徒步队的足迹已遍布新农村、花园、江边，既锻炼了身体、提升员工凝聚力又让职工在运动中领略家乡美丽风景，一举多得。

（8）“仁医侠武”太极拳社

口号：欲求阴阳理、入我太极门

太极拳社团有本院资深太极拳习练者进行教授，每周集中习练一次，每次学习1～2式拳式，学员们用近半年的时间学会了全套陈氏太极拳。2018年医院拍摄了《太极养生》的宣传片，引起较大反响，也掀起了职工习练太极的高潮。太极拳社团曾代表医院参加区级比赛，两位组员分别获得二、三等奖。

（9）“杏林飞羽”羽毛球队

口号：羽世无双、轻羽飞扬

羽毛球队定期活动地点为外借球场，医院工会每年给予资金支持，租赁2个球场，队员们每周六晚定期活动2小时，至今共组织活动25次，参加人数273人次。羽毛球队成员多次参加区级比赛获得佳绩。

（10）“匠心”易筋经社团

口号：易筋导引、未病先防

易筋经社成立时间最晚，经宣传招募、组建规划、培训学习等已有四月余。在这期间内，社团多次开展了实地的功法培训及学习交流，活动内容为学习易筋经导引法。目前经过十余次的学习，学员们都基本学会了功法的要领，都可跟着口令一起习练。在繁忙的工作之余，习练后可有效缓解腰背酸痛僵硬等症状。

奉中医职工社团立足基层，适应了医院职工的愿望，社团自建自管，除个别社团外聘老师，活动形式与内容均为内部资源。先后开设的太极拳社、易筋经社、书法班等都将中医国粹与之交融，深化了中医文化内涵。组织开展活动，丰富了职工的业余文化生活，提高了医院职工的凝聚力和归属感。

点评 COMMENT

奉贤区中医医院工会在倾听职工诉求、精心筹划的基础上，建立形式多样的兴趣社团，将职工个人兴趣爱好与继续教育有机结合，推进文体共建，提高职工素质。通过定期开展活动，切磋所学所得，构建起一个交流学习的平台。拉近了职工之间的距离，提升了医院整体的凝聚力和向心力，促进了中医药文化内涵的发掘和医院软实力的提高。

松江区医务工会

职工文体活动基地　奏响职工文化建设主旋律

“职工文体活动基地”是近年来松江区卫生健康系统践行并培育职工文化的重要举措和平台之一。目前，全区已建成羽毛球、乒乓球、太极拳、桥牌、骑行、书画、摄影、多媒体、语言艺术、戏曲、器乐、舞蹈、声乐、手工等十四个医务职工文体活动基地。文体活动基地的成立，提升了医务职工精神素养和文化素养。丰富多彩的文体活动，奏响了医务职工文化建设的主旋律。

一、加强文化修养，弘扬行业精神

坚持用“先进文化的前进方向”的思想指导职工群众文化建设。基地举办的一系列读书活动，进一步坚定职工理想信念，用理论武装全体职工的头脑。基地开展的各类培训活动，进一步提高医务职工新时期下适应能力、竞争能力和创新能力。从周一到周日，每天都有各种基地的活动。许多职工既参加了这个基地的活动，又参加了那个基地的活动。医院文化在潜移默化中深入职工心里，核心价值观、职业价值观逐步确立，为弘扬卫生职业精神不断凝集正能量。

二、凝聚职工人心，提升服务能力

书画、摄影和多媒体活动基地等，寓教于乐，为职工搭建交流平台，并借助微博微信、社交网络和手机多媒体平台对职工作品进行广泛的宣传和展示。手工活动基地深受女职工欢迎，精心制作出一朵朵永不凋谢的花朵，传递了她们对真、善、美的追求。乒乓球、羽毛球、太极拳（剑）、桥牌等活动基地，让职工在繁忙的工作之余，舒缓身心、释放压力、强身健体，也把运动场上你追我赶、不甘落后的精神，坚持不懈、战胜困难的意志，带到工作和学习中去。（图1）

图1　松江区卫健委羽毛球基地活动

三、塑造先进典型，推进精神文明

语言艺术基地成立宣讲队，在全区医疗卫生单位开展“身边感动的人和事”巡回演讲等活动，进一步营造学习先进、争当先进的浓厚氛围。以本系统医务职工真实事迹为素材，由系统内的中国作协会员创作的朗诵、小品、小戏、情景剧、音乐剧等节目，经语言艺术基地、戏曲基地、舞蹈基地、声乐基地的骨干们精心排演，生动展现了医务工作者为保障人民健康无私奉献的高尚情怀。这些自编自导自演的节目多次在市卫健委和区文艺汇演中获奖并受到表扬。多媒体基地的微电影《老范的红豆汤》获得第二节上海职工微电影节铜奖。

四、整合资源优势，加大政策宣传

作为健康守护人的白衣天使，更要成为健康促进的推动者、践行者。骑行队以“骑行、健身、公益、友情”为宗旨，以“低碳出行，绿色生活”“倡导健康，卫生先行”为口号，在骑行活动中积极倡导健康理念，传播健康知识。（图2）

图2　松江区卫健委骑行队活动

语言艺术基地、戏曲基地、舞蹈基地自创自演的节目，积极宣传松江卫生改革与发展现状，家庭医生、社区中医药服务、禁烟控烟、无偿献血、全面两孩等方面政策，以及卫生健康系统创全、创城工作情况。朗诵《亲爱的家庭医生》、上海说唱《家庭医生服务举措新》、歌曲《松江卫生》等作品，在2018国际家庭医生日和首个医师节等活动中获得普遍好评。朗诵作品《医改一起建康梦》《改革开放同龄人》《奋斗新时代建功360》获得“2018上海市班组（团队）文化网络大赛——改革开放我诵赞”双百强奖。方塔中医医院班组、疾控中心班组、方松社区卫生班组、车墩社区卫生班组获得“2018 上海市班组（团队）文化网络大赛——改革开放我知道”双百强奖及“2018 上海市班组（团队）文化网络大赛——改革开放我追寻”双百强奖。（图 3）

图 3　松江区卫健委语言艺术基地的朗诵队在松江区“奋斗新时代建功 G60”主题活动中演出

点评 COMMENT

随着经济的快速发展，职工对文化需求层次和品位越来越高，建设具有行业自身特点的职工群众文化是工会着力推动的重要工作。松江区医务工会坚持以人为本，经过不断探索研究，丰富职工文化建设，搭建了十四个活动基地（队伍），倡导爱岗敬业、乐于奉献、文明行医的行业风尚，建立了一个良好文化环境，增强了职工的凝聚力和向心力，有力推动了医疗卫生行业各项工作不断向前发展。

06 EXPERIENCE 实践

关心关爱职工

复旦大学附属中山医院工会

坚持举办爱心托管班　解除职工后顾之忧

1987年，复旦大学附属中山医院工会为解决寒暑假期间职工子女的照看难题，创办寒暑托班，为3～14岁的职工子女提供寒暑假期间的托管服务。30多年过去了，这一医院工会为职工办的好事实事坚持至今，成为中山医院职工的王牌福利项目，受到广大职工的一致好评。

2016年，医院工会应职工要求，在医院党政领导支持下，将这一服务项目继续做深做实，将职工子女的托管服务延伸到平时工作日放学之后，与有资质的专业第三方机构联合开设“中山医院职工子女晚托班”（图1），就此实现了医院职工子女工作日看护无空隙的目标！

图1　晚托班教室实景

一、健全安全保障措施

作为“最佳雇主”的中山医院，时刻把职工利益和孩子的安全放在第一位。首先与负责晚托班的第三方机构签订了详尽的责任合约，还制订了安全告知、教师职责培训、事件报告及应急处理等制度，明确由工会负责全面监管，发现问题及时纠正。在接送时间段，医院配备专职安保协助安全保障。发挥互联网的作用，家长、老师及工会专职人员建立了微信群，保持三者之间及时顺畅的联系沟通。在全国总工会、上海市总工会和市医务工会的大力支持下，充分利用专项经费，添置了全景监控、可视对讲门铃、紧急报警装置以及更新了安全桌椅、防护墙垫等，还添置了室内滑梯、大型积木玩具和大屏幕电视机，给孩子营造了安全舒适的托班环境（图 2）。

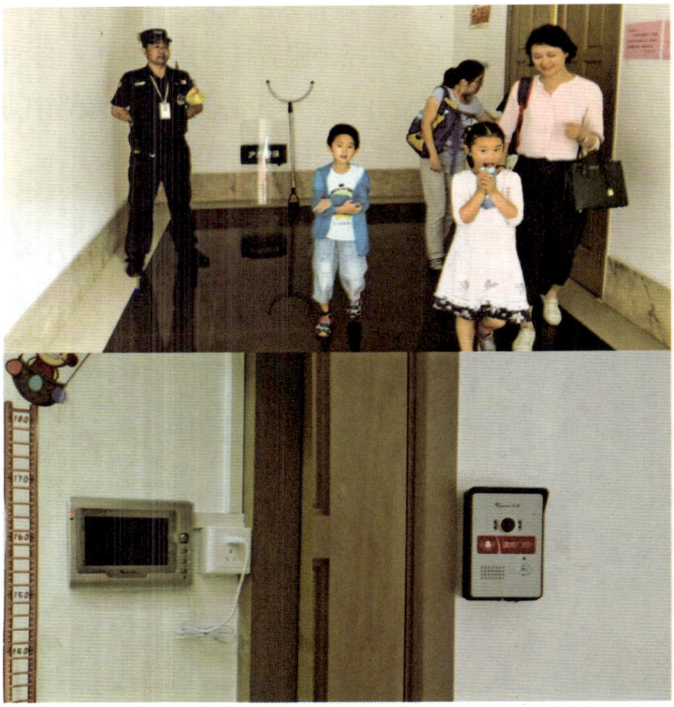

图 2　亲子工作室的安全设施和安保配备

为了保护孩子们不受伤害，工会邀请专职老师给孩子们上了一堂特殊的课程“聊聊我们的身体权利——保护我们的小秘密”，让他们从小具备自我防护的意识和本领。

二、丰富的服务内容

医院工会协调组织医院的优势资源，让孩子们在托班享受丰富多彩的学习娱乐生活。

职工志愿者运用自己的专业知识，给孩子们送来了生动有趣的课程。外科教授亲自上课，给孩子们介绍“大脑”的构造和功能；护理部老师来教会孩子们如何正确地洗手（图 3）；口腔科医生用一首“刷牙歌”来指导孩子们如何正确刷牙、防止龋齿；孩子们还在托班学习了“西餐礼仪”课以及如何制作汉堡等。

托班还开设了书法课、英语课以及面具制作、“小小机器人”制作等兴

图 3　护理部老师教小朋友如何正确洗手后欢乐场景

趣班，上海市总工会推送了功夫武术课，深得小朋友的喜爱。在武术老师的指导下，小朋友们个个精神抖擞，威武挺拔，一招一式有模有样。孩子们在托班的用餐由医院营养科全权负责，营养科主任亲自把关，从卫生、健康、科学出发，精心搭配营养美味的定制餐。

让孩子们在托班安全、快乐、学有收获，切实为职工服务，解除他们的后顾之忧，为职工营造一个有温度的家，为医院的发展保驾护航，这是中山医院工会坚持30余年举办职工子女托班的出发点和不变的追求。2017年，“中山医院职工子女寒暑托班”成为上海市总工会首批授牌的“亲子工作室”试点单位。2018年，“中山医院亲子工作室”被授予“全国爱心托管班”。中山医院“职工亲子工作室”被各大媒体报道和传播，得到了业内和媒体的广泛关注及认可。

点评 COMMENT

中山医院工会立足解决职工困难，创建职工子女寒暑托班。坚持30余年，并与时俱进，不断优化，将托管时间延续到平时工作日的放学后，晚托班作为中山医院寒暑托班的延伸，是工会为职工排忧解难所做的又一件贴心实事，不但解决了外地职工寒暑假期间孩子没人照看的实际困难，也解除了高强度的工作压力之下临床医护人员的后顾之忧，让职工聚精会神投入到工作中，受到广大职工的一致好评。随着二胎政策的开放，孩子的托管问题引起了政府及社会各界的重视。中山医院坚持多年的服务模式，为各兄弟单位提供了有现实意义的借鉴，也为上海市总工会顺应职工需求普及亲子工作室的工作提供了典型示范的作用。

上海市公共卫生临床中心工会

持续改进服务　打造温馨小屋

上海市公共卫生临床中心（以下简称“公卫中心”）是具百年历史的三甲专科医院，SARS疫情后，作为市府一号工程迁址远郊。中心本部位于金山，距离中心城区75千米左右，上下班近4小时。职工980人，其中女性725人，占比大于70%，育龄女职工508人。公卫中心女职工对单位建设“哺乳室”解决实际问题，有着迫切需求。

2013年，公卫中心工会积极参与市总工会女职工幸福关爱行动，公卫小屋从无到有，从有到优，不断优化功能，丰富内涵，倾情服务四期（经期、孕期、产期、哺乳期）女职工。五年间，公卫小屋累计以各种形式为处于特殊时期的女职工服务172人。

一、持续改进，关爱在创建过程中不断升级

公卫中心工会认为，小屋建成不单是辟一处安静整洁之地，而是如何通过小屋做好一项贴心的服务工作。五年间，软硬件持续提升，顺利完成了小屋的三次升级。

1. 无私，孕育爱（初建小屋）

2013年，市总工会、市医务工会全面推进爱心妈咪小屋建设，公卫中心随即响应，着手创建。同年，专为中心特殊时期女职工而设立的“母爱十平方”正式投入使用。

2. 理念，成就爱（首次升级）

小屋投入使用之初，公卫中心工会不断听取意见，累积经验。为确保小屋的充分利用，对其服务软件进行升级。一是修订制度，完善管理。二是专人负责，需求跟踪。2015 年，公卫小屋被评定为首批上海市五星“爱心妈咪小屋”。

3. 至情，彰显爱（二次升级）

随着女职工对小屋使用需求的增加，实践工会服务理念的提升，2017 年小屋又经历了二次升级。工会着力提升小屋的温馨感和亲和力，将小屋更名为“一米阳光房”。升级重点：一是扩增面积至 25 平方米。二是划分区域，按照功能将小屋细分为新妈妈采乳区、孕妈妈小憩区、影视教育区以及卫生消毒区。三是提升理念，充分发挥医疗专业优势，定期开展小屋核心活动，为四期女职工提供志愿服务。四是资源共享，定期派发“上海宝宝”大礼包，开通“小屋”微信群，邀请相关专业人员加入，及时为妈妈们答疑解惑。升级后的小屋，真正成为中心特殊时期女职工心里的“一米阳光”。（图 1）

图 1　爱心妈咪小屋

4. 智慧，升华爱（第三次升级）

持续改进，初见成效。工会服务女职工的脚步没有停歇。他们注重总结、主动分享，播撒爱的能量。近两年，在市医务工会的帮助下，联合市血液中心、疾控中心等兄弟单位开展了相关课题调研两项，分别完成《爱心妈咪小屋创建指南手册》和《女职工四期权益保障包攻略》供创建单位参考，并申报专利一项。注重提升，互助共进，巩固爱的堡垒。公卫中心专赴医务系统外三家五星“爱心妈咪小屋”交流学习，搜集优秀举措，优化服务内涵。在大家努力下，该课题研究获优秀成果奖，小屋负责人获上海市爱心公益使者荣誉。

二、需求导向，服务在实践创新中更显人性化

小屋的建成就是要为女职工解决实际困难，由于医疗工作的特殊性，固定场所的小屋难以满足需求，为此，大胆设想、集思广益，公卫中心创新研发了“移动式爱心妈咪小屋哺乳车”。

1. 科学研究，发现问题

在小屋建设调研中发现，虽然目标人群中98%的人认为“小屋”的建设是非常有必要的，但实际建成后的使用率却并未达到预期。分析主要原因：距离与时间的矛盾，单位楼宇与楼宇之间距离较远，医疗工作繁忙，挤不出时间往返于哺乳室和工作场所。其次，对于女职工数量较多的公卫中心，同一时期内处于哺乳期的女职工近30人，特定时间段内，一间小屋无法满足使用需求。该如何切实保障小屋的惠及面？公卫小屋的建设面临更高要求。

2. 群策群力，完善方案

公卫中心工会征集女职工干部的意见和建议，大家头脑风暴，随即产生设计制造移动式爱心妈咪小屋哺乳车的思路：有哺乳女职工需要，而时间和距离上不适合使用实体小屋的情况下，女工组长负责引领哺乳车至工

作场地，并对使用情况、哺乳车维护、管理情况进行跟踪，哺乳期结束即归还原位。此项设计理念不但规避了时间与距离的矛盾，更解决了单位用房紧张的局面。

3. 专业技术，质量控制

哺乳车的整个设计过程，邀请多个专业人士根据功能要求，共同把控设计方案，在材料选择、舒适及安全度上做数次沟通，同时邀请哺乳期女职工作为志愿者对小车内设电器及哺乳设备进行使用测试和评价。最终，经过三次改稿和工厂协调后完成验收。

4. 独特性能，解决问题

经过不懈努力，新设计的移动式“爱心妈咪小屋”哺乳车呈现在大家的面前。全新的哺乳车具有以下特点：一是外观温馨，哺乳车采用橙色设计，契合市总工会七色花“橙丝带”项目；二是可移动，哺乳车配有万向车轮，可以去需要它的任何地方；三是具有私密性，设计选择伸缩式遮挡外形，配哺乳衣，方便不同场所使用；四是方便备乳，内设小型冷藏柜、奶瓶消毒柜，放置哺乳所需物品；五是寓教其中，哺乳车配备相关科普读物，供妈咪学习参考。同时，车体带锁，专人专用，安全、卫生，哺乳车

图 2　移动式爱心妈咪哺乳车

设有两个操作台面，分消毒物品使用台面和普通使用台面，车体包含一体电源、折叠凳、垃圾处理盒，使用方便。（图 2）

哺乳车投放使用后，反映良好。这一创新设计实实在在的惠及每一个有需求的哺乳妈妈，随着移动式爱心妈咪小屋哺乳车的正式投放使用，公卫小屋完成第三次升级建设。

妈咪小屋的建造过程，透射出浓浓的爱心，为特殊时期女职工解决了孕产期最关心、最直接、最现实的热点和难点问题，增加了女职工的归属感和单位的凝聚力。

点评 COMMENT

上海市公共卫生中心工会以服务特殊时期的女职工为出发点，倾心打造爱心妈咪小屋。从实际出发，不断优化服务载体和理念，将关爱落到实处。“妈咪小屋”的建设，对于女职工比例较大的医务系统尤为重要紧迫，解决了女职工孕产期最关心、最直接、最现实的热点和难点问题，减少医院人力资源压力，在为女职工提供贴心服务的同时，增强了女职工的归属感，促进了家庭和谐和社会稳定。

上海第一妇婴保健院工会

倾心打造多功能五星级“爱心妈咪小屋”

为进一步加大对女职工的关怀服务，为备孕期、怀孕期和哺乳期的女职工提供一个私密、卫生、舒适、安全的备乳和休息场所，根据上海市总工会和市医务工会女工委的工作部署，上海第一妇婴保健院工会和妇委联手，于2016年启动了“爱心妈咪小屋”的创建行动。在院党政班子的大力支持下，在广大女职工的积极建议下，妈咪小屋配备了舒适、周全的设施，工会和妇委坚持高标准打造，加强制度管理，不断拓展其服务功能，受到了女职工的欢迎和好评。经上海市总工会女职工委员会评定验收，2017年被评为“五星级爱心妈咪小屋”。

一、着眼五星标准，配备完善的硬件设施

建设“爱心妈咪小屋”，首先遇到的就是选址和规模的问题。由于医院受到诸多条件限制，哪里适合建、建多大规模成了棘手的问题。在院领导的大力支持下，经分析现状、综合考虑，腾出一间10平方米左右的房间，为女职工妈妈们提供了小屋建设的场地。小屋尽管面积不大，但采光充足，视野开阔。有了这一场地，工会和妇委着手小屋建设，严格按照五星级标准进行设施配备。小屋设置了洗手池、储物橱柜、软坐沙发等，还添置了冰箱、电子秤、奶瓶消毒柜、婴儿柔湿巾、消毒棉签、剪刀、储奶瓶、茶具、空气净化器、可容纳3人以上同时使用的屏风等，涵盖备乳、休息、替换衣物等功能，致力于为备孕期、怀孕期和哺乳期的女职工提供一个私

密、卫生、舒适、安全的备乳和休息场所。（图 1 ～ 2）在建造过程中不断和女职工进行交流、沟通，听取她们的意见建议，考虑到女职工的实际需求。小屋内长期提供方便女职工哺乳的用品，以备女职工不时之需。

针对“妈咪小屋”的建设管理，专门制订了相应的制度，有《安全管理制度》《清洁管理制度》《信息报送管理制度》《使用管理制度》等，这些制度明确了“妈咪小屋”建设的目标，配置标准和管理办法，并在小屋的

图 1 “妈咪小屋”内部设施

图 2 “妈咪小屋”内部设施

场地、安全卫生、安全防范、使用说明等几方面进行了规定，使“妈咪小屋”的建设运行规范化。

二、充分发挥优势，拓展小屋功能

在建成建好“爱心妈咪小屋”的过程中，工会和妇委认真思考，不断探索，听取女职工的使用反馈，认为不能满足于功能单一的“妈咪小屋”建设，要从各方面着手增加“妈咪小屋”的功能。根据女职工的实际需求，凭借妇产科医院的专科优势，开展了专业咨询和健康宣教。由经国际认证的泌乳顾问进行指导，开展专业医务人员的母乳喂养讲座，为哺乳期女职工提供及时的专业咨询和解答，并陆续开展了母乳喂养、心理咨询和亲子教育等讲座及活动，努力把小屋建设成为集母婴健康科普、母婴知识推广的服务平台。同时在门诊大厅设立哺乳室，配备相应哺乳用具，为广大女职工安然度过女性特殊阶段提供人性化的温馨服务，让正值哺乳期和即将迈入哺乳期的女职工们得到充分的休息和身心健康，更安心地投入工作。用心的服务，使“妈咪小屋”体现出更大的价值，让广大女职工有了实实在在的获得感。

点评 COMMENT

按照市总工会和市医务工会女工委的工作要求，上海市第一妇婴保健院加大对女职工的关爱服务，打造爱心妈咪小屋，为备孕期、怀孕期和哺乳期的女职工提供一个私密、卫生、舒适、安全的备乳和休息场所。在院领导的关心支持下，2016 年启动项目，于 2017 年建设完成并挂牌“五星级妈咪小屋”。小屋发挥了妇产科医院的特色，解决围产期女职工的燃眉之急，并开展专业的指导服务。五星级妈咪小屋的建成和使用，让女职工充分感受到来自各级组织的温暖关爱，提升了女职工的幸福感。妈咪小屋，成为女职工的温馨驿站。

上海市质子重离子临床技术研发中心、上海质子重离子医院工会

搭建工作平台　服务会员职工

上海市质子重离子临床技术研发中心、上海市质子重离子医院工会（以下简称“重离子医院工会”）于2016年成立。面临年轻的单位、新的用工体制和多元化职工队伍的情况，新成立的工会将服务职工多方面发展需求和促进医院和谐稳定发展，作为工会工作的基本出发点和落脚点。为满足职工精神文化生活的需求，工会加强职工文化活动阵地建设，搭建职工个人展示和发展的平台，推进医院文化建设，为促进职工队伍发展和医院持续高质量发展做出贡献。

一、搭建体育运动平台，提高会员职工的身体素质和竞技水平

为满足广大会员职工体育运动兴趣和活动需求，重离子医院工会在会员职工中成立各类体育运动社团，本着职工喜闻乐见、便于参与、易于推行、注重实效的原则，在值班楼划设专区，建立了乒乓球活动区，并于2016年争取行政经费，建成一块集篮球、羽毛球等球类运动及休闲运动多功能于一身的标准灯光球场（图1）。2017年，随着会员职工参与体育运动的积极性不断高涨，院内体育活动场地日趋紧张，重离子医院工会充分借助社会资源，在医院周边的体育场馆为乒乓球协会、羽毛球协会订购了场地年卡，充分满足会员职工的体育兴趣活动需求。借助院内外体育活动场地，重离子医院工会以及篮球、乒乓球、羽毛球协会先后举办了多场院内比赛以及周边单位邀请赛，包括8场篮球赛、12场乒乓球赛、6场羽毛球

赛和2场趣味运动会，会员职工积极参加各类活动，不但丰富了会员职工的业余生活，营造了积极向上的体育氛围，还促进了重离子医院与周边单位的联谊和共建，拓宽了职工尤其是年轻人的交友圈，进一步促使职工凝心聚力，以饱满的精神投入到业务工作中。与此同时，重离子医院工会在市医务工会举办的竞技类运动会、乒乓球比赛中也分别获得团体奖项。

图1　多功能灯光球场

二、搭建女性关爱平台，多措并举激励女职工主动融入医院发展

结合重离子医院女职工的特点，为进一步展现新时代女职工的良好精神风貌，展示女职工心灵手巧的特点，重离子医院工会女职工委员会每年组织插花艺术、西点烘焙、传统食品制作、健康养生、礼仪、美容讲座等女性主题活动，使女职工在满足自身兴趣爱好、陶冶情操的同时，增进同事之间的情感联络。同时，将各项主题活动过程中精心制作的各种手工艺品、各类食品点心等，送至病区馈赠给住院患者，在传播医院关爱文化和

优质服务理念的基础上，进一步维护了良好的医患关系。重离子医院工会女职工委员会还以“女职工关爱行动”为载体，在服务女职工中寻找工作切入点和着力点，安排了特色肿瘤筛查体检项目，为女职工送健康；多次发放慰问金帮扶患病女职工；每年开展心理关怀活动向职场女性送关怀；划设专区并购置运动器材建成瑜伽活动室（图 2）。此外，为解决部分女职工的后顾之忧，重离子医院工会争取场地、筹措资金启动了“爱心妈咪小屋”建设工作，使其成为工会帮助女职工解决最关心、最直接、最现实问题的暖心工程。女职工在岗位工作和生活中感受到医院大家庭的温暖，在全身心地投入工作的同时，把爱院、爱岗与爱自己有机地结合起来，以更加饱满的精神状态和热情投入到工作当中，一些优秀的女性个人、集体分别获得卫生计生系统“三八”红旗手、“三八”红旗集体以及医院特殊贡献奖等荣誉表彰。

图 2　女职工瑜伽活动室

三、搭建创新研发平台：激发员工创造性，实现员工个人价值与医院品牌价值同步提升

为进一步巩固重离子医院的技术先发优势和行业引领地位，医院始终鼓励会员职工创新争先，引导广大会员职工立足岗位、习惯创新、践行创新，并为会员职工成长成才和创新研发搭建平台、创造条件、提供机会。以放射物理团队为例，重离子医院工会注重加强班组团队的建设，在党政的支持下，立足放射物理科团队人员和研发工作基础，划设专区成立了创新研发工作室，为会员职工搭建了一个自主创新、脱颖而出的发展空间（图 3）。

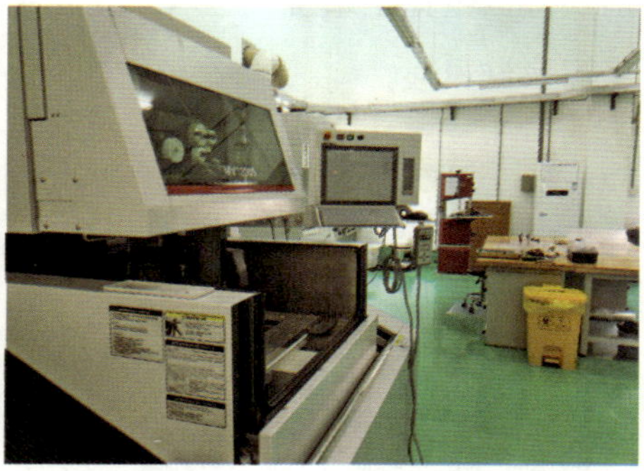

图 3　放射物理团队创新研发工作室

放射物理团队研发人员在岗位工作之余发扬“工匠精神”，潜心钻研，亲自设计图纸，反复 3D 打样，不断重复测试，联合国内有关机构开展了多项技术攻关，先后完成了旋转治疗椅、旋转治疗舱、限光筒等质子重离子系统设备辅助治疗设备的自主研发。放射物理团队也获得了上海市总工会颁发的“上海市工人先锋号”和上海市质量协会及上海市总工会等部门联合颁发的“上海市用户满意服务明星班组”等荣誉称号。重离子医院工会围绕中心、服务大局，通过搭建创新研发平台，有效激发了职工的

创新活力，释放出巨大的创造力，在帮助职工实现自身价值的同时，大力推动职工自主创新成果服务于医院运营管理，为推进医院创新发展做出了贡献。

点评 COMMENT

上海市质子重离子医院（上海市质子重离子临床技术研发中心）体制机制比较特殊，会员职工的结构比较复杂，有企业合同制员工、事业编制员工、肿瘤医院委派员工、外国籍员工，工会工作中面临许多特殊性和复杂性。同时，由于医院远离市区，周边缺乏便于交流的系统内兄弟单位，为了满足会员职工专业发展和精神文化生活等各方面的需求，实现员工与医院和谐共进，工会多方筹措资金，积极为会员职工搭建各类活动阵地，为会员职工个人展示、交友、创新、发展创造了便利条件。会员职工通过积极参加各类活动，不但丰富了业余生活，也营造了积极向上的文化氛围，促进工会工作在探索中不断前进。

徐汇区虹梅街道社区卫生服务中心

积极打造“有温度”的职工之家

虹梅街道社区卫生服务中心（以下简称“中心”）工会在徐汇区医务工会的指导下和中心党支部的领导下，坚持主动作为，服务职工，凝心聚力，推进社区卫生健康事业，以改革创新精神推进工会工作不断创新发展，努力打造“有温度”的职工之家。

一、党工共建，引领职工同心筑梦

中心工会带领职工积极投入到徐汇区创建“全国文明城区”活动，开展“家园清洁行动”，开展“美丽窗口”评选活动，为徐汇区成功创建“全国文明城区”做出了应有的贡献。党团员志愿者、医务志愿者们积极参加各类志愿活动，参与“3·5”学雷锋活动、参与中心支部结对助学活动以及“心系漕开发，健康园区行”等各类志愿服务活动。中心依托“八院医联体”志愿服务联盟平台，成功承办“炫动虹梅·活力漕河泾”亲子城市定向赛（图1），志愿者们带领100多组的家长和孩子开展了心肺复苏体验项目，取得了良好社会反响，五星体育频道、新浪网都转载刊登了活动信息。中心2016年荣获“上海市文明单位”称号；2017年获得上海市优秀志愿服务集体荣誉称号；2018年创建成为徐汇区“志愿者服务基地”。

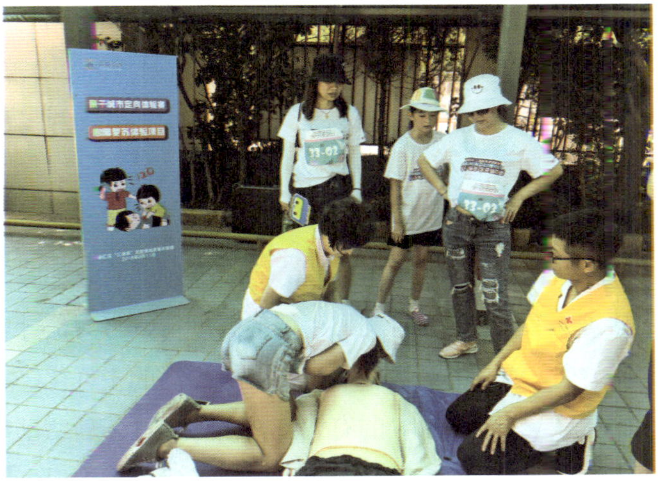

图 1 “炫动虹梅”亲子城市定向赛（心肺复苏体验项目）

二、凝心聚力，齐头奋进打造功能社区

虹梅街道社区卫生服务中心位于漕河泾高新技术开发区内，辖区内人口少、企事业员工众多，“服务园区职工、服务社区居民”二者的齐头并进，是各级领导对虹梅社区特有服务功能的要求和嘱托。近年来，中心领导班子不断探索和拓宽服务开发区的服务模式。2015 年中心成立了徐汇区首家专门面向企事业员工服务的卫生服务站——华鑫驿站。2019 年对华鑫驿站硬件设施进行了升级改版。同时，中心领导不忘持续关注驿站工作人员素质能力的提升，努力做到配足、配强医务人员，并积极为医务人员持续“充电”创造条件。2019 年 1

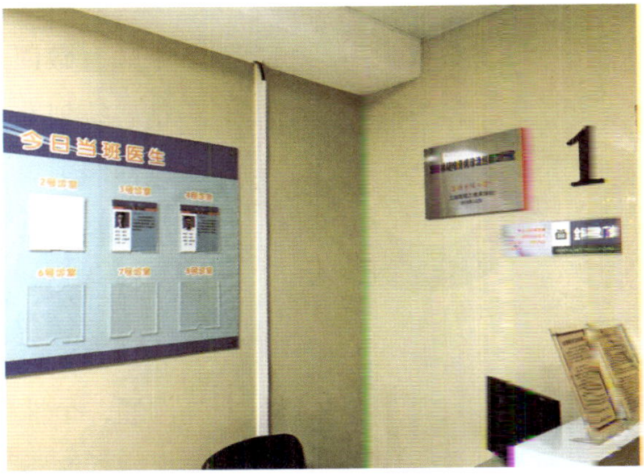

图 2　章振林主任疑难骨病诊治创新工作室在虹梅授牌落地

月依托医联体内的市六医院工会，章振林主任疑难骨病诊治创新工作室在虹梅授牌落地，开启了重点专科门诊和社区医院点对点的合作新模式。（图2）近期，2个专病特色门诊如期开诊，为辖区居民和开发区员工带来了福音。

三、主动作为，积极回应职工需求

工会工作须顺应职工群众对美好生活的新期待，努力提升职工群众获得感、幸福感、安全感，不断满足职工对美好生活的多样化、多层次、多方面需求。中心工会在党政领导的有力支持下，通过创新活动载体，定期开展党史知识竞赛、技能比武及“言梅寄语”等活动，为提高职工政治素质和技能水平以及开阔视野提供了有效的平台。工会通过征求民意开展职工喜闻乐见的活动，有礼仪知识培训、滨江骑行活动、编织围脖献爱心等活动，丰富多彩的文体活动“圈粉”无数。在中心领导的积极支持下，工会积极为职工办实事、解难事。2018年下半年针对职工对食堂就餐问题颇有微词这一现状，中心领导班子经过精心筹划准备，启用了中心“企业微信”，方便职工自行订制工作餐，这一举措为职工就餐提供了可选择的便利。中心工会主动与院办、总务科通力协作，积极做好此项民心工作。院办反复与企业微信营销商沟通，个性化为本中心增设“餐费余额预提醒功能”；总务科为食堂添置保温设备，食堂工作人员改进送餐模式；工会组织定

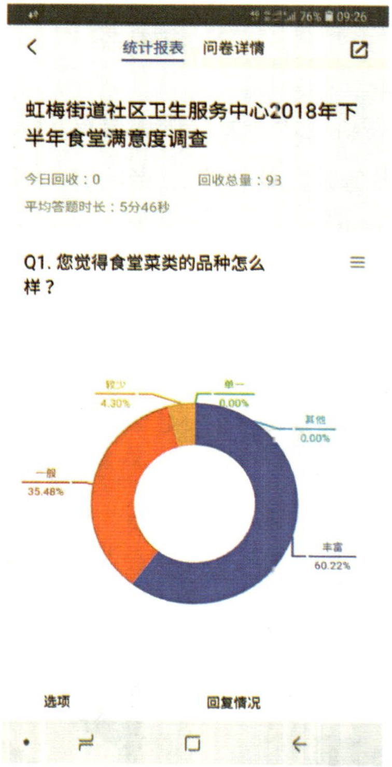

图3　利用企业微信职工开展食堂满意度调查

期开展食堂满意度调查，为食堂伙食质量的提升提供了可靠的数据支撑。（图 3）“暖心、暖胃”订餐工作得到了职工们的一致好评，食堂的定餐上座率较历年有大幅提升，以至于食堂餐位供不应求。“暖胃、暖心”工程之一创新举措，是中心领导班子用情、用心关爱职工的真实写照，极大地激发了中心职工感恩单位之情。

点评 COMMENT

虹梅街道社区卫生服务中心工会以服务党政中心工作、服务职工群众为工作立足点，组织职工积极参与社区建设和卫生服务中心建设，拓展优化服务功能，为社区职工和居民健康保驾护航；积极创新活动载体，丰富职工业余文化生活，回应职工需求，积极为职工办实事做好事，以服务大局、服务职工，全力打造职工心中有力度、有温度的“职工之家”。

奉贤区中心医院工会

女高知俱乐部：搭建优秀医务女性服务平台

奉贤区中心医院始建于1945年，目前是区内唯一一所三级综合性医院，承担了全区以及周边地区居民、村民的医疗保障和急危重病人的救治任务。近年来，医院在学科建设、医疗质量、科研教育、精神文明建设等方面都取得了显著的成绩。

医院现有女职工1 191名，占全院职工人数的75%，她们中有享受国务院特殊津贴的女专家、医学博士，有全国巾帼文明岗、上海市“三八”红旗手等女高知人才，是一支专业学科知识丰富、技能卓越、充满进取精神的优秀医务女性队伍。

为进一步体现医院对优秀女性医务工作者的关心关爱，更好地发挥她们在地区医疗卫生健康事业发展中的重要作用。医院工会于2016年成立女高知俱乐部。俱乐部坚持围绕医院中心工作，以团结、交流、联谊、合作为宗旨，塑造健康、快乐、知性、魅力女性为目标，积极开展一系列富有特色的活动，得到了优秀女性医务工作者的积极响应。

一、领导重视，全方位支持配合

女高知俱乐部的成立得到医院领导的高度重视，由分管妇女工作的领导兼任俱乐部名誉部长，成立核心小组，指定工会办公室为俱乐部工作部门，定期召开会议，研究讨论、部署俱乐部各项工作。俱乐部工作同时也得到区妇联、区卫计委领导的大力支持，各级领导多次莅临医院指导工作，并积极争取妇联活动项目，实现资源共享。

俱乐部经费来源得到保证，本着医院工会、个人各承担一部分的原则，遵守规定，厉行节约，主要用于俱乐部开展各类活动支出。

二、发挥专业特长，主动服务社区百姓

女高知俱乐部成员大部分为临床一线医护人员，具有丰富的医疗专业知识和临床经验，为了更好地发挥女高知专家的特长，俱乐部组织女高知下社区、进学校、到机关等为市民和职工群众提供医疗咨询服务。每年“三八”节期间，组织女高知代表区卫计委到结对村开展义诊咨询服务；教师节组织女高知走奉贤中学为教师开展义诊和保健讲座；“3·5”学雷锋活动，女高知们积极参加各条线组织的志愿服务；消化内科李慧芳副主任医师，每月参加“春江健康小屋”义诊服务，影响并带动住院医师规培生一起参加志愿服务，受到村民及群众的欢迎。（图 1）

图 1 “三八”妇女节医院女高知代表区卫计委到结对村开展义诊咨询服务

三、丰富活动形式，提升气质绽放美丽

俱乐部成立以来，积极开展丰富多彩的文化活动，关心知识女性成长

和身心健康，帮助树立“自尊、自信、自立、自强”意识，为知识女性全面发展提供平台。针对女高知每天面临繁重的医疗任务，精神压力大的情况，俱乐部主要围绕为女高知减压开展一系列活动。

一是开设兴趣活动班，丰富活动形式。组建女高知旗袍队，在区妇联的支持下，由专业老师指导，坚持每周一次形体训练课；成立瑜伽兴趣班，利用下班时间，每周一次进行训练，多次代表医院参加市妇产科医师论坛、健康医学院、区卫计委、医院等组织的活动，唯美的表演使人耳目一新。

二是利用召开座谈会的形式，院领导面对面和女高知交流沟通，舒缓压力，建言献策，凝聚智慧，共谋医院发展。

三是举办“巴林特小组”活动，邀请区精神卫生中心专家作专业指导，开展心理辅导，进一步缓解女高知职业压力，助力构建和谐的医患关系。

四是开展礼仪培训提升女职工综合素质。特邀本院肾脏风湿科王秦主任为全院护士作礼仪专题培训，让主任风采熏陶身边的姐妹，活动特别接地气和受欢迎。

五是组织女高知室外徒步活动。举办了海湾国家森林公园徒步、摄影活动，长兴岛郊野公园徒步等活动，让女高知们在紧张的工作之余，回归自然，放松心情，凝聚力量。（图 2）

图 2　医院女高知参加徒步活动，释放压力，愉悦身心

四、拓展对外联谊，扩大医院影响力

2017 年 3 月，在区妇联和区卫计委领导的牵线搭桥和全力支持下，医院女高知俱乐部与奉贤区女企业家联谊会联合成立“贤馨荟”。（图 3）本着团结、共享、美丽、自信、奉献的宗旨，双方定期举办联谊活动，搭建“叙友情、展风采”交流平台。

图 3　医院女高知俱乐部与奉贤区女企业家联谊会联合成立“贤馨荟

“贤馨荟”成立以来，共同开展了义诊、插花、女性唯美沙龙、参观东方美谷、美妆培训、多肉植物栽培、创意画等活动；组建“贤馨荟”旗袍队，积极参加训练和比赛，旗袍队在医院第三届文化艺术节闭幕式暨升级迁建五周年汇报演出中获得一致好评；2018 年在区妇联举办的第二届‘东方美谷杯”旗袍秀大赛中获三等奖；并两次参加上海市妇产科医师论坛汇报演出，获得成功。

通过活动的举办，增进了医院女高知与女企业家的联系和感情，在共同分享“认真工作、快乐生活”理念的同时，女高知专家还积极为女企业家的健康提供医疗保障，不断提升医院的影响力。2018 年 3 月，在“贤馨荟”成立一周年总结会上，区妇联、区卫计委领导高度肯定医院工会成立女高知俱乐部，展现医务女性风采、服务医务女性所作出的努力。

点评 COMMENT

奉贤区中心医院工会成立女高知俱乐部，围绕医院中心工作，开展丰富多彩的活动，为优秀女性医务工作者舒缓工作压力，陶冶情操，提升综合素质提供服务，为她们的成长成才搭建平台。女高知俱乐部的成立，充分体现了医院对女高知们的关心关爱，为更好地发挥医务优秀女性人才的作用，提高她们的归属感与幸福感，促进地区医疗卫生健康事业的发展，起到了很好的示范作用。

浦东新区公利医院工会

开设暑期雏鹰学堂　解决职工后顾之忧

浦东新区公利医院现有职工 1 450 名，其中双职工和非沪籍职工占有较大比例。每当暑假来临，子女的看管问题就成为困扰职工的难题。2017 年，公利医院工会在医院党政领导的关心支持下，开设了“暑期雏鹰学堂”，为职工子女提供暑期看管服务，解决职工的后顾之忧，受到职工的欢迎。(图 1)“暑期雏鹰学堂”是当时浦东新区卫生计生系统的首家职工子女暑期托班，得到了上级医务工会的全力支持，并得到了上海市总工会、浦东新区总工会女职工委员会的肯定，被授予“上海市职工亲子工作室”称号。“暑期雏鹰学堂”现已连续两年开办。

图 1　公利医院工会主席李勇在开班仪式上为职工子女赠送书籍和文具

一、创新管理模式，引入外部资源

为了做好这项工作，让职工安心，放心，公利医院工会在暑假前三个月就开始积极筹备。由于医院暂时无法提供合适的场所，医院工会先后走访了医院所在的洋泾街道和小学等有关部门和单位，争取外部资源的支持。2017年和2018年，分别借助洋泾实验小学、浦东新区第二中心小学的校舍，在两所小学的支持下，通过签订共建协议推动项目的顺利运作。在充分调研的基础上，确定了以院工会聘请专业教师为班主任，家长志愿者和义工为辅助人员的管理模式，并积极联合医院后勤保障部、社工部、团委等职能部门，保障"暑期雏鹰学堂"的顺利开办。各项筹备工作就绪后，确定了开班时间、接收学生数量、午饭配送方式等内容，并与家长签订了安全协议，为孩子们购买了意外保险，落实了安全措施。

二、精心安排学习内容，认真落实管理措施

在为期四周的暑期班里，主要安排了为入班的职工子女辅导暑假作业，并辅以美术课、音乐课、剪纸课等其他文化课程，还安排了上海市总工会

图2　公利医院团委组织的团员青年带领职工子女做手工活动

支持的中智国际教育培训中心免费配送的课程，并邀请院团委和本院职工提供特色课程，如“童心医路夏令营”、基本急救技能学习、食品安全等特色课程，以及院工会组织的烘焙体验、博物馆参观、非遗项目体验活动和消防部队参观等外出活动。（图 2 ～ 3）职工和孩子普遍反映，孩子们不仅较往年更有效地完成了暑期作业，还学会了很多新知识、新技能。

院工会还从日常管理、接送管理、食品配送等方面落实了安全保障。这些工作没有外包给专业机构，而是由工会来自行组织和管理，因此工会不仅在管理上倾注了大量的精力和细致的考虑，经费上也给予了最大的支持，除了午餐费用由家长承担之外，其他费用全部由工会支出。

图 3 公利医院工会组织职工子女参加“非遗体验”之京剧脸谱绘制活动

作为新区卫生系统唯一一家“上海市职工亲子工作室”，公利医院工会这项工作不仅得到了职工的称赞和孩子们的喜爱，也成为公利医院工会履行工会职能，服务职工的一个很好的探索和工作创新。

点评 COMMENT

浦东新区公利医院工会开设“暑期雏鹰学堂”，为职工解决暑期子女无人看管的难题，职工子女在暑期托班中，相互学习、增进友谊、解除寂寞、寓教于乐，收获了安全、快乐、有意义的假期，工会此举有效解决了职工的后顾之忧，发挥了工会服务职工、保障促进医院各项工作的积极作用。

走近科学 Approaching science

时间“停止”的奥秘

SHIJIAN TINGZHI DE AOMI

CCTV

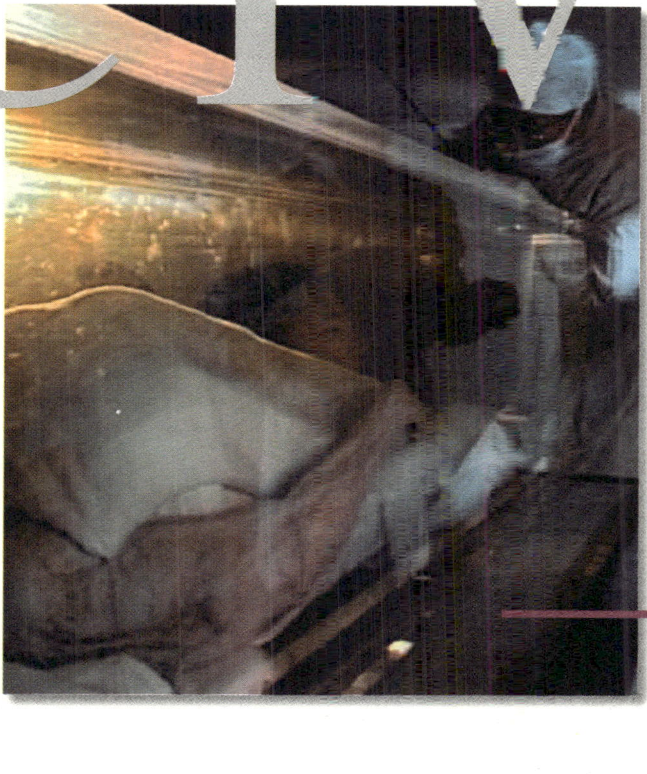

CCTV《走近科学》栏目 编

上海科学技术文献出版社

图书在版编目（CIP）数据

时间“停止”的奥秘/中央电视台《走近科学》栏目组编. —上海：上海科学技术文献出版社，2012.1
(走近科学)
ISBN 978-7-5439-5175-4

Ⅰ.①时… Ⅱ.①中… Ⅲ.①电视节目—解说词—中国—当代②科学知识—普及读物 Ⅳ.①I235.2②Z228

中国版本图书馆CIP数据核字(2011)第272377号

责任编辑：张 树 李 莺
封面设计：钱 祯
文字加工：姚雪痕 走 走 陆 艳 黄 星

走近科学·时间“停止”的奥秘
中央电视台《走近科学》栏目组 编
出版发行：上海科学技术文献出版社
地　　址：上海市长乐路 746 号
邮政编码：200040
经　　销：全国新华书店
印　　刷：昆山市亭林印刷有限责任公司
开　　本：740×970　1/16
印　　张：12.75
字　　数：205 000
版　　次：2014 年 6 月第 2 次印刷
书　　号：ISBN 978-7-5439-5175-4
定　　价：28.00 元
http://www.sstlp.com

目录

CONTENTS

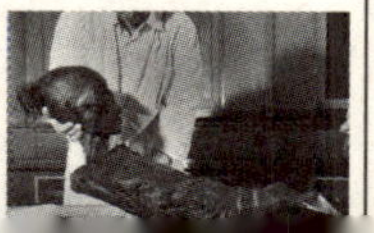

CCTV 10
中央电视台

时间“停止”的奥秘

1972年，湖南省长沙市东郊一座古墓的横空出世，让“马王堆”成为一个震撼世界的名字，而其中一号墓主人辛追更是令世人为之惊叹。在此之前，保存千年以上的古尸都是木乃伊，是事先处理好的干尸。而辛追夫人则是保存2 000余年不腐的湿尸，她的形态完整，皮肤保持弹性，部分关节还可弯曲。不得不说这是人类历史上的一个奇迹。

马王堆女尸出土后引起全球科学界的强烈关注。许多国外科学家希望参与到女尸的科研中来，甚至有专家提出要一根或者半根古尸的头发。由此可见，这样保存完好的古尸样本，哪怕一根头发丝中都蕴藏着极其珍贵的信息！

而更加让人们感到震惊的是，在发现马王堆之后的几十年里，我国上海、连云港等地又陆续出现像马王堆辛追一样的保存完好的湿尸：2000年8月，上海一位农民无意中发现了一座明代墓穴，而墓主人杨福信的出现让在场专家无不为之惊叹：他看上去就像是刚刚死去的，很容易就能找到他的动脉、静脉。

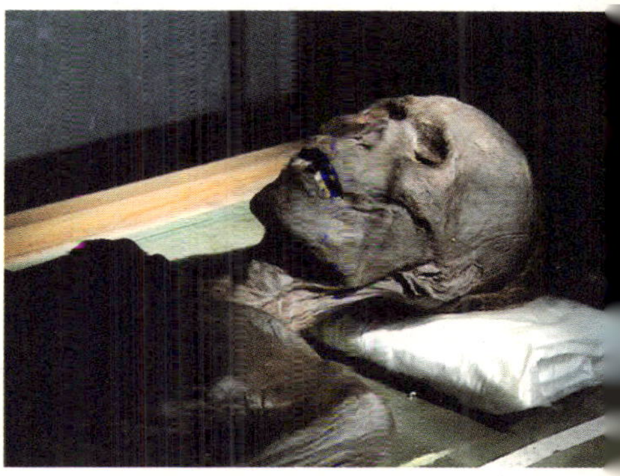
我国出土的不腐烂的古尸

2002年7月，连云港市区西南城郊约7公里的海州区双龙村花园路基建工地上，一辆正在施工的挖土机突然挖到了一座汉代古墓，棺木里居然又出现了一具保存完好的

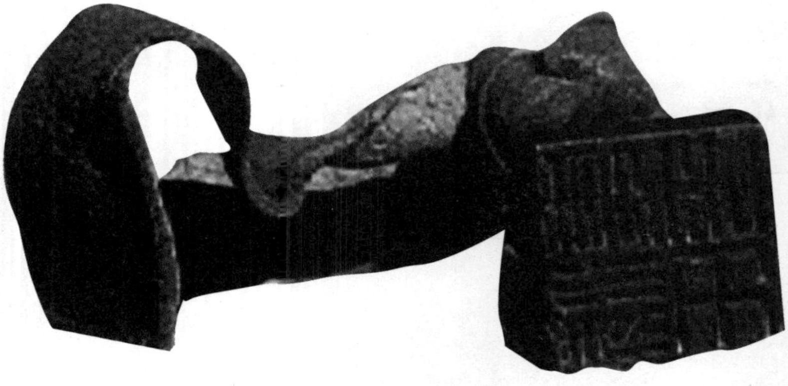

墓主人林慧萍的印章

女尸，从她随葬的铜印上我们也得知了她的名字——林慧萍。考古人员发现，她在生理方面的各个形状都保存得非常完好。

伴随着杨福信、林慧萍的相继出现，关于古尸不腐的问题越发显得扑朔迷离，专家们不禁在问，到底是什么力量阻止了这些身体的正常腐化？难道几千年前的古人真的已经掌握了防腐的秘术吗？

这些神奇的不腐尸到底是偶然因素形成，还是里面隐藏着什么我们还未发现的秘密？ 2010年年底，《走近科学》记者分别前往长沙马王堆、江苏连云港等地，与各地方的研究专家进行交流，希望能在辛追、林慧萍及杨福信的身上找到一些共通性，通过对他们的比较，揭开古尸不腐的奥秘。

在调查过程中，记者亲眼目睹了这些不腐尸的神奇。他们不仅尸身保存完好，而且皮肤具有弹性，手脚几乎与正常人没有区别，更令人惊讶的是，他们各部位的关节还可以自如弯曲！真的很难想象这些尸体是来自几千年前的。

这样的现象，不仅记者们感到惊讶，就连长期从事考古工作的专家们也对此倍感震惊。

考古专家：我从事考古行业32年了，挖掘过很多汉墓了，发现不腐尸体的就这一座。具体什么原因，到现在也一直是个谜。

从汉代到现在已经有2 000多年的历史，而时至今日，在我国出土的古墓已有成千上万，其中既有王侯将相，也有平民百姓，可是为什么唯独只有这几具古尸奇迹般地被保留下来？这里面究竟隐藏着怎样的秘密呢？

考古专家：当时的书上有一些关于尸体如何防腐的记载，也可以说，古人确实在这方面有一些经验。

历史对于我们来讲永远只是一个发现与验证的过程，这其中肯定还有很多是不被我们所了解的，而辛追及林慧萍等不腐尸的出现，让我们仿佛又对祖先有了新一层的认识。但是，这里面更多地留下的是等待我们去解开的层层谜团。

著名的辛追老人，她的皮肤、头发几乎完好无损，甚至连容貌都清晰可见，真的无法想象这是一位死于两千多年前的古人。

我们知道，在正常情况下，人死亡之后细胞会逐渐失去活力，在自身水解酶的作用下发生分解溶化，然后就是腐败细菌的侵袭。通过腐败细菌的分解，人体最终变为一具白骨。防腐专家告诉我们，即使是如今的技术也很难保证让尸体能如此长时间地完好保存。那么，古人们到底采用了什么样的方法？可以说，这些不腐古尸不仅创造了世界奇迹，更让它们成为了千古谜团。几十年来，研究人员一直在努力寻找这个答案，而在与众多专家的交流中，我们似乎找到了其中的一些答案。

在我国古代，人们都会认为每个人都要经历阴世和阳世两个时段，所以，上到帝王，下至平民都十分重视殡葬制度。

也正因如此，很多人便联想到古人在下葬的时候也许会有一种保存尸体的方法。分别对照几个不腐古尸，我们希望通过对他们的对比能有些新的发现，而从专家的口中我们注意到了一个经常出现的词汇。

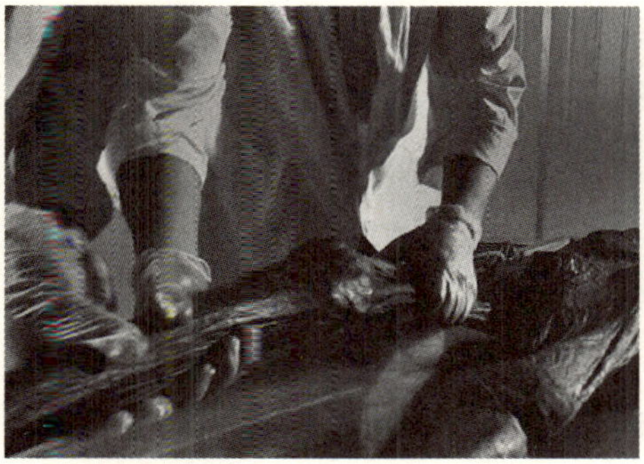

墓主人尸体还能弯曲

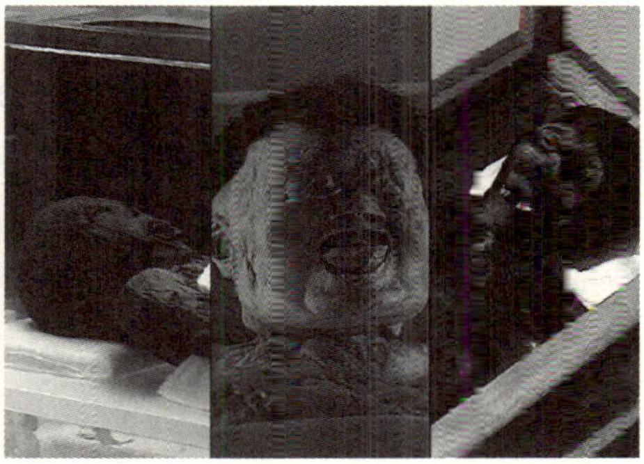

我国出土的各类不腐尸的古尸

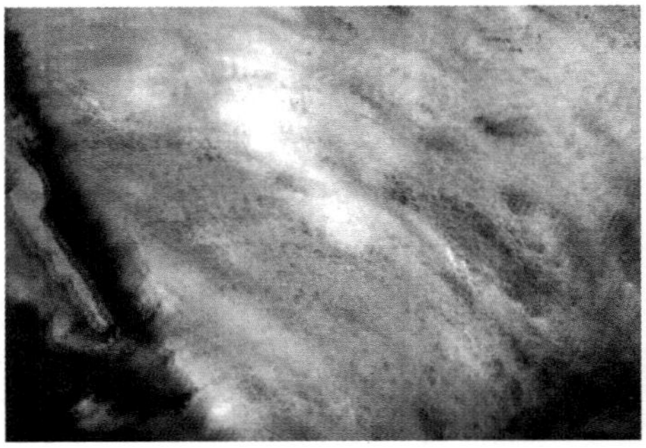

白膏泥

在采访的过程中，各地的专家都不约而同地提到了一个名词——白膏泥。而且无论是长沙的辛追，还是连云港的林慧萍，在她们的墓中都发现了这种物质。而巧合的是，在她们之后上千年的明代王振墓和杨福信墓中，考古人员居然也都发现了这种特殊的东西。

考古学家：这种东西像石灰，在尸体背后底下涂上一层，并且涂得相当多。

专家还说，死者的身上还留下很多的斑块，而这些斑块就是糯米汁渗透进去以后，粘连在死者皮肤上的。

这种白膏泥既像石灰，其中还有糯米汁，专家们的描述让我们对于这种物质感到更为疑惑，它到底是什么东西？它和古尸不腐是否有直接的关系？它会不会就是古人防腐秘术里至关重要的材料呢？

考古专家：这是一种黏质的土，古人在墓葬的过程中还采取了一些其他的工艺。它和泥又有不同，它具有吸附能力、吸水能力，所以能起到防腐吸水的作用。

原来，专家们口中的白膏泥，学名叫做微晶高岭土，是一种纯净的黏土，非常细腻，黏性大，渗水性小，晒干后呈白色或青白色，故又称白膏泥。用它修墓可以防止土壤里的水分渗透进去，且具有很强的密封性。

据有关数据显示，1厘米的白膏泥24小时的渗水系数为零，它的防渗漏系数是混凝土的100倍。而所谓浇浆墓、灌浆墓，其实就是将糯米熬成汁，然后用这种黏性很大的汁与黏土混合制成。用这种方法修建的墓，不仅外壳极其坚硬，而且密封性很好，可以使墓中棺椁和尸体处于与外隔绝的状态。

考古专家：它就是用糯米和石粉封一圈，非常坚固，用铁锤轻易打不开，就和我们现在的墙体一样牢固。

虽说时间从汉代跨越到明代，但是在四具不腐尸的墓中专家都发现了白膏泥，由此可见它对于防腐的确起着很大的作用。那么除了防水，在密封方面它还会有什么特殊的功效吗？

考古专家：如果它的实际空间很小，里面氧气就很少，这样一来，在很短的时间里就能把里面的氧气耗净，那些需要氧气的细菌没法存活，这样就有利于尸体的保存。

这种用白膏泥修建的墓密封性能好，空间小，导致里面的氧气迅速耗尽，一些细菌便无法存活，当然也就间接地保护了里面的尸体。可是专家却告诉我们，虽说白膏泥能起到很大的防腐作用，但是它一定不是导致这几具不腐尸的决定因素。

考古专家：因为白膏泥不光在这几座墓里有，在许多汉墓里都有。我挖掘过几百座汉墓了，几乎每个墓里都有白膏泥，我觉得这可能就是当时一种风气，当时很盛行的风气。

也许就像专家所说，白膏泥由于具有防水、密封的功效，因此在那个年代可能已经成为人下葬时一种必备的材料。但是为什么在那么多采用白膏泥的墓中仅仅只有这么几具尸体保存完好呢？由此可见，仅仅依靠密封这一点是无法保证尸身不腐的。

虽说密封不是保证古尸不腐的关键因素，但密封这种方法的确可以防止很多细菌对尸身的侵袭，并且仅从白膏泥这一点我们就可以确定，古人在那时就已经有了保护先人身体的意识。如果真像有些人猜测的那样，我们的先人拥有一套成功的防腐秘术，那除了密封，一定还有其他很多重要因素。而如果是偶然形成，那么它的条件也应该是在几具不同年代古尸上同时具备的。这也就是说，无论是偶然还是必然，寻找几具不腐尸墓葬的共同性也许就是我们接近最终答案的最佳途径。

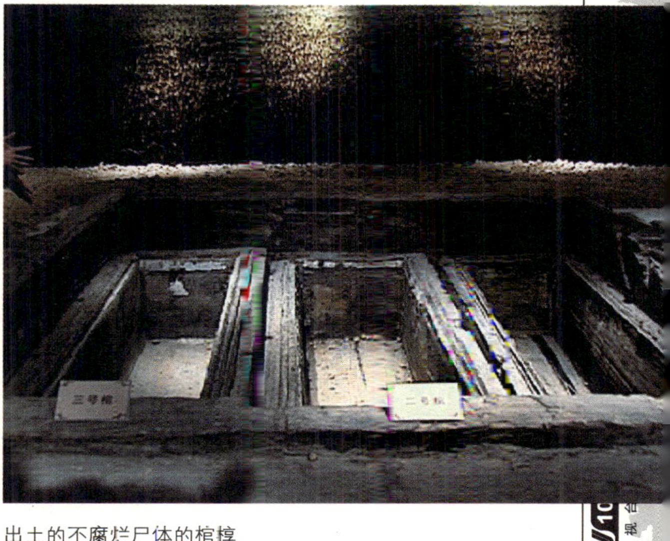
出土的不腐烂尸体的棺椁

由于当年的发掘现场早已不复存在，记者只能从各地专家的口中了解关于几具不腐尸当年出土时的情形。在与林慧萍墓当年的挖掘者项老师的交流中，我们又得到了一条重要的线索。

考古专家：这座墓有接近30米深，所以不排除后来由于地质条件，比如山洪将泥沙冲下来，淤堵在这一段等原因。

普通的古墓深度一般也就几米到十米，而林慧萍的墓足有20多米。同样，长沙马王堆辛追老人恰恰也是被埋放在地下20多米的深处。这一特殊性立刻引起了我们的兴趣，而从中我们又找到了她们的另一个共同性。

在那个遥远的时代，没有像挖掘机这样的重型工具，人们想要把自己的墓穴放置在地下几十米绝对不是件轻而易举的事情，这要依靠众多的劳力及大量的金钱，而辛追和林慧萍就完全符合这一条件。她们身份显贵，都是王侯的妻妾，因此她们的墓地可以挖得如此之深。而对于那些平民百姓来讲，白膏泥虽然好找，可要想也拥有一座地下几十米的阴宅却是遥不可及。

但是，为什么辛追她们要把自己的墓穴放在这么深的地方呢？

考古专家：深埋应该是为了让棺材保存得好一点，让死去的亲人安逸一点。

也许是希望先人免受打扰，也许是为了更好地保护里面的财物。总之，在那个年代，墓穴深度的高低往往也能昭示死者的身份。虽说我们无法知道古人究竟为什么会选择深埋，但是在现在专家的眼中，这一点却为尸体不腐起到了很大的作用。

因为深埋就创造了一个温度相对恒定的条件，而且在这样的条件下，墓室的温度通常较低，特别是在南方，通常会低于地面温度，这样就会减慢一些化学反应和抑制一些微生物的生长。

地下的温度往往要低于地表的温度，并且能达到始终恒温的这样一种状态，深埋的作用事实上就像是一台天然的冰箱把他们的身体保存下来。现如今对于这几具古尸的保存方法也是受到了这一启发而进行的。

考古专家：我们现在把这几具遗体都放到地下室里面，这样相对来说温度、湿度都要恒定一些，并且可以通过空调系统把温度恒定在4到0度，由此制造出一个相对低温和恒温的环境，遗体的保存时间就会更长一些。

古人们用白膏泥创造出很好的密封效果，同时又依靠深埋达到了低温、恒温的状态，而这些都为防腐起到了相当大的作用。在研究人员的眼中，它们是保证尸体不腐必不可少的条件。

考古专家：古尸能够保存下来是一个综合性的因素，而不是单单只是某一个条件在起作用的。但是深埋密封却是非常重要的，因为深埋保证了温度的相对恒定，密封则相对来说抑制了需氧菌的生长，应该说这两个条件是古尸能够保存下来的最基本条件。

深埋与密封，看上去我们似乎已经触碰到了关于古尸不腐秘密的答案，可是随着一些新的问题出现，我们的这一猜测立刻就被否定了。

与其他不腐尸不同的是，连云港林慧萍墓是一座合葬墓，墓里面除了她，还有她的丈夫及丈夫的正室。可是就在这同一座墓中却出现了奇怪的现象。

考古专家：前边左侧是大老婆，中间是丈夫，林慧萍在他的右侧，左为上，右为小，这是古人的排列顺序。在前面上侧也是一具女棺，但是主人的骨骼几乎都找不到了；林慧萍丈夫的棺材中，头骨、腿骨都保存了，但是身上的肉却完全腐烂了。

同样的深度，同样的密封，三个同处一墓室的尸体却出现了完全不同的结果。为什么保存完好的只有林慧萍一人？究竟是什么原因导致出现了这一离奇的现象？

考古专家：我们分析，应该是大老婆先死，先葬进去，后来林慧萍的丈夫死后，又把墓葬挖开，把她丈夫葬进去。最后再挖开来，把林慧萍葬进去，林慧萍葬进去以后再没打开过。之前的两具尸体之所以腐烂，应该与墓葬打开、跟外界接触空气有关。

按照专家的描述，林慧萍是最后一个进入墓室的，而在此之前墓室先后被打开过两次，这有可能破坏了当时的密封性，从而造成在她之前两具尸体的腐烂。

林慧萍的问题再次引发出诸多的猜想，最后下葬是否是导致她尸身不腐的关键因素？而其他几具不腐尸又能否为这一问题提供有价值的参考？

在各地调查不腐尸的过程中，江苏淮安楚州博物馆的陈馆长给我带来了新的线索。

陈馆长：我们这个墓葬是被盗以后，我们赶到现场去清理，进行挖掘，这时候才发现了完整的男尸。我们进行尸体进行解剖，发现他的内脏都是完整的，没有发生任何病变。

在楚州博物馆里居然也存放着一具不腐尸，不过由于当地条件有限，他没能像辛追、林慧萍一样被继续完好保存，如今已经被改造成一具干尸。而我们也只能通过一些老照片及专家的描述来获取相关的信息。

陈馆长：我们这座墓葬主人叫王振，祖上是江苏豫州人，在洪武年间跟随他的父亲迁到淮南经商。根据墓志的记载，这个家庭的墓葬随从人员有70口，这是一支庞大的家族，我们推测可能是当地的盐商。

一块被保留下来的墓志铭清楚地介绍了墓主人王振的身世，从中我们可以了解，他是明朝一位富有的商人。墓主人的身份并无十分特别之处，让我们真正感兴趣的是，这座同样出现不腐尸的墓室也是一座合葬墓，而里面不腐的也只有王振一人。

陈馆长：这是一个夫妻合葬墓，女主人没有留下任何一件东西，只留下30百米厚的石灰。

同样在一座墓室，王振的尸身不但没有腐烂，甚至连随葬的字画全都保存完整，而他夫人的棺材里却变得空空如也，这奇怪的现象立刻让我们联想到了之前林慧萍的问题。难道说王振也是在他夫人之后才被安放进去的？

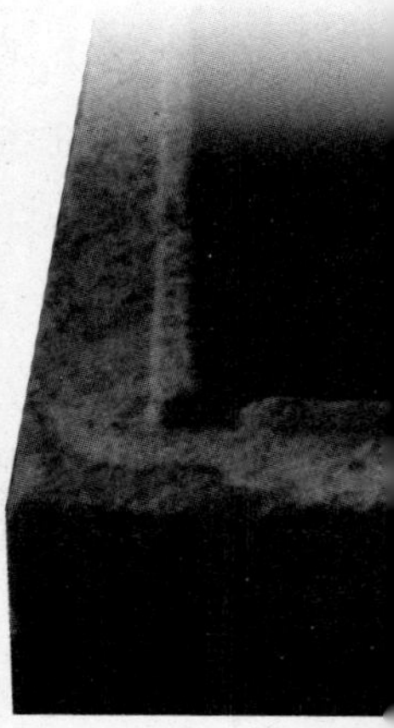
檀香棺木

在之后与专家的交流中，我们了解到王振的确不是和他夫人一同下葬的，但与林慧萍不同的是，王振竟然是在他夫人之前就已经被安放下去。这令我们倍感意外，怎么这回反倒是先下去的没有腐烂呢？

陈馆长：我们分析，可能女主人是在丈夫死后8年才逝世，那时候家庭可能已经逐渐衰败，从经济角度来讲，有可能下葬时比较简单。

如果说林慧萍是因为最后下葬形成尸身不腐的结果，那么同样是后下葬的王振夫人为什么却完全腐化了呢？更加令人感到惊奇的是在她之前8年下葬的丈夫竟然完好无损，这里面到底隐藏着怎样的秘密？

可以说王振夫妇合葬墓在某种意义上推翻了林慧萍因后葬造成尸身不腐的说法，但是这又给我们提出了新的疑问：按照常理，先埋进去的在密封程度上一定不如后来埋进去的，因为毕竟又重新打开一次，再一次接触到外界。那么，在同样的深度、同样的密封条件下，为什么偏偏却是后进去的腐烂了呢？不仅腐烂，二者之间的差距还非常大，老婆的棺材里什么都没剩下，而王振不但尸身保存完好，就连衣物及随葬的那些字画都完好无损，这真是太让人惊讶了。

于是，有专家提出了这样一种说法——经济说，他们认为王振去世的时候家里还十分富有，而当妻子去世的时候家道中落，所以才造成如今我们看到的巨大差异。当然，专家所提出的这个观点可不是凭空猜测，而是因为他们发现了其中的一个细节。

楚州博物馆的陈馆长回忆起当年挖掘王振墓现场的场景，当时其中的一个环节立刻引起了他的注意，也正是这点让他发现了里面的玄机。

陈馆长：当我们赶到现场的时候，很远就闻到木香扑鼻而来。

究竟是什么东西在百年古墓里还能散发出扑鼻的香气？原来王振的棺木选用的是上好檀香木，这种木材自身带有香味，而这种香气具有杀菌消毒的作用。很快，专家们就发现这檀香木也许就是造成夫妇俩几百年后尸身迥异的关键因素。

陈馆长：而王振夫人的棺木却是杉木的。

王振所用为上好檀香木，而妻子用的只是普通杉木。可是，仅仅是棺木用材不同就形成了如此大的差异吗？这檀香木和杉木又有什么本质的区别？

要说到这些特殊的木材，就不得不提到我国封建时期的厚葬文化。那个时期人们都十分重视所谓的阴宅，所以王侯将相相对于平民百姓，富人比起穷人，无论从选墓址、随葬品，还是棺木的用料都是有天壤之别的。

陈馆长：我们挖掘过很多明代的墓葬，杉木墓葬的密度和楠木的密度可以说是天壤之别，寻常老百姓家里用的木器都是杉木的，而

金丝楠木

阴沉木

檀木、楠木则是十分贵重的木材。

富人用楠木，穷人用杉木，棺木的用料表现出里面人的身份。那么，富人们不惜千金所购买的名贵木材具有怎样的神效呢？

楠木是一种极为高档的木材，其色浅橙黄略灰，纹理淡雅文静，质地温润柔和，无收缩性，木质坚硬耐腐，明清两朝宫殿里的上等建筑物几乎都是用它来建造的。楠木种类众多，其中的金丝楠木更是在传说中威名远扬，许多帝王都是用它来制造自己的棺材。

考古专家：金丝楠木是不生虫子的，它里面肯定含有杀虫的要素。因为贵重，一般的老百姓用不起，只有拥有一定身份的人才能用得起。那么，这里面有没有一种自然的防腐的东西呢？我认为肯定是有的。

正是因为金丝楠木具有防腐、无菌、不易变形的特点，再加上它本身十分稀有，所以这种名贵的木材便成为皇帝的专属品，普通人根本无权使用，权贵富人们也只能使用次一级的楠木或是檀香木，而给老百姓们剩下的便只有普通的杉木了。而杉木随着气温的变化和湿度的大小，收缩性比较大，只需要三五天的时间，木材就会发生变化。

通过对王振夫妇棺材用料的对比，我们不仅看到了一个庞大富有家族的衰落，更可以理解如今我们所看到的离奇现象。那么，名贵的木材是否就是决定尸体腐化程度的关键因素呢？

如果棺木用料是决定防腐的重要依据，那么在其他几具不腐尸上也应该能找到相应的验证。可是，又一件令人大感意外的事情发生了，那位举世闻名的马王堆辛追老人的棺木居然是杉木。

走进马王堆博物馆，几口做工精致的棺材立刻映入了我们的眼帘。历经2 000多年，丝毫看不出岁月对它的销蚀，看上去它们依然是那么坚固，如此的壮观，很难想象这些棺木竟是取材于普通的杉木。

辛追老人的棺木究竟存在着怎样的秘密？它对于老太太的不腐之身又是否起到了

作用呢？记者来到湖南省马王堆古尸研究中心，罗学港教授为我们讲述了其中的原委。

罗学港：从棺椁的制作工艺和所用的材质来说，用杉木制作的棺椁，越到了接近内棺，密封性能就越来越好。

按照罗教授的说法，辛追的棺木不仅做工精良，而且起到的实际作用也相当之大。而对于我们最为关心的材质问题，罗教授也给出了答案。原来，虽说这几座棺木的材质确实是杉木，但是这些木头可不是普通人用的杉木，而是阴沉杉木，属于阴沉木的一种。

所谓阴沉木，是两千年至万年前，古四川地域天体发生自然变异，由地震、洪水、泥石流将地上植物、生物等全部埋入古河床等低洼处。一些埋入淤泥中的树木在缺氧、高压状态下，细菌等微生物的作用下，经过数千年甚至上万年的炭化过程而形成，故又称"炭化木"。

罗学港：它能够泡在水里面那么长的时间而本身不腐烂，这说明它自身具有抗腐蚀的能力。

随着地壳的变迁，这些枯木残根在水底泥沙中浸泡和磨压，改变了原来的物理性能：木质内在的脂肪、糖类等都在水中溶解得干干净净，清除了蛀虫、细菌的生存空间。因此，阴沉木具有很强的抗腐性。

罗学港：至少从生物腐蚀这个角度来说，它自身具有保护能力。

阴沉木极为稀有，一般以杉木居多，除了有防腐的功效外，更令人称道的是它不变形、分量重、密度高、不会被虫蛀，堪称树中之精、木中之魂，西方人更称之为"东方神木"。因四川人也把其称为"乌木"，故有"纵有黄金满箱，不如乌木一方"之说。可见这阴沉木有多么珍贵。

罗学港：如果用这种木头来做墓穴，它可以给尸体构成一道屏障，抑制细菌进入棺木内，甚至达到杀死细菌的功能，对尸体起到防腐作用。

正是由于阴沉木所具备的这些神奇特效，因此在古代，这些珍贵的木材便成为最上等的棺木材料，其地位丝毫不逊于金丝楠木。而辛追老人所用的恰恰就是阴沉杉木。现在，我们已经完全解答了之前对于辛追棺木材质的疑问。

既然从王振墓及辛追墓中，我们都意识到棺木材质对于尸体不腐起着不可忽视的作用，那么现在我们能否就对古尸不腐的秘密下定论呢？而在专家的眼中，这些稀有的木材又会占有多重的分量呢？

考古专家：有些木材本身具有抑制细菌生长，甚至有杀菌的能力。包括我们现在知道的一些木材，它可以在死后一千年自身都不会腐烂。所以可以肯定的是，它自身的结构中间一定具有某种抗腐蚀的能力，如果用这种材质来做棺材的话，可能构成了对尸体的保护屏障。我认为这也是尸体不腐的一个重要的原因。

在罗教授看来，棺木材质对于抗腐有着毋庸置疑的作用，但同时他也强调这仅仅也只能成为“之一”，而不可能是起决定作用的，并不意味着使用了好的棺木就能保证尸身不腐。而与他持同样观点的还有林慧萍的研究者项老师，在他眼中，也许棺木材质能解释像王振合葬墓这样的现象，但是对于林慧萍来说这些都不足以成为依据。

项老师：这个墓葬里的三个人都用的是楠木，从材质上讲没有区别。

林慧萍一家三口虽然也选用的是上等楠木，但是既然三个人的棺木所用材质相同，也就不能解释为什么只有她一人不腐的疑问。我们的调查首先探究了深埋、密封的奥秘，现在又了解了关于棺木用材的问题。现在，我们不得不又将目光放回到连云港林慧萍那里。因为，在几具不腐尸当中她所留下的疑问最多，也正是因为她，让我们所寻找到的一个又一个答案被一一否定。

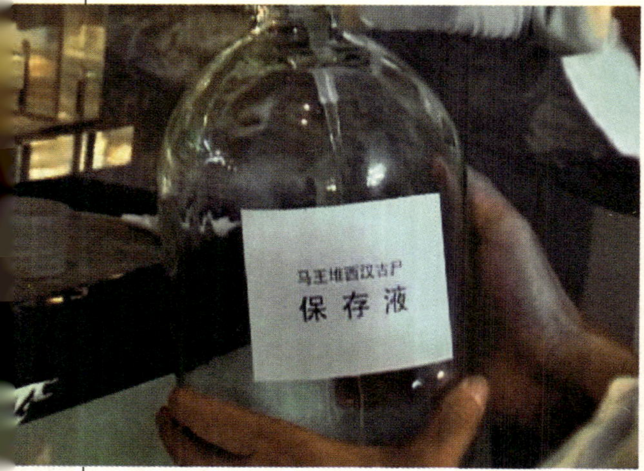

棺液

接下去，我们还能通过什么继续探索呢？从连云港两位专家的口中，我们又听到了一个新的名词——棺液。

考古专家：我们在开棺的时候，发现棺木的内壁上，以及棺木里漂着一层褐色的水，这就是棺液。

林慧萍棺材内的棺液非常奇怪，当时从棺材里把它舀出来的时候是清的，但舀出来以后就变黑了。这到底是怎么回事，到现在也一直没能找到答案。

我们知道，人体是由无数的细胞所组成，当人停止呼吸之后，细胞会逐渐死亡，之后分解。要是人体多年之后依然保持不腐，那是因为身上的细胞停止了分解，但如果将人体放置在水中，非但不能固定细胞的形状，还可能加速它的分解过程。但按专家所述，林慧萍却恰恰就是在一些未知的液体中浸泡了2 000年。更让我们吃惊的是，在马王堆及上海杨福信的墓中居然也都出现了类似的情况。

考古专家：林慧萍和辛追的遗体在当时出土的时候，发现她们的内棺里面都已经有了棺液，尸体就浸泡在里面。

这种神秘的液体到底为何物？它又是从何而来？是古人有意放入，还是偶然形成？为何在几具不腐尸中都曾有过？难道这才是古人的防腐秘术吗？

我们所了解到的深埋、密封及棺木材料经过科学的论证，可以说对于防腐来说都起着很大的作用，但是单就其中的哪一项都不可能成为古尸不腐的决定因素。现在一种更为神秘的东西出现在我们的面前，这就是棺液。

关于它的由来，它的作用始终都充满着争议。到底每个不腐尸里出现的液体是不是一种东西？它们是不是真的就是决定尸体不腐的关键因素呢？

其实，早在1972年发现马王堆辛追的时候，研究人员就已经发现了棺木中有一种神秘的液体，但没有人知道它是怎么来的，更不知道这些水是不是就是保证辛追千身不腐的关键因素。

几十年来关于这个话题可以说争议不断，可谁都拿不出确凿的证据。

现如今先后出土的林慧萍、杨福信等不腐尸的墓中居然都发现了神秘液体，这确实很难让人再相信这些水形成的偶然性。那么，这些液体是不是都是同一种物质呢？它们又是来自何处呢？

我们知道，在马王堆之前，世界上保存古尸最好的是埃及木乃伊，但是他们都是没有内脏的，而人体中内脏是最容易发生腐烂的，这也就是为什么埃及人在制作木乃伊时要先取出内脏。而辛追等不腐尸不但身体保存完好，就连里面的内脏都没有腐化。于是，有人说产生这个奇迹的原因就是她棺木中的那些神秘液体。

在世界历史上，保持人体不腐最典型的方法就是古埃及木乃伊保存法。埃及人在制作木乃伊时，把大脑和内脏完全取出，然后用椰子酒和捣碎的香料填塞到人体里，之后，再将人体缝合。

在今天看来，这也许是一个残忍恐怖的过程，但古埃及人却是用一种虔诚的心情完成这种神圣的工作。把人体内脏取出，将芳香的草药放入体内，表示着将这个故人送上了去往美丽未来的路。而且他们相信，终有一天，离开的灵魂还会归来，返回到这个保存在人间的、芳香四溢的身体中，并重新开始美丽的生活。

在20世纪初，人们开始对尸体的腐烂有了科学的认识。人体的腐烂主要是由外来的腐败细菌和自身的蛋白酶造成的，因此我们也理解了为什么取出内脏和大脑的木乃伊能保证不腐。但是辛追等神奇不腐尸不但身体没有发生腐化，甚至连内脏都保存完好，不能不说这是一个奇迹，究竟是什么替她们抵挡住了细菌的侵蚀呢？

1972年，湖南省长沙市马王堆的辛追奇迹般地展现在世人面前，当研究人员为她的不腐感到惊讶的同时，人们也注意到这位老太太竟然安详地躺在一池褐色的液体中，仿佛像是在泡药浴一样。这些神秘的液体到底是什么？它们又是从何而来的呢？

考古专家：这也是一个有争议的问题。一种认为这种液体是从土质里面渗透进去的；另一种认为这是人体结构中间的水，它是在尸体分解的过程中慢慢地渗出来的。

一种观点认为液体是来源于地下的土壤，经过上千年的时间，地下水慢慢侵入到棺内，随着时间的推移，积累得越来越多，最终形成我们所看到的样子。但是，这个观点好像有悖于之前我们所提到的棺木的密封作用。

考古专家：如果是外面渗进去的水，它就不可能达到我们刚才讲到的密封以后的恒温、恒湿这样一些基本条件。因为，外界渗入的水肯定会越来越多，即使有一些药物的成分在里面，也会被稀释，稀释以后药物的有效成分就要下降，这样会不利于尸体的保存。

而另一种观点认为，这些水是墓主人自身分解出来的。因为人体的重量当中70%都是水分，所以人死以后，有一个长期的水解过程。从辛追的遗体可以看出，她生前过着养尊处优的生活，导致体态肥胖，因此医学界分析她去世后能分解出几十公升的水是很有可能的。

考古专家：从现代医学和生物学的角度来看，更多的趋向于认为是棺内自身产生的水，而不是外面渗进去的水。

几十年来人们关于辛追棺木中的神秘液体的来源一直争论不休，可是无论它是来源于地下，还是出自辛追自身，这些水又和辛追的不腐有什么关系呢？

学过医学的人都知道，如今医学上对于尸体防腐采用的是一种叫福尔马林的药水，不过在辛追的那个年代，是不可能有福尔马林存在的，于是就有人提出，辛追棺木中这些神秘的液体会不会就是古人发明出的防腐药水呢？

于是，专家们对这些液体的成分进行了鉴定。结果发现，这神秘液体还真不是什么普通的水！

如果说液体从何而来我们还无法找到确凿的证据，但是研究人员通过对它的化验分析，对液体的成分有了全面的了解。测试结果显示液体ph值呈酸性，里面除含有丰富的氨基酸外，还含有乙醇、乙酸等杀菌物质。乙醇就是今天医学中常用的杀菌药物——酒精。而令研究人员感到意外的是，在液体中他们居然还发现了一些特殊的元素。

考古专家：在辛追的棺液里面还检查出来一些汞化物，而这些成分都可以抑制细菌的生长，从而对遗体形成了一个保护的屏障。

汞，一种化学元素，它还有一个更加为人熟知的名字——水银。这种元素的化合物具有消毒、防腐的作用。在古代，水银被很多炼丹、炼金术士视为必不可少的元素，并且被作为外科用药。在马王堆汉墓出土的帛书中有一部《五十二药方》，其中有四个药方就应用了水银。

而关于水银能够防腐、保存尸体的传说，在我国古代曾有过很多的记载。据《史记》记载，秦始皇死后就是以躯体浸泡在水银棺中的方式进行保存。20世纪末，中国考古专家曾在秦陵地宫表面检测出大片强汞区域，其结论是，秦始皇陵地宫里可能确实有大量的水银。

到了明代，用水银保存尸体的技术已经普遍运用，大小贵族均知尸体防腐之术。据说在明初时期，很多征战边关的将士，阵亡后均被运回家乡，他们就是采用水银防腐的方法。明代将领沐英在云南阵亡，当时从云南到南京需要8个月的时间，然而其尸体最终被完整运回南京，就是靠了水银的帮助。由此看来，水银是那个时代常用的防腐剂。

考古专家：汞本身对人体是有害的，现在它已经被禁止作为医疗使用，但是它防腐的效果却是肯定的，用到尸体的防腐方面，效果非常好。

在辛追的棺液中，检测出里面不但含有大量的中草药成分，同时还发现了水银、朱砂等特殊物质，它们的出现使研究人员对于棺液又有了新的看法。

考古专家：它们共同构成了一种类似保存液的物质，一些化学药品、包括中药的一些成分都溶解在这个水里面了。

在专家看来，这些神秘液体中的水无论是来自地下，还是出自辛追自身分解的水分，可以确定的是，它们已不再是普通的水，而是与中草药及一些化学元素混合而成的特殊液体。考古专家说，这种液体对湿性古尸的保存起到了非常重要的作用。

辛追棺木中出现的神秘液体再次引起了广泛的讨论，甚至有人提出这些液体就是古人们有意放入的防腐药剂，相当于我们今天所用的福尔马林。

人们所提到的福尔马林，学名叫甲醛，它的水溶液（一般甲醛含量35%到40%）就是我们今天医学上用来保存尸体的主要药物。

考古专家：现在国际上都采用福尔马林浸泡尸体，但是它有一个缺点，就是它会将尸体的水分抽干，导致尸体变形，颜色变为棕褐色。

即使从今天的医学角度来看，就算是使用福尔马林这种现代药水来保存尸体，也很难达到像辛追老人这样的水准，此时我们不得不再次由衷地为之惊叹。难道说古人在几千年前就已经发明出了比现在还要好的防腐药剂吗？

像辛追、林慧萍这样的不腐尸之所以会引起全世界的轰动，在很大程度上是因为即使是我们现在的医学水平，也不敢保证能将一具尸体保存得如此完好。而辛追棺木中神秘液体的出现，似乎给了一个让我们找到答案的理由。经测试，这种酸性液体里所含有的成分的确具有防腐、抗菌的因素，这就说明，这种液体并非普通的水，而是古人发明出的一种防腐药剂。

那么，能否就此确定这种棺液就是导致古尸不腐的真正原因呢？林慧萍的研究专家说，绝对不是！

这到底又是怎么回事呢？

在当年林慧萍墓室挖掘的过程中，考古人员发现在林慧萍的棺木中竟然也存在着大量如同辛追老人一样的棺液。可是令人意外的是，当专家把这些液体拿去化验后，得出的结果却是大相径庭。

陈主任：我们给这个液体作了一些酸碱度的分析，发现它偏弱碱性，这个和马王堆棺液呈酸性有着很大的区别。

同样做了酸碱测试，可是林慧萍棺液得出的结果却显示为碱性，而我们知道，这种碱性液体不但对尸体不能进行有效的保护，甚至还有利于细菌的滋生。

毛老师：这具古尸的保存，单从棺液PH值角度来看，应该没有什么说服力。

在专家们的眼中，林慧萍的棺液完全不同于辛追老人的棺液，按常理，这些液体不但不能保护林慧萍，反而会加速她的腐化。为了进一步探究棺液的秘密，研究人员又对棺液进行了微量元素的分析。这次会有新的发现吗？

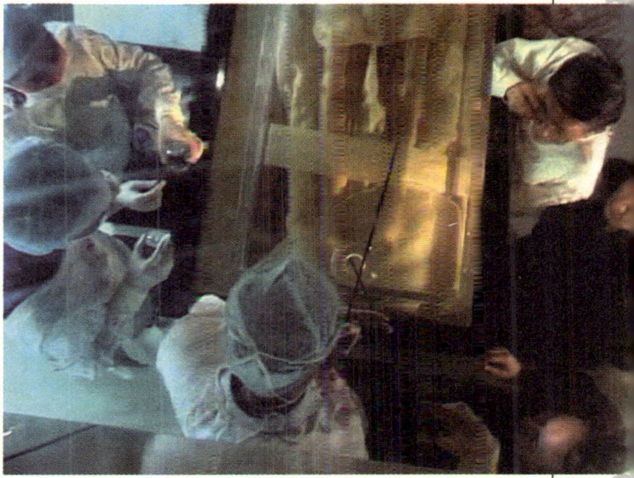
尸体保存在棺液中

毛老师：古尸液里的钙离子、镁离子和钠离子含量比较高，与海水的含量基本上是在一个数量级的。所以也可以认为，古尸液当中这些微量元素的含量与连云港浅水区海水的含量没有特别大的区别。

再次的化验依然没能从林慧萍的棺液中找到任何一点防腐的元素，但是研究人员却意外发现了另一个问题，棺液中所含有的微量元素含量竟然和当地海水几乎完全一致，这也就说明了林慧萍棺木中的液体应该是出自这里。

考古专家：可以肯定地说，这个棺液就是地下水。

林慧萍的棺液再次引发了有关神秘液体的争议，同样是出自棺木里的液体，为什么一个呈酸性，另外一个为碱性，而两具古尸却同样都能不腐呢？由此，人们又对液体防腐的观点产生怀疑。

虽然在几具不腐尸的棺木中都寻找到了神秘液体，但是经过化验分析，现在可以确定的是，这些液体并不是相同的物质，而通过林慧萍棺液的成分数据我们也更有理由相信，这些液体中的水应该是来源于地下水。

考古专家：这个棺液里并不含有什么药水，而是自然的地下水流进去的，再加上棺木内部一些防腐的元素，以及尸体流失出来的元素，从而产生了一种新的液体，而恰恰是这种新的液体阻断了尸体腐烂。

专家认为无论是马王堆辛追，还是林慧萍，棺液中的水还应该是来源于地下，只不过这些水和棺木内部的一些元素发生了化学反应，从而产生出一种新的物质，也正是这混合液体防止了尸体的腐烂。

通过对神秘液体的调查，我们可以总结出，水并不是导致古尸不腐的关键因素，而棺木内部的诸多元素及尸体本身应该才是我们接下去更应关注的。如果说所谓神秘液体并不是人们想象中古人有意配置的防腐药水，但是从棺木中所盛放的许多物品，我们仍然相信在这里面一定就有我们要寻找的答案。

考古专家：在马王堆墓葬中我们还发现了八角、茴香，以及大量中药材，比如朱砂，这些东西都具有防腐的作用。并且马王堆周围配了很多木炭，这肯定是用来防腐、防潮的。

如同专家所讲，马王堆中出土的不仅仅有大量文物，同时随葬的还有大量中草药材，也许正是它们其中的一种元素与水偶然形成了这层天然保护液。现在我们虽然不敢确定古人是否已经掌握了防腐的成功秘诀，但是通过这些东西足以证明古人在那个时候已经有了很强烈的防腐意识。

考古专家：古人非常讲究尸体防腐，比如汉代的有些帝王，下葬时嘴里要含玉，七窍所有的洞眼都要用玉堵起来，古人认为这样一来尸体就不会腐烂。

纵观历史，古人们对于防腐有着千奇百怪的方法，有些是我们知道的，有些可能是还未发现的，有些已经被证明是失败的，而有些也许就是造成辛追、林慧萍不腐的真正原因。

在林慧萍的棺木中，考古人员既没有发现像辛追墓中存放的大量木炭，也没有看到有任何中草药的存在。但是在对她棺液的测试中，研究人员

尸体保存在棺液中

却发现了唯一一个与马王堆辛追棺液相同的元素，那就是汞。

没有发现任何的防腐物品，也没有像辛追一样的中草药，可为什么在林慧萍的棺液中居然也能存有汞的成分？

在我国历史上，人们为了追求长生不死，在历朝历代都有关于炼丹的记载。而古代炼丹最常用的质材恰恰就是水银，也就是汞。难道说这些不腐尸的形成竟然是来自他们生前所服用的丹药？

在我国古代，自秦皇汉武开始，历朝历代上至君王，下到黎民百姓，无不追求长生不老，各方术士也是各显其能，炼丹炼药弄得神乎其神。可结果我们也都知道，神丹妙药没能换来长生不死，有时甚至直接一命呜呼，而导致很多人迅速死亡的正是当时那些灵丹里的一种化学元素——水银。如今，水银已经被我们的医学界严令禁止使用。

不过，水银虽说对活人有害，但是对于死人来讲可就不见得了。古尸不腐是否就是因古人误食水银而造成的呢？

在辛追与林慧萍的棺液中，研究人员发现里面都有汞的存在，可奇怪的是辛追老人的随葬物中虽说有大量的中草药，但是这些都不含有汞元素，而林慧萍的棺木中更是什么都没有，那么，这些汞究竟是从何而来的呢？

我国历史上关于炼丹的传说源远流长，其实所谓炼丹就是用汞及某些矿物类药物，在高温条件下炼烧，最终炼制成的不同结晶形状的无机化合物称为丹药。那时，一些有权、有地位的人为了追求长生不老，经常服用这些丹药。

考古专家：这些人希望长生不老，于是经常服用各种丹药，殊不知服用了这些所谓的仙丹之后非但不能长寿，反而会加速他们的死亡。

经常服用含有水银的药物，后果可想而知，换来的非但不是不死之身，反而落得个一命呜呼。虽说这含有毒性的水银对活人肯定起不到什么好效果，但是在专家看来，汞对于死人却是有些作用的。

考古专家：汞本身对人体是有害的，但是对于尸体的防腐方面，它却具有一定的防腐作用。

汞既然具有防腐作用，而在林慧萍及辛追的棺液中研究人员都找到了这种元素的存在，那么是否它才是导致古尸不腐的真正原因呢？

在对马王堆辛追老人解剖的过程中，专家们又有了新的发现。研究结果表明，辛追尸体组织内汞含量超过正常人的数十倍至数百倍，另外尸体小肠内还有大量含汞物质残留。这种情况说明，这些汞应该是辛追生前自己吃下去的。

难道说辛追的不腐尸源于她生前所服用的丹药吗？

考古专家：这个说法现在难有定论。汞能将人致死，但是也要看服用的比例。如果服用量大，人立即就会死；服用量小，还有可能抢救过来。

汞的一些化合物确实有消毒、杀菌的作用，而辛追体内也的确发现了大量的含汞物质，但这并不能由此就断定它就是导致辛追不腐的决定因素。因为至少现在没有一项数据能表明，多少分量的汞能保证物质多长时间不腐。

辛追和林慧萍棺液中的汞给了我们一个很大的提示，虽说单独一种元素不能完全保证尸体的不腐，但是有没有可能还有其他物质也给尸体提供了防腐的元素呢？在一些资料中我们发现，辛追死后用酒进行过洗浴，这会不会是又一个因素呢？

考古专家：从当时的酿酒技术来看，还达不到酒精的浓度，但是不管怎样，它总是含有一些酒精的成分在里面，这也具有一定的杀菌或是抑制细菌生长的作用。对尸体进行的香浴，实际上就是一种药浴，这个是不是辛追尸体不腐的原因呢？我认为有一定的可能性。

其实关于辛追的香浴也有着不同的说法。有人说用的是类似酒精的东西，也有人说是一种药物，总之在辛追死之后，她的家人有意在她身上又涂抹了一层东西。而在湖北荆州出土的168号汉代男尸身上，专家们也找到了相应的佐证。这具男尸身上遍体涂满朱砂，由此可见古人在自己先人“仙去”之后已经有意识地为他们的身体进行防护。

考古专家：根据历史的记载和古人对遗体的处理，包括他们死后很快就对遗体进行洗浴，甚至是酒精的擦洗，以及在身体的表面涂抹朱砂等物质，我认为这些都应该是对尸体的不腐起到一个早期的预防措施。

无论是传说中类似酒精的东西，还是我们已经发现了的朱砂和水银，虽说现在我们还不知道是否它们中的哪一个或是哪几个是决定古尸不腐的因素，但是至少在当时古人看来，这些东西对先人的遗体是具有保护作用的。

考古专家：根据我们的测试，至少含有十几种元素，那么是不是每一种元素都能起到保护的作用呢？这个也不好说，也许只有其中的几种元素最终起到了保护的作用，而这些元素的含量到底应该是多少，至今仍然是个谜。

朱砂、水银、中草药及传说中那种类似酒精的东西，至少在当时古人认为这些东西是可以保护遗体的。而像水银，也就是汞，朱砂里也带有汞，还有酒精里的乙醇，这些化学元素本身确实都有防腐、杀菌的作用。而就目前来看，我们只是从棺液中化验出很多的元素，这些元素应该就是来源于棺木中或是尸体上这些具有防腐功效的物质，但是具体是哪一种或是哪几种元素起到了作用我们还不得而知。那么，接下来我们要做的就是分别测试一下，这些物质对于防腐到底能有多大的效果。

记者来到中国药物研究所，希望这里的专家能为我们解释更多关于朱砂、酒精对于防腐的问题。梁爱华研究员为我们进行了热心的讲解。

梁爱华：朱砂是一种有剧毒的物质，现在属于管制药品。从没听说过朱砂还能进行尸体防腐，但人们利用朱砂对中药进行防霉处理还是很普遍的。

朱砂又称丹砂，粉末呈红色，色泽经久不衰，而朱砂矿经过高温处理后得到的就是水银。这种物质真的可以延缓尸体的腐败吗？

梁爱华：这个目前还不能确定，也没有进行过这方面的研究。

朱砂和酒精对于防腐到底能起多大的作用？梁老师决定用小白鼠进行一个相关的实验。他找来三只小白鼠，其中一只涂上朱砂，一只抹上酒精，还有一只未经任何处理，然后分别将它们放置在三个大罐里密封好。

梁爱华：一般情况下，在这个温度条件下未经处理的小白鼠顶多5天就腐烂了，如果气温高，甚至3天就会腐烂。

正常情况下，小白鼠几天内就会发生腐烂，现在我们把它们放在密封性、温度都完全一致的环境中，两个月以后会出现什么样的结果呢？

两个月后，记者再次来到研究所。透过瓶子观察，里面用白布包裹的白鼠和当

记者和专家探讨

初刚放进去时没有任何区别，瓶口的密封效果确实出色，闻不到任何异味。

可由于密封效果实在太好，我们竟没有人能打开瓶盖，工作人员只能出去砸碎瓶子取出小白鼠，而此时臭味立刻扑面而来。记者看到，那只没有经过任何处理的小白鼠，不仅内脏完全腐烂，就连皮肤也开始逐渐发黑，而那股臭味正是出自于它。

用酒精擦拭过的那只小白鼠皮肤几乎没有任何变色，里面的内脏也只是轻微腐烂。这样看来，古人对尸体进行的香浴还真的有些奇效。

而当记者打开最后一只涂有朱砂的小白鼠时，眼前的景象令人惊喜。

当沾染了朱砂的包裹打开时，三个月前的白鼠完全变红了，这和荆州168号男尸体表的朱砂状态极为接近。朱砂包裹的小白鼠在密封了两个月后，竟然没有任何异味，这样的结果是出乎所有人意料的。而且白鼠的表皮是干燥的，腹腔打开后，虽也出现微腐，但脏器外形还能清楚地辨认。

梁爱华：这只小白鼠的内脏几乎没有腐烂，因为涂了朱砂，所以表皮现在看不出变化，否则应该比那只涂酒精的还要好，而且它的尾巴及四肢也都是完好的。

这个实验验证了酒精和朱砂确实在不同程度上都延缓了小白鼠的腐烂，尤以朱砂的效果最为突出。那么这是否可以说明，它们就是导致古尸不腐的重要因素呢？

梁爱华：这个还不能完全确定。从目前来看，肯定是有一定影响和帮助，因为酒精里有乙醇，朱砂里有汞，这些确实都有消毒、防腐的因素。但是同时我们也看到，即使涂上酒精和朱砂的小白鼠也不是完全不腐烂，只是延缓了腐烂而已。

通过实验可以看出，无论是朱砂，还是酒精、水银，这些的确都有防腐的作用，但绝对不是最主要的那个原因。如果仅仅使用这些材料也只能是抗腐、慢腐，而绝不可能是不腐。因为，实验中的小白鼠才放置了两个月，而辛追和林慧萍她们可是具有2 000多年的历史啊！

到这一步，我们的调查似乎已经到头了，可以说从外到里，什么白膏泥、阴沉木，还有棺液、朱砂、水银，能看到的，能想到的，都探了个究竟，也的确获知了许多信息，比如说密封、深埋、恒温、无菌等，这些也都的确为防腐提供了帮助。

但是，谁也不能说，当具备以上的几点时就能保证尸体不腐，并且是上百年、上千年不腐。那么，只能说明，发生在他们各自身上的纯属偶然现象。

马王堆辛追老人由于是这里面出土最早、轰动性最大的一个，因此对于她的研究也是最为突出的，而研究人员在找到辛追当年死因答案的时候产生了这样一个想法。

考古专家：关于辛追的死亡原因，我们是研究得比较清楚的。她是因为胆结石引起胆绞痛，诱发冠状动脉供血不足，从而引起的急性心肌梗死导致的死亡，属于是非感染性疾病导致的死亡。从医学生物学的角度，这个也应该作为综合性的考虑因素。

专家认为，导致古尸不腐的真正原因要从两方面来看，既有主观原因，也存在一些客观因素，而死亡原因应该就是其中的一项。对于不同原因死亡的人来说，尸体腐烂的快慢也会出现很大的不同。

罗学港：从医学生物学的角度，死亡的病因对遗体的保存也有一定的影响。比如一些感染性疾病，本身就存在细菌感染，人死以后，可能这些细菌还活着，就会加速尸体的腐败。

听完罗学港教授的话，我们不由得想到，也许古尸不腐的秘密中真的隐含着一些偶然因素。再次回想几具不腐尸，无论是辛追、林慧萍，还是杨福信、王振，他们都是属于自然死亡，而且后两者还都高寿而终。看来人自身的条件及生前有无病菌感染可能真的也是导致不腐的重要条件。而在连云港，林慧萍的研究者项老师同样也表达了古尸不腐因是多重因素的观点。

项老师：气候原因也是一个重要因素。林慧萍死的那年，当地雨雪特别多，并且那年很可能发过大水，而她一直就稳定在水中间，密封加上水导致她与外界隔绝，深埋在二三十米的土层下面，环境相当稳定，所以这一点也非常重要。

天气因素是专家为我们提供的第二种猜测。我们可以想象，当一个人下葬时赶上雨雪丰沛的天气，那么在同样条件下防腐的优势一定会高于那些高温干旱情况下下葬的人。而据了解，林慧萍不但在下葬时赶上了雨雪丰沛的天气，同时她的死亡时间显示为冬季。

项老师：如果一个人在气温比较低的情况下死去，这个时候他整个的化学反应速度都会放慢，包括一些生物学的反应也是如此。

我们之前说过低温、恒温是保证尸体不腐的基础条件，由此也不难理解不同的天气及季节差异会影响到尸体腐化的程度。而除此之外，专家眼中的第三个客观因素就是埋放地点。

考古专家：埋葬地的地理条件如果处在一个相对干燥，同时相对湿度恒定的地理位置，也更有利于尸体的保存。

我们国家幅员辽阔，无论从天气、土质、气候来讲，南北差异都甚为之大，那么墓址选择的地点对于尸体的保存确实应该有着不小的影响。几具不腐尸出土的地点似乎也印证了这一观点。

至此，我们可以为这次关于古尸不腐的调查做出一个较为客观的结论：只要能抑制细菌的生长，尸体就不会腐败。但是，要能达到这一目的，除了深埋、密封、防腐药物、抗腐木材等古人创造出来的条件，还要再加上死亡原因、下葬时间及埋葬地点等不同的客观因素。也许正是当这些条件全部具备时，才让我们今天有机会看到辛追、林慧萍等神奇的不腐古尸。

考古专家：像辛追、像林慧萍这样尸体能保存2 000多年不腐烂，我认为必然会受很多因素的影响，当然这中间也存在一些偶然的因素。不过，现代科学讲究证据，不管什么样的猜测，最终都要拿事实、拿证据来证明。

的确，科学要讲究证据，我们对于历史留下的问题仅仅只能通过我们所发现、所了解的进行研究，而想要最终水落石出恐怕还有待于更多新的发现。时至今日，也许我们还不能就此判定古人是否成功掌握了防腐秘诀，但可以确定的是，在很久以前我们的先人就已经有了很明确的防腐意识，并且相应创造出许多方法。不管其中有没有偶然因素，辛追、林慧萍等不腐尸的出现已证明了他们天才的创造性。

探究进行到这一步，古人到底有没有什么防腐秘术已经不重要了。深埋、密封、恒温、无菌这八字口诀就是古人为我们留下最好的东西。也许有朝一日，随着新的考古发现，我们能对辛追、林慧萍有更新的认识。不过，这其中的道理如同我们今天一样，无非只是一个过程、一个阶段，而重要的是我们要能继续传承祖先为我们留下的这些宝贵经验。

（李凌波）

谁在塔中哭泣

1986年9月，普救寺的修复工作正在进行。突然，一名工人听见了一阵阵奇怪的声音。这声音断断续续，从寺内的古塔中传出。仔细听来，似乎是人的哭泣声。普救寺修复期间，外人严禁进入。有谁会闯入这座古塔？又为何如此悲伤地不断哭泣呢？

永济，西临黄河，安宁驯顺的黄河水，灌溉着几万亩良田。普救寺便位于黄河边的峨眉塬头之上。

作为张生、崔莺莺的爱情见证，普救寺成全了人们“有情人终成眷属”的美好希冀。而如今，莺莺塔发出的不知来源的奇异声响，却为这里蒙上了一层神秘的面纱。当地村民对古塔怪声的猜测，大多源于一本元朝的传奇小说，《西厢记》。

当地人对古塔的猜测大多源于一本元代传奇小说《西厢记》

在《西厢记》中，张生和崔莺莺在普救寺邂逅，互生爱慕之情。贼兵孙飞虎得知莺莺的美貌，兵围普救寺，想抢莺莺做压寨夫人。情急之下崔夫人当众许愿：有退得贼兵者以莺莺许之。于是，张生请求好友发兵解围。没想到退兵之后，崔夫人

神秘的哭泣声究竟源于哪里呢

又嫌弃张生贫寒而赖婚，棒打了这对鸳鸯，使得张生相思成疾，莺莺欲哭无泪。正是因为这部家喻户晓的古代名著，使得当地人对古塔发出的怪声做出了一种神秘的解释。

仝毅是原普救寺旅游文物管理所的所长，与普救寺相伴了三十多年，一直致力于研究普救寺的历史和文化。对于当地群众认为的哭声来自《西厢记》的女主人公崔莺莺，他认为那只是人们善意的附会罢了。可是好好的一座古塔，为什么会突然间发出神秘的怪声？如果不是村民口中的讹传，哭泣声又是从何而来的呢？

得知古塔发出怪声，记者首先想到的就是塔里有某种会发声的物体。可是走进莺莺塔，除了一尊佛像和登塔用的木梯，什么都没有。沿着木梯，记者登上了第二层。第二层出现了夹壁甬道，内部十分黑暗，而且狭窄，只能容一个人通过。借助电筒光，记者找遍了塔内的每个角落，并没有任何意外的发现。而到了九层，就再没有向上的甬道了。

会不会是塔檐的铜铃发出的声音呢？这也不太可能。这些铜铃年代久远，早已经铜锈斑驳，没有响声了。

在距离古塔不到50米的地方，一面直径将近4米的大鼓，引起了记者的注意。这鼓声会不会就是哭声的来源呢？可是，在鼓声响起之后，我们却并没有听见传说中的哭泣之声。那么，这神秘的声音究竟源自哪里呢？

在与仝毅的交谈中，记者发现，他对古塔中的哭声不但没有半分惊疑可言，而且不以为然。后来得知，他曾亲历的一幕，远比我们已知的更加扑朔迷离。

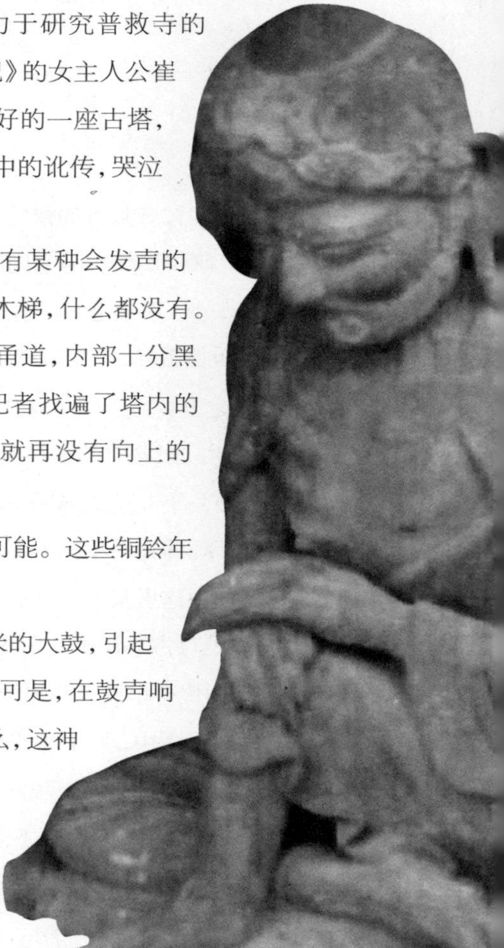

仝毅：1987年，我们在修复的过程中，晚上没事了，就坐在塔底下聊天，突然就听见塔里面怎么唱起戏来了，而且非常清晰，就像一台戏一样，演员的唱腔、道白都很清楚，大家都说很奇怪啊！

身边的佛塔，居然传来阵阵唱戏声。工人们都很纳闷，想找出究竟是谁在塔里唱戏。可这神秘人却似乎和他们玩起了捉迷藏的游戏。走进塔中，塔中空无一人，走出塔来，唱戏声却又从塔里传了出来。一阵阵的敲锣打鼓声，几乎在寺里每个角落都能听见。可找遍了佛塔的里里外外，始终没有发现任何人。

接下来的几天，仝毅又陆续接到工人们的报告，内容越来越离奇，说是塔里有人哭有人闹，尤其到了深更半夜，还有人聊私房话。

同样是在莺莺塔下，为什么总能听见这种不明来源的声音呢？工人们开始疑神疑鬼，有些人认为这里是不祥之地，纷纷辞职。这些事让仝毅有些措手不及。为了稳定大家的情绪，他决定找出莺莺塔怪声的由来。

在莺莺塔周围的村庄，仝毅四处走访，逢人便打听莺莺塔发出怪声的事情。可当地群众知道的并不多，就算有人听说

塔里还有一尊佛像

塔里有某种会发生的物体吗

塔里有一个大梯子

是塔壁上的铜铃发出的声音吗

2.5千米以外的唱戏声如何解释

科学途径找到莺莺塔发声来源

过，也说不出个所以然来。

全毅：后来一打听，原来是蒲州镇的文化站在演戏，但声音怎么会从塔里面响起来？

这个文化站是附近唯一有戏班表演的地方，距离莺莺塔有2.5千米的距离，这让全毅百思不得其解，声音怎么会传到那么远的塔下呢？但通过多次比较，他非常确定，文化站表演的戏曲内容，和他在塔下听到的一模一样。文化站的演戏声应该就是工人们在莺莺塔下听到的怪声的来源。

全毅：莺莺塔和文化站舞台直线距离2.5千米，这么远的声音就传过来，在莺莺塔下，我们都能听见。

全毅的这个结论，让我们感到很疑惑。尽管普救寺地处高地，周围没有任何高大的遮挡物，但毕竟两地相隔了2.5千米的距离，按常理来说，人的耳朵根本就分辨不出了。

为了证明这个奇怪的现象，全毅带记者来到了蒲州镇文化站，大家都希望能现场验证莺莺塔远距离传声

普救寺距今至少已经有一千多年的历史

的奇迹。但眼前的景象，让人十分失望。二十多年过去了，昔日热闹喧嚣的戏台早已荒废。原本站在戏台上就能看见莺莺塔，如今也因为村民新建的住宅，将视线层层当住。至此，仝毅所说的当年戏声远距离传送的怪事，无从考证。

来到永济已经三天了，神秘的哭泣声始终没有理出头绪，唱戏声又无法考证。这座神秘的古塔为何频频发出怪声？这些怪声之间，又有着怎样的联系呢？

在一千多年前的唐朝，永济是通往京都长安的重要枢纽，因此成为了当时最为繁盛的大都市。普救寺，更因是武则天的香火院而远近驰名，三教九流，过者无不瞻仰。莺莺塔就坐落在普救寺的西轴线上。

从外表上看，莺莺塔是一座典型的唐代古塔。平面为方形，密檐式结构，内部则为空筒式。与之类似的还有著名的西安大雁塔、小雁塔。因为时代久远，又历经磨难，能保存到现在的唐代古塔，已经寥寥无几。

如今，莺莺塔这座千年古塔，突然发出如此来路不明的声音，究竟应该通过怎样的科学途径来解释呢？记者决定，首先，查找关于莺莺塔发声的最早历史记载。虽然在《西厢记》中，普救寺就已经存在了，但它究竟建于何时，历史上并没有明确的记载。

2008年3月初，在普救寺外的东

莺莺塔频频发出怪声

北角，工人们在施工现场发现了一块年代不详的石碑。根据碑文判断，这应该是一块元朝的石碑，从碑文内容上，仝毅判定出普救寺距今至少已经有一千多年的历史了。

仝毅：它的时间年代，没有准确的比如说是哪一年建的，但是我们从史料中发现，隋初就已经有普救寺了。到了唐代，道宣和尚又把这个寺院扩大成了一个大寺院。

既然普救寺在隋唐时期就已经规模宏大，那么史书中对莺莺塔也应当有所记载。在当地图书馆，记者翻阅了大量隋唐史书，希望能找到关于莺莺塔发出怪声的记载，然而仅有寥寥数语说这座塔原名舍利塔。既然普救寺在当时香火极盛，为什么对发出怪声一事会没有记载？难道是古人太粗心，竟没有人发现吗？

7层宝塔，这是《西厢记》中作者对塔的描述。但我们眼前的莺莺塔却有13层。尽管我们说《西厢记》改编自一篇传奇小说，故事的真实性尚待考证，但作者也不会把好好的13层宝塔说成7层啊！难道这其中还有什么变数？

塔中的这尊佛像看上去年代久远，仝毅在佛像中空的腹部发现了一张神秘的纸条。这张纸条字迹清晰，明确地记载了这尊佛像的来历。它是由蒲州敬信坊的信士围岚一家为普救寺重建佛塔捐赠的，时间是明嘉靖四十三年九月十九日。

通过对文物的研究和史料的查找，仝毅发现了莺莺塔历史上的一个重要转折点。

仝毅：在明代嘉靖三十四年，蒲州这个地方发生过一次大地震。震中在山西的华阴，波及蒲州。老百姓把这次大地震，叫做“天塌蒲州”。这次地震时，蒲州地面的建

莺莺塔发出的唱戏声、蛙鸣声都来源不明，史书上也找不到任何线索

明朝地震震毁后，重新修建，古人保留了它唐塔的风貌，并由原先的7层加盖到13层

塔里什么也没有发现，而且塔里的环境黑暗狭小，也并不适合动物的生存

筑几乎全倒了，莺莺塔也倒塌了。

这一意外发现，证实了一点，即现存的莺莺塔并不是唐朝建造的，而是明朝地震后重新修建的。在重建过程中，古人保留了它唐塔的风貌，并由原先的7层加盖到13层。难怪唐史中没有任何关于莺莺塔发出奇异之声的记载。

终于，在清朝的《蒲州府志》和《永济县志》中，仝毅发现了两段相同的记载："有声若吠蛤，盖空谷应音类矣。"意思是说这里的声音就像是金蟾的叫声在山谷之中回荡。

在传说中，金蟾并不是普通的蟾蜍，它只有三只脚，能吐钱，被人们当作旺财的瑞兽。但这只是人们美好的期望，并非现实。可是，这蛙声又是从哪里来的呢？

普救寺离黄河大约有6千米远，气候湿润，十分适合蛙类的生存，可蛙类只有在春夏繁殖的季节才会成群鸣叫。难不成一百年前，普救寺里有一只不知疲倦的巨蛙？

可是在之前的调查过程中，记者在塔里什么也没有发现，而且塔里的环境黑暗狭小，也并不适合动物的生存。

普救寺山脚下有一片居民区，叫西厢村。据说，早年间有一个民间戏班来这里演出，连演了几台戏都不叫座，最后搬出了《西厢记》。结果一连演了10多天，村里人也不让戏班走。附近城里的，远处山里的，都嚷着要来这里看西厢。时间久了，西厢就喊出了名。

在仝毅的带领下，我们在西厢村访问了当地的一些村民。因为《永济县志》是一百多年前编写的，也许现在还有人能依稀知道些什么。

村民：建塔的时候好像用的那种砖是不是有回音的？

仝毅：民间的说法多种多样，一种说法是，做塔的时候，材料里面有一块禽砖。什么是禽砖呢？做砖的时候，空中有鸟飞过来，而且鸣叫一声，把这个声音就扣到砖里了。烧出来的砖，就叫禽砖。

烧砖的时候，保留住了鸟的叫声。这种说法，显然太过虚妄。从村民的口中，我们还听到了另一种说法。

村民：上了年纪的人传说，这个塔是师傅盖的，底下埋了金蛤蟆。

仝毅：唐代佛教大兴，师徒比艺。当时，在普救寺和中条山下的万固寺同时各建一座佛塔。建成以后，发现徒弟建的万固寺塔八面玲珑，大家都说徒弟手艺比师傅高一筹。师傅说，“他那个外表很好看，但我这塔是宝塔，塔下压着两只金蛤蟆，大家如果不信咱们现在集体试验一下。”结果敲一下响两下，说明有两只大蛤蟆。

从村民口中听到的这些传说，让我们很兴奋。这证明当时的蛙鸣声真的是家喻户晓，但这些说法却又都经不起推敲，有些还带有迷信色彩，并不能科学地解释莺莺塔的怪声之谜。古塔与蛙鸣之间，究竟有着怎样的联系呢？

种种怪声现象始终找不到研究证实的办法，自己亲身经历的事情又因为时过境迁，无法考证。仝毅成天穿梭在西厢村中，希望能从村民的口中获得一些相关的信息。可惜，仍旧是徒劳无功，朴实的村民们似乎并不愿意多说这些稀奇古怪的事情。

西厢小学是附近唯一的一所学校，为了方便村里的小朋友上学，三年前才刚从山上搬下来。这天中午，学校的喇叭里播放着歌曲，学生们都在食堂排队等着吃午饭。突然记者发现，站在学校操场，可以很清楚地看见远处的莺莺塔。通过目测，仝毅判断这里距莺莺塔的直线距离大概有两千米远。

这样看来，相对于莺莺塔来说，西厢小学的位置和蒲州镇文化站戏台的位置很相似。如果真像仝毅说的，戏台的唱戏声可以在塔下听见，那么现在喇叭播放的歌声，莺莺塔下应当也可以听见。

10分钟后，摄制组到达了普救寺。其实在路上大家就已经发现，当离学校500米左右的时候，喇叭里的歌声就已经听不到了。难道在2 500米外的莺莺塔下还能听见吗？

令我们震惊的是，在走向莺莺塔的途中，学校扬声器里的歌曲声竟渐渐清晰起

前往西厢小学进行寻声的调查走访

来，当摄制组到达莺莺塔下时，听见的歌词句句清楚。这让大家惊喜不已，同时更觉得不可思议。这一次发现，足以证实，仝毅所说的塔中传来唱戏声，确实是真实的。难道是莺莺塔具有某种强大的收音放大的能力？如果真是如此，那塔中传出哭泣之声，自然也有了答案。

河南省三门峡市有一座宝轮寺塔，同样也有蛙鸣声，而且与莺莺塔外形相似

在专家调查研究的同时，我们也试图在网上搜集有关资料，结果有了一个惊人的发现。河南省三门峡市竟然也有一座能发出蛙鸣声的塔，而且从照片上看，两塔简直双胞胎般的相似。三门峡市位于河南省西部，是河南、山西、陕西三省的交界处，离永济直线距离不到一百千米。这两座塔隔着黄河遥遥相对，它们之间会不会有着某种联系呢？

丁士章是山西大学物理系教授，退休后专门研究种种奇观异相。古塔异响，引发了他极大的兴趣。为了使调查更加科学合理，年过70的丁士章专程来到了三门峡。

专家现场调查，发现蛙声是敲击石块的声音形成的

这座古塔原名宝轮寺塔。相传古印度神话中有个手持法轮的飞行天神，叫“转轮王”，善降水魔。三门峡地区三面环水，历史上有数十次河水冲坏城墙的记载。为了消除水灾，人们自然联想到了主管水的转轮王，因此将塔命名为“宝轮寺塔”。

宝轮寺塔最初也是唐朝建造的，之后重修于金大定十七年，比莺莺塔还要早出337年。它曾经历过16次大地震，但因为结构合理、建筑牢固，至今仍保存完好，巍然独存。

从外观上看，与莺莺塔相同的是，宝轮寺塔也是成四方锥形，南北朝向，同样也是13级塔檐，自下而上，逐层收敛，塔面用青灰条砖一顺一丁垒砌而成。

在离塔不远的地上，丁教授发现了一块大青石。石头上有个大坑，像是长年累月被人敲打形成的。当他试着击打大青石时，我们清楚地听见了青蛙的叫声。随即，丁教授又在塔的四周试验，结果发现只有叩石或击掌的时候，才能听见蛙鸣声，而且击掌越快、越响，这种青蛙叫的声音也就越逼真、越响亮。原来塔里发出的蛙鸣声，就是敲击石头或拍手后听见的声音。

此后，我们再一次来到了莺莺塔下，并试着在塔四周叩石、击掌。然而，走了一圈，却并没有听见蛙鸣声。

正当我们四处试验的时候，莺莺塔墙壁上一个个圆形的凹洞引起了我们的注意。这些凹洞与宝轮寺塔下大青石上的凹洞一样，明显是长期敲击形成的。难道莺莺塔的蛙鸣声是敲击塔面发出的？我们沿着一个个凹洞，逐个试验了一遍，可是除了清脆响亮的敲击声外，仍然什么都没听见。

经过在莺莺塔周围反复的测量试验，终于，在正对着塔、且直线距离20多米的地方，我们听到了清楚的蛙鸣声。一系列精确的考察测量后，丁教授总结出了蛙鸣声的规律。

在莺莺塔周围反复的测量试验，终于，在正对着塔，且直线距离20多米的地方，我们听到了清楚的蛙鸣声

丁教授：在10米左右的地方，我们敲石头，听不到蛙声，只听到敲石头的声音，或者拍手的声音，而在20米以外的地方，能听到咯哇咯哇的声音，这声音是从塔上空传过去的。地面也能听到，空中也能听到，站在房顶上也能听到。

蛙鸣声时而在塔上，时而在塔下，怪不得村民说塔里藏着金蛤蟆。可好好的一座古塔，为什么会把叩石、击掌的声音变成青蛙叫声呢？

这一奇怪的声学现象，让丁士章突然想到了以前的一次研究经历。在江苏有

蛙鸣声时而在塔上，时而在塔下，村民说塔里藏着金蛤蟆

一座纪念碑，放鞭炮的声音在纪念碑台阶的共振下，听起来就像是军号声。那么，莺莺塔的蛙鸣声会不会也是因为塔身共振引起的呢？我们特意在听见回声最清晰的地方，将神秘的蛙鸣声记录了下来。回到北京后，记者来到了中国科学院声学研究所。

徐俊华（中国科学院声学研究所研究员）：现场的记录数据已经送入了计算机，扬声器把信号发出来，又通过电容传声器把信号接收过来。接收完以后，因为信号比较微弱，需要进行放大，要放大就要通过这个测量放大器。下面的是滤波器，可以把不要的噪声滤掉。放大完的信号再送回频率分析仪。这个频率分析仪可以给出发出信号的功率谱，同时也可以给出它的时间波形。分析出的信号又可以通过绘图仪把它绘制出来。我们现在正在进行的就是现场数据的回放和操作。

经过一系列的测试后，仪器绘制出了塔下击石声的时间波形图。经过仔细地研究和讨论，徐俊华得出了分析结果。

徐俊华：这是一张时间波形图，我们看到这个波就是敲石头得到的直达波，这个波通过在空气中的传播碰到了障碍物，它会有反射，这些小的峰就是目标反射的回波。

徐俊华告诉我们，这些小的回波一共有13个，整齐有规律，与建筑物共振引起的波形图并不一样，应该是由某种物体特有的反射规律造成的。这是我们现实生活中青蛙的叫声。为了对比两种声音的区别，我们也用仪器进行了分析，并得到了时间波形图。

徐俊华：这是青蛙叫声的时间波形图，我们看到很有意思的是一个脉冲串，跟敲石头声音的脉冲串基本是一致的。

徐俊华告诉我们，正是因为这两种声音在波形、数值上十分相似，所以我们才会将在莺莺塔下听到的拍手击石的声音，认为是自然界青蛙的叫声。可是，时间波形图里的脉冲串从何而来？徐俊华所说的障碍物又是什么呢？

在采访仝毅的过程中，我们还听到了另外一件声音变异的怪事。不久前的一天夜里，在普救寺后面的停车场，一名工人走到屋外解手，却突然清楚地听见莺莺塔里不断传来狐狸的叫声。惊恐万分的他随即叫来工友一起听。

工人：狐狸的声音就是哇哇的，大家拿手电跟着声音去找，发现不是狐狸，是弥陀殿上面的两只鸟。

平常，我们形容鸟叫的声音，都会用"清脆"、"婉转"这样的词。小鸟在野地里叫，在树枝上叫，那种声音都是很悦耳的，绝不会像仝毅所说的那样，那么大声，还像狐狸叫。想必这也和蛙鸣声一样，是因为声音遇到了某种物体，反射后引起的声音变异。如果我们可以找出击石声变成蛙声的原因，那么这件怪事也就迎刃而解了。这可疑的13个波峰究竟是从哪里来的呢？

在河北磁县，当地有一处和莺莺塔类似的回音建筑，叫天子冢，人们只要从它的台阶上面走过，或者在两边护栏内拍手，就能听到清晰的流水声。后来经过专家的检测，流水的声音是通过台阶两边的护栏反射之后的结果。那么，莺莺塔中传出的怪声，会不会也是塔上某个部位反射后的结果呢？

13，这个数字突然让我们想到了莺莺塔的塔檐共有13层，宝轮寺塔也同样是13层塔檐！难道蛙鸣声与这种特定的塔檐有关？

带着新的疑问，我们找到了丁士章。看过这些重要的图纸后，丁教授非常肯定地认为，蛙鸣声就是击石头的声音通过13层塔檐反射而来的。

丁教授：离塔面27米的地方，我们取得测试点，从敲石头的地方到每一层塔檐都有距离，可以准确测量出来。在一定的温度下，我们准确地知道声音的传播速度。速度知道了，路程知道了，时间就算出来了。这算出来的时间，和时间波形图里面13个脉冲波峰所对应的时间完全一致。

可是，塔檐是怎样把叩石、击掌的声音变成青蛙叫声的呢？为什么其他的13层塔没有发现同样的现象？

丁教授：因为每一层塔檐都是用青砖一层一层累出来的，而且每一层往外延伸宽度不完全一样。这样的结构正好形成内凹形的曲面。

最终根据声音接触塔檐反射的原理，找出了唱戏声、哭声的缘由

丁教授告诉我们，正是塔檐形成的曲面，使得声音发生了改变。鸟的叫声也好，我们敲石头、拍手也好，并不是单纯的一个频率，而是分为高频、中频和低频。这三种频率接触到塔檐，发生不同的反射现象，有的被减弱，有的被增强，传到我们耳朵中就发生了声音的变异。所以，我们在塔下听到的蛙声与自然界的蛙鸣声很相像，而清脆的鸟叫声则变成了恐怖的狐狸叫。

尽管普救寺坐落在半山腰上，周围空旷开阔，没有任何阻挡物，但2.5千米的距离早就超越了声音传送的极限。难道莺莺塔真的具有神奇的收音放大的功能？

丁教授告诉我们，其实声音的反射并不复杂，它就像我们平时看见的水滴，遇到障碍物会向四周溅开。如果障碍物表面相对光滑，水滴会溅得比较远，但如果障碍物表面很粗糙，水滴溅出的范围就小多了。

对于莺莺塔来说，塔身和塔檐全都是用青砖叠砌而成，青砖本来就是很好的反射体，莺莺塔的青砖因黄土高原的风沙长年累月的吹拂，表面格外光滑，就像涂了一层薄薄的釉料，所以几乎所有的声波都被反射到了塔下。

专家：正像我们有时候看电视，如果两个手一蒙，突然间声音很高，如果是声控的大耳朵，声音就更大，现在13个塔檐像耳朵堆在一起，就比声控耳朵还强几十倍。

对比三门峡的宝轮寺塔，虽然两塔外形非常相似，但莺莺塔的收音机现象却是宝轮寺塔不具备的，或者说表现并不明显。关键就在于塔檐的一块块砖上。

专家：宝轮寺塔的塔檐也是内凹形的，相同的地方是塔檐都是叠出来的，不同的地方是叠的情况不一样。莺莺塔叠出来的前半部分比较平坦，而宝轮寺塔凹得比较大，这样的结构，使回波声音不可能传得很远。

莺莺塔之所以能够发出这种声音，跟它独特的建筑结构有着非常大的关系。是13层的结构能够产生这种多层汇聚反射的效果，使人能够听到如此奇妙的声学现象。这到底是当年的工匠有意为之，还是偶然天成的呢？时间过去太久，已经无从知晓了，但不管怎么样，如果您有机会到这里来的话，一定要亲身体验一下，方不虚此行。

（戴晓莲）

大佛奇光

CCTV10 中央电视台

栖霞山古称摄山，位于南京市太平门外22千米处。栖霞山古迹名胜很多，其中，栖霞寺是一座历史悠久的古寺，每天都吸引了不少的游人。2010年11月25日，这是个平常的日子，不是什么节日，栖霞山风景区也没有搞什么活动，然而寺院里与往日相比，却格外热闹。为什么人们不约而同地在这天来到栖霞寺呢？

这是网络上流传的栖霞寺无量佛眉间发出奇异光芒的照片。据说每年11月22到25日3天，在下午3点半左右，栖霞寺三圣殿无量佛的眉间会发出奇异的光芒。

谛如是南京栖霞寺监院，十多年来一直生活在这间寺庙。最早他也是从寺院里的一些记载中，了解到三圣殿这一奇异现象的。佛光的传说虽然早有耳闻，然而十多年来，他也只有区区几次看到佛光。

谛如：2008年11月22日这天，我去看了，果真如此，我当时也感到非常惊讶，亲眼看到和看照片感觉还是不同的。

由于三圣殿无量佛眉间发光这一现象难得一见，这更增加了大佛奇光的神秘。于是，大家都纷纷来到栖霞寺，聚集在三圣殿前等候，都希望自己能幸运地亲眼看到这奇异的现象。

古寺

谛如：每年到了11月22日、23日，很多人都来看的，石窟外面里三层外三层。但是话又说回来了，这个毫光，一年虽然会出现6天左右的时间，不是年年都能看到，也不是这6天中天天能看到。

人们一直从中午等到了下午3点钟左右，三圣殿里的佛像还是没有什么变化。此时只要有一点风吹草动，都被认为可能是这一奇异现象的先兆。但是三圣殿里跟往常一样，并没有出现什么异常，今天究竟能不能有运气看到，谁的心里都没有一点把握。

时间一分一秒地过去了，到了下午3点15分左右，也许被这些前来祭拜的人所感动，在大家翘首期盼中，奇迹终于出现了。只见一个光斑，出现在大佛的脸上，慢慢地，这个光斑准确无误地移动到了大佛的眉心中间。大佛眉心镶嵌的宝石立刻发出绚丽的光芒，投射在佛龛的墙壁上。

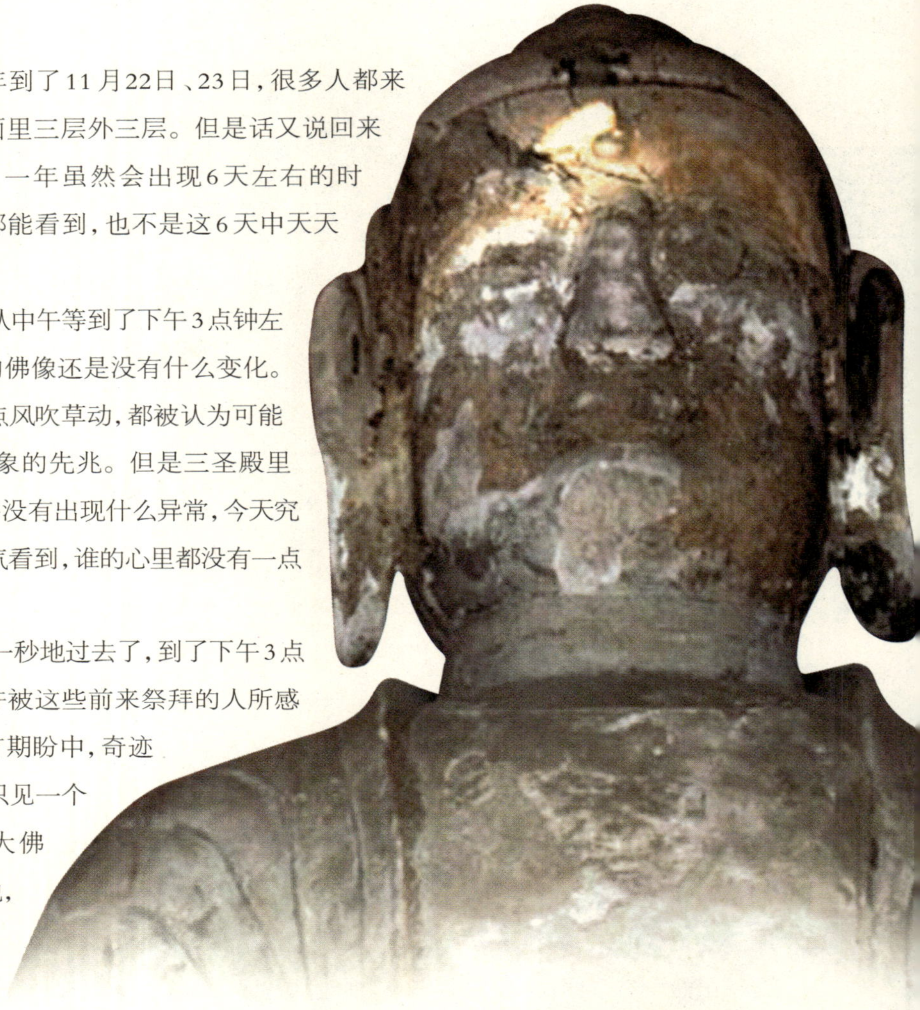
大佛眉间的奇异光芒

谛如：不得了，太了不起了，这个日光正好射在白毫的位置，它就生动地再现了。

在光斑的映衬下，大佛眉心的宝石宛如一个小太阳，发出耀眼的光芒，大家都目不转睛地看着眼前这奇异现象。但是还没有等大家回过神来，3点45分左右，这个神奇的毫光瞬间就消失了。

谛如：正在大家赞叹太神奇了的时候，突然之间这个光斑不见了。它到了眉间这一点，没有再向上移一分一毫，我当时看了，都惊呆了。

准备烧香的人们

神奇的毫光从出现到消失，整个过程就短短的二十几分钟。佛经里描述的白毫相光，在栖霞寺无量佛石像的眉心间悄然出现，位置竟然丝毫不差。这到底是巧合，还是神奇？

谛如：因为机缘巧合，有个脚手架在这里，那天我看到这个事之后，就爬上去，站在大佛脸的前面，正好在那个毫光的位置。我一看就豁然明了了，真正形成毫光奇观的就是西边的那一个圆窗。

我们可以看到在三圣殿里，没有任何会发光的物体，光线都是通过大门和3个采光孔进入，通过西边的采光孔进入的阳光，刚好照射在大佛脸上。

大佛所在的大殿

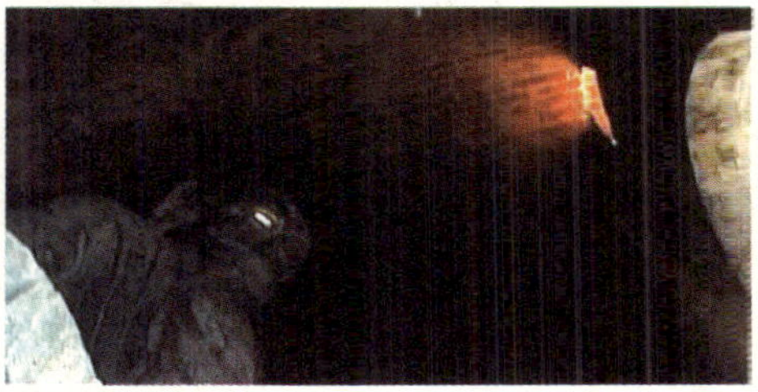

照在大佛眉间的奇异光芒

由于太阳运行而出现的神奇景象，不止栖霞山这一例。建造于公元前3050年的巨石阵，是英国最出名的史前文明遗迹，每年夏至这一天，太阳升起的位置，与一块名为“黑尔”（heel）的石头排成一条直线。可为什么三圣殿无量佛的毫光却不是出现在一年中阳光充足的夏

专家实地测量

季，反而是在冬季呢？

李向东（南京大学天文学系教授）：在不同的季节，太阳在天空中每天运行的轨迹是不一样的，一般在夏天是比较高的，冬天就比较低一些。譬如说在夏至这一天，在正午12点的时候，太阳高度的夹角，可以达到将近80度，而在冬至这一天，同样在中午12点，太阳高度的夹角大概只有35度。

由于地球的自转，我们看到太阳每天东升西落，地球在自转的同时，还在围绕着太阳在做公转。但是这里有一个特殊的现象，就是地球的自转和公转的两个轴，并不是重合的，而是有一个夹角，大概在23.5度。实际上，地球是在斜着身子绕太阳转动。正是因为有了这个夹角，地球上才有了四季的变化。

黄曾新是上海向明中学的科技指导老师，他对栖霞寺无量大佛发出神奇毫光的报道非常感兴趣。为了揭开大佛奇光的神秘面纱，他专程从上海赶到南京栖霞寺，对三圣殿的地理环境进行考察。黄老师手中一根导光管、一个聚光片，正对着太阳时光斑出现，简单的工具就能测算出太阳的角度。

一年中太阳的运行轨道是不断变化的。在夏天，太阳运行轨道比较高，它的光线和地面的夹角更大一些，阳光更容易直射，热量更容易被地面所吸收，这就使得气温上升。而冬天，太阳运行轨道比较低，阳光是斜射，地面吸收太阳光的能量相对就少了很多，所以我们就感觉到了冷。虽然夏至那天光照时间最长，但由于角度太大，阳光无法通过水平的采光孔直射进来。那么，与夏至相反的冬至，是不是最好的时间呢？

冬至是一年中太阳运行轨道最低的一天。古人不但了解这个特点，而且还十分巧妙地运用到生活中。故宫的太和殿每到冬至这一天，阳光透过窗户，照射到大殿的金砖上，金砖反射的光正好照射在大殿正中的牌匾上，皇家殿堂的庄严在这小小的设计中体现得淋漓尽致。但三圣殿神奇的毫光没有出现在冬至，而是出现在一个极其普通的日子里，这又是为什么呢？通过在三圣殿实地的测量，黄老师又发现了其中的秘密。

专家对大佛进行考察

黄曾新：它这个孔非常深，有3.5米深。这么深的一个孔，太阳光进来的话，就有要求了，只有在太阳高度比较低的情况下，才能射进去。

奇异光芒呈现示意

虽然中间和东边的采光孔也有光线进入，但是这些光斑只是出现在佛像身上，或者佛龛上，所以并没有引起人们的特别关注。而西边的这个采光孔跟佛像的角度刚好合适，当阳光可以直线通过时，就刚好照在大佛脸上，并移动到眉心。但为什么同样的角度，神奇的毫光在上午没有出现，却只能在下午看见呢？

奇异光芒呈现示意2

三圣殿并不像大部分的中国古建筑那样，是坐北朝南。由于三圣殿朝向不是正南，上午的阳光就无法照射到佛像脸上。但是同样在下午，神奇的毫光却只能在下午3点15分到3点45分左右看见，它的出现为什么只有这短短的二十几分钟？

黄曾新：下午3点多，太阳的高度角只有18度到22度的时候，阳光才能通过采光孔，照到佛像的脸上。否则的话，就照在采光孔底部的壁上，照不到佛像了。

每当过了3点40分，太阳刚好被三圣殿前面的小山峰遮挡住了，所以神奇的毫光就瞬间消失了。细心的人们又发现，佛像上的光斑只有硬币大小，与采光孔的大小比例悬殊，而此时的太阳正由高处落下，但光斑却在时间的推移中，自下而上地运动，是什么改变了阳光的轨迹？

三圣殿的3个采光孔，位置比较高，很多游客不容易注意到。出现神奇毫光时，阳光必须充足，而且太阳的方位角和高度角都要正好合适，这样阳光才能十分顺畅地通过长长的采空孔，在小孔成像的作用下，产生这一奇异现象。到了3点40分，西落的太阳正好被三圣殿对面的小山遮挡，神奇的毫光就消失了。

（张英华）

千年树抱佛

报国寺位于距离乐至县20多公里的一个小山上。走过报国寺的山门，我们发现这座寺庙有着和其他寺庙不同的两个特点，一是随处可以看到奇形怪状的巨大的山石，同时可见大大小小的树木和这些巨石相依相生；二是在这些巨大的石头上，都雕刻着很多精美的佛龛。我们不禁感慨，也许正是在这样的地方，才孕育了树抱佛这样的奇观。但是树抱佛又是怎么形成的呢？大家迷惑不解。

有的人认为是先有树，因为树根与佛的位置如此契合，肯定是人为造成的，不太可能是天然形成的。但是也有很多人的观点却正好相反，认为是先有佛后有树，也就是说先有了石头上的几座佛龛，然后树根才慢慢地围绕着佛龛生长。当我们探究这种观点的正确与否时，发现树抱佛的背后有着很多神奇的事情。

报国寺

由于报国寺是乐至县的千年古刹，虽隐秘幽静，香火却很旺。当地的百姓都认为，之所以能够形成树抱佛的奇观，是因为千年古树在寺庙中已经有了灵气，跟佛像融为了一体。这种说法并不是无中生有，还有一些真实的事件可以用来佐证。

其中一件离奇的事情，就是曾经有很多人在树抱佛前做法事，但是古树的一根枝干已经腐朽了，眼看就要掉落，但是一直到法事做完树干都纹丝不动，而是等到了人们都走了以后，才掉落下来。

类似于这样的佐证还有很多，尤其是在报国寺两任主持交替的时候，这棵千年古树又表现出了老百姓们所说的“灵性”。因为它居然在上一任主持圆寂之后突然枯死，而在接下来的主持到来之后，又死而复生。

虽然我们不相信“古树有灵”说，但是从众多当地人的佐证来看，这棵古树似乎真的具备某种灵性，已经不仅仅是一株简单的植物了。

“植物有意识”的现象的确显现出大自然的奇妙，诸如向日葵随着太阳转、牵牛花会沿着竹竿爬等。这些现象，我们通过光能和重力作用对生长素的影响就可以解释，但是对报国寺里抱着佛的古树又该作何解释呢？难道说是佛像对它的生长素有什么影响吗？“植物有意识”在这里有些说不通。虽然很多人都认为它有灵性，但是本着科学的态度，我们也只能认为那些说明树有灵性的佐证只是一些巧合，我们还是要从科学的依据角度，去探求到底是先有树还是先有佛。

树和佛的融合是报国寺常见的景象之一

树和佛的融合是报国寺常见的景象之二

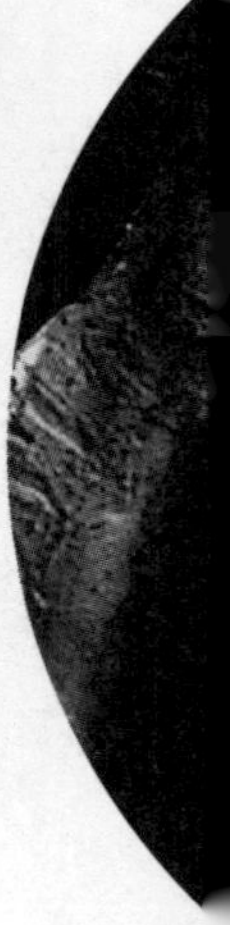

要想知道先有树还是先有佛，最直接的办法就是要分别知道树和佛的年龄。我们找来了相关的林业专家和考古学家，通过专业的途径来了解树和佛究竟孰先孰后。

树根之间的距离刚好与佛像的宽度相契合，仿佛人工雕琢2

要想知道树的年龄，最有效的办法就是测树干的年轮，而测树年轮最直接的办法就是看到树干的横截面，出于对如此罕见的古树的保护，锯断树干显然不可行，剩下的办法就是通过CT扫描或者碳14同位素的办法测出树的年轮。可是，就当林业专家王隆瑛带领大家准备从树干中取样检测时，却遇到了一个难以克服的难题。他们发现，眼前的这棵古树并不完整，最老的树干已经有很大程度上的缺失。

30厘米左右的树心已经没有了，这就意味着无论是通过CT扫描还是碳14同位素鉴定，都无法准确得知古树的真正年龄。测年轮这一相对来说最准确的方法，在此却无从应用。

同样，考古学家张雪芬对佛龛的分析也遇到了难题。树根怀抱的几座佛龛上都没有建造年代的记载，除了佛像，找不到一点文字记载的痕迹。但她认为，从专业的角度来看，通过几座佛龛的典型特征，可以判断出佛龛的建造的样本，通过佛龛的样本可以推测出其建造的大致年代。

富有考古经验的张雪芬一眼就看出，几座佛龛中最大的一座叫做“观无量寿经变”。而这个“观无量寿经变”的浮雕，又是四川地区某一个时期很流行的一种佛龛，所以，如果知道了这种佛龛流行的年代，也就可以初步判定这座佛龛的年龄。

张雪芬：在四川地区，中晚唐到五代非常流行这个题材……这是一个时代特点，这种窟的出现一定是在这个阶段。

树根之间的距离刚好与佛像的宽度相契合，仿佛人工雕琢1

报国寺处处是石头，也处处是雕像

报国寺气候潮湿温润，有一千多年的历史

“观无量寿经变”是中晚唐到五代时期四川地区很流行的一种造像题材

由此，我们知道树抱佛中最大的这座佛龛的建造时间，应该就是在中晚唐到五代这个范围之间。但是这段时间距离现在至少也有九百多年的历史，要想知道具体是哪一年，还需要进一步研究。

我们再来关注王隆瑛等人对古树的检测。刚才已经说到由于树干有一个空心，所以无法准确测量树的年轮。王隆瑛准备通过其他的方法，分析出古树的大致年龄。

王隆瑛带领林业局的工作人员测量了树干的周长、树身的高度，以及树皮的厚度，各项指标的测量结果都足以说明，形成树抱佛奇观的这棵古树，距离现在的历史已经相当久远了。

王隆瑛：从大榕树的生长情况、植物学特征、生物学特性来看，比现在乐至县县城内的五百年左右的榕树还要老得多。

比五百年的榕树还要老得多，那么多多少呢？我们又能通过什么依据来确定这

专家推测，这棵大榕树距今至少一千多年

榕树的树根与佛像融为一体，形成了一个一个的佛龛

棵古树年龄的大致范围呢？

王隆瑛：现在我们剥下来的树皮，已经超过3厘米了，就是说相当老化了。从树皮的厚度来看，起码是七八百年以上。

树抱佛的佛龛没有任何年代的记载，这让我们很难确定佛龛建造的具体时间。但是在树抱佛的对面，我们发现了一座和树抱佛下的观无量寿经变几乎一模一样的佛龛，在这个佛龛的旁边，我们发现了另一条寻找答案的线索。

张雪芬：我们非常幸运，发现了一块造像碑，这个碑有碑名，名字叫报国院西方并大悲龛记。

这时我们已经能够确定，石碑和旁边的佛龛是同时建造的，石碑上所雕刻的建造时间也就是这个佛龛的建造时间。但是，这个佛龛并不是树抱佛中的佛龛，而是在树抱佛的对面，它的建造时间和树抱佛的佛龛会是在同一个时期吗？

榕树的树根与佛像融为一体，仿佛人工雕琢而成

报国寺树木茂密，有几百个树种之一

树抱佛对面的这座观无量寿经变龛的建造时期，和树抱佛下的佛龛相比，前后相距时间最多不过几十年，甚至更短。也就是说，如果我们能够确定石碑的建造时间，也就基本确定了树抱佛中佛龛的建造时间。

由于岁月的侵蚀，石碑上的文字已经模糊不堪，但是在石碑的右上角还依稀可见“大蜀广政”四个字。石碑和佛龛的建造时间终于出现在我们面前。

《报国寺》的作者袁圆告诉我们，乐至的清代县志里有这块石碑的内容记载。于是，我们前往乐至县档案馆，去寻找佛龛建造的具体时间。

终于，在清代道光年间的《乐至县志》里，碑文的全部内容展现在我们眼前。此时，我们清晰地看到石碑及佛龛的建造时间——大蜀广政二十六年。

大蜀广政二十六年，也就是五代末年的后蜀年间，距离现在963年，这就是树抱佛中佛龛的年龄，前后误差最多几十年。

至此，关于眼前这座神奇的树抱佛，是先有树，还是先有佛，似乎已经离答案不远了。我们已经知道佛龛距离现在的时间是963年，如果再能确定古树的年龄，答案就自然揭晓了。但是，刚才我们已经说到，从古树的树皮可以推测出，这棵古榕树的年龄至少应该在七八百年以上。那么，我们还能不能进一步确定它的具体栽种时间呢？

按照王隆瑛所说，栽种榕树是当地寺庙的一个普遍现象，也就是说，栽种榕树的时间应该是与建造寺庙的时期相同，或是在建造寺庙之后。

千年古榕，距离现在至少有上千年的历史。而佛龛的年龄距离现在963年，如此说来，佛抱树的奇观究竟是先有树还是现有佛，已经有了答案，答案就是先有了石头上的古树，才有人在石头上开凿了佛像。也就是说，树抱佛奇观的形成实际上来源于人为的因素，使人们因为看到了树根的奇特形状，才按照树根的形状建造了佛像。但是，现场的另一个发现，让我们不得不把刚刚得到的结果加以推翻！

当我们近距离观察树抱佛里的佛龛时，意外地发现，在一棵树根的后面还藏着一尊小佛龛。

如果按照我们刚刚推测出的结论，是先有树后有佛，那么，人们又怎么能在这么粗的树根后面雕刻出如此精美的佛龛呢！如此看来，先有树根形成的轮廓，再人为地按照树根的轮廓去雕刻佛龛，显然不符合逻辑。

张雪芬：这些佛像现在是被隐藏到了树根的后面，而且树根还是非常大的，从这一点上我们可以判断，应该是先造的佛像。

而树抱佛最左边的佛像，已经被树根遮住了大半，据此也可以推测出，先有人在石头上建造了佛龛，后来才是树根逐渐生长蔓延，自然形成了佛龛现在的树根屋檐。

报国寺树木茂密，有几百个树种之二

报国寺树木茂密，有几百个树种之三

即使是古树的出现早于佛龛的建造时间，也很有可能当时的榕树只是一棵年轻的小树，树根还没有蔓延到佛像的周边，即使已经蔓延，也只是非常细小的根，而不是像现在这样粗壮的根。所以，树抱佛的形成并不是人为地按照树根的形状建造佛龛，而是先建好了佛龛，旁边的树根经过漫长的生长过程自然形成的结果。这的确是人文景观与自然景观高度融合的一个奇观。

王隆瑛在现场发现了另一个依据。在树抱佛的斜对面，同样也有一座佛龛，佛龛的石头上方同样也有一棵榕树，虽然这棵榕树还很小，但是它的根已经开始向下方的佛龛蔓延，看来，若干年后也会形成另一座树抱佛的奇观。

看到眼前这棵佛龛上的小榕树，就让我们联想到九百多年前形成树抱佛的这棵古榕树，也应该是像这样先有了细小的根须，再一点一点蔓延生长起来，从而自然地怀抱住每一座佛龛，形成了我们现在所看到的树抱佛的奇观。

（张丽颖）

2007年9月18日，这一天对于张国民的妻子来说，是永生难忘的。这一天，相伴近十年的丈夫张国民，在田间喝农药自杀了。但是，对于张国民突然自杀的原因，妻子和儿媳妇有些讳莫如深。

事情也许要追溯到很多年前的3月的一天。那天，张国民和妻子在田里犁地松土，一切都和无数个烈日下劳作一样普通，直到张国民不深也不浅地一刨土下去。

张国民：价值不菲，一点都不菲。

廖桂发（湖南里耶县大阪村村民、铜盆的见证人）：看起来是几千年前的，不是现在做的，也不是仿造的，是原汁原味的东西。

更令张国民夫妇惊奇的是，刨出一个还没完，就这样往下挖，竟然一连又挖出5个来。

张国民：一共是6个，一模一样的，里面有龙有凤。

虽然没读过什么书，没见过什么世面，张国民夫妇还是抱着铜盆欣喜若狂。因为在他们那里一直流传着一个关于宝藏的传说。直觉告诉他们，也许改变他们命运的时刻到了。谁也没想到宝藏还没兑现，换来的却是一场家庭的悲剧。

在里耶发现的铜盆

这个普通农民张国民意外自杀身亡，怎么会和宝藏有联系呢？这个宝藏的主人又是谁呢？宝藏的主人就是赫赫有名的太平天国翼王石达开。想当年，石达开负气出走天京，以通国将军的身份继续在南方地区进行战斗，但不幸被困于安顺场，以一人救三军，和清军进行谈判，没想到清军背信弃义，最终把他活剐于市朝。千古之后，这个人的名字依然会彪炳史册，但问题是现在距离石达开的死亡并不很久远，也就一百多年的历史，但是他身后为什么会有这么多的谜团？尤其是关于他的宝藏。传说中的宝藏到底有没有？和一个普通农民的死亡到底有什么关联呢？

宝藏，似乎总是和杀戮、阴谋这样的词汇连接在一起

在中国源远流长的历史里，关于宝藏的故事有许多，项羽的12金人、张献忠的海底沉船，等等。宝藏，似乎总是和杀戮、阴谋这样的词汇连接在一起，也永远带着扑朔迷离的梦幻色彩。石达开的宝藏，看似不起眼，却因为一个无可争议的事实，而被凸显出来，让众多史学研究者为之注目又深感困惑。

大渡河边的安顺场是石达开被清军围攻，最终兵败的地方。

及康生（四川省石棉县文博研究员）：在不到一个月之内，就有两万人全部在此被彻底地消灭掉，最后剩下的两三千人是被集体拉到了现在安远县的大树，杀掉了。

及康生：从1863年到现在，在安顺场这个大乱之地，整个面积只有1平方公里多一点，我们没有见到一件跟太平天国有关的文物。

袁庭栋（巴蜀文化研究专家）：石达开作为太平天国的翼王，十几年南北征杀，他应该有很多缴获。

袁庭栋：且不说天府之国圣库的财产，他从南京出发，一直打到川西，中间经过了好多省份，打下了好多个城池。当时，农民军的经济来源主要是靠对官府和有钱人家财产的没收。石达开这一路走来肯定没收了很多东西。

洪秀全领导的太平军自从起义之初，就一直实行一种特殊的经济制度，叫圣库制度。总的一个原则就是“人无私财”。一切财务，无论是加入者自带的财物，还是打败清军或攻克城镇所获的战利品，都必须上交圣库，统一管理。这种制度，让太平天国迅速积聚了大量财富，保证了军队的充足供给。

定都天京，也就是现在的南京后，太平军的领导层逐渐腐化，公财私用，穷奢极欲。据史料记载，石达开却是少数的作风清正的领导者。但是，在发生太平天国领导层最大的内讧中，他仓皇出走天京，一路招兵买马，继续实行圣库制度，自是无可避免。

袁庭栋：石达开平时是十多万人马，他不可能没有后勤装备，不可能没有财务管理，不可能没有仓库，不然十多万人吃什么、喝什么。

袁庭栋：在清代的记载中，特别是当事人回忆如何杀掉了石达开的将士，如何把他们消灭干净，就是没见着他们得到了多少金银财宝，没有这个记载。石达开的军营里不可能没有财宝。这些财宝哪儿去了呢？

大渡河，石达开被清军围攻，最终兵败的地方

大渡河边的安顺场

于是有人猜测，石达开早就在沿途伺机埋藏了宝藏。1861年2月，这一年的春天来得特别晚，石达开部队辗转来到位于湖南湘西龙山县里耶镇。按计划，他的行程由湖南取上游之势，再下趋湖北，而后伺机入川，建立根据地。但面对清湘军的重兵增援，计划推进变得艰难。

里耶周边山高水险，道路不畅，部队于是停留做暂时休整。在这期间，发生了一件至今还在里耶百姓中流传的事。

村民：有1丈多长，80多厘米宽。后来一挖就把它平了。

老人说这被推掉的墓地，是石达开母亲的。在里耶，稍微上点年纪的人都知道。

相传那时正值部队休整，石达开的母亲忽然染病去世。迫于战争形势，石达开决定将母亲就地下葬。

刘长绪（里耶镇退休教师）：那时我有个亲家的父亲，叫陈禄安，他是绅士，也是保长，他参加了葬礼。

在老一辈人口口相传的这个葬礼里，有一个很生动的细节。据说在母亲下葬前，石达开曾召集镇上的名流士绅，当着他们的面亲自把棺材打开，告知棺材里并无贵重的陪葬品，恳请在自己撤离之后，大家不要去惊动母亲的墓地。

事情似乎总是欲盖弥彰。石达开走后，关于他在里耶藏宝的说法忽然就盛行起来。

张国民所在的大阪村正属于里耶。2007年，他挖出5个铜盆的消息，就像是百年传说的一个印证，顿时整个村子炸开锅了。可是，厄运随之到来。一天夜里，几个蒙面歹徒闯入张国民家中，把他和妻子捆绑起来，抢走了铜盆。

廖桂发：我问过他这个事情，他不敢讲。他害怕，为什么害怕呢？一怕政府找他，二怕歹徒，他就干脆自己死了算了，就这么回事。很简单，农药一下去就死了。

老实巴交的张国民就这样走完了自己短暂的一生。他甚至都还不知道自己挖出的铜盆究竟是哪朝哪代的，究竟是不是石达开的。

这些已盗的铜盆，究竟是不是石达开宝藏的冰山一角呢？在里耶，有一个人也许比谁都更想知道。这种愿望不仅仅是因为他的专业。

胡荣春（湖南省考古学会会员）：1997年的农历正月，我当时在山丹县文化站工作，当时接到州文物管理处还有县

传说石达开路过此地，在此葬母

石达开部队途经此，整顿休息

宝藏，永远带着令人扑朔迷离的梦幻色彩

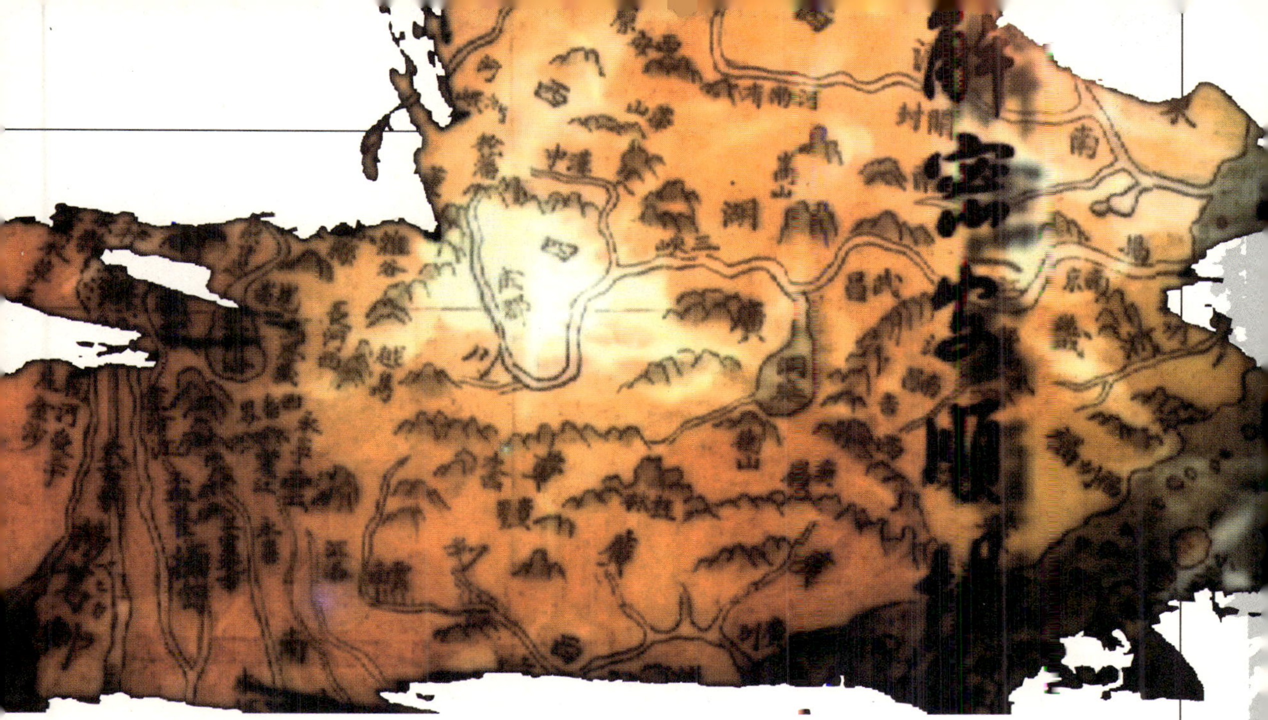

安顺场，传说中宝藏最可能的埋藏地

文化局领导的电话通知，说有一件任务，要我马上到燕子洞去。

燕子洞，位于里耶县八面山悬崖峭壁之上。在大阪村5个铜盆发现之前，这里其实是里耶盛传的石达开宝藏的埋藏地点。

为什么是这个地点？究其原因，无清晰线索可寻。不过，有一个现象似乎可以推理，那就是中国人对洞穴一直情有独钟。无论是著名的《桃花源记》中的“复行数十步，豁然开朗”，还是武侠小说笔下主角的迷途误入，最终修炼成盖世神功，洞穴的漆黑、神秘给了人们足够的想象空间。

胡荣春也一直这样认为，直到一封特殊的民间来信惊动了各方。

这封信里有一张标记翔实的地图，清晰地指明了宝藏就在燕子洞。但是，却不是关于石达开的。

刘昌儒（龙山县文联主席）：当年国民党在退出大陆的时候，有一批宝物从重庆方向运到里耶，藏在八面山上。

八面山的燕子洞是典型的溶洞地貌，洞穴幽深阴冷。因为传说盛行，不时地总有附近的村民不顾危险上燕子洞探宝，令当地政府很是头疼。所以，当这张所谓的藏宝图来到眼前时，相关部门决定派胡荣春进洞一探。国民党的也好，石达开的也罢，总之要揭开真相给出结论，以消除风言风语。

胡荣春：我看了一下图纸，还是完全吻合的。

于是，挖掘工作立刻展开。一周后，挖掘工作因为人员体力不支，被迫停止。里耶管委会的冉瑞科带队，随后挺进。可是，数十日的苦心挖掘，什么也没有找到。

燕子洞的藏宝事件就此搁浅。那张所谓的藏宝图，因为时间久远也不知去向。其实让冉瑞科和胡荣春放弃的真正原因是，当他们深入溶洞，就知道那地方看似隐蔽，但是并不合适藏宝。

冉瑞科：这个洞内很潮湿，不利于宝藏长期保存。另外，是石灰岩形成的溶洞，里面一般都是空的，土不是很深，也不能够挖掘很深。

当10年后村民张国民为5个铜盆自杀的消息传开时，当人们再次热议起所谓宝藏时，他们的心情是复杂的。过往的经历加上胡荣春自己的专业，让他对里耶藏宝持严重怀疑的态度。而在县志里，对石达开里耶藏宝传说的源头——那场石达开母亲的葬礼，并无任何记载，更坚定了他的判断。

但是，那不翼而飞、又确确实实出土的铜盆是怎么回事呢？

随张国民妻子去了一趟铜盆发现的现场后，胡荣春有了答案。

胡荣春：老百姓把一些比较大的、直径有30厘米或者40厘米以上的圆形器皿称为盆，因为它的形状看起来是盆。

在一本胡荣春随身携带的专业书籍里，可以看到很多像“盆”一样的器皿。而他们全都出自大阪村，也就是张国民妻子指认的那一片土地。

胡荣春：这个地方，我们已经做了很多工作，陆陆续续发掘了六十多座墓葬，出土了很多铜器。通过墓葬的形式，已经断定为东汉时期的东西。

胡荣春认为出土的铜盆极有可能就是东汉墓葬品。

当然由于实物已被盗走，所有的结论都只能是基于经验的推测。但有一点可以肯定，胡荣春等十多年的调查经历可以证实，这发现5个铜盆的地方尚未有所谓石达开宝藏的痕迹。

不管在石达开途经的地方有多少关于宝藏的说法，在四川大渡河安顺场，这个石达开最终兵败之地，虽然至今没有一件文物出土，当地专家却坚持认定，若有宝藏，只能是在这里。这种认定，基于一个最基本的事实，那就是时机。

1863年，距离石达开率部队出走，在外征战已经6年了。历来所向披靡、令清军闻风丧胆的石达开部队，因为脱离了主战场，没有根据地作为依托，已经成为一支流动作战的孤军。这年5月14日凌晨，石达开率部队穿行于荒无人烟的山间小径，到达大渡河南岸的紫打地，也就是今天的安顺场。

历史经常会出现一些惊人的巧合之处。事隔72年，1935年，中国工农红军在长征途中也来到此地，时间也是5月。

目的一样：强渡大渡河，面临的困难也一样：前有涨水，后有追兵。但结果却是一个成功，一个失败。肖宗弟认为失败最大的原因还是石达开的轻信。原本石达开用财物收买土司王应元，后来王应元反悔，还倒过来派人断了石达开的粮草。

肖宗弟：石达开大怒，就把给他带路的两个彝族向导杀掉了。

袁庭栋：石达开在那里被围困了，非常困难，做了很多努力也冲不出去，他必败无疑了。

后面出现的那一幕，是至今仍令很多人潸然泪下的一幕。石达开带着3名亲信和五岁的儿子投奔清营，提出以自愿受死为条件，换取对方赦免他的残部。所谓舍命以全三军，这样的行为无疑是悲壮的。正是这样的一种从容赴死，让众多史学家相信，宝藏有埋藏在此的理由。

袁庭栋：他对后路作了充分的安排，包括如何和清军谈判，他的家属怎么处理。据记载，他怕被敌人侮辱，他对老婆、孩子都作了安排。

肖宗弟：他不会甘心失败，还想卷土重来，想东山再起。即使本人不行，还有其他人东山再起。他也不愿意把自己的金银财宝送给敌人，他是不愿意的。

石达开本意是入川建立根据地的。他的最重要的财物是不可能沿途掩埋。大渡河的失败是一个意外，但石达开仍有充足时间进行财物的处理。这两点是让专家们相信宝藏就在此地的理由。但是，也许建立在史料上的推测，都比不过一个实实在在的线索，一个实实在在的人物。

这个人的名字叫王云舍。袁庭栋第一次接触这个名字，源于他在《文史杂志》上看到的一篇文章。

在这篇名为《石达开结局及其窖藏之谜》的文章里赫然有这样的文字，文章甚至还指出，根据这个叫王云舍的人提供的线索，就可以找到石达开宝藏的埋藏地。

宝藏有可能埋在这山高水深处吗

王云舍是什么人呢？王云舍是民国政府四川省主席刘湘的幕僚。据说刘湘从安顺场一个姓赖的人那里得到消息，知道了石达开宝藏的具体位置，并且刘湘也派人进行了秘密挖掘。不过，这个事情后来被远在南京的蒋介石知道了，蒋介石下令停止挖掘。新中国成立后，王云舍向有关部门汇报了这个情况。

在这篇文章中，作者详细地记录了1936年刘湘部队在得到所谓的赖家线索后，进行宝藏挖掘的秘密情况，并称最初开挖的那些宝藏均装箱运往成都，由刘湘夫人收存。

除却从已掌握的历史信息进行推断，李有明文章中那些细致翔实的细节描写，正是袁庭栋相信石达开宝藏存在的一个极为重要的理由。

袁庭栋：从这篇文章看，他本人肯定没有参加过探宝，他本人也没见着过这个宝藏。但是，作为一个历史学家，作为一个研究员，我相信他是用学术的态度来对待这件事的，他写的东西我认为应该是可信的。

文章称王云舍曾对宝藏埋藏地点进行指认。时隔24年，文中作者提供的照片，那个注明三角符号代表的埋藏地点，却已模糊得完全无法辨认。只是，如果情况真如文中所写，当年面对如此明晰的线索，为何没有后续挖掘的任何消息？

也许要了解当年的情况，肖宗弟是最有发言权的。因为他正是王云舍去现场指认时，相关部门派去的主要随同专家。

对于石达开这样一位重要的历史人物，关于他的实物却极为稀少。四川博物馆对此事高度重视，没多久，肖宗弟便作为专家代表随王云舍动身前往现场。

肖宗弟：我们调查了几个地方，围绕着安顺场调查了好几处。最后，他指认的地方，他回忆的地方，是在一片农田，确实在安顺场附近不远。我记得那里有农田，没有特别显著的标志，在农田之间有个不高的土坡。

肖宗弟：指认以后，当时我就问过他，这个地方他是不是完全肯定，让他回忆一下。

王云舍忽然就迟疑了。看到这一幕，不止是肖宗弟，在场的另外一个人也开始着急。

及康生，王云舍现场指认时的当地陪同人员。

及康生：他能够记得他当时到安顺场的老街，不知道为什么走到那个松林河边，他无法确认应该锁定的目标在什么位置。

但是，在及康生的记忆里，王云舍虽然只能大概指认一片农田，还是提供了两个线索。

及康生：他记得大榕树。

记者：这个榕树有什么作用？

及康生：这个榕树在安顺场是个标志性的东西。第二，他能记住在松林河边的碾坊，就是当地老百姓碾稻谷的地方，应该是加工和使用的一些机具。

从1936年王云舍所在的刘湘部队接到线索，到1980年王云舍的现场指认，时隔40年，地形地貌的变化，加上记忆的模糊，让原本自信的王云舍不敢确指了。由此我们可以推断，李有明那张模糊的藏宝地图，其实能指出的应该也是大概的范围。

当时业内轰动一时的事情，就此搁置。几十年过去，王云舍、李有明相继去世了，肖宗弟退休了，而及康生这个当年的毛头小伙子，成为当地文体方面的负责人。出于专业和自身经历，对石达开宝藏这个事情，他始终铭记在心。

2000年，一件欣喜又有些尴尬的事情的发生，再次触动了他这根神经。那一年，央视年度大戏《太平天国》正在热播。村民王恩云务农之余，收看到节目，很快里面人物厮杀时挥舞的军刀引起了他的注意。随即他想起来，长辈们以前砍柴似乎曾经用过一把这样的刀。

经过鉴定，果然是一把真正的太平军军刀。这时，王恩云的妈妈才支吾着说出原委。王恩云的奶奶就是太平女兵，石达开兵败后，她逃难到了山上，开始隐姓埋名生活，她有一把随身的军刀。

看到这把刀的时候，及康生百感交集。作为太平天国史上具有浓重一笔的大渡河安顺场，这竟然是他们收藏的第一把军刀——而且不是出土的，是转赠的。

机会终于在2009年来临。通过反复的联系，中国地质大学的物探专家们终于决定接受邀请，前往大渡河安顺场，协助勘查。

物探的原理若要简单解释，就是在地表，专家勘测的点或范围，用仪器收集所需数据，通过数据处理、比较，来辨别地表之下是否有不同于普通土质的异常物。相比人工开掘，在位置无法完全确定的情况下，这无疑是一种更为科学省力的方法。但是，在专家组进行仪器测试的阶段，就遇到很大的问题。

专家：这个图形全是干扰。

记者：正常的应该是什么样子的？

专家：应该是一个衰减曲线。

专家判断最大的原因，在于周围这些高压电线带来的磁场干扰。营盘山因为地势较高，离高压线近，在山上的测试被迫中止。面对如何设计、部署勘测方案，这天夜里，专家们起了争执。

专家：我们推测古人的思维，如果埋藏一个东西，他将来还想取、还想要这个东西，肯定有些相对比较明显或者永久性标志的地貌地形，或者是相对永久性的标志。

所以按照李振宇的意思，直接针对榕树和碾坊这两个标志性物体，进行周边延伸勘测，是最直接有效的。而及康生则认为，王云舍所说的标志也只是泛指，如果营盘山无法勘测，在碾坊和榕树的勘测意义不大，因为它们都靠近河边。

及康生：河边是不能够形成窖藏的，这是常识问题。按照我们的理解，有些窖藏都是临山，或者是临洞。

但是，王云舍在有限的记忆线索内，的确清晰地指认了碾坊和榕树这两个地点。这其中会不会还隐藏什么并不为人知的蹊跷？

于是，经再三研究，第二天一早的工作还是从河边碾坊和榕树周边开始。令人没有想到的是，在碾坊的工作刚铺开没多久，仪器竟然显示有异常反应。

在勘测到的这个异常反应带，有一块明显的大岩石。李振宇很快要求助手对岩石进行排查。也就是说，异常可能在地表之下。大家开始兴奋起来，围绕着异常点，把工作面扩宽并细化。

经过反复勘测，异常的范围基本可以划定了。它是沿着岩石，呈拐弯形态，并逐渐向河边延伸的大约20多米长的一个狭长条。

对于这个结果，李振宇是失望的。他认为即使尚未有人见过石达开的宝藏，但是，按照一般规律，宝藏的埋藏应该是装在一定器具里，且相对规则并相对集中的。而测出来的这种散漫形态，地表下最有可能的不是宝藏，而是河流冲刷沉积物，比如一些体积不等的带有导电性和导磁性的生活垃圾等。

文物保护法规定，即使确认为异常带，也不允许随便发掘。但是，对于这个探出来的异常带，李振宇自信满满地说，如果我们不信，可以在浅层进行挖掘。

当我们在这片异常带随意选择一点开挖，当这样的东西出现在我们面前时，我们不得不惊叹于专家的判断。

当地人告诉我们这是曾经修建水电站时用于搭架设备的基础，如今已经废弃。专家推测，这20多米的异常带底下，这样的废弃物体应该还有很多。

碾坊周围的勘测再无任何惊喜和发现。第二天的行动，从大榕树周边铺开。科学勘测是严谨而细致的，几个小时的工作在我们画面剪辑里，可能就是这样几个动作的重复。

比起碾坊，大榕树已经存在了800年，这是一个更为明显的标志物。但是，古人真的会以此为标志进行埋藏吗？

比起碾坊周围的耕地，面对这一片河滩，所有人都不抱什么希望。但是，情况在傍晚时分有了变化。

为了保险起见，另外一位专家梁庆九也拿出相关设备，希望通过不同参数进行印证。事实证明，通过两种工作方法的运用，基本能判定底下确有异常，是一个长宽都接近5米的规则异常带。面对这个结果，所有人都兴奋起来。按照常规的推理，这样一个规模的异常带和我们设想的石达开目标体十分接近。

多少秘密在其中

但是，专家们还是给了我们一个科学

推测的方向，造成异常最常见的可能是这里恰好有地层断裂或天然矿床。但是，断裂或者矿床都会有相当规模和深度，并且从数据反映出的频率来看，它们并不符合。那么，还有一种可能就是一些从上游带来的含有金属成分的次生矿或者大岩石，又或者类似像我们之前挖出来的带有导电性或导磁性的建筑或生活垃圾。还有一种可能就是我们心中希望的石达开宝藏。但是，还有一个一直困扰我们的问题就是，无论碾坊还是大榕树，它们都靠着河岸，古人真的可能选择泥泞潮湿的河岸掩埋宝藏吗？

经深入安顺场多天的多方打听后，我们找到了答案。在清代的光绪二十八年，安顺场附近曾经发生过一次河水改道，现在的河岸其实曾经是一片富饶的田地。这似乎是一个好消息，也是一个坏消息。田地的确至少符合了掩埋条件，但是，如果水灾能使得地貌发生如此大的改变，即便有准确的藏宝信息，地表以下的东西又会被冲向何方呢？这会不会是安顺场至今没有任何相关文物出土的原因呢？

一个月后，我们收到来自中国地质大学的勘测报告。在这份报告里，首先可以确定这个异常体的深度在10米以下。仅这一项，专家认为基本就可以排除人为掩埋宝藏的可能。在那样一个战乱的年代，短暂的时间、简陋的工具，这样一个埋藏深度是不现实的，并且从导电性等数据分析来看，底下物体的反应数值和金、银、铜相距甚远。这个边长5 米的异常体最有可能还是类似碾坊附近的建筑废弃物或者河水沉积物。

（潘　婷）

矮人墓调查

CCTV10 中央电视台

黄美家的新宅基地分下来了，这片空地是墓地，是他抽签抽到的。就在他们动工开始打地基的时候，奇怪的事情发生了。地下出现了一个个小鼓包，当他们撬开小鼓包，下面竟然露出一排排陶罐，当陶罐里的东西呈现在人们面前的时候，人们惊呆了。

黄美：骨头跟人的一样，再挖下去有空，就脆掉了。

黄荣辉（黄美哥哥）：这个大腿骨长15到20厘米，头只有一点点大。

黄美凭经验判断，这么短小的骨头不会是他们经常见到的人的尸骨。更奇怪的是，它们竟然被装在小陶罐里，一个个排列整齐。惊慌过后，黄美赶紧找土公谢生来看一看，"土公" 在当地是专门负责收敛尸骨的人。

一排排陶罐

谢生：骨头皮很薄，有大腿骨，也有手上的骨头。大腿骨粗一些，手上的骨比较细一点、小一点。

有着几十年收敛尸骨经验的谢生为各色人的尸骨下葬，但是这样的骨头，他还是头一次看到。围观的人认为，这么小的骨头会不会是小孩子的尸骨。谢生断然否定。

谢生：一定不是小孩的尸骨，小孩骨里的毛孔很小很细，年纪大一些，毛孔就大一些。

当黄美一家发现了这个东西之后，又有一些奇怪的事情随之出现了。

村民们纷纷反映，到了夜晚，村子附近的鹧鸪山上不断有莫名火光跑来跑去，他们感到很害怕。

黄晨（村民）：亮亮晶晶的火，小小的，不知道是什么。

黄美：走过来，人突然就没有了，很可怕。

已经住上新房的黄美一家人，竟然在自家院子里也发现了同样的现象。恐惧萦绕着黄美家，有人说，这是因为动了矮人国的秘密，遭到报应了。黄美就让家人买了些纸钱焚烧，祈求平安，来缓解一下紧张局面。可是，那奇怪的火光继续频繁出现，特别是在夏天的晚上，家人根本不敢出门。

黄美：家里人都很害怕，经常看见穿着白衣的无头鬼站在院子里的大树下。

黄荣辉：小孩子晚上都不敢出来，也不敢看。

黄美所在的村子是一个靠海吃饭的小渔村，这里的人们靠打鱼为生，过着日出而作、日落而息的渔民生活。然而，"矮人国"的蓝火打破了这里的宁静。村民们议论纷纷，恐惧笼罩着这个只有几千人的小村子。

那么，萦绕这个村子的神秘火光到底是什么呢？不久，就有化学老师尝试揭开它神秘的面纱。

黄妙龄（泉州师范学院副教授）：鬼火也叫磷火，是一种很普遍的自燃现象。磷存在于我们的细胞、蛋白质、骨骼还有牙齿中，人的骨骼里面有大量的磷化钙，人死后埋在地底下，躯体会慢慢腐烂，腐烂的时候就会发生各种化学反应。

这些化学反应的产物就有磷化氢，它就出自陶罐里的骨骼中。在实验室，黄妙龄老师用实验为我们揭开这个谜团。这是黄磷，被特殊仪器保存在水里，她首先把磷从水里小心地拿出来。

黄妙龄：黄磷有一定的毒性，会腐蚀人的皮肤。所以，大量的黄磷一般都会保存在水里。

磷的燃点特别低，在40摄氏度左右就会发生燃烧。果然，刚从水里拿到室温不到20摄氏度的地方，就开始挥发了。

为了快速达到磷的燃点，黄老师打开酒精灯，让卡尺的一头温度升高，把一小块磷的水分弄干，然后扑灭酒精灯，迅速把磷放在卡尺上，我们见到的就是这样一番景象了。

黄妙龄：磷化氢很轻，特别在夜间没有风的时候，空气一般不怎么流通，它会固定在那里；但只要有一点点的微风，比如我们人走过，会带动一点空气流通，它就会动起来。如果人一害怕后逃跑，风会更大，磷化氢跟着就跑得更快；如果人停下来，空气不流通了，它就又停了。所以，就好像鬼火追人，其实是磷化氢在追。

可以想象，为了盖房子，黄美和一些村民把宅基地上发现的盛有骨骼的陶罐迁往鹧鸪山，由于密封不严，骨头里的磷在高温下挥发自燃。黄美家的院子里也是如此。

黄妙龄：磷化氢一旦在地底下形成，就会通过地裂缝和孔洞冒到地面和空气中来，一跟空气接触，它就会自燃，形成磷火。大家以为是鬼火，因为它经常出现在墓群周围。

随着人口增长，小渔村旧村改造力度加大，曾经的海边都盖了房子。

老人们说，原来排列在海边的矮人墓已经不存在了，而且人们对磷火的存在也已经司空见惯。但是，人们对于矮人墓的记忆却总也抹不去。

黄晨：我小时候就常听到老人讲小矮人的故事，当时有很多小矮人的墓，一排排的坐落在海边。

在我们的现实生活当中，到底有没有个头非常小的正常人呢？ 2004年，科学家在印度尼西亚的弗洛勒斯地区找到了一具史前头骨。经过研究发现，它是属于一个成年

这是一个混合墓葬

颅骨的一部分

女性的。但是，根据它的身材比例来判断，身高只有1米左右，脑容量也只有我们普通人的三分之一大小。因此，科学家把她定义为弗洛勒斯人。她们生活的区域相对而言是比较封闭的，生活资源比较少，在这儿生活的生物体必须缩小自己的身高体重，才能适应当地的环境，把自己的种族延续下去。那么，在这个村子当中出现的罐里面的这些尸骨，如果真的是人类的话，确实值得好好研究一下。

专家进行比对之一

林少川（专家）：村民们讲，在海边，当时有很多小矮人，他们比较短小，个子可能只有1米多高，骨骼才几十厘米，比平常人少一半。

林少川发现当地村民身高正常，就连侏儒症患者都很少见。有人猜测，矮人是来自台湾，还有人猜测来自国外。

林少川：泉州府志记载，在南宋时期，这些是菲律宾所谓的毗舍耶人，身材比较矮小，皮肤很黑，人又很好斗，曾经在澎湖、晋江等地方骚扰当地村民的生活。根据我的推测，如果这边有小矮人的墓，估计跟那边有一定的联系。

种种猜测似乎都有道理。因为泉州是海上丝绸之路的起点，蚌埔村古时候就

很薄的颅骨起不到保护作用

专家进行比对之二

专家察看颅骨

是个小海港，登陆上岸的中外游客把他们的习俗带到这里，今天出现在我们面前的景观早在宋元时期就已经出现在泉州，千年保留至今，称得上是个奇迹。从女人们头上插戴的鲜花就可以略知一二，它们被称为戴在头上的百花园。

这些戴在头上的花园及流传至今有着异域风格的服饰，都不能不让人联想到这个小渔村或许就曾经来过那么一群人，他们身材矮小，漂洋过海而来。矮人国的疑云始终在小渔村里笼罩，距离旧村改造已近30年了。如今，传说中的矮人骨还能不能找到呢？很多人试图揭开谜底，却遇到了阻碍。

林少川：为什么没办法把这个谜揭开？因为当地有种种传说，说诈如果动那个小矮人，就会遭到报应。正因为有这样一个传说，所以当地的村民一般都不敢去动它。

2010年10月，人们的目光再次投向福建泉州这个小渔村。

郑剑文（泉州市丰泽区文体局副局长）：我们在去年全国文物普查中，发现蟳埔这个地方有数量众多的坟墓。而这些坟墓之中，有体型非常矮小的骨骸，围绕这些坟墓还有很多离奇的传说故事，这些都让世人非常关注。

一时间，各大媒体聚焦泉州蟳埔村，各种猜测五花八门，矮人国真的存在过吗？

刘凯（泉州电视台记者）：猜测有很多种，包括蟳埔的村民也通过媒体了解到各种说法，但没有得到一个最后的结论。各种各样的传说依然流传着。

2010年10月下旬，"走近科学"栏目记者走进了这个小渔村，去探寻传说中的矮人国。

黄美家的院墙外至今还堆放着据说与当年矮人墓一样的建筑。如今，它们像一群护院的勇士静静伫立，它们护卫的那些陶罐和陶罐里的骨骸到哪里去了呢？

郑剑文：那个时候，蚵埔村还是比较原汁原味保留它原来的风貌，有大片的沙滩，沙滩上面还有一排一排的矮人墓，那是一个一个的小墓包。那个时候，我就觉得很惊奇了。

据说，鹧鸪山是各种墓葬的集中地，也是海边矮人墓搬迁后的埋藏地。可是，植被茂密的鹧鸪山哪里有矮人骨呢？

林少川：鹧鸪山位于晋江和洛阳江的交汇处，后边这座山，人称泉州的母亲山。

在黄美的引导下，我们来到了鹧鸪山。

上山的路是黄美用砍刀砍出来的，路上不时可以看到各种坟墓。矮人骨到底在哪里呢？

颇费了一番周折之后，我们来到了一处稍微开阔的地界，一排排的陶罐进入大家视线，只是它们里面盛放的是成年人的骨骸。

当年的矮人骨到哪里去了呢？就在我们疑惑的时候，黄美竟然从一只编织袋里找到了一个头骨，头上还长着角。

黄美随即就在一块大石头上摆弄了起来。不久，一个人形的骨架就出现在人们面前。它大约有1米长，比正常人的骨架小了很多。难道它真的就是传说中的矮人骨吗？

黄美在鹧鸪山上即兴拼凑的骨架让人们依稀看到了矮人国的踪影。这个消息让泉州海外交通史博物馆的专家们为之一振。面对这副骨架，现场的研究人员犯难了。

郑剑文：凭我的直觉，那么小的动物，有没有可能是一个新物种呢？

丁毓玲：它的头看起来像某种动物，但很难判断是什么动物。

泉州地处福建省东南沿海，属于亚热带海洋性季风气候，温暖湿润、雨量充沛，年平均气温18℃—20℃。泉州植被繁茂，类型多样，动植物资源丰富。辖区内分布有野生动物400多种，但是真正长角的动物并不多。那么，黄美发现的这个长角的物种到底是什么呢？会不会真的是传说中的小矮人呢？

泉州医学院解剖学教授王庆林来到海交馆，他不停询问这些奇怪骨头的出处。

王庆林：我看那些骨不像是人的骨头，而像动物的骨头，人的头骨和动物的头骨是不一样的。

不仅头骨不像人骨，就连其他部位的骨骼也与人骨有天壤之别，王庆林仔细研究着这个奇怪的长着角的动物。

王庆林：那不是角，而是头颅面部的颧弓。只是颧弓断了，像角一样。

如果不是人骨，那么会是哪种动物的骨骼呢？

夏霖（中科院动物所专家）：因为它的头骨也不是很完整，只是一部分，从我们多年从事动物研究的经验上来看，它属于脑容量比较大的灵长类哺乳动物。从它的个体尺寸来说，差不多有一只猴子那么大。

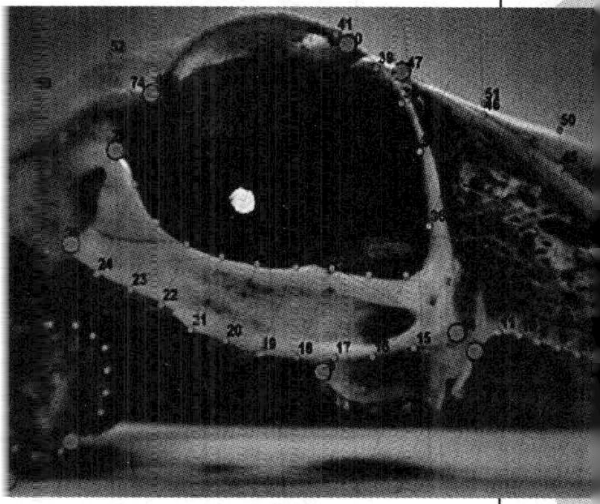

头骨比对法

灵长目属于哺乳纲的一目，是目前动物界最高等的类群。它们大脑发达，眼眶朝向前方，眶间距窄，手和脚的指头分开，大拇指灵活，人就属于灵长类动物。黄美捡拾到的头骨标本，从一个侧面看，与灵长类动物猕猴的确有相像处。由于缺失面部最重要的一部分，专家还无法判断它到底是什么动物。

夏霖：历史记录，在泉州附近确实有猕猴的存在，但是如果像当地村民们所传言的，成千上万只猕猴同时死亡，同时埋葬在一个地点，让人难以置信，也是一个疑点。

据村民们描述，这样的骨头成千上万。如果成千上万只猴子同时埋葬在这里，那一定是一场触目惊心的灾难，不仅泉州史料中没有这样的记载，就连当地村民们也不认同这样的说法。人们坚信这些骨头就是人类的，根本不会是其他动物的骨骼。

当地村民：要是说整批动物死掉了，我认为顶多挖一个大坑，全部埋在一起，没必要像人一样埋葬，那不是很浪费财力，又浪费时间？即使现在的鸡瘟，也是全部堆在一起烧掉，不可能放在一个一个的罐子里。

村民们的说法不是没有道理，矮人国的传说已经流传上百年，成千上万个动物能够同时葬在一个地方，而且使用人的丧葬规格的确让人费解。那么，当地是不是有埋葬动物的习俗呢？

黄荣辉：我们这里有句土话，死猫挂在树头，死狗让水漂走，所以不可能将它埋葬了，然后捡骨头再放在那个地方。

那么多的短小骨骼为何会大规模聚集在这个小渔村呢？难道真的是众多小矮人埋葬在此吗？作为海上丝绸之路的起点，发达的海上交通及独特的地域文化，使这个小渔村越来越神秘。泉州海外交通史博物馆的考古队决定探个究竟，寻找矮人墓。于是，他们又来到了黄美家的院子里。

黄美家的院子已经铺满地砖，要撬开不是一件容易事。黄美说："可能还有一个地方葬有矮人骨，那就是墙外的树下了。30年前，它和这座院子一样摆满了一排排的陶罐。"

经过协商，黄美一家同意考古队员在院墙外的空地挖掘，寻找矮人骨。一大早，黄美的家人就买来香和纸，因为害怕考古队的挖掘会动了他们家的风水，他们要祈福。

考古队测量确定方位，由于对地形比较熟悉，黄美父子主动协助海交馆进行挖掘。很快，地下就出现了一排排小陶罐，里面真的会出现矮人骨骼吗？

丁毓玲：在发掘现场，我们发现了排列有序、大小不一的陶罐。陶罐大致有3种形态，分别是大、中、小3种，小的甚至像笔筒一样，各种遗骸都有，很出乎我们的预料。

很明显，这是一个混合埋葬的墓地，不仅有正常人的尸骨，还有短小的尸骨，并不完全是大家所描述的矮人墓的情形。

陶罐一般是用来盛东西或打水用的器具，怎么会成为存放尸体的棺椁呢？对于这个疑问，专家给出了答案。

陈鹏（泉州文物保护中心主任）：我认为如果是直接土葬，由于泉州这一带都是酸性土壤，所以保存条件比较差。如果放在瓦罐里面，保存的条件比土葬相对好一点，骨头不会很快地腐烂掉。

收敛尸骨的师傅谢生还道出了一个当地的风俗。原来，这里的先民去世后要经历两次安葬。

谢生：第一次土葬的时候，本来是用棺材，棺材烂掉后，把那些骨头捡起来，擦干净，重新装在缸里面。

准备出海

考古队员整理标本

皇金瓮表示对古人的尊敬

第二次下葬的骨骸，当地人称为皇金，盛放皇金的陶罐被称为皇金瓮。这样的称呼似乎代表着人们对先人的尊重。

从黄美家的侧院挖掘出来的小型陶罐被集中放在海交馆，里面会不会真的有矮人骨骼呢？这些骨骼，最长的不到10厘米。这时候有人猜测，这些会不会真的是小孩子的骨头呢？

陈鹏：以前在7个城门外都有一些公共的墓地，这些公共的墓地提供给一些比较贫穷的、买不起墓地的人家埋葬小孩子。所以，我认为这种小矮人墓集中在这一个地方，很可能就是乡间的一个专门埋葬小孩子用的公共墓地。

通常情况下，婴儿出生后身高在50厘米左右，四肢骨的长度在10厘米左右，这些与罐子里的骨骼有些符合。难道这些骨骼是夭折的婴幼儿吗？

丁毓玲：但是我们在挖掘的过程中，发现这些骨骸非常细小，甚至连婴儿都不是，很像是某些动物的骨骸。所以，我们找另外的一些专家来认证，这到底是人类的还是动物的？

夏霖：《自然》也发表过一篇关于小矮人的文章，从主观上来讲，我既不肯定也不否定小矮人的存在。因为如果中国确实存在着这样一个人种，那将是科学界的一个重大发现，所以我对这件事也非常感兴趣。

中科院动物所的副研究员夏霖奔赴泉州，来到海交馆。看到这些非同寻常的骨骸，她有很多疑惑。

夏霖：如果把一个动物的遗骸整体地搬移到这么小的一个笔筒状的容器中，几乎是不太可能的，除非是身体残骸部分的骨骼。另外，我们在那个罐子里发现，有许多当地人所说的头皮，其实就是一个脑颅部分的顶骨或者额骨的碎片，还不是一个完整的部分。所以，从上一次挖掘的小笔筒中的遗骸，很难断定它是一个什么物种。

大家认为，这次挖掘不仅没有找到小矮人的蛛丝马迹，就连挖掘地都不是最原始的埋葬地点。这些骨骼到底来自哪里呢？

夏霖：非常遗憾的是，虽然传说中有成百上千这样的头骨，但是在这次发掘中却一个都没有发现。而且从黄美的转述中，他也没有真正见到过一个完整的头骨究竟是什么样子的。

丁毓玲：我们还是带着一线希望，因为关于小矮人的传说传了太久，我们还是想再证实一下是不是真的有小矮人。基于这两个目的，我们决定，再做最后一次发掘，地点就确定在黄美家的院子里。

黄美家的院子里铺满了地砖，根据记忆，黄美圈定了准确位置，这次挖掘比上一次更复杂。这次会有收获吗？

不久，奇迹就发生了。

丁毓玲：不出所料，发掘的现场是比较原始的状态，发现了8到10个可以看到的墓堆。

可以看出它们还保持着原状，并没有受到人为破坏，包在最外面的就是大家所说的糖水灰。

陈鹏：煮出来的糖水跟灰搅拌在一起，变成一种非常坚硬的建筑材料。在明代、清代的时候没有洋灰、水泥，做墓都是用这种糖水灰的。

这种近似三合土的物质下面，能有大家期盼的皇金瓮吗？

外面的一层非常坚固，需要用凿子一点点凿开。当人们小心打开上面的糖水灰盖的时候，现场看到的却是这样一番景象。

皇金瓮里盛满了沙子，这跟大家的预想大相径庭。中科院动物所副研究员夏霖就在现场。

夏霖：当时并没有看见任何骨骼，一直清理到罐的底部才发现骨骼，而大部分罐子所放的骨骼的量，甚至不到罐子的四分之一，甚至是及底的部分。

沙子下的点点碎骨，由于海水的侵蚀，大都颜色暗淡。看来，上面厚重而坚硬的糖水灰并没有阻止海水的入侵。

夏霖：既有惊喜、吃惊，也有失望，我们并没有发现传说中的小矮人的骨骼，也没有发现尺寸介于人和婴儿之间的头骨。

皇金瓮

与此相反，大家在现场却看到了一块大骨头。

夏霖：大骨头是偶蹄类动物的遗骸，但是只有头骨的一部分，应该是属于鼻骨和上颚的部分。但是，最令人惊奇的是当地人甚至把人和动物共同埋葬到了一个罐子里，让人觉得非常迷惑不解。

瓮里全是沙子

没有想到，第二个罐子也是如此。不仅没有完整头骨，就连一副完整的骨架都没有找到。可以说，皇金瓮中的皇金复杂而凌乱，让人百思不得其解。

罐葬本是沿海地区人类保存遗骸的特殊方法。如今，这些习俗因为国家的火葬政策，人们在当地已经找不到罐葬的影子了，鹧鸪山上的陶罐也成了无名骨的代名词。可是，把动物跟人的尸骨葬在同一

发现骨骼

无名瓮

小瓮中会是矮人的骨骼吗

个罐子里，似乎不合常理。难道这次大规模的埋葬真的只是一次偶然吗？

丁毓玲：这些到底是当地的一种民俗，还是真的有一种新的种族在这里存在过？我们想要知道一个结果。

现场的挖掘还在继续进行，在海交馆考古队工作人员指定的区域内，陶罐陆续被清理出来。

夏霖：从清理出的骨骼来看，都不是非常完整的躯体，比如说并没有完整的四肢、完整的椎骨，甚至头骨也只是一部分。离人们所传说的小矮人的形象，越来越远。

海交馆考古队员整理着从黄美家院子里挖掘出的骨头，可是，要判断它们的部位和出处并不是一件容易的事情。

夏霖：这些骨骼的骨质已经变得非常酥脆，拿起来看它是透光的，里面有许多微孔。我们发现罐子里面有许多湿的海沙一样的东西，这些骨骼都埋藏在里面，受到海水的侵蚀和长期的风化，已经变得非常易碎，因此在科学研究上会增加很大的难度。

没有想到，夏霖有了意外发现。这几个小骨片在众多风化严重的骨骼中格外显眼，凭经验判断，其中的一个近似老鼠的下颌骨。

夏霖：按道理来说这种越小的骨骼，在风雨及海水的侵蚀下，应该是最先降解、腐

疑似老鼠的下颌骨

蚀和风化掉的，但是它却保持得相对完整，而且牙齿也非常完整，应该说是一个比较近期的鼠。

黄沙下严重风化的骨骼和这些近似老鼠的骨骼显然不是出自同一个时期，它们到底是怎么进到密封的皇金堆里的呢？夏霖认为这是个很蹊跷的事情。经过对比分析，夏霖发现它并不是老鼠，它的嘴巴尖尖的，属于一种食虫类动物。

夏霖：严格说来，这个尖嘴鼠并不属于科学分类上所说的啮齿类或者鼠类。虽然老百姓叫它鼠，因为它的外形跟鼠难以区分，实际上，它的真正名称叫做臭鼩。

臭鼩是一种小型食虫类动物，它主要是吃蚯蚓、昆虫，也会吃一些植物的种子、草根。它们多出现在靠近民居的区域，包括农田。大家猜测，这个叫做臭鼩的动物是通过陶罐缝隙误入陶罐，最后通过挖掘进入人们视线的。

初探皇金堆，人们看到了皇金瓮，这些陶罐属于同一个规格，推论它们应该是同一个时期下葬的。它们到底是什么？是什么时候葬在这里的？考古人员试图寻找这些皇金身份的证明。

一般情况下，要测知古墓中骨骼存在的年代，碳14是如今最有说服力的方法。骨骼、牙齿中都含有碳14，碳14在人死亡之后每隔5 700年就减少一半。可是要测这些骨骼的碳14，误差就要一两百年。

王庆林：用肉眼来判断年代是很难的，这些骨骼给我的感觉是，年代不会太久，好像没有两百年。

面对这些埋在黄沙中被海水严重侵蚀的骨头，大家犯难了。

就在这个时候，海交馆考古队了解到一个重要信息，就是在黄美建造这座房子的时候，曾经挖出了大量古钱币，后来被喜欢收藏的外甥郭胜拿去了。古钱币对于这批排列整齐的皇金瓮有着非同寻常的意义。海交馆的专家决定去寻找郭胜。

如今的郭胜已经将近50岁，他很快就找出二十几年前在村里捡到的古钱币。尽管只剩下四枚，但是足以让海交馆的专家们眼前一亮。

猴子

丁毓玲：我觉得这些铜钱可以起非常关键性的作用，也是一个很直接的证据。因为那个铜钱上写的时间，一个是嘉庆，三枚是光绪，大概跟郭胜所追忆的历史是相吻合的。

通过对陶罐的研究及对郭胜手中铜钱的鉴定，海交馆的专家推测出这批排列整齐的皇金瓮真正的下葬时间。

丁毓玲：那些陶罐的时间大概也是在清末民初，跟那个铜钱的时间是吻合的。所以我觉得郭胜的叙述，跟我们发现的骨骼，还有罐子和埋葬的这些形式，是可以相互印证的。

可以想象，一两百年前，一批骨骼被装在陶罐里，上面浇灌上特殊的建筑材料，整齐排列在海边。小渔村旧村改造，打破了这里的宁静，改变了它们的命运。它们中的一部分被迁往鹧鸪山埋葬，一部分被永远留在原地与黄美的庭院融为一体。

我们发现的骨头分别出自三个地方，鹧鸪山、黄美家院墙外的小陶罐及黄美家院子里的陶罐。但是，大家仔细分析这些骨头，竟然找不到任何规律。

夏霖：比如说我们可能发现有十几个，甚至几十个一样的头骨，不管它是哪一种动物都可以，但是并没有，相反出来的都是混杂的各种动物的骨骼和遗骸，什么动物都有。

这个被黄美最先拿来展示的头骨到底是哪种动物的呢？由于缺失严重，这让夏霖颇费了些脑筋。

夏霖：因为最初拿回来以后，我们发现从它的后部细节，特别是颧弓部分的曲率、后部分的听泡，以及枕骨的枕大孔的位置，还有后部头骨的枕肩骨和顶骨中间的几何角度来看骨缝，跟灵长类越来越不吻合。

一般情况下，根据颅骨判断物种有两种方法，一个是DNA比对，因为DNA就存在于骨骼和牙齿中，另外一个就是利用几何形态学进行数据复原。

对于少数个体来讲，分子生物学研究方法是一个上选，但是它有一个缺陷，对于样本的保存条件要求是比较高的。

对于这些严重风化的骨骼来说，DNA会降解成非常小的片段，要提取出来是非常困难的。夏霖就试图利用几何形态学的方法，复原它的颅骨，确定这个头骨的归属。

夏霖：我们的头骨具有一定的几何形状，这个生物体也同样具有一个几何形状，所以我们要把它的几何形状转化成一个数字信息，就可以用电脑进行处理。而处理之后通过比较不同的头骨，就可以比较不同的生物体所取得的生物信息在形状上的差异。

要用这样一个技术进行颅骨复原，首先要对头骨从各个角度进行拍照以采集数据，但是等到这些都完成之后，夏霖发现没有那么简单了。要选择有代表特征的部位来研究，但是单凭后脑勺很难识别两个人。

由于这块头骨缺少最重要的生物学特征，用几何形态学的方法根本行不通。夏霖决定用最原始的头骨比对法去研究它，而这个难度宛如大海捞针。

夏霖要把来自泉州小渔村的骨骼跟中科院动物标本馆的动物骨骼相对比，最后确定黄美手里的那份不完整的头骨到底是哪种动物。

夏霖：我们进行了大量的标本比对之后，认为它和犬科动物的头骨是比较近似的，但是还不能确定它具体为哪个种。因为犬科动物很多，包括狼、狐，还有我们平常所见到的狗。

犬科动物，包括体形较大，食肉性较强，可以捕食较大型猎物的犬类；还包括体形较小，食性略杂，主要捕食小型动物的狐类。然而，犬科动物的颅骨千差万别，鉴定并不是一件容易的事情。经过与犬科动物的各种颅骨比对，夏霖终于找到了相似的头骨。

夏霖：最后发现它与另外一只狗在后部的吻合度是最大的，但并不是百分之百相同，只是它的吻合度最大。由于狗的品种不同，有可能出现一定的差异，但是总体来说，应该还是属于狗这一类的。

夏霖研究发现，从黄美家的院子里挖掘出来的几个骨片薄而且大，这明显是颅骨的一部分，然而，夏霖猜测这不会出自普通的动物。

夏霖：有一部分头骨比较接近于人类的头骨，因为它里面有大量的当地人称之为头皮的，属于脑颅的颅骨或者顶骨的部分。如果要把它进行复原，面积是比较大的，应该属于脑容量比较大的一种动物。此外，从一些散落的牙齿来看，是属于灵长类动物的。但是，跟我们现在标本馆所比对的数种猴子都不能吻合，所以怀疑它有可能是人类的遗骸。

这就是说，在众多的骨头当中，不仅有正常人的骨骸，还有比人类头骨小的碎骨，难道村里传了几代人的矮人墓真的存在吗？为了解开最后的谜团，2011年2月23日，记者和夏霖带着从泉州小渔村出土的骨骼样品，来到了首都医科大学解剖实验室，尘封地下的皇金瓮里真的有矮人骨吗？张铭教授仔细查看了这些奇怪的骨头。

张铭（首都医科大学教授）：根据它的顶盖骨和颞骨的大小，可以看到它围成的颅腔的空间还是比较大的。换句话讲，这个生物体的脑量大概不是一般的小动物或者低等动物，应该是一种比较高等一点的动物，脑量比较大一些。

在解剖学上，颅骨有23块，不仅构成了面部的支架，还分别容纳和保护着眼睛、鼻腔、口腔和大脑，避免它们受外界刺激和损伤。张铭认为，这么薄的颅骨对于成年人根本起不到保护作用。张铭仔细查看手里的碎片，试图把它们拼接在一起。但腐蚀严重，它们还能被辨认出来吗？

正常人的颅骨顶部由几块骨头组成，有锯齿状的边缘，使骨与骨之间的嵌合更加牢固。张铭教授对这些头骨碎片的鉴定，不仅彻底否定了之前的孩童墓地之说，还否定了矮人头骨的传言。

张铭：这块骨跟人的小腿的主要胫骨相对应。我们人类的这个关节面是很光滑的。而这个标本是四角形的。从功能上来说，平滑的关节面让我们活动性很大，比较灵活；而这块骨头明显没办法动，也就显示它是以负重为主，以保持稳定性为主。

人能够负重还能够行走自如，这些关节的结构功不可没，四脚着地的动物为了增加稳定性，这样的棱角也是有道理的，这些骨头根本就不适合直立行走的人。

越来越多的证据证明，拥有这些头骨的动物是成年个体，脑容量很大。

张铭：那些骨头一看就不是人的牙齿。如果是来自同一个罐子，那么把这些证据全放在一起，同样也能说明它不是来自人类，来自动物的可能性很大。

难道当地有埋葬小动物的习俗吗？没有想到，泉州学研究所所长林少川竟然把我们领到了这样不起眼的小庙。村里人说，这叫阴公宫。

在当地，妈祖庙出现的频率是最高的，可是这样供奉骨头的庙宇我们还是第一次看到。他们在庙里供奉这么多骨头是为什么呢？黄荣辉道出了缘由，在科技还不发达

最长的骨头不到10厘米

的过去，出海的渔民在风浪中同自然搏斗，生死难料。

黄荣辉：有一句叫做行船跑马没有三分命。以前在这边经常出事，过去的船都比较小，也没有机器，都是木帆船，因此经常出事。

每次出海，渔民们收获的不仅是可以卖钱的海货，还有随着渔网一起捞上来的各种骨头。对于那些骨头，人们都捞上来堆放到阴公宫里。

黄荣辉：因为人们认为从海上捡来的尸体和骨头能够保佑他。

这样的庙宇里面堆放着各种骨头，一堆好多年，可以看出泉州这个小渔村对于生命的尊重。后来船的改进及天气预报的出现，让黄美和村里人认为出海已不是什么危险事情了，如今的年轻人不再拾骨供奉了。那么，以前的习俗究竟与矮人墓有什么关联呢？

丁毓玲：他们并不知道到底这些骨头是什么东西，有人说是猴子的，还有人说是人的，村民们还疑惑这些是不是另外的人种。所以，以讹传讹，一代一代传下来，形成了一个神秘的传说。

我们尝试还原一下皇金瓮里矮人骨的传说。百年之前，人们把长久以来大家出海拾到的各种骨头，按照大小排列，分别用陶罐装起来，进行过一次大规模的埋葬。多年之后，它们中的一部分偶尔重新进入人们的视线，由于骨骼短小，陶罐规格也小，所以关于矮人国的各种猜想也就接踵而至。

如今，这个小渔村又恢复了它的宁静。对于黄美一家人来说，出海捕鱼与讨小海抓牡蛎，生活都是有保障的，他当上了爷爷，全家人在这座房子里也已经平安居住了将近三十年。他说未来不可知，但是，现在很幸福。

（宋英慧）

被迷“祸”的明故宫

2006年12月的一天，这是一个很平常的日子，在南京的御道街，金先生驾车走往回家的路上。到明故宫午门南口时，正常行驶的金先生没想到，接下来发生的一幕，会让他在很长一段时间内成为人们议论的焦点。

有车祸发生并不奇怪，但奇怪的是，金先生驾驶的汽车以时速60公里的速度撞在了午门南口的石狮子上，导致车头高高翘起，副驾驶座上的乘客当场死亡。然而，车毁人亡之后，被撞的石狮子却毫发未损，甚至连块石屑都没有掉落。

出发前，我们在互联网上搜寻有关明故宫的信息，然而一个个网页打开，触目惊心的标题令人咋舌。明故宫附近究竟暗藏着怎样的玄机？我们怀揣着复杂的心情飞往南京。

位于南京中山门以西的明故宫遗址，曾是明朝开国皇帝朱元璋的皇宫所在地。然而，历经600年风吹雨打、多次战乱，宫阙万间都已作了土。我们很快找到了金先生撞击的石狮子，它依然威风凛凛地把守在午门口，丝毫不见被撞的痕迹。难道这尊石狮子真的有神力，可以“金刚不坏”？

南京《现代快报》是对明故宫屡现诡异交通案件进行报道的第一家媒体。我们决定首先走访同行，希望从他们已经掌握的线索中理出头绪。然而，巧合不期而遇，我们发现报道此事的陈主编竟然就是当事人之一。

陈劲松（车祸当事人之一）：那天晚上我从新街口出去，一直跟在一辆出租车的

被撞的55路

后面。当时大概离路口有三四十米远的时候，我抬眼看了一下红绿灯，发现灯是绿的，前面的出租车很顺利地通过了。快到路口的时候我又扫了一眼，印象当中感觉绿灯还在亮着。

毫无防备的陈劲松怎么也不会想到，开车经过一个亮着绿灯的丁字路口，竟然会在车的右侧遭遇突如其来的猛烈撞击。

陈劲松：最主要是，当时我看到的路口并不是一个十字路口，而是一个丁字路口。这个时候，首先隐隐约约听到"啊"的一声喊声，然后紧接着就是这个车子遇到障碍，猛然撞了一下。

红灯看成绿灯，丁字路口幻变十字路口，令陈劲松百思不得其解。

陈劲松：当初我就觉得这太奇怪了，事后我还是觉得不可思议。

在明故宫附近开车会产生幻觉，这是陈劲松决定对此事进行报道的一个重要原因。

陈劲松：为什么人会在这个地方产生幻觉？

然而，产生幻觉的并非陈劲松一人。2008年7月14日，南京市一辆55路公交车在此处撞上了迎面而来的法国梧桐。据司机描述，他在正常行驶中，突然感觉旁边有一辆车要超车，从直觉判断，那辆车的车速极快，本能之下，他赶紧往左打方向盘，意外发生了！

陈劲松：那个时候，他处在一种视而无物的状态。为什么会这样？他一定产生了幻觉。后来我们去采访他的时候，他说他感到有个车从旁边挤过去，他吓得赶紧往这边打方向，就撞上去了。事后，他去找那个车，根本就没有那个车。幻觉也叫"感觉欺骗"，当一个人看到、听到、感觉到并不存在的东西时，他就产生了幻觉。那么，明故宫附近还出现过其他幻视现象吗？

在我们调查的过程中，一位生活在明故宫附近几十年的老人，对我们讲述了他的所见所闻。他说他经常会看到这边有古代的人在路上行走，有时一闪而过。

这种"幻视"现象显然和我们要解决的交通事故没有太多关联，但两辆17路公交车3分钟内相继被撞的事故，却浮出了水面。

大爷：撞过两次，那边也撞过两三次。

记者：都是撞同一个地方？

大爷：就撞那个地方。怎么回事？这有鬼啊！

石狮子谜团还没有解开，幻觉的出现又增添了新的疑点。那么，会是什么导致了幻觉的产生呢？

陈劲松：底下有特别强大的磁场，在地下通过多次的反射，加强了某一种能量，这种能量对人的脑磁场产生影响并相互作用，在一定的条件下让人产生了幻觉。

陈劲松的推测并非没有根据。地磁对人体大脑神经元有影响的说法由来已久。最典型的受地磁影响的案例，就是北纬30°的“百慕大死亡三角”，在那里航行的舰船或飞机常常神秘失踪。

北纬32°03′，南京明故宫与百慕大正好同处北纬30°附近，是巧合还是存在某种必然联系？带着这个猜测，我们赶紧找到了江苏省地震局的高级工程师张治天。说明来意之后，张教授决定先用仪器对明故宫进行现场勘查。

地球磁场是随着地球纬度变化而变化的，当某地区测得的实地地磁和正常值有显著差别时就被视为地磁异常。地磁异常、北纬30°、幻觉，这些词语似乎和明故宫存在着某种天然的联系。勘测的结果究竟会是如何？我们焦急地等待着。与此同时，关于明故宫各式各样的传说也引起了我们的注意。

记者：你们晚上会不会和同学出来在这溜达呢？

学生：不会吧，这边太黑了，挺诡异的这地儿，听同学都这样说的。

在我们调查之初，就听说坊间流传着明皇宫建设初期是填湖圈地而成，地势“前昂后洼”，犯了风水学说的“凶相”。再加上两次大屠杀，造成了明故宫的“阴魂不散”。难道是犯了风水才遭来车祸？这些说法有何依据？我们走访了在南京对此事颇有研究的明史专家周道详。

幻变的十字路口

周道详：这些驾驶员都经常讲，不是因为避让另外一辆汽车要超车，就是避让行人，或者路上走不过去，他要绕开一个障碍。他让人，人不见了，结果撞在大树上；让车，没有车，他的车反而开到人行道上。于是，人们开始怀疑明故宫为凶险之地。这块地方在明初的时候是经过当时最著名的一个《易经》大师——刘基刘伯温所测定的。这样一位风水大师选择的地方，绝对不会是凶险之地。

已经过去了600多年，为何到近四年才有如此多的事故抬头？用风水之说来解释，自然是有些牵强。就在此时，地磁强度的测量终于有了结果。

张治天（江苏省地震局高级工程师）：从北门到南门，在不同的环境下，我们脚下还有一条铁的链子，也不过就是差了一百多纳特。

一百纳特究竟是一个多大的差值呢？

张治天：纳特是一种磁学单位，就是毫微特斯拉。这是一个什么样的概念呢？比方说，我们现在几乎人人都有手机，你即使没有通话，你身上放个手机，这个磁场的影响量有几百个纳特。试想，那么多的驾驶员都带着手机，难道因为手机他们就出车祸吗？

既然明故宫附近没有地质上的异常现象，那为什么司机出事的瞬间，都说脑子一片空白或者产生幻觉了呢？就在一筹莫展时，我们听到这样一个故事：江苏省修了一条公路，叫312国道，在丹阳那一带有一个转盘就经常出问题。后来被证明，是由于转盘的设计上有一些问题，比方说花坛过大、转盘的路过窄。那么，可是为什么当初人们都传说是墓葬的影响呢？

明故宫的事故会不会也是道路设计引起的呢？找到了新的方向，我们立即与道路视觉专家周平教授取得了联系，邀请他与我们一同前往17路公交总站。

顾海滨（南京雅高巴士有限公司安全主管）：容易发生交通事故的地方，一个是在中山东路跟明故宫的路口，第二个就是在午朝门。

十字路口事故和55路公交车事故发生在中山东路和明故宫交叉的十字路口，石狮子事故和17路公交车事故发生在午门口转盘处，这几起交通事故正好集中分布在这两个区域中。为什么明故宫附近就这两处极易发生事故呢？

记者：您开车觉得明故宫那段路况好吗？

方司机：有时在转盘那个地方拐弯看不清，有点像S形，因为它拐过来接着又是个弯。

在午门口，我们意外地发现了17路车撞击后还未修复的痕迹。同时，周平在S形弯道上进行反复比量后发现，御道街视线宽度25米，而拐弯后的视线宽度却锐减到了10米。

顾海滨：这边的路比较宽，视线也比较好，就是到午朝门那个地方，拐弯就比较急。

公交车车身长12米，弯道近乎于直角。通过计算，一旦车速过快，来不及打转方向，车辆很容易就会撞上左前方的障碍物。

顾海滨：12米车子跟小车不一样，小车过任何一条马路的时候，车子过这个路的三分之一就能全部看到。但我们车子只有过了二分之一以后才能看到。

到此，午门南口的谜案终于有了答案，然而另一事故高发点却迟迟没有进展。从时间上看，这些诡异的事故均发生在2006年至2008年年底，那为什么2009年之后这些事故就不再发生了呢？

顾海滨：在明故宫这一带，自从围挡拆除了以后，我们车队没有发生过事故。

顾师傅所说的围挡是指自2006年地铁二号线开工以来在路面上设置的临时路障，这些围挡直至2009年春节前才被拆除。

顾海滨：这两个十字路口，发生事故是由于地铁施工的时候，路面有围挡，在围挡期间交通事故比较多。

地铁围挡占道这四年，恰巧是中山东路事故频发的四年。

顾海滨：围挡就是把整个路面留了三分之一，围挡了三分之二。所以说，所有的车辆到这个地方，在三股车道去争一股车道的时候，就容易产生交通事故。

道路设计造成的视觉偏差，以及地铁围挡占道，才是造成这四年来事故频发的主要原因。但是司机为什么产生幻觉，仍然没有结论。经过几天的细致调查，视觉专家周平提出，司机描述的现象并非幻觉，而只是一种常见的视觉偏差。这究竟是怎么回事呢？为了解释这一现象，专家做了一个实验：

循环转动的小球是什么颜色？无色？粉色？

再仔细观察后会发现，其实是绿色，为什么我们的眼睛会看错颜色呢？

周平（视觉专家）：当快速的物体进入我们眼球的时候，即使这个物体已经消失了，但这种影像也会在我们脑海当中残留一定的时间。例如0.1秒至0.4秒，这时候我们会感觉到，脑海中仍有某种影像。

明故宫遗址午门口

因此当书页被快速翻阅时，多张连续动作的静止画面会因视觉残留现象而出现动画效果。那么，这些奇特的视觉现象究竟和我们前面提到的幻觉有什么关联呢？

周平：开车的过程当中发现有人影，我以为可能就是视觉残留在脑海中的显现。

陈劲松：事后通过放录像，我在三四十米距离的时候看了一眼是绿灯，而且出租车在前面走，我看它很顺利地过去了。

以80公里的速度行驶不到10米，陈劲松在0.4秒内看了两次信号灯。

周平：我觉得是他的视觉与他的记忆发生重叠，产生了错觉。

那么，错把十字路口看成丁字路口，视觉专家又该作何解释呢？

周平：根据事发当天的驾驶者反映，当天出租车在前面，它行驶到了人行道上去，而他平时没有走过这条道。当时在丁字路口，由于受地铁、路面的围挡影响了车子，所以车子只能往人行道上走。

陈劲松：我平常开车过了明故宫的路口以后，在到下面清溪路口之前会走右侧，不是走正常的路。

周平：所以，当时他走到这个地方的时候，就可能与他原来视觉记忆产生了叠加，从而产生了错觉。

原来那些所谓的幻觉，在专家看来，只不过是自己被自己的眼睛欺骗了。

周平：通过这个案例可以看到，视觉在我们交通事故当中也是一个比较重要的因素。

当真相慢慢浮出水面，撞击石狮子事故究竟有没有谜底呢？记者查遍了明故宫有关资料，并没有找到有关石狮子材料的特殊记载。交管部门经过粗略测试，发现尽管过了几百年，其坚固程度仍然让人吃惊。南京的《东方早报》也这样写道："当车子在紧急转弯时，前引擎盖边角擦至石狮子，石狮子将前引擎盖掀起。而在瞬间作用下，石狮子反倒受力很小，所以没有留下什么损伤！"

（江　璐）

“天坑”之谜

2010年“五一”刚过，网络上出现了一条新闻——四川宜宾市硐底镇惊现“天坑”26个！大的坑直径达到几十米，深不见底。一时间，沸沸扬扬，各种猜测四起。不少网友说，会不会又要地震了，有些人干脆就说，看来2012真的是要到了。

到达宜宾市的时候，我们和当地的媒体取得联系。编辑机房里他们第一时间拍摄的画面，让我们相信，原来网络上的东西并不是耸人听闻的假消息。

5月2号下午，一个施工单位给我们打来热线，说他们在修公路的时候，在下面发现了很多的深坑，不知道原因，而且周围也发现了。我们在5月3号早晨9点到长宁县硐底石垭村。

四川宜宾市硐底镇惊现“天坑”

这些天坑有的分布在公路边，有的在民房旁边，有的甚至在民房的下面。公路旁边的一个天坑最深，初步测量，那个坑洞在50米以上。

记者告诉我们，发现的“天坑”的数量已经从26个增加到了43个。省市的相关专家还在就“天坑”出现的原因进行调查。我们随即前往当地地震局。

2008年的汶川地震，至今让很多人记忆犹新。如今“天坑”也出现在四川，时间也是5月。且短短几天之内，出现得如此密集而频繁。很多人怀疑并且恐慌，这会不

天坑数不断增长

会是又一场地震的前兆？因为地震确实会出现很多的地面塌陷。

宜宾市地震局的专家在第一时间抵达现场，经过几天的研究分析，他们会有什么样的判断呢？

专家：这个红颜色表明当地这个台有小的震动。

记者：红色表示有小的震动？

专家：红色表示有小的震动。

记者：那绿色、蓝色表示什么意思呢？

专家：绿色、蓝色表示我们这个地震台和这个数据是保持通讯的，正常的。

记者：比如当红色闪的时候，我们需要提高警惕吗？

专家：不一定，如果地震大的时候，我们还有个报警装置。

王静（工作人员）告诉我们，地震防控中心的这些仪器有两个作用：一个是监控发生或者正在持续发生的地震，监控它的震中、范围和强度；另一个就是实时监控，收集数据。如果在一个地方持续出现红色亮点，也就是小的各种震动，仪器就会自动报警，专家就要立刻对这种异常作出分析和判断。

记者：对于老百姓关心的“天坑”现象，是地震的预示吗？

专家：地陷发生以后我们去了两趟，现场也看了。从目前地震监测的情况和现场的情况看，并非预示地震发生。

带着各种疑问，我们驱车上路。宜宾长宁县硐底镇是“天坑”集中发现的地区。在驶向目的地的路上，我们一度被迫停了下来。

这应该就是先前接到的热线电话里提到的那个“天坑”。当我们下到公路底下时，发现这个坑比我们想象的要大且深。

这个路面干线工程在4月28号那天在公路边上发生了地陷。当时发现的时候有1米左右大，两三米深。现在可能有三四米大，四五米深。

不单是新的“天坑”在增加，原来的坑也在继续变大！

直到进入村庄，才发现更触目惊心的还在后头。各种被大家称为“天坑”的巨洞，大的小的，放眼望去，遍地都是。虽然当地政府，已经在坑洞边上竖起警告牌，拉起了警示线，并且安置处在危险区的村民，但是仍然有不少村民在警戒线外不停地观望打探。

为了更清晰地看清这些“天坑”，当地的村主任带着我们越过了警戒线。地上的裂纹，时不时地出现在我们的视线里。我们小心翼翼地走着。如果真的像专家所说，这些“天坑”的突现和地震这样巨大的破坏因素毫无关系，那么会是什么样的一种力量，在作用和控制着我们脚下的这片土地？

庆幸的是，硐底的“天坑”主要集中在田地里，这也是目前为止，硐底没有相关人员伤亡的一个重要原因。不过，还是有少数村民心惊胆战地发现自己家房子底下也出现了“天坑”！

村民：出现了裂缝，不能够住人了！住在这儿危险得不得了，只有搬到我们兄弟那边去住。

不过，众多“天坑”中，最让村民们惊恐的是硐底县石垭村大弯头坡上的那个“天坑”。据初步估算，它的直径在60米左右。

村民陈分模是村子里最早发现这个天坑的人，因为她的家就离这里不过500米。

陈分模告诉我们，5月3日凌晨，他们听到轰隆隆的持续巨响，一家人吓得在屋外待了一宿。当天蒙蒙亮，他们壮胆靠近时看到的景象，是一个不停塌陷的可怕的无底洞。

在我们还在为眼前的景象担忧猜测的时候，四川省地矿局202地质队的工作人员已经在现场展开应急勘查。一是对天坑进行数量统计和表征测绘，二是为进一步有可能再次出现天坑的区域进行界定和观察。

测量员：12号坑是5月3号发生的，当时没有水，这两天下雨，积了点水。这边是11号坑，11号坑现在还在发展。

记者：还在发展？您是说这个缝隙可能还会再塌下去吗？

天坑是否和地震有关？

测量员：对，它的环形裂缝可能还会继续发展，继续往下塌陷。再往那边就是在这个区域比较大一点的天坑。

记者：是这个吗？

测量员：这个是9号坑。

记者：这个也有发展的趋势吗？

测量员：这个也是在发展，能看得到它的裂缝，裂缝比较宽，再往后面还有一些细小的裂缝。

记者：还有可能发展到这后面来？

测量员：还有可能往这边发展。这个坑的塌陷是5月1号发生的，当时只有现在的三分之一大小。

在吴晗带领的小组对地表情况进行监测时，另一队物探小组也正在着手对地表底下的情况展开工作。

简单来说，物探手段就是通过仪器收集地表底下的相关数据，以此辨别地表之下的各种土层、物质的分布情况。

村民口中的吞噬竹林的无底洞，田间随处可见的一张张大口，这一切似乎都在告诉我们，也许所有的答案就在我们看不见的地表之下！

在我们等待各小组汇总结果的时候，看到沿途村民好像已经开始适应了这些所谓的“天坑”的存在。

不过，和我们聊起当时发生的情况，他们还是提起来就激动。

村民：我们亲眼看着那个洞落下去，水轰轰地响。我们在马路上看，不敢在地里看。

这个坑被吴晗小组标记为2号坑。虽然地表上面积不如石垭村大弯头的那个坑大，可是站在坑前，我们却不寒而栗。它好像一口水井，圆形垂直向下，让人感觉深不可测。

测量员：我们测了一下，这个深度是30米。

记者：30米。

测量员：嗯，30米。这个坑也是我们重点监测的一个坑，因为前两天有村民反映说这个坑塌陷以后能够听到很明显的轰轰的水声。

解说：吴晗告诉我们，这个坑目前情况比较稳定，直径和深度都没有增加，只是水声变小了。

记者：是哗哗哗的声音吗？

测量员：对，对，对，就是这个声音。

记者：哦，这是从底下传出来的？

测量员：这是从底下传出来的。

可是，有一个无法解释的现象是，我们丢石头下去，并没有听到石头落入水里的回声。

记者：我没听到有水的声音，就听到岩石撞击的声音。

测量员：对，这就是一个比较奇特的现象，包括我们刚才测量的反尺30米以内都没有看到明显的水的痕迹。

吴晗告诉我们，这其实是老百姓口中常说的"暗河"，也就是地下水。在2号坑边上的那个天坑，也可以听到。这时候我们注意到一个现象，这两个坑不仅有泥和土，还有部分裸露的岩石。那么，这些区别于其他坑的异常，究竟说明了什么呢？

此时，地质队的高级工程师谢兵、肖汉全来到了现场，硐底地区关于"天坑"的勘测图已经基本成形。

不过，他们匆匆看了一眼各种"天坑"之后，并没有做过多停留，而是到周边的村民家走访，问起了水的问题。

老乡口中所说的可以抽水的地方，就在他房屋对面的小山底下。而我们随即发现，这个所谓的小山，表面裸露的岩石和我们在坑里看到的几乎一模一样！

这只是最小的天坑

测量员：这就是石灰岩，它是可溶岩石，在地下水里面有二氧化碳，溶解这个石灰岩里面的碳酸钙。它溶解到地下水里面就被带走，形成空腔。溶洞就是这样形成的。

测量员：这就是地表能够看得到的一个溶洞，现在我们就是在那个天坑出现的位置。

记者：那边就是我们有天坑出现的

位置？

测量员：这些位置地下都是这种岩石。

根据石灰岩的分布规律，肖汉全判断，在天坑出现的地表底下，也可能分布着这样的石灰岩。我们忽然明白，一遇水容易被侵蚀的石灰岩，产生的漏空、空腔，如果发生在地下，又是特别巨大的，从地表往下来看，不就是天坑的样子吗？

这时候我们才注意到，整个村庄，即使在地表，都可以见到很多这样的石灰岩。而老乡曾经可以直接抽取地下水，是不是也可以说明这里的地下水应该很丰富，所以地下的漏空也特别多呢？

村民：以前，我们这个地方叫大龙塘，地下有很大的水往外冒，最近几年没有水了。

根据村民介绍的情况，我们初步分析这应该是一个岩溶地下水集中的排泄区域，大龙塘就是个出水口。

此时，虽然物探等数据还需要时间处理和分析，但是按照专家推测，我们似乎已明白“天坑”出现的原因了。那些我们看到的一夜之间塌下去的空洞，也许是经过几百年流水侵蚀的石灰岩空腔的裸露。只是，如果脚踩的这片土地底下真的存在这样的空洞，那么当地人自己住了几十年怎么都没事，却会在这个时候集中发生呢？

我们随着专家又折回具有代表性的2号坑。经过一番现场的考察，2号坑里的一个小细节引起了专家的注意。专家认为，这种土被掏空的形状，是地下水位变化的信号。

按照专家的解释，由于受地表洪水等其他因素的影响，这片地区原本石灰岩上覆盖着厚厚的土层，土层、溶洞、地下水，原本是一个相对平衡的状态，可是地下水位急剧下降，原来在溶洞里的水也会跟着下降，洞内的空腔就裸露出来，产生了与上下不对等的负压力。

专家：由于地下水下降，水会掏蚀掉溶洞上面的土体，土体逐渐往削面掉，越来越薄，最后无法承受上面的荷载，或是因为雨水等其他的影响，就塌下去了。

如果说石灰岩地貌是“天坑”产生的基础条件，那么地下水位的急速下降，就是引起天坑出现的一个直接诱因。

塌陷那天巨大的水声正是这种变化一个很好的证明。地下水下降瞬间，地势高的水往地势低的地方补给，而由于地下空洞较大，因此回声也比较大。

（陈子隽）

碎玉下的亡灵

1995年，济南双乳山村发现一个汉代陵墓，出土了大量青铜器、鎏金的马车配件等文物。考古专家从墓高22米的规格、形制、陪葬的青铜器、马车配件等来看，墓主人应是汉代的一个诸侯王。从在封土层中发现的五铢钱来推算，墓主人下葬的时间应该在公元前118年以后。由此，墓主人最有可能的就是济北王刘胡。但接下来的发掘却发现种种矛盾，墓里没有发现汉代王陵里常用的玉衣，而只用了十几片碎玉覆盖五官，还发现了一些质地不太好的常规葬玉和碎的玉剑璏，这都不符合汉代王的入葬规格。这些反常的现象有待考古队员去深入探究。

1995年6月的一天，山东大学考古系的任相宏教授突然接到一个电话，电话是长清县文物局何局长打来的，他的声音听起来非常焦急。他说县里双乳山村的村民开采石头时，在石层中发现了类似人工开凿的石壁，怀疑可能会有古墓，请任相宏立刻赶到现场看一下。长清县距离济南市区70公里，任相宏教授放下电话，马上赶往现场。

到底有没有大墓呢？任相宏的内心也充满了期待。到了现场，任相宏马上展开了勘查。现场有两段石壁，石壁中央好像是一条通道，如果这是人工开凿出来的，那它应该是一座巨大陵墓的墓道。但这只是一种猜测，必须寻找证据。在已经被炸开的岩壁上，任相宏仔细地观察着。在一块岩石上，他看到了人工开凿的痕迹。这条通道，很可能就是墓道。他又绕到了岩壁的上方，在这里，他看到了更加令人吃惊的景象，这里的石壁上布满了凿子的凿痕。任相宏的心里已经有了数，他知道这些凿痕就意味着，这里有人为开凿的古墓。

任相宏：从这些意向上看，当时有石墓应该是没有问题的，而且破坏得比较严重。

任相宏认为，这里就是一个古墓，他下令马上对现场进行进一步的勘查。从已经露出的墓道来看，最深的地方达到了4米左右。任相宏在墓道的封土层上用洛阳铲进行探测，洛阳铲往下打了一段很深的距离，任相宏感觉这个墓可能有些不同寻常。

任相宏：这个深度当时是14米，14米上面还有4米的东西。这样计算出墓道的深度是18米。

这么深的墓道，这在任相宏的考古经历中还从没遇见过。接下来要寻找的就是墓室的位置。

山东大学考古系教授任相宏

长清县博物馆根据出土的马车配件复制的较小的一辆马车

任相宏：就是墓室盛棺木的位置，它的深度要比墓道还要深。一般情况下，这个深度大概在4米左右。

任相宏所说的4米是指墓室继续往地下延伸的距离，加上墓道的深度18米，墓室应该在地下22米深的地方。22米相当于今天10层楼房的高度，说明这座墓的规模十分宏大，陵墓的规格一定非常高。而且从墓道的情况来看，陵墓是在石头之中开凿而成的，规模这么大的陵墓，它的开山凿石量必定巨大。也就是说，必须拥有强大的财力和物力才有可能修建这样的一座陵墓。由此，任相宏推测陵墓主人绝非寻常人，可能是古代的某位帝王。

任相宏：当时我们也很吃惊，在这个地方竟然有这么大的墓葬，当时大家

镀金的配件

都非常兴奋。

任相宏继续在现场仔细搜寻。因为古墓的封土已经被挖开，墓道暴露无遗，墓中的文物有可能会散落出来，他害怕有什么重要的东西被开山采石的农民捡走，那很多关键的线索也许就会遗失，所以必须马上追回这些东西。他马上来到村里，询问了几位村民，一位村民说他今天确实在采石场捡到过几枚铜钱，就放在自己家的窗台上。任相宏跟着村民来到他家，果然看到了这几枚铜钱。

任相宏：当时看的是比较清楚，因为它是汉代的五铢钱。五铢钱是西汉武帝元狩五年开始铸造的，在汉武帝元狩五年之前是半两钱。

果然发现了很有价值的线索，任相宏知道西汉时期下葬之时会进行祭祀活动，这些铜钱就是祭祀时埋在封土中的。现在基本可以确定这座陵墓就是西汉时期修建的。任相宏甚至已经感到，价值连城的宝物正在地下召唤着自己。由于开山采石已经把陵墓破坏得很厉害，双乳山汉墓的挖掘工作马上就要展开。打开陵墓后，任相宏竟然看到了许多意想不到的景象。

双乳山的古墓被打开了，最先清理的是墓道。这里并没有发现人为破坏的痕迹，任相宏一开始担心墓室被盗的疑虑完全打消了。在靠近墓室的地方，考古队员们在泥土中发现了骨头。难道这么快就发现了人骨吗？几十分钟后，整个骨架被清理出来，考古队员发现这是一匹被活殉的马。在马匹的附近又发现了马车的配件。然后，不断有马匹和马车的配件出现，最后一共挖出了7匹马和大约三四辆马车的配件。马车上的饰件都是鎏金的青铜器，虽然掩埋千年，但在铜绿下仍闪出金光。

任相宏：而且有的青铜表面镀金镀得非常好，尽管是镀金，大部分都没有脱落，而且镀金也不生锈，剥了以后，它依然金光灿灿的，大家都非常兴奋。

这些马车饰件金光闪闪，令人眼花缭乱，可以看出当年使用它们的人生活有多么

墓主人使用了3层棺木

奢华。这是长清县博物馆根据出土的马车配件复制的较小的一辆马车，估计这是墓主人随从乘坐的车。从其他配件上可以看出，还有一辆车比复制的这一辆要大得多，结构也要更加复杂，装饰也要豪华得多。

任相宏：通常我们认为这就是王的当置，王的车马当置。发现这些马车饰以后就更近一步证明我们以前的推断了，这就是一个王陵，这是绝对没问题的。中间是王车，前面是引导，后面是随从。

在汉代，王是一个仅次于皇帝的等级。那么，墓主人会是哪位王呢？任相宏晚上回到山东大学查阅相关的史料。

公元前195年，汉高祖刘邦看到自己已经快走到生命的尽头，他把群臣召到了大殿前，吩咐手下人宰了一匹白马和大臣们歃血为盟。大臣们一起重复着刘邦的誓言，非刘氏而王者，天下共击之，声震屋瓦。紧接着，刘邦将全国二分之一的土地分给了刘家的9个子弟，每块土地上建立了一个诸侯国。这9个子弟是诸侯国中的最高统治者——王。资料显示，公元前178年，汉文帝把长清县这一带封为济北国的领地，济北王是这里的最高统治者，他的身份完全符合双乳山陵墓的规格。任相宏推测，双乳山陵墓的主人也许就是一位济北王。任相宏又仔细地研究那几枚从农民家里拿来的铜钱。

任相宏：西汉武帝元狩五年，就是公元前118年，封土里面有这样的钱币，那么这个墓葬年代的最上限，最早也早不过西汉武帝元狩五年。

现在可以进一步排除，五铢钱是公元前118年铸造的，说明墓主人下葬的时间必定在公元前118年之后。按史书记载，在这个时间之后下葬的济北王只可能有两位。

任相宏：最终这个墓主人就确定只有两个，要么是刘胡，要么就是刘宽。就他们父子两个，其他的就排除掉了。

大墓的主人到底是父亲还是儿子呢？在双乳山附近，有一座福禄山，任相宏认为这可能也是一座汉代王陵，从封土来看，规模比双乳山陵墓要小一些，有可能这是在位11年的儿子刘宽的陵墓。父亲刘胡在位54年，按理说有时间为自己修建更大的陵墓。

任相宏：11年是不能做出这么大规模的墓葬的，在汉代时期修建这么大规模的墓葬的可能性是比较小的。所以，当时我猜测这座墓葬是刘胡的，因为他在位54年，最后寿终正寝。

任相宏很快把目标锁定了公元前97年去世的刘胡。其实，任相宏的潜意识里也愿意相信这样的推断，因为在位五十多年，地位仅次于皇帝，最终寿终正寝的王的陵墓里肯定会有极其宏大的陪葬。任相宏再也抑制不住激动的心情，第二天一大早，就开始清理墓室了。王陵的墓室被挖开，墓主人的棺椁已经腐朽成灰，没有完整的棺椁，这令任相宏略微有点失望。不过很快，他就发现从泥土中可以分辨出木板的痕迹。

任相宏：经过清理，椁的痕迹比较清楚了，有两个椁，外边一个椁，里边还有一个椁。两个椁之间还有空间，南边一个空间，北边一个空间，东边、西边都有空间。我们把这个形状叫做边厢。

在两个椁板的空间里考古队员发现了许多陪葬的物品，大量的食物早已经腐烂了，但许多铜器都完好地保留了下来。如此大量的青铜陪葬品，而且制作质量很高，说明使用这些器具的人绝不是普通的富豪人家，这进一步证明了任相宏关于陵墓主人是诸侯王刘胡的猜想。

挖掘工作继续进行，清理完墓室中的椁以后，考古队员开始清理墓室中的棺。在

汉代著名的金缕玉衣

汉代著名的玉衣，价值连城

泥土中，考古队员发现了漆皮，这是从早已腐朽的棺木上剩下的。从这些漆的痕迹，考古队员发现墓主人使用了3层棺木。这3层棺木是套在一起的，也就是说，墓室中用两层椁板搭了一个椁室，然后在椁室中又放上了套在一起的3层棺木，墓主人应该就躺在这3层棺木之中。两层椁三重棺正是汉代王入葬的规格。

这个时候，发掘已经进入到了相当关键的程度。大家都觉得，毫无疑问，在棺椁之中，一定就是这位历史上赫赫有名的济北王刘胡的尸体了。而且按照汉代的丧葬习俗，他既然是一位王，肯定就会有玉衣出现。

玉衣，是汉代皇帝或者诸侯王下葬时所穿的用玉片做的衣服。国内最早发现的玉衣是在河北的汉代王陵——满城汉墓中，中山王刘胜及夫人各穿了一件玉衣，由两千多块上好的玉片连缀而成。汉代人比较迷信，认为玉可以防腐，相信穿了玉衣以后，尸体可以一直不腐朽。玉衣在汉代几乎成了王陵的一种象征，代表着一种等级。据此来说，作为济北王陵，必然会有玉衣，所以在挖掘之初，考古队员最期待的就是玉衣。

任相宏：我们做了很多的技术准备，包括玉衣，如果真的有玉衣的话，我们怎么提取，怎么将它复原，怎么编号、编排起来；包括现在已发现的竹简；或者包括出现丝绸以后怎么处理，我们都做好了充分的准备。

考古人员非常细致地一层层除去泥土，现在已经慢慢接近尸骨的位置了，他们知道，价值连城的宝物就该在这里。果然，地上露出了一块像石头的东西。扫去泥土后，考古队员马上判断出来这是玉石。大家屏住呼吸，小心翼翼地继续往下清理。在玉石的旁边又发现了玉片，紧接着露出一个类似人的鼻子的东西。一会儿的功夫，一片片的碎玉相继呈现出来，一共19块。任相宏从上方俯看，这些玉片组成了一个人脸的形状，这个人脸看起来庄严威武，似乎像是古代武官的样子。令任相宏不解的是，没有发现玉衣，代替玉衣出现的就是那19块仅仅能够覆盖住五官的碎玉片。

任相宏：因为汉代的王一般都会使用玉衣，就是王后也使用玉衣，何况我们推断的这个是王呢？

往玉片的下面寻找，没有头骨，甚至连一点零碎的残骸都没有找到。这些玉片组成的人脸似乎正在嘲弄着在场的所有人，陵墓之中没有骨骸！出现在任相宏脑海里的第一个念头就是，这难道是个假墓？前面找到的金光闪闪的马车，殉葬的马匹，陪葬的大量青铜器，包括两层椁三重棺的习俗，都完全符合汉代王陵的规格。难道这些都是掩人耳目故意做出的假象？

代替玉衣的19块仅仅能够覆盖住五官的碎玉片

可是，刘胡是寿终正寝的，他的家人似乎没有理由做出掩人耳目的假象。没有尸体，只有这个用碎玉拼成的人脸，它似乎像某种神秘的符号。这是不是什么奇怪而又神秘的入葬仪式，或是有其他的象征意义？紧接着，在头部的下方，考古队员发现了玉枕，在本该是安置身体的地方，收集到了一些小件的玉器，有5件玉璧，还有几件口含、鼻塞、耳塞、肛塞之类的常规葬玉，而且玉的质地也不好。

任相宏：我们原先的期望值很高——发现玉衣，大家心里都这么想。一旦没

在玉枕的内侧，发现破碎的玉剑璏

有发现，就有点接受不了，大家都有些失望。

在中国历史上，尤其是在汉代，玉器的贵重程度甚至超过了黄金，而且玉也分三六九等，地位高的人陪葬的玉器也更精美。徐州狮子山楚王陵虽然已经被盗，但仍然发现了两百多件玉器，而且玉质精良，雕琢工艺精湛。而双乳山济北王陪葬的玉器就这么几件，简直到了寒碜的地步。如果说是因为国力衰弱，没有财力来置办精美的玉器，却为什么能够建造如此大规模的陵墓呢？双乳山汉墓的开山凿石量达到8 000立方米，超过了徐州狮子山楚王陵的工程量，这在国内已发掘的汉代诸侯王陵墓中是非常罕见的。看来，这一切不能用财力不足来解释。

任相宏：这太反常了，太反常了！它的车马制度，它的棺椁制度都是王的，但从玉器这一方面来看，和车马制度，和棺椁制度是不匹配的，不统一的。

紧接着，在玉枕的内侧，也就是墓主人脖子所在位置的泥土中，任相宏手里的竹签又碰到了什么东西。用刷子扫掉泥土后，泥土中露出了十几块非常小的玉石，玉石淡淡地散发着神秘的光泽。谁也不知道它们是做什么用的，而且为什么要埋在墓主人的脖子下面。回到驻地，任相宏开始仔细端详，他发现，这些玉石似乎是某种玉器的碎片。于是，他尝试着开始拼接，碎片并不太多，按照缺口的裂纹，他的眼前很快就出现了一件玉器。任相宏马上判断出来，这就是玉剑璏。

玉剑璏是剑上的一种饰品。在汉代，用玉装饰后的剑一般不作临阵之用，而用于仪仗。玉剑璏代表了一个人极高的地位和身份，用它陪葬是上流社会贵族的一个惯例。但为什么这两件玉剑璏却是碎的呢？是人为摔碎的，还是被什么东西不小心压碎的呢？为什么陪葬品中档次最高的玉器是玉剑璏呢？

这时候天色已经接近傍晚，任相宏小心翼翼地移开玉枕，所有发掘队员的目光都集中到了这里，随着泥土被慢慢剥开，又发现了许多金饼，一枚接一枚，一共发现了19枚，黄灿灿的一片。考古队员们兴奋异常，大家开玩笑说，看起来要找值钱的东西应该直奔枕头下面。

任相宏：考古发掘有时很有意思，原先我们盼望出现玉衣，结果它没有出现。而我们从来没有想到会出现那么多金饼，发现金饼以后大家都非常兴奋。

这些金饼属于上等货币，西汉时期这样的钱币在市场上也很难流通。金饼的总重量接近5千克，它们应该是储备的黄金，是财富的象征，绝非普通人能够拥有。

任相宏：这些金饼是属于墓主人的财产，这也证明了这个墓葬作为王陵是没问题的。

有些金饼依稀能够看出面上刻有一个“王”字，这更加证明了拥有这些金饼的人是一位王，这位王可能正是陵墓的主人。

双乳山汉墓的发掘工作仍在继续进行，在墓主人身体的一侧，考古人员发现了一把铁剑，估计是墓主人的佩剑。在尸体的腰部发现了一小块金鼎。任相宏和同事们把停放尸体的棺床清理出来，尸体已经全朽了，连一颗牙也没有剩下，但依稀能够看出人体的轮廓。看来这并不是没有尸体的假墓，只是尸体全朽成粉末了。可是让任相宏困惑的是，既然种种迹象都表明是王陵，里面为什么没有玉衣，而只有十几片仅仅能盖住五官的碎玉呢？

任相宏：玉覆面在汉代之前就有，汉代也有，像徐州的汉墓也出现过玉覆面，但是玉覆面级别和规格很低，远远没有玉衣高。

这十几块碎玉组成的五官叫做玉覆面，它是玉衣的早期形态，在战国时期就开始出现。最初贵族下葬只是用玉覆盖五官，后来用的玉越来越多；到了汉代，整个身体都包裹在玉内，也就是玉衣。没有出现玉衣，连普通的贵族都不如，可是从那

发现价值连城的19枚金饼，上面还刻着“王”字

汉代把玉人格化，以玉比德

玉在汉代是规格最高的陪葬品

19枚金币来看，墓主人的等级只可能是地位仅次于皇帝的王。此时，陵墓中的文物已经被全部清理干净，任相宏发现好像有什么地方不太对头：在所有的文物中居然没有发现印章。

任相宏：我们清理内棺的时候，花了很大的精力寻找印章。我们清理得非常仔细，把所有的土都筛选了一遍，但是再仔细也没发现印章。

西汉时期，印章是一个人身份最重要标志，无论是皇帝、王，还是诸侯，下葬时最重要的陪葬品就是印章，而且可能不止一枚。即使是没有权力的富贵人家下葬，也必定会放入死者的私印，否则到了地下怎么证明自己的身份呢？

看着发掘一空的陵墓，任相宏陷入了沉思。价值连城的金饼都还在，说明盗墓贼并没有进入墓室，印章难道不翼而飞了吗？没找到印章，将无法确定墓主人的身份。这种情况只有一个解释，就是下葬时印章根本就没有放进陵墓里。但为什么不陪葬印章呢？这在注重礼仪的汉代，是绝对无法理解的。

任相宏：因为前面发掘的东西，比如车马制度、棺椁制度，包括铜钱随葬品，包括金饼在内，这些东西都是王陵规格。但是从玉器来看，数量大量减少，没有玉衣，也没有印章，同时还出现那么特殊的玉剑璏。

陵墓中出现了太多的反常现象，这位济北王并没有按当时完整的葬礼下葬。西汉时期，什么身份的人使用什么等级的陪葬品是有严格规定的，会不会有什么原因让这位济北王被剥夺了用玉陪葬的资格呢？一定有什么意想不到的事情发生在了墓主人身上。

回到山东大学，任相宏再次埋头于史料中。他开始怀疑自己最初的判断，从史料看，刘胡在位54年，有理由修建如此大规模的陵墓，他是寿终正寝，没有理由不使用玉衣作为陪葬。于是，任相宏开始把目光转向刘胡的儿子，最初并没有引起他足够重视，仅仅在位11年的济北王刘宽。

史书中记载，出生在王室的刘宽，像众多诸侯子弟一样荒淫骄奢，终日游手好闲。汉武帝四年，父亲刘胡去世，刘宽继位。成为济北王的刘宽更加没有约束，自由放荡，无法无天。刘宽即位后的第十二年，后宫里又传出了很多流言蜚语，大家都在传说，济北王刘宽和自己父亲的王后和妃子淫乱。在注重礼仪的汉代，这绝对是大逆不道的行为。然而，刘宽并未因此被杀。反而是刘宽对汉武帝怀恨在心，因为中央政府曾处死过刘宽的祖辈淮南王和衡山王，但是由于实力不济，他不敢做出造反的事来。也许沉迷女色是一种忘却仇恨的方法，因此他做出了惊世骇俗的事情。

任相宏觉得已经找到了解释大墓中种种矛盾现象的突破口。在清理墓道的时候，他又惊奇地发现，靠近墓室部分的墓道两侧已经修建有明显的排水沟，然而，排水沟往外墓道方向延伸的时候逐渐就没有了，好像没有修完，这就太令人奇怪了。

任相宏：它如果做完的话，应该整个墓道都有沟渠，但它没有，说明没做完。

墓道并没有修完

这样的排水设施是起不到防涝功能的，反而有可能把陵墓淹了。任相宏发现墓道里还有一处更加说不过去的设施，在墓道的中部有两段用碎石头垒起的矮墙，应该是墓道上的门户，不过这样的门户出现在一位王的陵墓中，简直令人无法想象。这不像王府的豪门，更像是村户人家的柴门。

任相宏：当时看到这些，我们也很吃惊，实际上它还不如农村的院子，或者一般的平民墓葬的规格。

除了门户，整个墓道修建得也非常粗糙，巨大的棺椁及陪葬品都要通过墓道运送到墓室里，因此墓道应该是一个开凿平整的斜坡。但眼前的这条墓道根本就没有认真加工过，墓道上的石头坑坑洼洼，凹凸不平。

这时，任相宏开始重新考虑这个墓的奇特外形。整个陵墓是外"甲"字中套了一个小"甲"字，是一个双"甲"字形的陵墓。

任相宏：这种形制到汉代为止，特别是以凿山为陵的陵墓从来没见过。

任相宏觉得这并不是一种奇特的墓葬形式。外"甲"字的四周有4条在石壁上凿成的简易通道，显然这不是留作下葬的通道，而是当年修墓的民工上下行走的过道。如此大规模、高规格的陵墓怎么会留下这些粗糙的简易通道呢？

任相宏：我也认为这不可能是双"甲"的形式，可能还是一个"甲"字形下去的，也可能不是墓葬的最终形制。也许是没做完，修着修着就这样使用了。

任相宏认为，最初设计的陵墓可能是西汉时期的王陵中非常普遍的单"甲"字形状，外"甲"字本应凿到墓室底部，但显然不知道什么原因让工程停了下来，外"甲"字没有凿完，所以才出现了这样一个奇怪的墓形。种种的反常现象只能说明一件事，这座陵墓根本就没有修完，墓主人是匆匆下葬的。按照汉代的规矩，王都是头年继位，第二年开始修墓，陵墓一般都提前设计好形制和规模，然后开始动工。一般都是先在山体中凿出陵墓的规模来，然后再进行精细的加工和装修工作。陵墓的修缮会一直持续下去，直到王衰老或者疾病缠身而死亡。

眼前的双乳山汉墓外"甲"字没有凿完，说明它连最初设计的规模都没有完成，这位王就仓促下葬了。会不会是在陵墓的修建过程中王突然暴病，或是王统治的领地财政出现困难，无力承担修建如此巨大陵墓的资金呢？

这时，任相宏又发现了新的疑问。陵墓的主人下葬时使用了三重棺、两层椁，这符合西汉诸侯王的五重棺椁制度，而且建造了规模如此庞大的墓穴，但他却没有使用一般王室都采用的黄肠题凑。黄肠题凑是天子赏赐的一种葬制，在汉代王的墓葬中非常流行。它是设在棺椁外的一种木结构，用黄色的柏木心堆砌而成。陵墓中没有发现黄肠题凑，却在石壁上发现了许多方形浅坑，而且越靠近墓室的底部越明显。它们不可能是无意凿成的，也不像是施工留下的痕迹。所有到陵墓看过的考古学家，没有人能够解释这些浅坑的含义。

任相宏：这些东西是干什么用的？那肯定是有意识的。一个个小方坑，在壁上凿的，如果真是墓葬墓穴，它没有必要做这些东西，它只要切下去、放下去就完了。凿一个个小方坑是非常费时间的，这些小方坑很像黄肠题凑的痕迹。

也就是说墓室墙壁上的方形浅坑是在暗示着黄肠题凑的形式，这位王为什么要用暗示的方式呢？

终日沉迷女色的刘宽对汉武帝积怨已久，经常实施汉朝时期流行的偶像伤害术，他用铜木削成汉武帝的形象，并且在心脏、头颅等要害部位插上铁针，每天用恶语诅咒，希望汉武帝早日归天。诅咒天子和谋反没有任何区别，两罪并罚，这件事被皇帝知道了，皇帝马上派了一名官员要把刘宽押往都城问罪。官员很快到达了济北国都，骄奢的生活已经磨掉了祖辈遗传给刘宽的血性，他被吓破了胆，就在天子的羁押令到达的同时，在无奈和惶惑中，刘宽在自己的府中拔剑自杀了。

《汉书》上有这么一小段文字，大意是，历史上有一位王，在他即位后的第十二年，与自己父亲的王后和爱妃乱伦，并且在祭祀时诅咒皇帝，皇帝派人抓他进京，王拔剑自刎而死。

任相宏：刘宽是一个不拘于礼节、放荡高傲、也很有个性的人，皇帝他都可以诅咒。而且这个人也不是贪生怕死的人，不然，他也不可能自杀。

任相宏推测，双乳山汉墓的主人就是这位济北王刘宽。刘宽畏罪自杀后，济北王家族只能准备他的葬礼了。因为刘宽属于非正常死亡，没有任何先兆，因此连加紧完善墓穴的时间都没有。陵墓已经不可能达到最初的设计，墓壁上还留下了民工的通道，排水沟没有完成，临时用石块堆了个墓门，修了11年的陵墓只能说是一个半成品。刘宽下葬之时，完成陵墓肯定已经来不及了。但用柏木在墓道中搭建黄肠题凑却并不需要多少时间，往陵墓中摆放玉器和印章也不是件费劲的事。所以，刘宽的

墓道修得很仓促

突然自杀肯定不是使这两件事无法进行的原因。

黄肠题凑作为皇帝赏赐的一种待遇，诅咒天子的刘宽是肯定不可能使用的了，但济北王的家族又不甘心，因此在墓壁上凿了些浅坑，借以替代黄肠题凑。

至于玉的使用，刘宽就更没有资格了。汉代把玉人格化，认为玉具有仁、义、智、勇、洁的君子美德，所以以玉比德。刘宽的所作所为，说明他的品德简直坏到了极点，这在注重礼仪的汉代，是不能用大量象征美德的玉器来陪葬的。因此，在墓中任相宏只看到了九窍塞、玉枕头等一些基本的玉葬品。而且刘宽也不能使用金缕玉衣，但又不太甘心，所以只好凑合着使用更简单的玉覆面了。墓中没有发现印章，现在也可以解释，犯下这么多罪行的刘宽最终连证明自己权力和身份的印章也不允许陪葬在身边。

任相宏：尽管刘宽是出了问题，但他还是个王。所以，他依然可以使用原先的墓穴、车马制度、棺椁制度、金饼及其他随葬品，唯独这个玉器不行，还是有监督的。

任相宏想起了两个在玉枕旁发现的碎的玉剑璏，这虽然是墓中最好的玉器，却平白无故地碎了。

任相宏：那个玉是相当不错的。玉剑璏的硬度很高，通常情况下，是打不碎的，何况它是在颈部呢？

玉剑璏在玉枕旁边，上面就是玉覆面，同样是玉质的东西，如果因为陵墓崩塌，肯定把玉枕也压碎了，而且玉覆面是人为地整齐摆放的，丝毫没有被移动过。那么，为什么单单只有玉剑璏是碎的呢？

石壁上并没有汉代王的墓葬中常用的黄肠题凑，只有一些方形浅坑

最有可能的情况是，如果是刘宽的家人来埋葬他，他们肯定不会让他到了地下还背负着世间的这一切罪责，葬礼的现场可能有汉武帝派来的人，他监督刘宽的家人不许按王礼下葬，而且在最后的时刻，他敲碎了两块玉剑璏，放到了刘宽的枕头下。

（张晓颖）

1. 四两拨千斤

历史上，太极拳曾经威震武林，在实战中雄霸一方，而现在太极拳更多地用于养生锻炼，真正的实战精髓已极为罕见。

一指捧的传说是真是假？四两拨千斤的奥秘何在？

公元1864年，京城瑞王府，太极高人杨禄禅居然用一根手指将彪形大汉飞扑而出，这就是太极传说中的神奇“一指捧”。现在看来，这只不过是古人书中描绘的一段传说，但听说，现在也有人能够展现“一指摔”的绝活。

但有人不服，前往挑战，牢牢地抓住了此人的一根手指，用尽全身的力量试图把手指掰断。然而，这个挑战在一瞬间失败了。

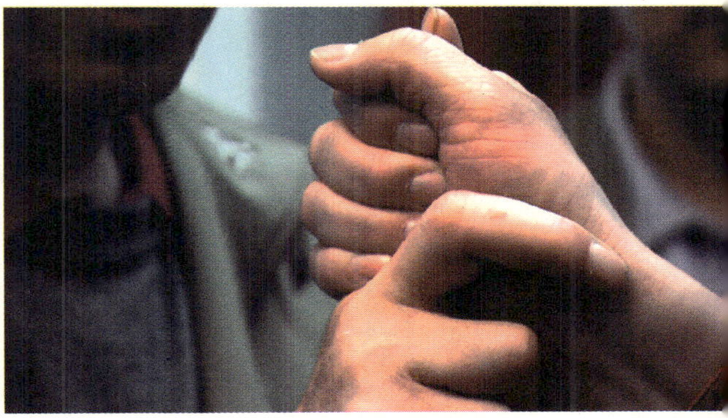

一指摔，是当年杨禄禅的传说，现在在张志俊的身上得以体现

张志俊，郑州第四纺织厂退休工人，陈氏太极拳第十一代传人。真正用于实战的太极拳在日常生活中很难见到，而对于张志俊来说，却几乎是他生活的全部。

张志俊：经常有人来找我。有些是外门外派的，有些是练太极的，挑战也好，切磋也好，其实都是一码事，都是要秤秤我的斤两。

他在一次次的切磋与挑战中逐渐获得认可，然而，他也对流传了一千多年的练拳方法，产生了质疑。

张志俊：这么多人下了这么大功夫，什么条件都具备了，为什么就练不好呢？我觉得是方法问题。

于是他从1984年开始，放弃了工作，潜心研究太极拳，苦苦研究了16年，总结出了一个打破太极拳传统练法的规律。

张志俊：16年中，我每两年研究出一个字，还得出了梢节领劲、两头卷曲、八个提纲挈领的经验之谈。

张志俊真的发现了练出太极拳神功的一条捷径？我们怀着好奇的心态想要探究，同时也将有一支科学的队伍对其进行科学的分析与验证。

李祥晨，国家体育总局科学研究所教授，近年来从事人体力学的实验与研究。他试图通过实验和现场的实战探究太极拳的人体力学奥秘。

张志俊的太极拳功夫真有那么厉害吗？太极拳的实战能力真的像传说中那样能四两拨千斤吗？在实验现场，张志俊将面临在力量和体格上都比他强大的对手，一系列不同方式的对决将展现在人们面前。

李祥晨也动用了最先进的器材和最精锐的团队，展开了一场别开生面的实验研究。这是历史上第一次以如此严谨的态度剖析传统文化，以科学的精神为基础分析太极拳的技击与实战。

实验组设计了一个简单的实验，既能体现出太极的技巧，又能让力量和技巧的作用一目了然。这就是太极技击中的一个基本动作——拧手。

150年前，初入京城的杨禄禅第一战就是以一招“拧手”瞬间结束了战斗；150年后的今天，张志俊将面临几位强大的对手展开一场实战。

实验中，张志俊的对手都是在身高和体重上远远超过他的人。第一个对手窦春旭是一个学习形意和披挂的武术爱好者。

窦春旭年龄43岁，身高1.82米，体重96千克，而张志俊年龄65岁，身高1.7米，体重只有74千克。如此明显的体重差异，让在场的人们不禁替张志俊担心。不仅如此，李祥晨还对张志俊及挑战者进行了握力和腕关节旋转力的测试。在测试结果的对比中，

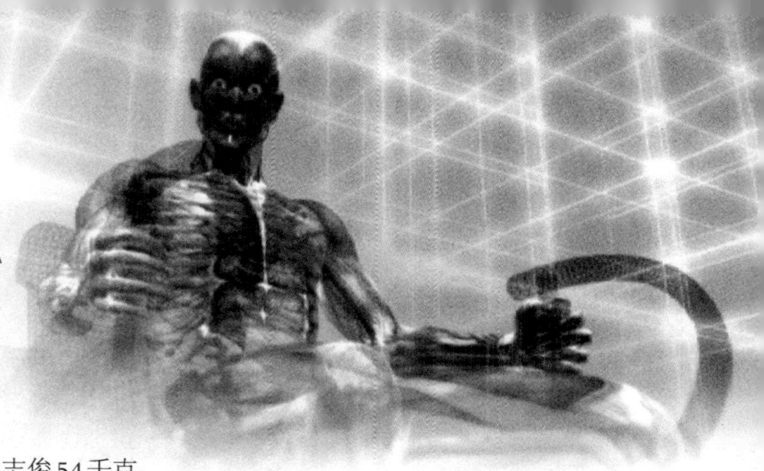

张志俊的握力在几名测试当中几乎最小

让人又多了一层担心。

握力结果窦春旭70千克，张志俊54千克。

窦春旭内旋力矩12牛·米，外旋力矩10牛·米；张志俊内旋力矩11牛·米，外旋力矩8牛·米。

结果证明，无论是张志俊的握力还是腕关节旋转力都远远小于其他的挑战者。这让在场的挑战者无不充满了怀疑。

余勇（选手）：我觉得他要是没有真功夫的话，这条路是走不通的。

窦春旭：所以，我一直对传统武术这种提法有所怀疑。

李旭民：我见过最好的功夫，都是比较内敛，你甚至不敢跟他对眼睛，会被他的这种精气神克服掉。

张志俊无论是在年龄、身高还是体重上都没有任何优势，那么他将怎样应对这样的挑战？他能否施展出传说中太极拳的神奇之力？尽管如此，为了实验的需要，张志俊和窦春旭仍然要以这个"拧手"较量作为实验的开始。

让人们意外的不仅是太极拳仍然具有格斗能力，最重要的是它的胜利为什么如此轻松？

再次反观窦春旭等人和张志俊的对抗，一时也很难说清"拧手"这一瞬间张志俊到底是怎样完成的。但是基于力量对比的事实来看，可以推论出，张志俊的制胜并不是力量决定的。

为了印证猜测，李祥晨组织了新的实验，在以张志俊和朱利尧对抗的肌电实验中，高速摄影机拍摄的画面似乎发现了一丝破解的曙光。

每秒1 000帧的慢速影像显示，在对手朱利尧进攻的瞬间，张志俊手腕有一个微小的动作。这个微小的动作，就是张志俊在抓握对方的手之后，还轻轻地旋转了手腕。

这个令人不易察觉的微小细节意义何在？难道它就是张志俊以弱胜强的关键？

张志俊：太极拳所有搏击的最高纲领，就是舍己从人。

李朝金在与张志俊一场对练后，甘于拜张志俊为师

张志俊的徒弟们，大都有过多年的武术经历

如果不仔细观察，人们很难相信这一微小的旋转手腕就决定了胜负，但它却是太极拳的精华所在，舍己从人，欲擒故纵，让对方无论使多大的力量，都仿佛迷失了方向。

虽然张志俊在"拧手"实验中顺利过关，但对于旁观者来讲，怀疑一直存在。这只不过是太简单的一种实验，虽然实验的对手在力量上都胜过张志俊，但他们都只是业余的体育锻炼者，也许张志俊利用一点技巧就能把他们的力量轻松化解。那么，如果面对经受过专业训练的武术运动员，这种技巧是否还经得住考验呢？

李朝金，国家一级武术拳师，武术六段，曾任四川省武警总队武术队队长。曾经拿过多次冠军的他，初次听说张志俊在重庆开太极拳培训班，也抱着强烈的怀疑态度。

看到很多人都报名参加，李朝金有些不屑，甚至想对这位太极拳大师验明正身。

李朝金：我还是有点不相信，就怕碰上江湖骗子。怎么说我也是部队出来的，免得以后闹笑话。

于是，李朝金走进训练场向张志俊展开了挑战。出乎意料的是，李朝金这个多次拿奖的散打冠军，在和张志俊的第一次交手中就被彻底击败。

李朝金：在我伸手的过程中，他一个顺缠变成了逆缠。然后我就顶住他的手，不知道要松，他一拿我，我就一顶，本来是他变方向，我却坐地下去了。当时也想不通，我怎么会倒地。

从地上爬起来的李朝金，内心的怀疑被击碎，但他却成了张志俊的徒弟，至今还在研习太极拳。后来我们才了解，张志俊的很多徒弟都有着深厚的武术功底，并且在一开始的时候，无不抱着怀疑和挑战的态度。

翟文胜，国家一级武术拳师，武术六段。曾经练拳击和散打的他，也是在和张志俊的实战对练中，感受到太极的魅力。

翟文胜：我开始不相信，但是领教过之后，也就相信了。

翟文胜这位赛场上的重量级选手，在和张志俊交手之后，却成了“不倒翁”，连站都站不稳，任凭张志俊引来带去。

他也因此从擂台赛上的搏击运动员，转而变成了太极拳的入门弟子。而这一入门，就是二十多年。到现在，他依然觉得太极拳有着很深的探究空间。

“稍节领劲”是张志俊坚持的一个太极拳的核心

翟文胜：前人留下来的东西，我们能否继承？在继承的同时，前人有没有错？练太极拳的人，都在有心求柔无意成钢，怎样才能做到呢？

俞勇，年龄35岁，身高1.81米，体重83千克。常年进行体育锻炼的俞勇是张志俊第二个正式的对手。

攻击者双手抓住小臂，太极拳只凭一条臂膀压倒对手。这招以一敌二的单臂下压，进一步体现了在绝对力量面前，太极拳以弱胜强的本质。

稍节领劲，才能舍己从人，引进落空

传说当年杨禄禅拧手打败第一个武士后，瑞王爷的仆人心怀妒恨，借献茶之际实施偷袭，杨禄禅即用这招轻松化解。那么今天，65岁的张志俊是否能将这招单臂下压的招式成功再现呢？

无论是拧手还是单臂下压过程都只是一瞬间，看起来并不复杂的动作，为什么窦春旭等人却似乎毫无还手之力？

俞勇：我是觉得他用的是技巧并不是力量。

从俞勇的亲身感受来看，摔倒他的原因也不是力量，而是某种技巧。这种技巧究竟是什么呢？李祥晨教授的研究队伍再一次展开了细致的分析。

通过每秒1 000帧的高速摄影机，捕捉张志俊摆动手掌的角度和速度。在这一轮的试验中，又有了进一步的发现。

角速度越快，说明每秒钟手腕摆动的次数越多。实验结果发现，其他人腕关节旋转的角速度最大值是700度/秒，而张志俊则达到1 400度/秒。就数据而言，张志俊具有远超对手的手腕关节柔韧度和旋转速度，几乎相当于对手的两倍。

由此可以看出，张志俊以弱胜强的内在缘由，显然不是依靠力量，而是依靠关节的柔韧度和旋转的速度。之前在拧手对抗中人们已经发现，张志俊制胜的一个关键就是他比别人多了一个微小的动作，就是旋转手腕。看来，关节旋转的柔韧度和角速度，是太极拳在实战中制胜的关键。

而这关键的两项生理运动指标，在太极拳的实战当中又该如何运用呢？张志俊已经说出了“舍己从人”，从而“引进落空”，那么，如何才能真正做到“舍己从人”？这里还有一个重要的核心，那就是张志俊所提出的“稍节领劲”。

太极拳控制对手的方法，依靠的是准确的方向，而准确的方向同样是稍节领劲，也就是在手指的带动下才顺利完成的。

张志俊举了一个例子：如果按照传统的方法，以腰来带我们的身躯、带我们的臂膀，再这么打出去，比如说抓一个杯子，谁都不会这么去抓的。也就是说，这个方法也许行得通，但是它违反了人的正常生理规律。所以讲，在敌人的力量也好、拳式也好到你眼前的时候，还没接触你指尖的时候，你就开始有所动作，这样的话才可能是最快的。张志俊走出了一条属于他自己的道路，那么张志俊的拳法当中还有什么奥妙之处呢？

2. 平衡魔术师

几百年来，太极拳界一直有一个传说，有一种高深莫测的技巧只有极少数人能够做到，这叫做“盲打”。所谓“盲”就是蒙上眼睛，全凭听觉和触觉来分辨敌人的进攻。

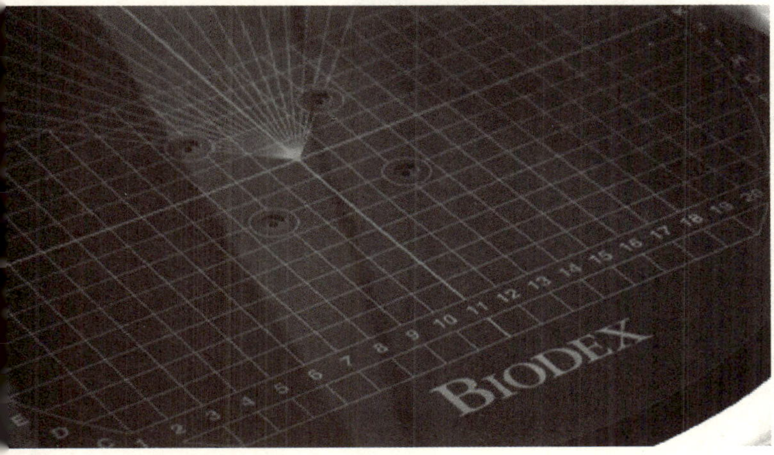

平衡仪，测试每个人的平衡能力

盲打，是太极拳“听劲”的体现，也是太极拳平衡能力的体现

蒙上双眼的张志俊，完全看不到对手的运动方向和力量转变，但他依然轻松应对，将对手一一击倒在地。

有的测试者试图通过猛地改变用力方向，试图让张志俊失去平衡，但张志俊更是在瞬间作出反应，使对手在来不及更改方向时就摔倒在地。

听劲是太极拳独特而神秘的高明技巧，人们亲眼目睹了张志俊蒙眼盲打的精彩动作。接下来人们更想知道，他依靠手指“听劲”，是不是因为他的触觉更加灵敏，反应能力更强？

张志俊：听劲是太极拳人给它起的一个名字，是用耳朵听的意思，这只是一种形容。真正的听劲是一种触觉反应。

为了测试每个人的触觉反应能力，李祥晨专门设计了一个触觉反应测试器。

李祥晨：触觉的测试是通过一个气泵，让两个受试对象同时在蒙眼的情况下，来感觉这个力过来，然后作出反应。

所有测试者全都参加了这个实验。

参与受试者窦春旭、俞勇、李旭民、朱利尧、姚宇。

为了捕捉测试者反应瞬间的准确信息，首先在每个受试者身上都贴上肌电电极，同时以每秒1 000帧的高速摄影机捕捉动态影像。

李祥晨：为了更精确地了解太极拳选手，要考察选手在感受方向和力的大小的时候，能不能快速地作出反应。

通过此次实验，李祥晨将计算出受试者在小球弹出瞬间的反应时间。

结果显示，张志俊的反应平均为0.28秒，与其他6位选手相比难分伯仲。

李祥晨：从数据上来看，太极拳并没有超常的反应能力。

既然张志俊在触觉反应能力上并没有明显优势，那么他的优势又在哪儿呢？人们静下心来观察眼前的情景，一般人蒙上双眼就很容易失去平衡，而张志俊不但能够保持自身平衡，还能将对方击倒。这是不是说明他自身具有很强的平衡能力呢？为了验证这一点，李祥晨和他的同事又展开了一项平衡测试。

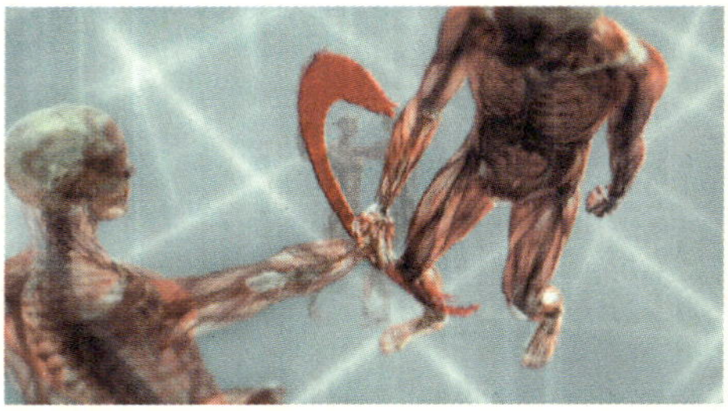

拧手，是太极拳化解对方力量的重要体现

胡水清：很多文献中都讲到，练太极拳会提高人下肢的控制能力，会预防老年人摔倒。我当时就想，张老师的平衡能力应该是比较好的。

张志俊几年前到美国讲学时，曾经获得过“人体平衡魔术师”的绰号，可见平衡对于太极拳的重要。

李祥晨：平衡指的是神经肌肉的协调能力，它测定的目的是要了解人的神经控制能力。

平衡台，双脚踩住万向踏板，控制方向，使屏幕中的光标迅速移动到5个方向的坐标中，并停留两秒钟，最终计算出所有时间长短，就是平衡能力的水平。然而，张志俊的平衡测试结果与其他人不相上下，并不像我们所预料的那么好。

张志俊：它和实战当中的平衡完全不是一个概念。我原来想象的是我应该比别人好，实验的结果我并不比别人好。

李祥晨教授讲解小球测试的方法

胡水清：当时我们想，张老师的力量、平衡和有氧能力可能比较差，那张老师为什么能制胜呢？

张志俊认为，通过平衡仪器所测量的平衡，与实战中的平衡不是一码事，所以，自身的平衡并不是实战中“听劲”的关键。究竟什么才是太极拳“四两拨千斤”的关键所在？怎样才能做到“闭眼听风”？这可以从张志俊徒弟们的练拳感受中，得到些启发。

太极推手的忽左忽右正是相互打破平衡又建立平衡的过程

翟文胜：我曾经参加过拳击散打的比赛，所以我对自己拳的力度各方面自认为还可以，但是一拳过去之后，结果就不一样了。当时，我根本就无法想象老师是怎么把我的拳架空的，一打没有了。为什么打不上呢？老师就像施了法术一样，在我的手臂上，轻轻地划了一下，我一头就栽下去了。

太极的每一个动作都是圆或圆的一部分

翟文胜曾多次在擂台赛上拿过冠军，却没有想到会在一个比自己年长很多的太极拳练习者面前，连站都站不稳。

翟文胜：进没法进，退没法退，在这种情况下，进之则空。也就是说，进的时候，找不到老师的支点，开始有一个支点，突然间就没有了，就像站在悬崖边上一脚踏空了的感觉。

当时的翟文胜已经意识到，自己的拳击技巧根本就派不上用场，但太极的技巧又尚未完全掌握，所以在与张志俊的对练中就像是一个不倒翁，任由张志俊推来送去。

翟文胜：打一拳，就失去平衡了，或者是将要失去平衡。对方稍微给你一点力就把你带出去了，因为你的重心没有了。

翟文胜回忆起和老师推手的经历，无不流露出惊奇与惊恐的神色。而这些惊奇和惊恐，又无不外乎“意料之外”、“踩空了”、“使不上劲”，终归一句话，他失去了重心。

李毅（重庆陈式太极拳研究会会长）：我跟他一搭手，就把他按住了，刚想使劲，前面什么东西都没了，像突然从高楼失重的感觉，很恐怖。

李毅居然用“恐怖”来形容太极推手中的失重感。并且这种失重难以预料，一旦有了这种感觉，也就意味着接下来的一个瞬间就是要栽倒在地。

李毅：首先身体要保持平衡，从人的生理角度来讲，往往是当人的拳向前打，对方一牵引，你的手继续向前运动的时候，你这个手为了保持身体的平衡，它不会向前去，只会向后去，因为只有向后去，人才能够保持平衡。

李毅的感受和翟文胜不相上下，而他最大的感受是“失重”。那种类似坐“过山车”的失重感让他强烈地意识到，自己之所以能被老师完全控制，忽前忽后、忽左忽右，是因为自己完全失去了平衡。

由此我们受到启发，张志俊之所以能够蒙上双眼，仅依靠触觉就能够击倒对方，不是因为他有极强反应能力，也不是因为他自身的平衡，很大程度上，就是因为他善于破坏对方的平衡。

张志俊：他之所以会摔倒是因为他在你身体上没有了支点。一个人扶住一个东西，当一个人要栽倒时想扶住一个椅子稳定自己的时候，有一个人把椅子撤走了，这时他会怎么样呢？

张志俊不但很懂得如何破坏对手的平衡，更能讲出这些招数背后的科学原理，因为他一直在探寻太极拳神奇之处的理论依据。

张志俊：他在撤手的时候就是一个斜面的改变。正常斜面是很舒服的，但正常斜面突然断了，斜面改变了，方向变了，就产生了空。在他空的瞬间你给他一把力，那么他瞬间就倒下了。

张志俊此时提出了第一个力学原理——斜面。他发现太极拳在实战中的很多招数，实际上都是由于力的斜面发生了改变而使对方突然失去了平衡。

张志俊：我可以举一个例子，我们平时带着小孩上公园去玩，小孩最喜欢玩的一个项目叫滑梯。几岁小孩从滑梯上去滑下来很愉快，自己又跑回去，又滑下来。那是因为他沿着一个斜面下去了，可是一旦滑梯中间断了，小孩滑

高速摄影机捕捉小球弹出时每个人的反应时间

到那儿以后，就变成了自由落体运动，就空了。太极拳就是利用这种斜面的改变，形成自由落体，才使人空。

张志俊认为，很多太极拳的实战技巧都离不开“斜面”原理，但太极拳也绝非只囊括了“斜面”，还有其他几种力学原理，都可以用来解释太极拳的“四两拨千斤”。这一点，经历了多种试验和思考的李祥晨也有相似的推论。

李祥晨：他并非完全都是以一个圆的方式旋转。我可以理解成他是以切线方式在旋转，因为他不可能画一个规规矩矩的圆。

切线是几何学名词，意思是：经过半径外端并且垂直于这条半径的直线。假定对手的攻击是圆，那么太极拳就应该在这条切线方向用力。简单地讲，太极拳的理想攻击方向就是任何时刻都不正面迎着对手的方向。

太极圆是一个古老而神秘的图形，在中国它代表了世间的万事万物。百多年来，凡习练太极拳者无一例外都在追求着“圆”这一至高的运动境界。而通过对抗也清晰地看到，太极拳所有动作似乎都在遵循着“圆”这一古老相传的规律。

无论张志俊做什么动作，实际上都是在做一个圆的动作。这个圆的动作是什么意思呢？

当年杨禄禅应对各路武林高手，其中一个武士被打之后莫名其妙，于是再次冲了上来。杨禄禅就是用一招童子拜佛，将他再次击倒在地。

为了再现童子拜佛，仍然由窦春旭作为张志俊的对手。童子拜佛所考验的是人体向下的力量，实验组同样对张志俊和窦春旭进行了力量测试。

腰背力测试结果：张志俊腹肌127，背肌160；窦春旭腹肌195，背肌292。

张志俊：尽管出现了种种差异，我觉得也不应该有这么大，然而事实胜过雄辩，数字出来了，也没法不相信这个真实。

窦春旭的力量超出张志俊将近一倍，如此巨大的差距，张志俊能否挑战成功？

然而，人们再次亲眼所见，窦春旭双臂强大的支撑力，被张志俊在一瞬间轻松破解。

如李祥晨所说，战斗只需瞬间结束时并不需要太多的体能。张志俊不费吹灰之力潇洒制胜，说明太极拳并非一个“巧”字可以解释。

李祥晨：他的力实际上是张力，他所有的力是向外膨胀的，就像雨伞。如果把雨伞撑开以后，力是很强大的，风也吹不坏。

回顾之前的挑战实验，童子拜佛是个圆，单臂下压仍然是个圆，甚至拧手也还是个圆。不过这仅是第一个圆。同时，通过自身手臂的旋转形成第二个圆。

李祥晨：依次在切线上，如果我再旋转，那么在两个切线上运动，别人的力是作用不到我身上的，也就是说，很多力对我没有意义。

也就是说，当两个圆相加后形成的圆才是最神奇完美的变化，这个圆已完全超越了传统认识中的圆，它所真正体现的是一种时时刻刻的动态变化。

张志俊：前后是本能，左右是技巧，上下是奥妙。这6个方向所有的圆都按照6个方向去画，这时出的力就叫浑圆力。这种浑圆力是练武术人梦寐以求的。

切线原理，是太极中四两拨千斤的一个奥妙

人们在现场亲身体会了太极拳的浑圆力，以及这种浑圆力所成就的四两拨千斤。这才是太极拳真正的奥妙所在。

弧线、切线、变化，这一系列动态的运动已远远超越了6个方向，并同时赋予了人们以崭新的视角欣赏传统文化。

3. 爆发的瞬间

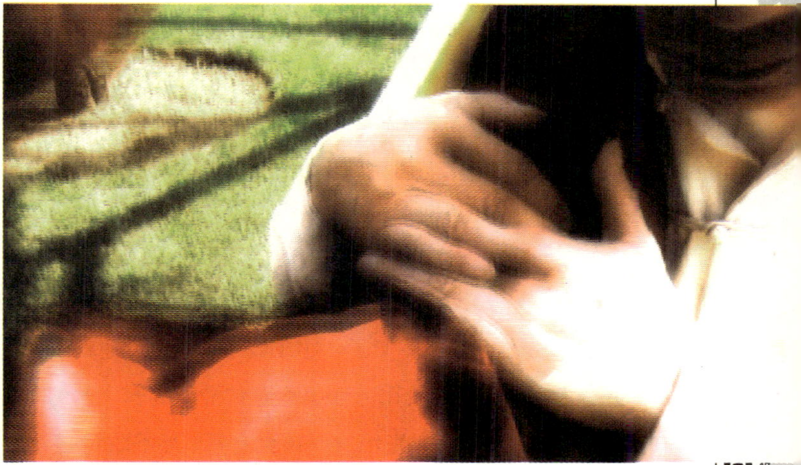

太极无处不是圆，切线的产生也来源于圆

人们见证了太极拳以弱胜强，又见证了它的闭眼听风，实验见证它的连续制胜是凭借无形的斜面与切线，以此来破坏对手的平衡。难道太极拳只能用来破坏对手的平衡？它是否具备强大的爆发力呢？

在和老师对练的日子里，李毅就曾经有过一个深刻的记忆，那个记忆让

太极拳的技击手法，能将对手瞬间击倒在地，这就是一招制敌

他感受到了太极拳巨大的爆发力。

李毅：他的手一拎起来，我的头就从他手侧面过去了，他的肘尖正好在我的后颈窝轻轻地点了一下，我就不属于自己了。大脑轰的一下，就像爆炸一样，脑中一片空白。

李毅没有想到，如此简单的一个动作，竟然让自己有了前所未有的晕眩。

李毅：当时非常的痛苦，因为不可能预计到会出现一种什么样的状况。

然而，像李毅这样在师徒对练时受到惊吓的状况，并不仅此一次。几十年来，徒弟们多多少少都有过类似的经历。

李朝金：太极拳不先打圈可不可以？接手就来可不可以？老师说可以。一闪进去就被老师的手压住了，我意识到，终于抓住机会了！我心里面很高兴，一松胯，就想出去！正准备出，就感觉到飞了起来！突然失重，像往前下栽，不知道怎么回事。

孙长海，国家一级武术裁判。曾担任河南省交通厅武术教练的他，根本就想不到太极拳有着意想不到的威力。

孙长海：我刚刚搭老师手上去，老师一挂手就到我这来了，我的颈椎突然一下子就受不了了，一直痛了好几天。

孙长海从20世纪80年代就跟从张志俊学习太极拳，并且他之前也有着多年的武术功底，并多次在武术比赛上拿奖。身强体壮的他怎么也没有想到，就在他和老师随意地试练一个动作时，竟感受到了前所未有的惊险。

孙长海：磕到地下之后，我睁开两只眼睛，满眼是金花。我想大白天怎么有星星呢？当时整个人就蒙了。

张志俊：我感觉我是没用力，可能平时在跟他玩儿的时候用力大了。我一推他，“叭”一发力，他就摔倒了。中午吃饭的时候，他就老在那儿晃脖子，然后就喊脖子疼。我当时就想，我都没用力他怎么老喊脖子疼？

徒弟们有了这些切身的体会之后，都不敢再轻易跟老师交手。每次张志俊要做示范时，他们都尽量往后躲，因为那种突如其来的爆发力，实在是难以招架。

虽然张志俊总是感觉自己没用多少力，但是，对于受力的徒弟们来说，已经到了难以承受的程度。

这些意料之外的经历，让张志俊及他的徒弟们感受到了太极拳在实战中具有的巨大的爆发力。

从张志俊的徒弟们口中说出这些痛苦，我们无法体验。为了探究太极拳究竟具备怎样的爆发力，我们进行了另一项实验。在科学电影制片厂的摄影棚里，道具师们正在赶制此次实验所需要的最后一个道具“假人”。这是根据李祥晨的设计特殊制作的，在服装模特的胸腔里装进猪肉、猪肠子等填充物模拟人体内脏，在人体模型的腹部覆盖一层硅胶来模仿人体皮肤的质感。最后，要用强烈灯光照射，使硅胶凝固，给假人安装各种实验仪器，以获得真实数据。

李祥晨：一拳过去以后，内脏如果没在固定的情况下，会发生震荡。

假人模拟真实的人体，被击打后内部会产生三维空间的震荡，这些信息会被仪器清晰地捕捉并记录。

胡水清：我们当时把足底压力传感器放在假人的肚子里，主要目的是测试打假人的时候，假人内部一些受力的变化。

将压力鞋垫置于假人腹部，在感受外部力量击打的时候可以准确地采集到击打瞬间的冲击力。

在训练当中，受伤是徒弟们的家常菜

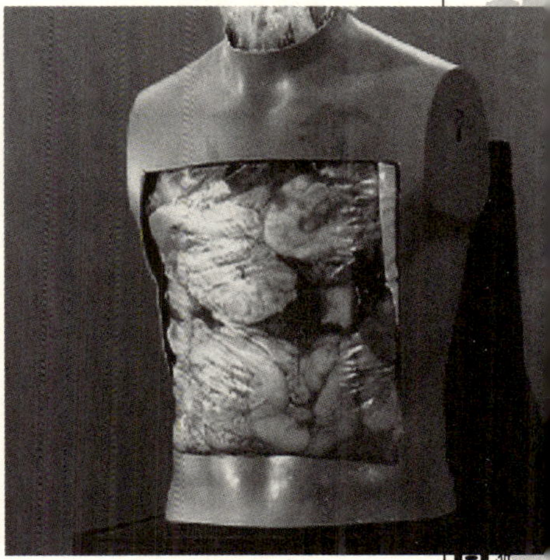

试验中，我们用硅胶和猪肉模拟人体

往制作的模拟人体中灌硅胶

测试开始，张志俊和其他的测试者都攒足了力量朝假人打出了重重的一拳。

人们期待着实验中能够看到张志俊无与伦比的击打力，但结果却令人瞠目，张志俊的击打力最小。

张志俊的打击力量是26.5，朱利尧第一、李旭民第二、张国良第三、张鹏第四、张志俊第五。

李祥晨：测试结果不理想，后来查原因的时候发现一个最大的问题。假人表面很光滑，里侧很粗糙，全是风，没有办法真实地测出来人在击打假人的时候拳的着力点，以及他是不是真实能测到这个力的大小。

实验组对假人击打的实验分析认为，目前的测试对象只是假人表面的作用力，要看一个力量对人体的总体杀伤力，还要看它对人体更深层的作用力，而当时的实验条件却很难达到这一点。

虽然不能测试假人身体内部所受到的打击力，但是李祥晨却还有另一个参照指标。

当打击者的直拳接触到假人时，三维加速度仪器启动，当拳手离开时仪器的峰值迅速下降，这个时间叫做击打时间。

张志俊给徒弟们做示范

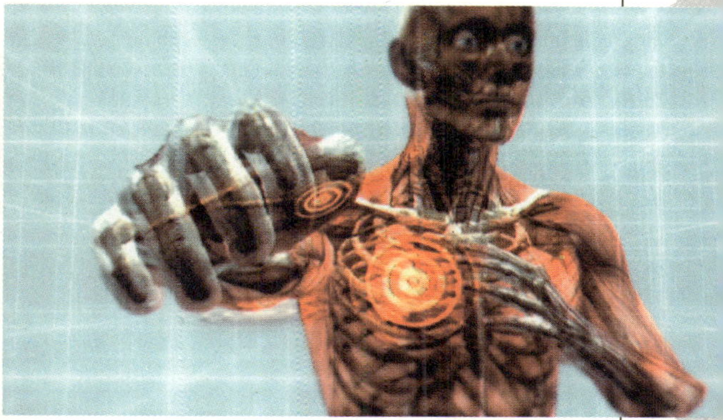

太极拳发出的是一种螺旋力，因此具备很强的穿透力

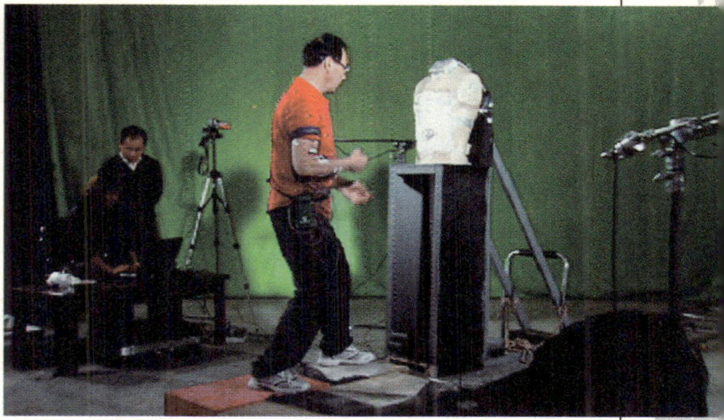

测试中，张志俊的击打力最小，但是他的力量在模拟人体上的作用时间却最长

滤波后的作用时间显示，张志俊2.27秒，张鹏2.33秒，这两个练习太极拳的人，超过所有人几乎一倍。

李祥晨：当我把拳抽开、回撤以后，这个时候的内脏在受到击打以后，会产生被击打或震荡效应，震荡时间越长，受损肯定越强。

通常搏击中最高的速度和最大的力量相加后，会造成破坏性的杀伤力。然而，实验数据显示太极拳不但打击力最小，而且速度也是最慢，但是却可以造成整个内脏的震动反应。

仅仅是作用时间长，就是太极拳巨大爆发力的原因么？太极拳的爆发力究竟强在哪里？在场的人都忍不住想要感受一下，而这次感受，却令他们终生难以忘怀。

尽管张志俊只使了五分力，姚宇说他似乎感受到拳头从自己的胸膛穿透。也许只有亲身体验的人才能真正体会这种感觉。但我们从这些画面里，也能感觉到这一拳的威力。

为了搞清姚宇的深切体会，李祥晨也决定亲自体会一下。

李祥晨：感觉很难形容。但是能感觉出来它的不同，就是觉得内脏也在疼。

在场的人都亲身体验了太极拳的爆发力，尽管张志俊已经控制力度以免伤到对方，但从他们痛苦的表情我们可以看出，这种体验并不好受。用李祥晨教授当时的话说，感觉五脏六腑都乱套了。

李祥晨认为这种爆发力和穿透力除了来源于力的作用时间长，还隐藏着其他的奥秘。于是，他进一步对张志俊等人的出拳做了肌电测试，在这一轮的测试中，他得到了意外的惊喜。

各肌肉块最大电压值的方差越大，说明同步性越差，张国良参与击打动作的各肌肉肌电电压方差为2 362μV，而张志俊的方差仅仅为368μV。

李祥晨：在这个实验中，7个选手中张志俊老师的方差是最低的，他应该是最高的那个人呀！

击打动作链中各肌肉同步性高的发力方式，既能保护击打者核心区的稳定，提高击打者自身关节的安全；另一方面，这种同步调动整个身体肌肉同时发挥作用的方式，比仅仅一个拳头发力的打法，能够产生更大的动能。

也就是说，肌肉电压的方差越小，说明各个部分的肌肉用力越均衡，力量越同步，这样每一拳发力的动能就越大。

实验结果表明，很多块肌肉在同一瞬间均衡发力，再加上较长的作用时间，就产生了太极拳较强的爆发力和穿透力。但张志俊毫无保留地说出了另一个技巧，也是太极拳穿透力形成的关键。

张志俊：一般人或者练过一些拳术的人，就像子弹或者炮弹打到坦克上一样，是没有用的，但穿甲弹打到坦克上就会产生作用。因为它可以螺旋进入，直中求弧。太极拳的爆发力就像穿甲弹一样，尽管很小，但是能钻到人的内脏里。

张志俊的力量并不大，就像一颗子弹，在步枪的枪管里都有膛线，膛线是帮助子弹进行旋转的，旋转之后能够保证让子弹飞行得更直更远，力量更大。张志俊的拳是转着圈地打上去，就好像这个力量把人给打穿了。可想而知，他这种旋转打出去的劲道有多么大。

张志俊：有人说直线最快，有人说弧线最快，我认为螺旋中求直是最快的，像子弹一样。

之前，张志俊提出了“稍节领劲”，用以化解对手的力量或破坏对手的平衡，而真正和爆发力有关的奥妙则是另外四个字——“两头卷曲”。

张志俊：两头卷曲恰巧是使这种爆发力变得更大、更脆、更快，它可以连续打击。

在“稍节领劲”破坏对手平衡的瞬间“两头卷曲”，这个瞬间才是太极拳真正的发力点。而打击者也就是在这一刻将周身的力量爆发出来，这股瞬间凝聚的爆发力，以螺旋的方式快速穿透对手的身体。

表演中1

“稍节领劲、两头卷曲”，张志俊花了16年的时间所得出的8个字，可以说是对传统太极拳练习方法的打破，也可以说是对固有太极拳理论的发展。他并不期待所有人的认同，更热衷于更多的探讨和深入。

表演中2

张志俊：我好多朋友问我，为什么对太极拳这么痴迷。我当时就跟他说，假定我研究了10年、20年的太极拳以后，历史证明我是错的，我说没关系，在这里可以立个错字碑。就说有一个狂妄的小子叫张志俊，研究了几十年，提出了稍节领劲、两头卷曲，他失败了，告诉后人不要从这个路上走过去。我觉得这也是个成就，对我也是个安慰。因此，我当时觉得无论对与错，都是值得去做的。

张志俊把自己生命中最可贵的时间用来探索太极拳，他做的一切都是为了把太极拳的实战功能变得有效、变得简单。他的实用技巧吸引了众多的太极拳爱好者前来学习与切磋，并激发了更多人探索与追寻太极拳的魅力。

（张丽颖）

千手观音“整容”记

CCTV10 中央电视台

著名的千手观音是大足石刻中的典型作品之一。

现在，它已经成为世界级的文化遗产了。然而，由于它是依山开凿出来的造像，800多年的风刀霜剑对它的摧残已经非常严重，观世音菩萨1 000只手中的手指都已严重风化。

那么，我们有没有什么好的办法来保护住这一文化遗产呢？

大足石刻千手观音位于重庆市大足县境内的宝顶山大佛湾，开凿于南宋中晚期，是世界文化遗产大足石刻的代表作品之一。由于历经800多年风雨，大足千手观音岩体风化、金箔脱落、彩绘变色起翘、手指断裂。随着时间的流逝，它的损坏在不断地加剧——

宝鼎山千手观音手部特写

1979年，0.25吨块体自然脱落；

1985年，一只50千克的手自然脱落；

2008年5月12日，四川地区发生强烈地震……

保安：当地震发生时，我看见旁边办公室的房屋整个都垮塌下来，赶紧跑到观

工作人员在扫描千手观音

工作人员在数千手观音到底有多少只手

音堂。当时我震撼了，我看见千手观音的手全部都在发抖，像是在跟谁招手似的。

黎方银（大足石刻艺术博物馆馆长）：我当时的第一反应就是觉得完了，大足石刻中的很多文物可能保不住了，千手观音更可能毁坏了。

但是出乎所有人的预料，千手观音在地震中幸免于难。人们在感到欣慰的同时，也感到担忧：在文物界，通常将1 000年视为一尊石刻文物能否继续存留的分水岭，如今已八百多岁的大足千手观音犹如快速进入到衰老期的重症病人，虽然扛住了地震，但它还能维持多久？如何科学地保护千手观音，尽可能延长它的生命，对现任馆长黎方银来说，是最大的压力和挑战。

黎方银：如果它毁在我们这一代人手里，我觉得对不起自己的良心。

陈明光：历史选择了让我们这一代人来保护它，就绝不能让千手观音损毁或消失在我们这一代人手中。

陈明光是大足石刻艺术博物馆原副馆长，在他的记忆里，大足千手观音曾经金碧辉煌，见过它的人没有不为之震惊的。

陈明光：20世纪70年代末期，当时的千手观音还保存得非常完好，金碧辉煌，十分壮观。

游客：我觉得太令人惊叹了，简直不可思议，想不出古人是怎么把它雕刻出来的，使用了什么材料，用了什么技术，而且还要把金箔贴上去，这实在太令人惊叹了。

大足千手观音像高7.7米，宽12.5米，雕刻在15至30米高的崖壁上，达88平方米，因为相传在崖壁上刻有手1 007只，每只手掌中还有一只眼睛，手执各种法器，因此又名“千手千眼观音”。令人无法相信的是，它竟是由一整块坚硬的山石刻成的。

游客：看到它那么多只手，摆着不同的造型，感到十分震撼。

新加坡佛教人士：这一雕刻艺术实在太美了，没有想象到它能够雕到这么高，身上的手感觉在飞舞。

大足县宝顶山的千手观音虽然地处偏僻，但每逢农历2月19日这个传说中观音菩萨生日的这一天，宝顶山总会人山人海，湖北、贵州、云南、四川等地成千上万的信众，都络绎不绝地来朝拜。

陈明光：在老百姓心目中，千手观音非常值得尊重，是因为它有1 000只手，有1 000只眼睛，老百姓认为它法力无边、智慧无穷。

保安：我们这儿的人特别相信它，认为它是有求必应。

然而，就是这座人们心目中智慧无穷的千手观音，在经历了800多年的风雨后已是伤痕累累，“病魔”缠身，一场规模浩大的“整容”行动已经势在必行。

此时，千手观音石像残损已经非常严重了。对于石制文物的保护是非常困难的，因为大气是我们没有办法去控制的一个自然环境因素。这个不同于以前出土的彩色兵马俑，在那样一个环境当中，它毕竟是一个小个体，可以采取恒温恒湿，以及往表面打胶的方法来保住它原本的颜色。而这座千手观音像实际上就是大自然中的一块石头，与一般岩体被风化，由大石块变成小石块，最后变成沙粒的

河北的木雕千手观音

过程一样，我们是很难阻止这个过程的，只能想办法延缓它的风化。

这已经非常艰难了，更何况要让这座佛教观世音菩萨的造像能够再次焕发出以往的庄严法相。所以，这一次必须要采取一些与以往不同的方法。但是，石像整体面积这么大，到底该怎么去做呢？

2008年5月21日，国家文物局将“千手观音”修复工程定为全国石质文物保护一号工程，并组织国内外十多家科研单位的顶级文物保护专家集体“会诊”。如此大面积的不可移动石质文物，它的修复难度可想而知。那么，到底是哪些因素导致千手观音遭遇如此复杂的伤害？对千手观音的“整容”修复我们有没有把握呢？

陈卉丽：当时大家真的没有信心，因为当初我们觉得病害太复杂，以前我们从来没介入过像这样集石质、贴金、彩绘于一体的文物。

詹长法（中国文化遗产研究院研究员）：说实话，当时一点把握也没有。它是一个非常复杂的问题，它是不可移动的文物，它就是一座山，对于一座山应该怎么进行诊治，过去还没有可借鉴的经验。

詹长法有着近三十年文物保护经验，曾经推动了中国和意大利政府间的文物保护合作项目，因为突出的文物保护成就而被授予意大利骑士勋章，此次由他担任大足千手观音修复工作的负责人。

面对身处崖壁之上的千手观音，如何才能找到“病症”所在，制订出科学的修复方案呢？詹教授认为眼前第一步先要弄清大足千手观音到底有多少只手？可能有人疑问，千手观音的手只是个不确定的数字而已，并没有实际意义，为什么一定要知道它的数量呢？

受损前的千手观音之二

詹长法：因为我们的这个方案是根据每一只手来制订的。

陈卉丽：因为每一只手的“病害”不同，所以每只手的修复方案也是不一

受损前的千手观音之一

样的。

詹长法：数清这个手的数量，对我们认知有很大的关系。如果我们连手都数不清楚，那还怎么保护千手观音？

河北隆兴寺的一尊铜铸千手观音，河北普宁寺中的木雕千手观音，以及许多文物古建中的千手观音，一般只有十几只或几十只手。在民间，只要在10只手以上就可称之为“千手观音”，“千”只是象征性地表示手多而已。许多常见的千手观音都特意将手整齐排列，意在让人信服足有千手，但是像大足宝顶山的千手观音，手的组合并不是整齐排列的，规模之大，手眼数量之多，让人眼花缭乱。那么，大足千手观音1 007只手的说法又是从何而来呢？

据说，几百年来，人们一直想解开这个谜。但是数来数去，由于千手观音的手在排列上并没有一定规律，分布得纷繁复杂，所以一直都没有数清。于是，千手观音手的数量竟成了一个难题。

游客：肯定数不清。我觉得千手观音那个手太多了，并且每只手的姿势都不一样，感觉眼睛都看花了，给人眼花缭乱的感觉。

陈光明：从来没有哪一个人真正数清楚过这个千手观音手的数量。

而事实上，大足千手观音有1 007只手的说法源自一个传说。据说宝顶山有一个小和尚，他日夜守护着千手观音，一天，他下定决心，一定要破解这个祖祖辈辈传下来的难题。正好，当时要给观音像贴金箔。小和尚为了数清千手观音的手，每给观音的一只手贴上金箔，他就往篮子里扔一个竹签。整尊观音的金箔足足贴了一年零三个月，大大的篮子也装得满满的。小和尚一数，竹签不多不少，正好1 007个。

受损前的千手观音面部特写

一个不知名的小和尚，用最传统的方法为我们解决了一个流传了几百年的难题，大足宝顶山千手观音也成为中国佛教艺术中名副其实的千手观音。那么，一直沿用至今有1 007只手的说法准确吗？

詹长法：面对千手观音手的数量问题，我初在做这个调查的时候也曾困惑过，也面临着一个很简单的一道算术题，这真的是1 007只手吗？

2008年8月初，考古发掘中常用的探方勘测方法被引入。通过将考古探方从平面形式变成立面化的形式，将近景摄影照片转化为矢量线图，并分为9行11列，逐一调查手臂数量等相关数据，大足千手观音手臂数量这个千古之谜最终定格。

詹长法：通过我们现在的科学调查，我可以负责任地说，我们千手观音手的数量是830只手，而不是过去所说的1 007只手，我们给每一只手都做了一个ID号。这个ID号就相当于每一只手的一个身份证，每一只手都不同，绝对不会弄错。

宝顶山的大佛湾是一个U形山湾，在长约500米的崖面上有着近千尊石刻雕像，千手观音就凿刻在这个崖面上。因为它的造型是不规则的，也不是同处一个平面，常规测绘技术手段所获取的平面图件是无法完整、真实地反映千手观音的形态及保存现状的。那么，如何把这个立体的崖壁石刻影像留存下来呢？

黎方银：当时大家觉得是束手无策，对于怎么才能够达到这种目的一时找不出办法。

三维激光扫描技术为这一难题的突破带来了新的契机。它不仅可以从不同角度全方位展现石窟的面貌，还能对石窟中造像的每个细节的现状进行真实记录。

人类肉眼的分辨距离大约在一到两三个毫米，用这个仪器可以观察到某些肉眼看不到的部位。它还可以直观地看到扫描的手部信息，以及这些金箔脱壳、起落、风化的状况。

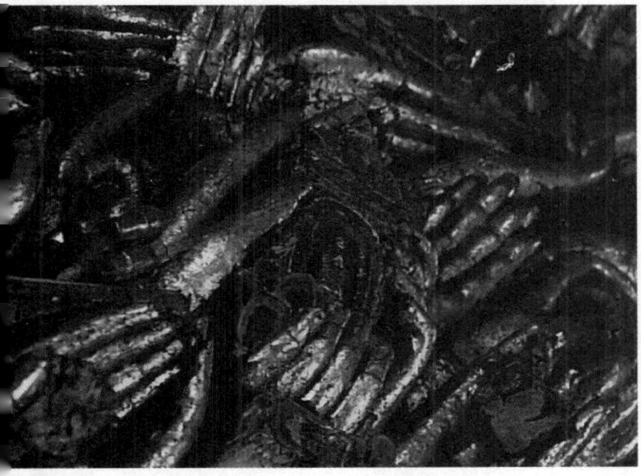

受损前的千手观音手部特写

通过每秒发出几十万个点的激光进行扫描，激光反射回来并得到千手观音表面的三维数据，然后传输到电脑中形成三维图像，准确地记录了千手观音的每一处细节，并精确到50微米，这一手段，被誉为千手观音的“身份档案”。

陈光明：将工作做到这样细致，保存的历史信息又恢复了现状，在过去是不敢想象的。

在历时4个月的勘查研究中，中国文化遗产研究院、中国地质大学、北京大学、清华大学等多个单位，近30余名专家，采用了包括三维激光扫描、红外热成像探测、三维视频显微镜等15种达到世界先进水平的无损检测设备，发现大足千手观音病害包括岩石粉化、金箔开裂、彩绘褪色等多达34种病害，病害面积大于200平方米，在国内尚无修复成功先例，存在着很多世界级的难题。面对如此复杂的病害，如何治疗，困难重重。同时，病害随着时间的流逝，也在急剧加重，其危急程度已经到了“先救命、再治病”的危急关头。

黎方银：如果我们不及时抢救的话，可能在不久的将来，千手观音就将不复存在了。

一时间，大足千手观音成为诸多媒体关注的焦点，并一度成为网络上人们的搜索词，引来社会各界的关注，而如何延长“千手观音”残年寿命成了项目组的新课题。

小和尚在给宝鼎山千手观音的手贴金箔

“千手观音”究竟应该如何修复，这一问题经媒体报道后，热心的读者和观众纷纷出谋划策，提出建议。有的人提出限制门票出售、限制参观人流。这种做法是有先例的，大家所熟知的敦煌莫高窟就是采用这样的办法来管理的。因为人呼出的二氧化碳，以及照相机的闪光灯等，对这里的壁画、石制造像都是有影响的。

修复后的千手观音发现霉菌

还有人建议，不如索性弄一个大玻璃罩子，把“千手观音”像整个罩起来，玻璃罩内恒温恒湿。这种办法在国际上也有先例，比如对于一些名画的保护就常常采用这种办法。巴黎卢浮宫内著名的“蒙娜丽莎的微笑”、法国的国宝就是采用这样的方法来保护的。还有我们国内的白鹤梁，也是采用了一个压力容器，把石刻保护在水下。

不过，对这个办法，专家们提出了相反的意见。专家们说，鉴于“千手观音”像本身岩体的特殊情况和周围复杂的环境，想要给它做一个罩子，像蒙娜丽莎或者白鹤梁那样保护起来，从技术条件上讲，现在很难做到。

那么，到底应该用什么办法来进行保护呢？有的外国专家提出，不要轻易动石像，而是先对石像进行一次全面的检测，摸清情况后再想办法。可是，对石像进行全面检测需几年时间，在这几年时间里，石像的情况会继续恶化。石像现在已经出现了比较严重的脱落现象，如观世音菩萨的手指头，用手轻轻一捏，已经根本不是石

千手观音局部特写

头，而是一把沙子了。所以，石像的修复刻不容缓，完全没有等待的时间了，如果这期间再发生一次地震，就很可能会导致它的整体崩塌。

那么，面对伤痕累累的千手观音，我们到底应该采取什么样的措施？人们又希望把它修复成什么样子呢？

游客：希望不要留下修补过的痕迹，一定要想办法把它修补得原汁原味就行了。

上百年裸露在崖壁上的千手观音，如今已犹如得了重症的老人，我们如何才能让它延年益寿？如何才能达到游客所希望的原汁原味，还原历史原貌的修复效果呢？

詹长法：当初说到修复这个石像，又要雕刻，又要彩绘，还要贴金。其实光是贴金这一项我们就没办法。用什么贴？完全没有办法。

这个拥有830只手的千手观音，占崖壁面积约88平方米，金箔的展开面积达到了210平方米左右，由于表面凹凸不平，金箔又很薄，要使金箔与石刻完全接触，除了需要娴熟的贴金技艺，贴金材料的熬制，所加成分比例及火候同样非常关键。否则，不但达不到效果，金箔的浪费也是相当惊人的。然而，费尽心思完成贴金工艺后，人们才发现问题还不仅仅如此……

黎方银：修复以后的石像就成了一尊完完全全的、崭新的石像，但是这既不符合文物保护的原则，而且在我们的情感上也很难通过。

按照文物修复应遵循“最小干预”和“尽可能保持原貌”的原则来看，目前的贴金效果是让大家无法接受的。

游客1：不能再增加现代的色素上去，应该保持最原始的。

千手观音修复后的对比图1

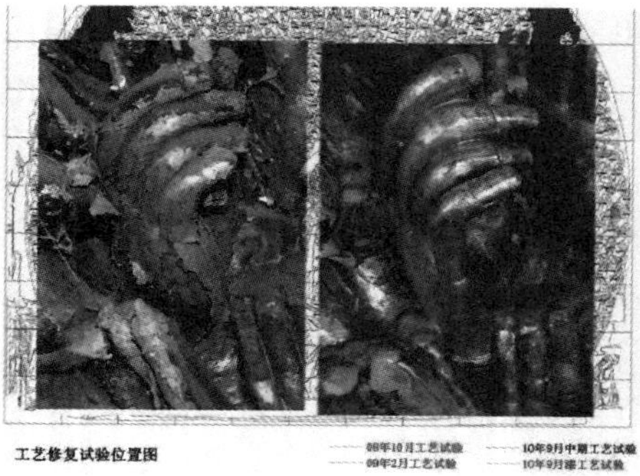

千手观音修复后的对比图2

游客2：希望不要修复成很现代、很新的样子。

在专家们看来，新贴一尊千手观音不是一件难事，问题就在于，新贴的不是历史。修复是为了让千手观音“延年益寿”，而不是“返老还童”，那如何才能做到既能医治好千手观音让它延年益寿，又能恢复它的历史原貌呢？专家们商讨决定相异于历史上的贴金技艺，此次选用旧金箔回帖的方法。但是重新贴金的面积可能占到总面积的50%，近100平方米。

现在，新的问题又出现了：旧金箔从哪来？

陈卉丽：在揭取旧金箔时，我们发现一般都是4层，最多的达到8层。这就说明，历朝历代对千手观音都曾经进行过修复。

回帖使用的多半是第二第三层的金箔

一次意外的发现让修复工作有了新的转机。据史料记载，千手观音历经4次修复，距今最近的一次是在清代，距今已有300多年，但现代的“整容手术”还属首次。专家决定揭取原金箔，但很多人质疑，旧金箔历经数百年，很多都已开裂卷曲脱落，非常脆弱了，它还能经得起再一次的折腾吗？

观世音菩萨造像上脱落的金箔表层上沾满尘土，已经很难再加以利用，但是去掉表层之后，其他的几层金箔还有利用的价值。而利用现代工艺制作的新金箔，看起来虽然很漂亮，但是缺乏历史的厚重感，贴在石像上看起来总有些不伦不类。

专家们还发现，用旧金箔拼贴的效果，就像是马赛克一样，有一条一条明显的分界线，所以在拼贴的时候，就必须让两层金箔之间有1毫米左右互相重叠的地方，这样一来，就消除了马赛克现象，看起来就很像当年的样子了。不过，就算是采用这种方法，还是有些问题。

采取“旧金新贴”的形式，也就是尽可能地把千手观音身上揭下来的金箔进行分层清洗，处理之后再重新回贴，而回贴使用的多为第二、第三层的金箔。正当大家为旧金箔回帖实验的成功而高兴时，一件谁也没想到的事发生了。

詹长法：我们用金箔将石像的手完整地贴上之后，无意中推了一下，发现这个手指头还在动。当时就觉得很奇怪，都已经完整地贴上金箔了，怎么手还会动？

专家发现，外面的金箔好像一个箍子一样，把风化的岩石箍在里面了，从一些断裂的地方看到，岩石已经风化成颗粒状了。发生这个现象的症结究竟何在？在千手观音的830只手臂中，还有多少只手存在这种现象？许多手外表看似完好，我们又如何能发现它内部有问题呢？

詹长法：当时我们采取了针扎的方式来进行探测，如果针能扎进去，那就说明这里岩体风化得比较严重。

工作人员在给千手观音拍摄x光

工作人员加固千手观音岩体

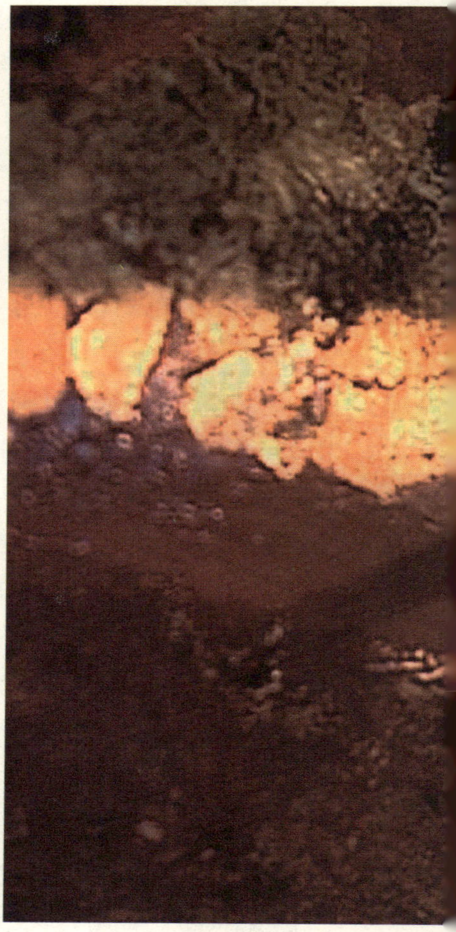

石刻最大的天敌就是风化，千手观音风化现象极为严重，即便是那些看上去仍然金光闪闪的手，其内部也已经脆弱不堪。仅用针去探明830只手指内部的风化情况，已远远不能满足抢救性修复工作的需求。那么，有没有一种高科技的手段能探测出石刻内部的损伤？这让詹长法想起一起X探伤技术运用于考古调查的案例。

2003年的3月，在内蒙古的吐尔基山中，出土了一座千年古墓，墓中精美的凤棺里，安葬着一位年轻的契丹女人。调查人员借用医院的X光机对墓葬女尸进行了X

工作人员在重新为千手观音贴金

光探伤，发现死者的体内隐藏着大量的随葬品，这对进一步清理及确定墓主人的身份、年龄都起到了不可替代的有效作用。

詹长法想，这种方法是否能移用于千手观音的修复工作中呢？

詹长法：当我提出这个方法的时候，大家都直摇头。最后，我们也是抱着试一试的想法来进行探测的，毕竟利用X光机对不可移动文物进行精细的探测，在国内绝无仅有，甚至在国际上也是极其罕见的。

千手观音是深处崖壁之上的石刻，是不可移动的文物，给石头拍摄X光，也就是对石头内部进行多方位断层扫描，这是从来没有尝试过的。这样做行得通吗？ X光对石刻千手观音适用吗？通过X光片我们又能看到什么呢？

专家说，首先，通过X光片可以帮助我们对石像风化的部位及面积、体积进行一个大致的了解；其次，可以发现石像内部的断裂。因为大部分石像的断裂发生在内部，从外表是看不见的。

随着修复工作的不断深入，我们发现其中的问题越来越多，X光检测数据让所有人大吃一惊：目前“千手观音”的830只手中，残手达到283只，占总数的34%，而受损手指达到400多只。

对此，我们到底该采取什么样的方法来进行修复呢？

詹长法：如果只是简单的修复，不需要花费太多时间。但是这种方法只能治表，不能治本。

在詹教授眼里，修复千手观音的当务之急就是如何在不损坏表面金箔的前提下，对里面的岩体进行加固，同时对外表进行旧金箔的回贴。正当工作人员进行探测的时候，一张特殊的X光片引发了众人的好奇。

在利用工业探伤设备，也就是X光对这尊大佛进行检验的时候，专家们发现，古人也曾经对这尊观世音菩萨雕像进行过修复，只不过古人当时采用的方法比较传统，也就是用铁棍、铁丝，以及篾条、竹棍等先编成一个胎，在外面裹上麻，再在麻的上面糊上泥，然后连接在断裂处来进行加固。这是中国古代木工非常熟悉的一个工序，叫做榫卯结构。

大家都知道，在佛教里石像的每一个手势代表着不同的意义，如果不了解古人的意图，随意改造，就破坏了整个造像的艺术形象。那该怎么办呢？这时候有人提出了以形补形的方法。也就是在我们能够找到形象依据的前提之下，按照这个依据去修补。可是，在我们找不到形象依据的情况下，又该怎么办呢？那就只好把它按原样保留下来，这样一来，这个问题就得到了解决。不过，让人们感觉到头疼的，还是这些手指有很多地方已经严重粉化。

千手观音不是在恒温条件下的博物馆文物，更不能随意移动，它与天然岩壁相依存，所以修复工程必须考虑环境条件和岩体本身。在专家眼里，岩体加固才是修复工作的核心，而材料的选择则至关重要。

詹长法：做文物保护，或者做工程，说到底最后比拼的就是材料。

来自敦煌研究院的段修业研究员，在大足花了两三年的时间，先后试验了六七种材料，最终选定了一种叫做纤维素的材料来加固风化的千手观音岩体。

段修业：用这种材料基本可以恢复到当初雕刻的强度，并且这种材料具有可逆性，也就是说，如果哪个地方处理不好，还可以重新再处理。

修复时先用注射药液的方法来加固风化的千手观音岩体；清洁打磨后，再用黏合剂回贴金箔。这种曾经成功运用于修复敦煌壁画的黏合剂牛胶能不能作为千手观音金箔加固回贴的材料呢？

牛胶局部实验呈现出非常好的效果。然而让大家疑惑的是，仅仅在几个月后，却出现了意想不到的情况。

詹长法：我们发现石像上有一些白色的东西冒出来，就像人身上长了毒疮一样，并且这个毒疮是会扩散的，由于它的扩散，引起周边酸性物质一并升高。

一时间，千手观音流泪了、长斑了的说法流传于坊间，这到底是什么原因？

陈卉丽：当初我们觉得很纳闷，就不知道什么原因。为什么牛胶在北方用得非常之好，没有这种现象，可是在千手观音身上就出现这种现象呢？

在热红外成像技术的探测下，专家们发现岩体大量渗水是产生白斑现象的症结所在。

杜晓帆（联合国教科文组织驻华代表处）：水对于很多地方是很需求的，但是对于大足石刻来说，水对它是种祸害。

重庆地区高温高湿，环境中干湿交替和酸雨作用是“千手观音”严重病害的主要成因。根据专家统计，“千手观音”目前一共有岩石粉化、金箔开裂、彩绘褪色等34种病害，这些病害都与凝结水有直接和间接的关系。

陈卉丽：我们这才明白，牛胶在潮湿的环境下容易滋生霉菌。

白色的细绒毛长满了修复后的部位，原本用于贴金的黏合剂，最终成为滋养霉菌的温床。那么，在潮湿高温地区该选用什么样的材料才适用呢？

2008年12月，中国文化遗产研究院组织专业技术人员，针对川渝地区大型彩绘贴金石刻的6处遗址进行了详尽的调研。调研中发现由植物熬制而成的大漆是普遍使用的金箔回贴材料，但是让我们奇怪的是，所发现的作为黏合剂的大漆都被调成红色。这原因何在呢？它们能不能适用于高温高湿的大足呢？

金箔的展开面积达到210平方米左右

通过干湿交替、酸雨腐蚀等人工模拟环境实验，验证了大漆的可行性。红色是因为在大漆中添加了银珠，具有一定的防腐作用，更起到衬托金箔颜色的作用，使最终呈现出沉稳而又庄重的修复效果。这个发现的确让人有意料之外的惊喜。

文物保护工作者选取“千手观音”不同区域病害特征典型的部位，进行修复试验：风化砂岩渗透加固后强度得到增强；

崖壁上受损的千手观音

缺失部位进行补型后形状完整；彩绘加固后恢复原状；旧金箔清洗与回贴后恢复了历史韵味。这个过程并非是为“千手观音”换上新衣，而是为它换上清洗过的干净衣服，游客看到的仍是数百年前那件原汁原味的衣服。

黎方银：有一位专家曾说，没想到千手观音还可以这样来修复，更没有想到，中国的文物保护可以运用这么多的高科技手段来进行。

外国专家：实际上以这样一种方式保存文物，可以让全世界共享，这对人类来说非常好。

到目前为止，千手观音已修复了30多只手，对整个830只手的修复工作预计将在2014年结束。到那个时候，我们再去大足石刻游览的时候，就可以看到原汁原味，保留着原有历史样态的千手观世音菩萨的雕像了。

与此同时，当地也准备建立一个数字虚拟馆。用数字虚拟的方法做出一个石窟，里面有这尊千手观世音菩萨的造像，在那里可以欣赏到更加精美的、更具原生态的千手观音形象。无论是现实的修复，还是数字虚拟，我们现在所采用的一切方法，都是想要留住这段历史，留住这份弥足珍贵的文化遗产。

（汤　菲）

小村暗道

一个仅有200多户人家的小村庄，在它的下边竟然隐藏着错综复杂的地下迷宫。到底是什么人修建了这些地道，它的目的又是什么？

在网络浏览中，人们偶然发现了一则报道：在山西省介休市一个名为张壁的小村子，有一个叫郑广根的人，在这个小村子的地下发现了一个极其庞大的地道网络，规模竟然相当于一座城池。这个事情是真的吗？一个小村子的地下为什么会有这么大规模的地道呢？这些地道又是做什么用的呢？

工作人员来到介休市，之后搭上了一辆途经张壁村的顺路车。让人非常意外的是，作为本地人，司机师傅竟然也不知道张壁村有地道的事情，这让工作人员的心里蒙上了一层阴影。难道网上的那些消息是假的吗？

到达目的地张壁村后，村子的规模更加剧了我们的疑问。这个村子虽然看上去古色古香，但是整个村只有一条主街道，长度也就是200米左右，这么小的一个村子下面，真的会有传说中规模相当于一座城池的地道吗？

然而，这个疑问随即就烟消云散了。稍经询问，人们就找到了网上多次提到的地道发现者郑广根。老郑说张壁村里确实有地道，而且规模和网上说得差不多。他

童年的郑广根第一次进入暗道

地下暗道

给工作人员讲起了他和地道的故事。

在郑广根的记忆中，这些洞口几乎贯穿了他的童年岁月。它们似乎无处不在，有时候出现在村子里，有时候又出现在村外的崖壁上。

然而，这些随处可见的洞口似乎又离他很远。父母亲告诉他，洞口里边住着野兽，小孩子进去就会被吃掉。虽然如此，好奇心还是让他一直想进去看看。于是，在一年春节，他约了一拨小伙伴，从一个在寺庙里的地道口爬了进去。

郑广根(张壁村村民)：当时，我们在庙殿里拾了些蜡烛，带着这些蜡烛把火点上就下地道了。大家都像蛇爬似地在里边走，结果在通过一个风口的时候，一下子把这些蜡烛吹灭了，只能往后退，没想到就退偏了，大家找不到回去的路，直到下午才有人来找我们，把我们几个小孩拖了出来。

这次经历给他留下了可怕的印象，之后他就再也没敢下去了。

后来郑广根离开村子去了市里的纺织厂工作。不过，张壁村的那些洞口却在他的心中留下了一个巨大的谜团。

然而，郑广根很快就失望地发现，由于已经过去了很多年，村子里的地道口基本上都已经被填埋了。但幸运的是，村外崖壁上的那些洞口依旧还是当年的样子。

童年留下的黑暗、可怕的印象依然留在他的脑海中，为了保证长时间的照明，他借来了矿工用的头灯，之后选择了一个比较容易攀爬的洞口，重新开始了自己的探秘之旅。他艰难地爬进已经坍塌的洞口之后，眼前豁然开朗，变成了恰好可以一个人直立行走的通道。郑广根壮着胆子一直走了下去，很快他就发现通道有很多分叉。在洞壁上还有着明显的人工挖掘痕迹，显然，这样的结构绝对不是天然形成的。郑广根走了半个多小时，但是眼前的地道依然延伸向更远的地方，这让他非常诧异。在地面上的村子里走一圈也就最多20分钟，然而，这个地道却似乎没有尽头。慢慢地，他的身体感觉到了一些异样，他觉得有些胸闷，一开始并没有太在意，可是这种感觉却越来越强烈，在呼吸开始有点艰难的时候，他终于意识到，自己忽略了一个重大的问题。

由于空气不流通，地道深处严重缺氧。意识到危险的郑广根赶忙掉头往入口跑去，最终有惊无险。

恐惧渐渐平息之后，一个疑问浮上了郑广根的心头，这个地道究竟是做什么用的呢？他马上想到了抗日战争时期著名的地道战，这个地道会不会跟地道战有关系呢？

郑广根：有人从外地给我拿来了很多资料，在抗日的时候，我们的地道有些段落可以从悬崖峭壁爬进去，当时抗日政府的官员也曾经在地道里生活过。

看来，张壁村的地道确实很有可能是地道战时期挖掘的。但是，当他提出这个想法后，村里的很多老人立刻表示了不同意见。这些老人年纪都在八九十岁以上，按照他们的记忆，那些地道在抗日战争的时候确实被利用过，但是，地道本身却早就已经有了。那么，地道挖掘的年代究竟会早到什么时候呢？

郑广根决定从历史记载中寻找相关的线索。他找到了研究介休市地方志的专家侯清柏，听完郑广根介绍的地道情况后，侯清柏也非常惊讶，对于张壁村的地道他之前完全没有印象。是他对地方志的研究不够仔细吗？他马上翻查了各个版本的地方志，但很快发现，确实没有一处涉及张壁村地道的记载。

侯清柏（介休市地方志专家）：介休县志现在存世的县志有5套，在这5套里，除了行政区划里提到了张壁以外，其他资料基本上没有关于张壁的记载。

地方志中没有关于张壁地道的记载

这个结果让郑广根非常失望，地道内部由于缺氧无法深入，地方志中又没有相关的记载。自己下了这么大的决心，可现在却找不到任何答案，难道他对地道秘密的探索只能就此止步了吗？

就在郑广根几乎就要放弃的时候，转机却意外出现了。在一座老宅院的外墙

张壁村外山崖上的神秘洞口

上，他看到了一个砖雕的非常考究的“福”字，字的左半部像一个龙形，右上部是一个仙鹤的图案，显然，它当年的主人非富即贵。

他马上着手对村子里的老宅院进行了考察，结果发现了一个重要的秘密。那就是，当年一些大户人家的住宅内部曾经有过地道。

按照郑广根的指点，工作人员找到了这位82岁的老人。老人打开了堂屋两个柜子当中的一个，里边竟然是一个暗门，穿过去之后才发现，这个看似普通的柜子里面竟然藏了两个房间，而老人更指着一个地方说，这里原来还有地道的入口。

郑广根随即想到了一个新的线索，那就是晋商。晋商主要就发源于山西的晋中盆地，介休一带就出过不少晋商。张壁村下面的那些地道，会不会和这些明清时期的山西商人有关系呢？历史上的晋商曾经积累了大量的财富，必然会非常注意安全防御，修筑地道自然说得过去。同时，挖掘这样庞大的地下工程所需要的投入肯定非常之大，但对于那些曾经富可敌国的晋商来说，他们的财力也完全可以支持。

那么，张壁村是否也出过大的晋商呢？想到这里，郑广根马上想起了一个奇怪的现象，张壁村仅有200多户人家，但村子里的庙宇竟然有20多处。

更让人惊讶的是，从建筑上来看，这些庙宇大多数都非常精美，显然需要花费大量的财力。其中一座庙宇大殿顶上华丽的琉璃装饰，让考古专家都叹为观止。

柴泽俊（考古专家）：一堂琉璃都是孔雀蓝，现在孔雀蓝琉璃已经基本绝迹了，烧不出这个颜色来了，烧出来的颜色不是偏深就是偏浅，没有那么光亮鲜丽。

这块琉璃碑上，记载它烧制于万历三十三年，显然，这和晋商崛起的年代相吻合。

但是，到目前为止，这仅仅是一个推测，要想证明张壁村确实出过大的晋商，这些庙宇就是这些晋商修建的，还缺少关键的证据。

就在这个时候，清华大学建筑学院的陈志华教授来到了张壁。在他的眼中，张壁村正是中国乡土建筑的典型代表。通过长达几个月的考察研究，陈志华得出了一个重要的结论。

陈志华：张壁村可以作为某种类型的代表，而且很完整，有些问题它表现得很充分。比如穷富对比，半个村子是穷的，半个村子是富的，富的那边走车，穷的这边走毛驴，车是走不进去的。

那么，村子里的那些富人会是当年的晋商吗？陈志华随后就找到了这个问题的答案。在考察过程中，他找到了一块当年村子里捐资修缮关帝庙的功德碑，上面刻的内容让他非常惊讶。碑的上部是大量参与捐款的商号的名称，这些商号的经营地甚至远在维扬，也就是现在的扬州一带。可见，这个现在仅有200多户人家的小村子不仅出过晋商，而且人数众多。

陈志华：从这个村子的硬件建设来看，相比邻近的村子要富一些。

这个结论让郑广根异常欣喜，他觉得很可能就是这些商人修建了村子下面的地道。但当他把这个好消息告诉地方志专家侯清柏的时候，却被大大地泼了一盆冷水。

侯清柏：晋商在介休有好几个大家，像北辛武的冀，我们本家的侯，甚至张原村的范，在外面有很多大家。张壁没有出过有很大影响的财主，所以看起来它不可能是财主晋商大家搞的设施。

既然那么多著名的大晋商都没有在自己村子挖过地道，张壁村的那些小晋商们挖的可能性自然小了很多。线索再次中断了，郑广根决定再下一次地道，看是否能有新的发现。而对于缺氧的问题，他也找到了一个万全之策，那就是制作一个火把。

火把不仅可以照明，另一方面也可以用来观察地道里氧气的变化，防止

张壁村的寺庙达20多座

出现危险。这让郑广根安心不少，因此这次下去后，走得就比以前深入了很多。渐渐地，他意识到地道的挖掘有过缜密的设计：洞壁上有一些小坑，像是用来放置油灯的。而每隔一段，就不时有一些房间出现，可能是休息或者存放物资的地方。

而地道的长度更是远远超出了他的预料，虽然很多地方已经坍塌，无法走进去深入考察，但仅仅是没有坍塌的部分，就已经走了足足一个多小时。

郑广根忽然发现，自己仿佛进入了一个迷宫，由于走得过于深入，已经找不到来时的路线，而地道又不断地出现许多新的分叉，有好几次，他都感觉面前的景象似曾相识，他在地道里迷路了。为火把准备的油料已经快用完了，越来越强的恐惧感占据了他的心头，难道自己永远都走不出去了吗？

忽然，他感觉到了一股风从脸上拂过，有风就说明前方很可能就是出口，他赶忙冲了过去。然而，站在洞口的一刹那，郑广根愣住了：他的前方就是十几米深的悬崖，这是什么地方呢？

后来经过多次辨认，郑广根终于认出了当时的那个洞口。洞口在村外的崖壁上，但是和他进去的那个入口在高度上相差了20多米，这让他一下子震惊了！这些洞口竟然都是相通的。村子的地下究竟还隐藏着多少秘密呢？

这个发现让郑广根吃惊不已，他没想到小时候看到的这些洞口不是随便挖出来的，跟整个张壁村里所有的建筑物完全是连通的，而且最高处和最低处的落差居然有几十米。感觉上这不是一个村子而是一个军事要塞。到底是什么人在这里花费了如此大的人力，来进行这么大的一个工程呢？

郑广根由此展开了长达二十多年的研究。

他最初以为，这很可能和抗日战争时期的地道战有关联，但据村里的老人回忆，地道的年代要远远早于抗战时期。

之后，郑广根又推测是明清时期张壁村在外经商的富人，也就是那些晋商，出于防御的目的修建了这些地道。但是，耗费巨资挖掘如此庞大的地下迷宫，如果仅仅是用来日常防御显然有点大材小用。

郑广根进入暗道考察

郑广根在暗道中考察

那么，到底是什么人挖掘了这些地道呢？这些线索中断之后，郑广根决定再次深入地道，寻找新的证据。

就在这次考察中，他意外发现了一个现象，在一些段落，地道罕见地出现了分层，最多处达到上下3层，各层之间可以通过天井和缓坡连通。张壁地道竟然是一座立体的地道。

这让郑广根感到非常惊讶，张壁村的民居基本都是平房，而在房子的下面居然有3层地道。村子的地下到底还隐藏着多少不为人知的秘密呢？

在数次往返地道的过程中，郑广根注意到了一个奇怪的现象，张壁这么小的一个村子竟然建有一圈围墙。在山西的一些古村落中，出于防御的目的，这种土坯围墙也经常发现，被称为堡墙。但是，像张壁村这样高大厚实的堡墙却非常罕见，修筑这种规格的堡墙，目的是为了什么呢？

郑广根：我发现堡墙的厚度、高度是和地道互相关联的，这些结构从百姓居住的空间的安全系数来说，是不需要的。

虽然已经残破不全，但是残留的堡墙的高度仍然达到数十米，可见当年耗费了大量的人力物力。这个发现给专家提供了新的思路，他们推测，地上的堡墙和地下的地道很可能是同时修建的。

注意到堡墙之后，郑广根又注意到了一个被他忽略了的细节：张壁村的南边竟然建有两座堡门，从而围出了一个几百平方米的小空间，这是做什么用的呢？

这其实是一种典型的防御工事，名为瓮城。然而，在中国古代建筑中，这种瓮城一般只在重要的城池才会修筑，为什么在张壁这个小村子也会有呢？

柴泽俊：可以在瓮城的外墙上和敌人交锋，一旦失败就可以退到瓮城以内，还可以再抵御一下。

顺着这个思路，郑广根再次发现，张壁村的内部格局也非常有特点，主街道的两侧是通往村民住宅的小巷子。在每个巷子口上都建有可以关闭的巷门把守，而在这第一道巷门之后很可能还会有第二道甚至第三道小巷门。

村子中留存下来的老房子也很有特点，给人的感觉都很封闭，建有高高的围墙。显然，整个村庄的设计非常有利于防守。但是，让郑广根疑惑的是，当年村子的设计者们如此严防死守，到底是出于什么考虑呢？

宋冬生（考古专家）：当敌人攻破堡门和瓮城后，就进入第二套体系，就是巷门；当攻破巷门以后，有由巷子和小巷子组成次巷门；当攻破次巷门以后，就进入院门；当攻破院门以后，院子里有地道口。

当郑广根站到村外远眺村子的时候，他更加惊讶地发现，张壁村外的3个方向都是悬崖峭壁，只有一侧和外界相通，再加上高大的城墙和内部的设计，整体上就是一个易守难攻的堡垒。他逐渐意识到，张壁村地上地下的建筑很可能和军事有关。当年这里到底发生过什么呢？

侯清柏：古代在介休发生了很多次战争。介休在过去是军事战略要地。张壁古堡有可能在那时候作为抵御外患的一个军事基地。

2006年，张壁村的地上建筑和地下地道一起被列为全国重点文物保护单位。相关部门决定，对地道进行大规模清理。由于没有相关的记载，要考证张壁村过去发生的事情非常艰难，因此大家都期待着能在这次清理中发现一些新的线索。

柴泽俊：我在20世纪70年代勘查的时候见到半个黑碗，一看上面的瓷是宋瓷，可惜就剩下半个了，说明宋代这个古堡就已经很完整了，人们就生活在这个环境中。

然而，让研究者们有些失望的是，他们期待的新线索一直没有出现。不过，随着清理工作的进展，很多地道和出入口被相继打通，原来困扰他们的缺氧问题已经不再存在，而且还装上了电灯，这为他们进行更深入的考察提供了条件。

更多的人开始加入张壁地道的研究队伍，其中就有一位来自附近大型煤矿的地下巷道专家孙全林，他最感兴趣的就是张壁地道当年的设计和施工。在他看来，地下施工涉及很多关键的难点，特别是在遥远的古代，这种地下施工充满了未知和风险。

孙全林认为，挖掘地道本身难度不大，因为在黄土高原上，山崖上挖出窑洞居住的方法被普遍使用。黄土本身的特性和拱形的结构保证了它不易坍塌。但是，当时挖掘的时候是如何定向的呢？

这个问题让他有些困惑，直到发现了地道顶部一些裸露的石块，他才觉得自己找到了问题的答案。

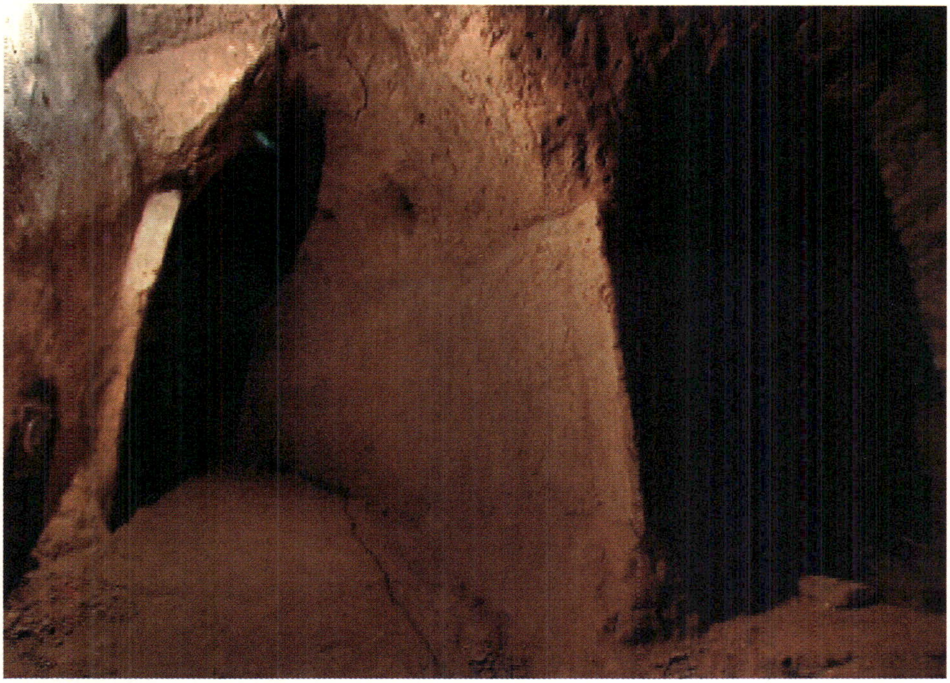

错综复杂的地下暗道

郑广根在暗道中迷失方向

在地道口所处的山崖上，孙全林曾经发现过一条带状的鹅卵石地层，而几乎所有的地道口都开在这个地层之下，正是这个地层为当年的挖掘者充当了参照物。

有了鹅卵石地层作为参照，再加上罗盘等传统测量工具，挖掘地道的难度大大降低。但是，这仅仅解决了初步的问题，地下施工还有一个关键的问题，那就是通风。经过清理后，地道内良好的通风条件让孙全林觉得非常奇怪，仅仅凭借现在已经清理出的几个出入口，这么大面积的地道是如何实现通风的呢？

据当地村民介绍，地道内有一口和地面连通的水井，这个说法引起了他的注意。仔细观察后，他发现这其实正是整个通风系统中最关键的通风井。

在清理过程中，一些非常隐蔽的地道口也被逐渐找到。清理工作初步完成之后，所有人都震惊了，仅仅是清理出来的地道长度就达到了1 500米以上，还有很多坍塌的部分出于安全原因没敢进行彻底清理。那么，张壁村的地道到底有多长呢？

郑广根：离我们这古堡5华里远的龙凤镇龙凤村里有一个老人，叫纪增祥，他说在“文革”期间，为了躲避武斗，他们曾经在村里钻进了地道。当时带他们进去的向导就是个老年人，他亲口对他们讲过，说那个地道口就是张壁古堡地道的一个口。

张壁村规模如此庞大的地道是何时修建的呢？一个发现引起了郑广根的注意。在整修堡墙的过程中，工人们意外发现了一尊塑像，但是它的形象却和常见的各种塑像差别很大，这到底是谁的塑像呢？郑广根觉得，这很可能就是解开一系列谜团的关键线索。因为塑像所在的位置，竟然是村子北门附近的堡墙内部。

郑广根：长期把它封闭在堡里，我们猜想，如果它坐的位置能够保护它，它可能就是镇堡之神了。因此，推断它应该与古堡的成型有关。

他们赶忙把塑像的照片拿给文物专家专家柴泽俊进行鉴定。他们觉得，张壁的堡墙和地道很可能是同时修筑的，如果搞清了堡墙的年代，地道的年代自然也就水落石出了。

柴泽俊：塑像的身材比较短，衣饰比较厚，穿的衣服不是薄纱的。如果是唐宋时期的东西，它应该是薄纱的；如果是元代的东西，元代塑像的身材比较长，面部两腮下部比较丰满。而这个像整个比较圆润，面形也比较短，身材也比较短，是典型的明代作品。

虽然塑像的年代有了结论，但是专家觉得，这尊塑像也有可能是历代维修堡墙的时候才安放进去的，因此它的年代并不能作为断代的证据。线索再次中断了。

郑广根忽然想到了位于全村制高点上的可汗庙，他小时候曾经从那里爬进过地道。可汗庙里供奉着3尊塑像，让他印象最深刻的就是左侧的一个黑脸塑像，那个形象曾经让童年的郑广根非常害怕。

后来村里的老人告诉他，那个黑脸塑像就是贴在大门上的两个门神当中的一个，手持钢鞭的一代名将尉迟恭。想起童年的这段故事后，郑广根非常疑惑，尉迟恭在别处都是贴在门上的门神，为何在张壁村却把他供奉在了庙里呢？是他和这个村子有什么特殊的联系吗？

郑广根：县志记载，刘武周拿下介休之后，曾经把介休的管理权交给尉迟敬德，介休县志里还有记载说“城南有敬德垒”。

隋朝末年，群雄并起，刘武周就是其中的一位反王，突厥曾经封他为定阳可汗。尉迟恭最初就是刘武周手下的大将，后来才归降了李唐王朝。由此推断，可汗庙里正中供着的很可能就是刘武周，而右侧的就是他的另一员大将宋金刚。

这个重大发现让研究者们非常兴奋，张壁的历史被拉到了群雄纷争的隋唐时期。翻阅了大量的历史资料后，他们发现，当年刘武周手下的尉迟恭和宋金刚这两员大将，曾经在介休与李世民有过一段旷日持久的大决战。虽然历史记载中没有提及张壁这个小村子，但是当时的主战场就在离此5公里左右的雀鼠谷，因此这场战争很可能与张壁发生过关系。

之后的情况散见于各种文字之中，有一种说法就是，尉迟恭一方兵败后开始逃窜，李世民派人追击了一段距离后，发现对方大队人马都神秘消失了，因此就有人认为，他们是钻进地道逃走了。张壁地道就是尉迟恭等人提前给自己挖掘的一条退路。当然，到目前为止，这仅仅是一个推测，还有众多的疑点。

而目前张壁地面上的绝大多数老建筑，都建成于明清时期，在那个晋商历史中最辉煌的时代，他们很可能也对地道进行过某种形式的利用，甚至是小规模的扩建。如今立体3层，绵延好几千米，宛如迷宫般的张壁地道也很可能是历代不断扩建的结果。至于它最初挖掘的年代，已经很难考证。

综合种种的证据来看，张壁村的地下大型建筑体系毫无疑问是跟军事有着密不可分的关系。也只有军事，才会促使人们肯花费如此大的人力物力，来修建这样一座地下军事要塞的。修建它的人到底是不是尉迟恭呢？恐怕还得留待后人继续考证。

（任　超）

复原历史的人

2011年4月15日，各大网站文化新闻版都刊出了这样一条新闻：唐代公主李倕借助颅面3D复原技术再现真容，根据描述，复原后的公主形神兼备。这天，唐代公主容貌重生的报道铺天盖地。

新闻之所以受到如此关注，大半由于主人公是一位妙龄公主，而她生活的朝代，又刚好是古代女性地位最高的唐朝。公主名李倕，是唐玄宗李隆基的孙女。唐朝国力在开元年间达到鼎盛，出现了一个史无前例的盛世，史称开元盛世，而李倕就生活在这个令人艳羡的年代。然而，这位享尽荣华的公主命却不长，去世时只有25岁。

周明全(北京师范大学信息科学与技术学院院长)：我不是一个艺术家，也不是一个刑侦专家，也不是解剖学家，只是一个计算机工作者，利用程序来完成。

西北大学的计算机专家在扫描残缺的兵马俑

2000年，老山汉墓女主人颅骨出土。为了弄清这位贵族女子的血统身世，考古部门借助公安侦破中广泛运用的雕塑法对这枚颅骨进行了复原。这要求复原者既要掌握雕塑技术又懂解剖原理，换句话说，复原面貌是一件专业技术性很强的工作。

周明全是中国最早进行计算机研究的学者，当大多数中国人还不知道计算机为何物的时候，他已经开始计算机应用研究。

周明全：我从20世纪70年代就开始搞计算机了，现在算起来已经有近四十年的时间了。

然而在他的办公室，人们首先看到的并不是实验设备，而是各种色泽温润的瓷片，或者是纹理清晰的汉瓦当。很显然，这位研究计算机的教授对文物情有独钟。那么，周明全是如何跟考古结缘的呢？

周明全：我的老家在临潼秦始皇兵马俑旁边，从小耳濡目染，父辈们经常给我讲一些关于临潼附近文物的故事，像后羿射日、女娲补天、鸿门宴等，这些故事都给我留下了很大的影响。

在文博界，素有“地下文物看陕西”的说法。陕西古称秦地，是中华文明的发祥地，而省会西安更是以13朝都城而闻名于世。在这里生活的人们与历史及文物之间，似乎有一种天然的亲密感。

1974年3月，西安临潼西杨村村民抗旱打井，意外发现日后举世瞩目的秦始皇陵兵马俑坑，从此拉开了秦俑发掘修复的漫长过程。时至今日，这一工作仍在继续。20世纪90年代，刚从法国留学回来的周明全，首次目睹了秦俑修复的全过程。

周明全：当时，秦始皇兵马俑博物馆请我去开会，开完会以后张仲一馆长就请我去参观，当时我看到了复原文物的过程。

20世纪90年代之前，实际发掘出土的兵马俑在3 000个以上，但展出的只是其中的三分之一。这是因为出土的兵马俑大部分都有破损，有的已经四分五裂看不出原样，有的甚至是几个兵马俑的碎片掺杂在一起，因此拼对工作异常艰难。

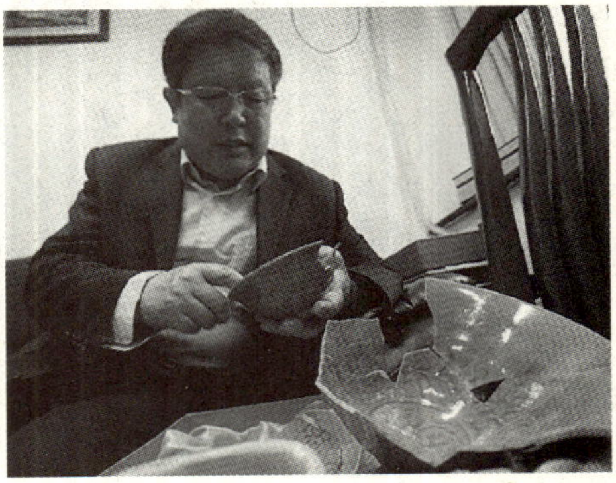

计算机专家周明全喜欢考古，图为他在整理碎瓷片

周明全：复原的过程确实很复杂。

按照工作人员的说法，要复原一个损坏程度中等的兵马俑，起码要5个人用半个月时间才能完成，而破损兵马俑数量巨大。照这个效率，恐怕要上百年才能完工。周明全决定，尝试用计算机可视化图形技术来复原兵马俑。

周明全：我就想使用计算机把每一个碎片的边沿轮廓线输入计算机，让计算机自动拼合。

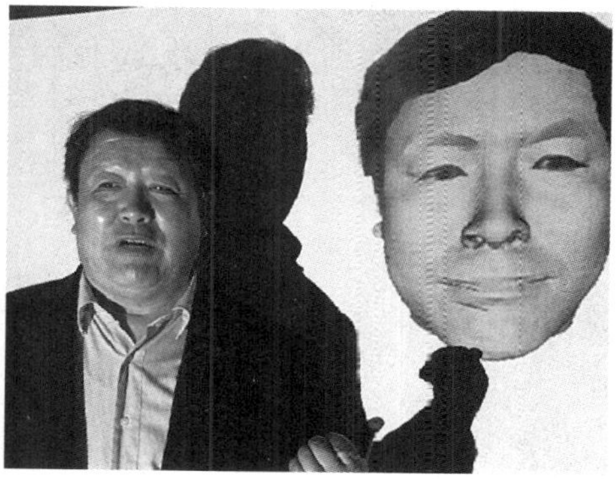
周明全与自己的计算机复原像站在一起，请同事比对

但是，周明全在文物复原方面毕竟是外行，对于能不能把计算机可视化图形技术用在兵马俑修复当中，他没有把握。于是，他想到了同在西北大学工作的考古专家王建新。王建新在兵马俑的研究方面颇有建树，然而，王建新了解周明全的想法后，却有不同看法。

王建新：用计算机模拟复原文物，十几年前我在国外的时候就听说过，一些考古学家和科学家们想把这个事情搞起来，但是我没听说他们成功。

王建新的疑虑并没有打消周明全的念头，他从兵马俑的残片中，选择了几十块进行扫描，得到了这些碎片的扫描图像，再利用计算机分析图像上兵马俑残片的断裂面特征点，然后把这些点连成曲线，进行相互匹配。

就这样，周明全居然成功拼出一个由8块碎片构成的将军头。

利用计算机的优势，以前5个人用半个月才能做完的工作，现在只需要几十分钟就能完成，这次成功给了周明全灵感。从此，他开始进行利用虚拟技术修复和保护文物的研究。

2005年，周明全从西北大学调往北京师范大学信息科学与技术学院工作。不久，周明全接到家乡打来的电话，陕西省考古研究院的文物复原专家杨军昌想请周明全做一件棘手的事情。

时间回到2001年，陕西省考古研究院在西安东郊一座大学新校区基建工地上，发现了一处大型墓葬群，共清理出汉、唐、宋、元、明、清墓葬182座，其中绝大多数是唐代墓葬。

杨军昌：最大的一个墓葬，是李倕墓。在进一步考古发掘的时候，在李倕的身上和头部发现了一些很小的饰件。

考古人员经过仔细清理发现，这些小饰件是墓主人头冠的部件，它们几乎用上了

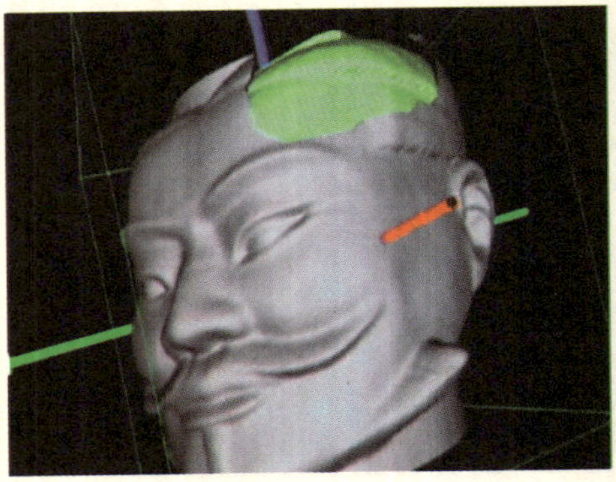

通过计算机复原兵马俑的将军头

西安兵马俑博物馆的馆藏残缺俑头

唐代所有的金属材料和装饰物。

周明全：号称是史上唯一的一个最辉煌的公主皇冠被发现了。

杨军昌：在中亚一带，这样完整的头饰也是不多见的。

紧接着，考古人员又发现一枚头骨。这枚头骨和金冠同时出现，引起众人对墓主人容貌的猜想。1 200年前的唐朝公主，真容是什么样子呢？

由于颅骨和头冠出土时都非常脆弱，因此考古人员用石膏连泥带文物一起固定后，带回实验室清理。这时候杨军昌发现了问题：包裹着石膏的颅骨怎么复原呢？

周明全：计算机考古的一个好处就是方便，拿CT扫描，连土都不用取掉，因为CT机只取颅骨，连颅骨肌肉都能分清楚，那么土和骨头肯定也能分清楚。

不仅如此，颅骨出土时没有下颌骨，这会不会影响到复原的准确度？

1895年，人们为音乐家巴赫迁墓，却发现巴赫的遗骸混在许多白骨中，无法辨认，于是选出一个可能性最大的颅骨交给解剖学教授黑斯鉴定。黑斯用实验测出欧洲人种男性面部15个点的软组织厚度，并把数据和颅骨交给雕塑家塞芬尔，请他用这些数据在颅骨上塑像。而这时黑斯并没有告诉塞芬尔颅骨属于谁，结果，塞芬尔得到一尊与巴赫非常相似的塑像，这是世界上首次尝试用科学方法复原颅骨生前面貌。

但是，塞芬尔根据颅骨复原巴赫容貌时，距离巴赫去世的时间并不长，李倕则生活在距今1 200年前，这么长的历史周期，头骨与面容的关系难道不会变化吗？

对公主李倕面貌的复原，其实是以现代人的颅骨数据为基础，推导出各种年龄段、各地区人群的颅骨和面貌间关系，从而形成一个庞大的数据库，再把公主颅骨数据与相应年龄地区的样本数据比对，并进行匹配计算得来。所以，数据库中样本的多少，直接关系到复原的相似程度。

由于公主李倕的死亡年龄是25岁，因此复原必须采用25岁人群的颅骨数据。但是在建数据库时，这个年龄段的颅骨数据积累并不多。

25岁左右，到哪去找这个年龄段的数据呢？这个问题不仅困扰着实验室的同学们，也困扰着周明全。找不到合适的数据，周明全决定把事情先放一放。这天，正是晚餐时间，学校里人头攒动，周明全不得不费力地穿过食堂里穿梭来往的学生们。此刻，周明全突然意识到，研究生的年龄都是25岁上下，这不正是公主李倕死亡时的年龄吗？

周明全所在的信息与技术学院有硕士和博士生上百人，他们不仅都在同一个实验室工作，而且年龄相仿，为什么不发动自己的研究生做志愿者采集头骨CT数据呢？想到这里，周明全赶紧返回实验室。

找到了志愿者，周明全又很快联系到一家医院。在这里，通过CT和3D扫描，志愿者的数据很快采集完成。下一步，就可以根据数据库比对，进行面貌复原了。而在给志愿者做扫描的同时，周明全给自己也做了头骨的CT扫描。这时候，周明全并不急于进行公主的颅骨复原，他要先做一个试验。

他复原了一个自己，并请几位同事来评判，然而，大家议论半天得出的结论却让周明全感到失望。

周明全：同事们看完以后都说不太像。

其实，周明全自己也觉得复原图与实际面貌有差距。这是怎么回事？周明全和同事们反复讨论和比对，却并没有发现任何疏漏。难道是程序设计有问题吗？

周明全：后来我知道是什么问题。因为我们用的同学都是二十多岁的年轻人，

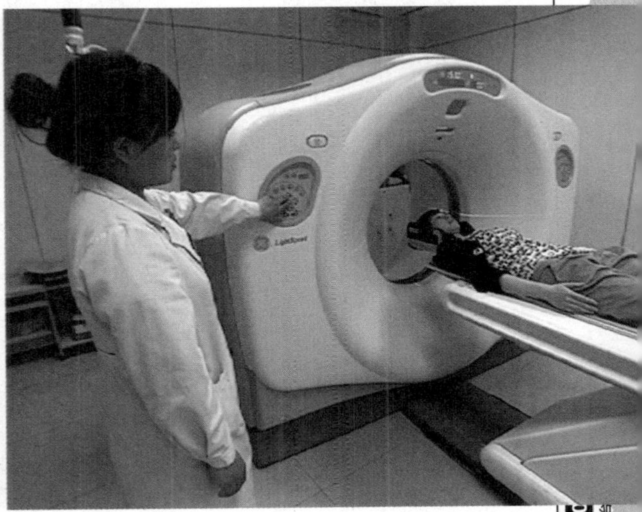

北京师范大学的志愿者在医院进行头骨扫描

所以复原出来的是二十多岁的我。我回家翻出一张我20岁时的照片。第二天，我把这张照片和复原像同时出示给同事们，这一次，得到了大家的一致肯定。

经过一系列的前期准备，公主的容貌复原正式开始了。

由于公主颅骨出土时下颌骨缺损，所以实验室的团队首先根据遗留牙齿的结构和骨间关系，通过数据库比对，找到符合条件的下颌骨。

紧接着，他们利用25岁女性颅面关系数据库，计算出李倕面部软组织分布数据，并通过软件生长出软组织和面皮。随着工作人员的一步步操作，李倕的三维面貌渐渐浮现出来。

周明全：一看就是公主，她绝不是一个村姑，也不是小家碧玉。

随后，工作人员又从五官数据库为公主找到了相匹配的五官。

最后，复原小组把采集来的头冠饰件重新组合，在电脑中虚拟出一顶金珠玉翠

周明全与同事参观西北大学的一间博物馆

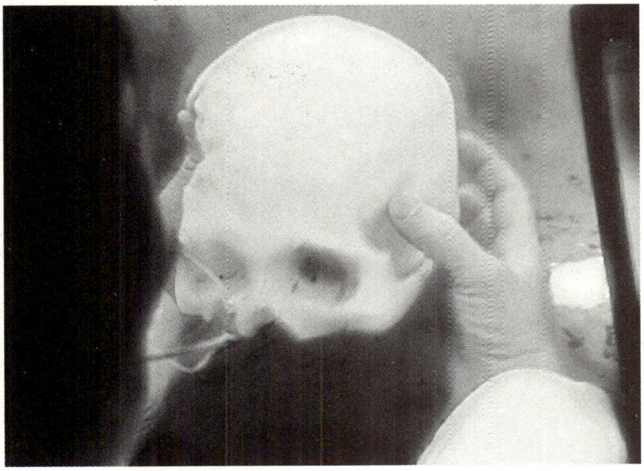
医院的大夫为患者讲解计算机复原头骨的原理

的公主头冠。在复原团队的努力下，一位头戴金冠、神情高贵的公主出现在计算机屏幕上。

但这时周明全并没有急于向外界公布消息。

周明全：我们要对自己的工作作一个评价，像还是不像。

因为有过此前复制自己的教训，为稳妥起见，周明全找来唐代壁画和图片跟复原图比对。唐代，女子的自主意识达到了空前的高度，那种从内而外散发出的自信、活力和闲适，是唐代女子所独有的神态。此外，唐朝的审美观念也与众不同，唐人崇尚的乃是丰腴之美。

周明全：陕西人评价一个女娃娃长得好时，经常这样形容：脸若银盘，面若明月。这个评价标准，实际上是沿袭了唐代的评价标准。

周明全用计算机重构出唐代公主李倕的三维容貌，使人们在千年之后还能一睹公主真容。实际上，随着认识的发展，颅面复原技术有越来越多的应用前景，比如刑事侦查，再比如医疗技术。早在8年前，周明全就与中国人民解放军第三零四医院神经外科主任李安民合作，尝试使用计算机颅面复原技术，为颅骨缺损的病人重构颅骨形态。

病人小张因车祸失去右侧颞骨。由于没有颅骨保护，他的脑组织暴露在表皮下，轻微的碰撞就可能危及生命，唯一的办法就是修补颅骨。

而李安民所采用的技术，正是周明全研发的计算机辅助下的颅骨复原术。计算机辅助下的颅骨成型技术，这个陌生的名词让小张感到害怕。于是，李安民打算让他亲眼看看自己的颅骨。

对于小张来说，一个大活人能看到自己的颅骨长什么样，恐怕是毕生难忘的经历。

通过计算机直观的演示，小张明白了手术原理。经过计算机辅助下的颅骨修复手术，小张的头部形状将恢复到出事前的样子，他可以不必生活在外貌残缺的阴影之下，而这也是周明全最想看到的一幕。2009年，周明全获得国家科技进步二等奖。但他对颅骨复原技术的研究仍然继续，并将投入更广泛的应用。

（潘婷婷）

会发光的土

深夜，土地闪现神秘亮光，无端猜测令村民惶恐不安。究竟是什么原因导致土壤发光呢?

张根生是河南省扶沟县屯民庄的一个村民，每天，他都坚持做一项特殊的工作，那就是义务修整村口边的小路。

每当夜幕降临，张根生就开始干活了。一天，他像往常一样正在修整一块公路边的小路，可是，就在他翻动土地的时候，看见了一个奇怪的现象。

张根生赶紧凑近仔细观察，他看见土里闪闪地冒着亮光，而且越翻动土壤就越多，就像散落的星星。没过一会儿，亮点慢慢地消失了。起初，张根生还以为是天黑自己眼睛花了，可是，当他反复翻土的时候，地上又出现了一片光斑。

发光的土

张根生：那些光斑一瞬间自动浮出，消失了之后三五分钟又开始浮动。

突然出现的亮光让张根生非常好奇。究竟是什么东西发出的怪光呢？这个怪异的现象让张根生百思不得其解。

第二天，心存疑惑的张根生又来到这个发光的地方，可是无论怎么翻动，跟其他路面相比，却并没有什么异常情况。

随后，接连着好多天，张根生在夜晚修路的时候，都看到了这种发光的现象。这看似平常的土地一到晚上，就会出现星星点点的亮光，忽明忽暗，断断续续。

不仅如此，此后，张根生在村里其他地方修路的时候，同样发现了这种现象。这让张根生更加疑惑了，土地里频繁出现亮光，究竟意味着什么呢？

村里有土地能发光，这件怪事很快就在村里传开了。很多人都好奇地来到这里，想亲眼见见发光土的奇特之处。随后，村里出现亮光的事也被传得神乎其神。有人说是有文物或有金属，有的说是鬼火，小孩子被吓得不敢出门。

究竟是什么原因让土壤莫名其妙发出亮光呢？

时为2011年3月。

村民：我们都看见了，明晃晃的，跟圆豆一样大，像火星一样一闪一闪的。不闪了，一扒拉土就又亮了，下着雨或者地湿时候也会发亮。

提起土壤发光的现象，附近的村民都知道。可是，究竟是为什么会发光呢？村民们都非常好奇。因为发光地点的周围都是坟地，而且亮光在夜晚闪现时断断续续，持续时间非常短，所以，村民开始怀疑土壤发光跟鬼火有关。

张根生立刻向扶沟县博物馆反映了情况，地下会不会有什么宝贝或者是文物之类的东西呢？李运宽和同事带着考古专用的洛阳铲，在发光地点挖了起来。

张根生：钻探了以后，没有发现文物、古墓葬，或者古文化遗址等。

勘探结果显示，在地下并没有出现文物或者宝藏。那么，平常的土地怎么可能无缘无故地发出离奇的怪光呢？因为原因不明，很多人开始把一些无法解释的现象，和土壤发光联系到一起。

张根生：有些发光带的植物全都死掉了，说明这些发光体对人的身体有一定的伤害，我们一直很担心。

究竟什么原因导致土壤发光？会不会真的对人的身体有什么伤害？

土壤里的亮点一般在十几秒后就逐渐变淡，很快地消失掉。翻动土壤，又会有新的亮光发出，像夜光表盘里的数字那样，发出绿中带蓝的光泽，很像是磷发出的光亮。

为什么会出现这种奇特的亮光呢？工作人员将发光土壤带到郑州，找到了河南

专家用洛阳铲探测发光土壤

省农业大学土壤专业的老师，请他们帮忙分析土壤发光的原因。听了工作人员的描述，专家首先否定了磷发光的可能性。

刘老师（河南省农业大学土壤专业老师）：因为磷在自然界燃点比较低，它只能在夜晚发光，而且磷的发光现象和漂浮不定的现象是不同的。我们就把磷的原因进行了排除，另外一个就是土壤矿物的因素。

丁莉（河南省农业大学土壤专业老师）：这些土会发光，首先让人想到一些矿物，像磷质的或者是一些萤石类的东西。

丁老师介绍说，很多矿物，比如方解石、云母等在一定光线下，通过光的反射和折射，经常会出现发光的现象。可是，随后丁老师又否定了这个说法。

方解石和云母在太阳光下通过光照反射、折射之类的会发光，但是在夜晚的话，这些矿物一般来说不会发光。

因为土壤里的光亮是绿色的，很有可能是荧光。丁老师把采集的土样放在荧光检测仪中，进行观察。

丁莉：我们后来就想到会不会是含磷的矿物磷灰石和萤石矿物这两种物质的结合。萤石一般是以氟化钙为主。磷灰石和萤石矿物原来都曾经出现过夜间发光的现象，并且分为灵光性和荧光性。

萤石，也就是氟化钙矿物，吸收光线之后，在夜晚就会放出荧光。那么，土壤里会不会有细小的萤石矿物存在呢？可奇怪的是，在荧光仪下，丁老师却并没有看见发光现象，这是为什么呢？

专家到现场，了解当地土壤的情况。专家发现，当地的土壤非常潮湿，而且氟的含量非常高。

专家：当地土壤中的碳酸盐、碳酸钙和地下水氟离子含量都比较高，而且土壤是沙质潮土，由于水分的运动，氟离子聚集在土表，氟离子与钙离子结合可能形成氟化钙的晶核。它可能就具有一种发光的特性。

晚上7点，专家们再一次来到了发光的地点。

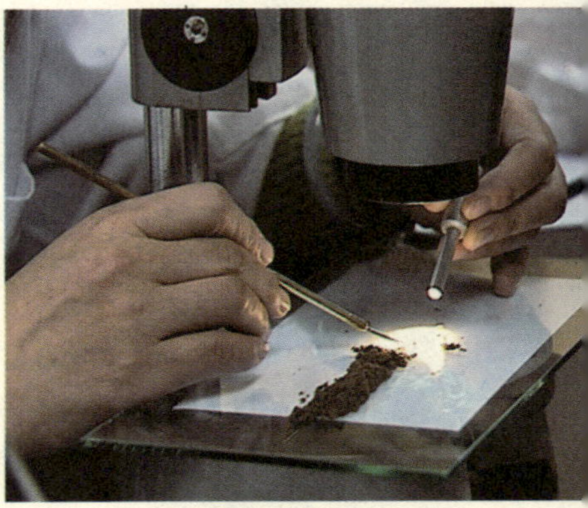
专家用显微镜查看发光土壤

专家用显微镜查看发光土壤

在草丛里，不断有点点光亮出现，路面上、壕沟里很多地方都出现了发光的现象。

专家：不是连续地发亮，有时候就亮一阵子，然后突然熄灭，用手捂着再放开的时候，又会发亮。

在亮光处用手摸几下，发光的面积会越变越大，可是几秒钟过后就慢慢变暗直到消失。

只有对土壤进行猛烈搅动，亮光才会再一次出现。这是怎么回事呢？

很快，专家发现土壤中的一些小颗粒在放光。这是什么？会不会就是那些细小的萤石矿物呢？

专家赶紧对亮光进行采集。

专家：采回去做一下岩性的分析，看里边都含有哪些矿物。特别对一些微量的元素做一下矿物的全分析，侧重点是对含磷矿物，比如磷灰石矿物、氟化钙矿物和萤石矿物作些具体的分析。

回到郑州后，丁老师立刻把采集的土壤样品放到高倍放大镜下，仔细查找，希望能找到萤石等发光矿物。

在高倍放大镜下，丁莉并没有观察到有发光矿物的存在。那么，土壤化学成分的分析检测结果又是如何呢？

科长：通过我们的检测，在土壤样品里没有检测出氟化钙矿物，因此可以说氟化钙发光的这种可能性基本可以排除。

那么，究竟是什么在发光？土壤中还有什么物质可以发出光芒呢？经过对现场的了解，专家有了一个大胆的猜测。

专家：我们在地上跺下脚，就可以看到发光物体，这符合动物的行为。给它振动一下，它就发光，因此发光是动物本身能够控制的，而不是分泌到体外的，一旦这个东西分泌到体外就不属于它自身能够控制的系统了。但是，我们又看不到这个生物，这很可能是土壤中的微小生物。

专家了解当地土壤情况

很多生物都存在发光的现象，最典型的生物发光现象就是萤火虫。在萤火虫的尾部有很多发光细胞，荧光就是通过这些发光器发出的。这是一种冷光源，起到招呼同伴、引诱猎物的作用。

尤其是一些海洋生物，为了保护自己或者吸引异性，它们会经常不断地发出明亮的荧光。

而且，在一些发光生物的体内，还有很多发光细菌等微生物存在。那么，扶沟的发光土壤里会不会也含有某种发光生物呢？

专家了解当地土壤情况

郑州大学生物工程系的吴健教授对发光微生物有着多年的研究，吴教授发现土壤样品里面有很多植物腐败的残渣，存在微生物的条件是具备的。但究竟有没有发光的微生物存在呢？

吴教授对土样里的细菌成分进行了培养，结果，没有找到任何发光细菌。

这就排除了发光细菌的可能。

此后，吴健还多次去现场采集土样，并对土样进行检测分离。

土壤里到底有什么发光生物呢？

吴健：我发现在能找到亮点的地方周围一定能找到一条蚯蚓，而且那里的土样被人摸到就会发亮，这就是蚯蚓身上分泌出来的黏液发生的反应。

吴健在发光土中找出了多条非常细小的蚯蚓。那么，蚯蚓为什么会发出荧光呢？

吴健：这是因为蚯蚓分泌的黏液在酶的催化作用下，会产生一种荧光素而发光，但是时间很短、很快，半分钟左右就消失了。

当蚯蚓身上分泌出黏液后，黏液就跟土壤混在一起，因为蚯蚓的不断运动，黏液所接触到的地方就会发出微弱的蓝光。很快，黏液到处都是，就会形成无数个光斑，非常像是土壤在发光。因此，才会造成一种土壤发光的错觉。

当翻动土壤的时候，蚯蚓在土壤中受到刺激就会缩成一团，同时分泌出带荧光的

专家记者查看发光土壤

发光的蚯蚓

物质。与空气接触后，就会发出荧光。刺激不断，分泌的荧光物质就会不断产生，发光的点会越来越多，而分泌物氧化以后就会消失。为此，出现的光亮会不停地变化，一会儿亮一会儿暗。

可是，让人难以理解的是，蚯蚓在冬天是不可能存活的，为什么在冬天也会发光呢？

王代长（农大教授）：蚯蚓分泌的一些荧光素或荧光素酶，在能量的作用下就可以发出荧光，蚯蚓死后，分泌物在土壤中依然大量存在。即使到冬天，这些分泌物也不会消失，被人扰动后，在荧光素酶的作用下，它依然可以发出荧光。

（李 慧）

魔鬼路段

罗富高速者桑段，被称为“魔鬼路段”。一辆危险化学品货车又在这翻车，33.6吨的粗酚流入了者桑河，而就在下游26千米处，是存储着上百万人饮用水的百色水利枢纽。危急时刻，人们真的能净化污水吗？

2008年6月7日凌晨5时许，罗富高速者桑路段一辆装载危险化学品的重型罐式货车在晨光中驶来。广播里说，今天晴转大雨。经历了12个小时的颠簸，年轻的副驾驶和押运员已经昏昏睡去。大货车七拐八绕，终于开到了山顶，前方视野良好，司机揪着的心放宽许多。

事故现场

远处的天边出现了鱼肚白，车在不知不觉中加速，司机下意识地把脚踩向刹车，车一蹿一蹿地在减速，熟睡中的两位也突然惊醒。

不远处出现了避险车道，车速太快，此时如果强打方向，车辆就会侧翻，司机犹豫一下，死死地握紧了方向盘，大货车呼啸着冲进了隧道。

前方出现了左向弯道，此时踩着刹车的脚已然无用，悲剧发生了。

木材厂老板：翻下来就“哐”的一声，动静好大。味道扩散到整个厂区，很难闻。当时，我们坐在下面的食堂，闻到味道后大家就跑出来打电话报警了。

在车水马龙的罗富高速下方是者桑河，据说以前水流清澈见底，它是沿河上万人赖以生存的河流，更是百色水利枢纽的水源河。

车祸现场十分惨烈，驾驶室3人当场死亡，巨大的罐体破裂，危险化学品顺着高速公路的排水沟流入者桑河。

浓浓的刺鼻的气味在空气中弥漫着。交警在事故现场设置了警戒线，并对道路进行了封锁。出事车辆已经分成了3个部分，油罐已经滚落在高速公路的路坎下面。在槽车罐体滚落的地方，草和树木由于受液体的浸泡已经枯死。而渗漏的液体，又顺着高速公路的排水沟流入者桑河中，河水变成了红色，并有许多泡沫。

泄漏的危险化学品到底是什么呢？消防官兵试图通过焚烧和气味来判断，但没

事故现场变形的车头

衡昆高速从云南到广西连续下行十几公里的路段，由于事故频发，被人称为魔鬼路段。

有结果。应急预案已经启动，在去往者桑河沿线视察的车上，王毅的电话一直没断。

王毅（云南省富宁县县长）：你们先采取措施，撒些石灰。动作要快！

者桑河在静静地流淌。事故逐级上报，党中央和国务院高度重视，而污染源到底是什么成了眼下最紧要的问题。

王毅：驾驶室3个人都死掉了，在他们身上也找不到出事的细节证明。我们想方设法在他们身上找出一些东西来，但当时死者的皮肤已经全部烧烂了。

散落在地上的车牌成了唯一的线索。经过多方查询，肇事车辆的情况终于核实了。车牌湘E96988，是从云南开远市去往江西萍乡市；车牌湘E96988，核定载重20吨，实际装载了33.6吨危险化学品；湘E96988，泄漏的是危险化学品——粗酚。

富宁县的地理位置

泄漏的粗酚已导致树木枯萎发黑

粗酚是一种化工原料，多用于合成纤维、农业等方面，它主要含有苯酚、甲酚之类的物质，并且可以溶于水。这种物质一旦沾染到人的皮肤表面积达到25%，10分钟左右就可能导致死亡。当时出事的地方就是者桑河，如此大量的粗酚全部流入水源，后果不堪设想。

【解说】这里是北京化工大学，在这里设有专门的环境科学与工程技术中心，对于水污染控制也有专门的研究人员。胡翔副教授主要从事污水处理工程、环境污染模拟等方面的教学与科研工作。

胡翔：天然水体中间酚的浓度到一定程度以后，它可能对自然界中的生物产生一定影响。一般来讲，水中间苯酚的浓度大概0.1—0.2 mg/L的时候，鱼就会发臭，这种鱼就不能再食用了。对人类来讲，能够忍耐的最大致死浓度大概是每千克（千克）体重530毫克。比如，50千克（千克）体重，每1千克（千克）对应是530毫克，乘以50，大概26.5克，就会死亡。

不多时，者桑河沿线的村庄，大喇叭开始广播。

富宁县者桑乡村主任：广播一通知，大家心里面就都慌了，担心会不会马上中毒。

上千名民兵和村民闻讯赶来，选择河面开阔地带设置石灰坝，拉来了自家的稻草投入水中。抢险指挥部迅速调运100多吨石灰粉、30吨活性炭、2吨漂白粉，设置了8道石灰截污坝和1道活性炭截污坝。为了提高拦截效率，现场还调来了大型工程机械。那么，到底多少小时之后污水会到达百色水利枢纽呢？

陆有能（云南省富宁县水务局水勘队副队长）：污染点离百色水库有26千米，当时测的流速是0.7米/秒，根据这个流速，我们测算下来也就10个小时，在没有拦堵措施情况下就达到库区了。必须在这个时段内进行拦堵，一旦流到库区后果不堪设想。

当地百姓往河道中倾倒生石灰

当地百姓组织抢险物资

应急事件丝毫没有打破富宁县城安逸的氛围，而几十千米外的人们争分夺秒地设置一个个截污坝。10个小时像一把利剑悬在了人们头顶，一分一秒，水流无情。而此时天公却不作美，大雨又不期而至。

王毅：我们想不到它会造成这么大的危害，需要投入这么大的物力，而当时我们仅仅有一点点活性炭，大量的物资是从省内省外调来的。知道哪里有信息，哪里有货物，深更半夜把人家敲醒要来活性炭。有些人听说后很支持，有的趁此机会把价格抬高。但我们也想不了那么多了，价钱对于下游的老百姓生命财产安全来讲，是小事了，所以不管它抬高多少钱我们都把它买过来了。

为了在10个小时内把污水控制在富宁县境内，指挥部迫不得已采用分流策略，尽可能多地调集抽水机，选择空旷地段将被污染的河水抽到缓坡地带，利用土地吸附。截污工作基本成功后，为了加大吸附降解污染的力度，决定在原来设置的9道拦河截污坝的基础上，在10日早上10点之前，再新建3道活性炭坝，这个任务给全体抢险人员带来了严峻的考验。虽然时间紧任务重，但是抢险人员克服了重重困难，昼夜奋战在3道活性炭坝的筑坝工地上。仅这一天，富宁县已累计出动3 215人次，投入石灰301.5吨、活性炭135吨、转移污染物350吨。

要建活性炭坝，就需要先用水泥预制管道搭建支架。这时，挖掘机、吊车派上了用场，没多长时间，者桑河上架起了水泥拱桥，只等活性炭到位了。云桂两地采取应急措施，100余吨活性炭迅速从昆明、南宁、北海等地调运而来。在这关键时刻，解放军文山壮族苗族自治州某部出动了140余名官兵，参与到筑坝工作中来。在场的工作人员心中都有一个疑问，难道活性炭坝真会比石灰坝还要好么？它真的能吸附粗酚，将污水彻底净化么？

富宁县政府组织围截污染物向下游扩散

苯酚是粗酚的主要成分，在常温下是无色晶体，温度高于65℃时，能跟水以任意比例互溶。苯酚浓度100 mg/L，水样体积250毫升，加入粉末活性炭400毫克，常温下震荡反应30分钟，苯酚的去除率可达90%以上，如果增加活性炭投入量和反应时间，苯酚的去除率可接近100%。利用活性炭吸附苯酚，是净化污水的最佳方法之一。

12道石灰坝、活性炭坝矗立在者桑河中，将26千米的河道分割成一段段的。此时，不远处的百色水利枢纽一切正常，风平浪静。来自云南和广西的环境监测人员在沿线建立了8个监测点，24小时不间断采样监测着污染水流。

哪道坝的水过滤以后达到了什么水平，是否该换活性炭了，这些实时的监测数据是最好的决策依据。吸附降解工作按部就班地开展着，采集的样品也从棕红色渐渐转变为绿色。

农恩良（云南省富宁县环境保护局环境监测站站长）：到第三道坝就开始有变清

的迹象了，随着时间的推移，它有稀释的作用，水就慢慢地好转了。经过几道坝吸附以后，也去除了相当一部分的污染物。

这神奇的活性炭诞生于1900年，成名于20世纪的第一次世界大战，它被大量用于制造防毒面具。活性炭强大的吸附性能源于其独特的内部构造，活性炭内部有发达的孔隙构造，每克活性炭的比表面积可达到500—1 700平方米，也就相当于1—4个篮球场那么大。正是这种独特的内部构造，使得活性炭具有了优异的吸附能力。

除了吸附降解，工作人员还在污染源头将渗透出来的残留粗酚用瓢舀出装罐，运往指定地点进行科学处置。泄漏事故发生后，抢险指挥部决定在15千米外建立临时取水点，集中对周边村寨群众送水，保证人民群众正常的生活用水。在云南与广西交界处的出境段面，始终没有检测出粗酚污染物。

2008年6月29日，在各项指标连续多日达标后，者桑河沿线的供水禁令终于解除，这标志着这一事件已经得到了妥善处置，百色水利枢纽没有受到丝毫影响。谈到这次应急救援，王毅感慨颇多。

第四道堤坝

王毅：那时候我们动员人来帮忙，没有谈什么报酬，只是说污染物要下来了，一定要把它堵住。接着，民兵应急分队来了，部队官兵来了，好多老百姓也都匆匆赶来帮忙，让我很感动。

这起重大的危险品泄漏事件是怎样发生的呢？

抢建堤坝

车辆严重超载，核定载重22吨，实际载重33.6吨；连续下坡，制动失灵，车辆严重超速，事故发生时的车速不低于146千米/小时；车辆失控，转弯不及，车头撞到护栏，罐体泄漏，车体分解，车头和车体惯性侧翻滑向前方，罐体在撞到车头后转

消防车保障当地居民饮水

频繁参与救援的消防车辆

向，甩到高速公路下方的木材厂。

在云南省富宁高速公路交巡警大队，人们看到一个图表，密密麻麻的数据柱高耸着。

李洪文（云南省富宁高速公路交巡警大队副大队长）：这些数据有些是表示简易程序处理的事故，有些表示一般程序处理的事故和死亡人数。

这次隐患整改，最重要的措施是在湘E96988事发地点前，新建了3号避险车道。

罗富高速位于云南省文山州，是进出云南东部的主干线，从2007年10月24日开通至2011年3月10日，通车1 233天，共发生889起道路交通事故，高速公路封闭率为34%，死亡121人，经济损失5.47亿元；其中出云南的者桑段有一段12千米的长下坡，被许多媒体称为“魔鬼路段”：在这个范围内，发生交通事故629起，死亡105人，经济损失竟高达4.58亿元。这一连串触目惊心的数字背后满是血和泪。

往来于事故频发路段的大型货车

人们发现，肇事车基本上都是大货车。人们不禁要问，是什么原因导致了如此多的悲剧发生呢？

李洪文：刹车失灵是事故频发的最直接原因。而刹车失灵的原因是刹车片发热后，摩擦系数下降，进而引发制动功能丧失。为了预防此类事故，许多大货车都自己加装了刹车喷淋系统，对刹车片进行强制降温。公路沿途设置了几个休息加水站，刹车喷淋系统真的能预防事故发生吗？

监控录像中的事故瞬间1

广西籍司机：重要，这个加水站没有水我们都不敢跑。如果车跑得快，刹车鼓没有淋水的话，不加水一定会发热，一发热就刹不住车。

安徽籍司机：主要是那个下坡太陡。因为这是山区的路，没有其他办法，路只能修成这样。

但有专家指出：喷淋制动的效果虽然明显，但也容易造成安全隐患，特别在北方，冬季不能采用，否则会造成滑溜事故。而者桑路段隧道中湿滑的罪魁祸首就是喷淋制动，它间接引发了多起交通事故。

监控录像中的事故瞬间2

行驶在传说的“魔鬼路段”上，沿途会看到很多独特的提示牌，甚至还有事故车头。

关于长下坡及长下坡坡度的提示牌很多，难道这连续的长下坡就是事故频发的幕后黑手吗？

谢登聪（云南省富宁高速公路交巡警大队民警）：从最高到最低可能落差有四五百米。在隧道里面出事故的情况也集中在最下边。如果驾驶员不注意的话，一开始他觉得坡度不是很陡，所以开得比较快，然后慢慢慢慢地他就刹不住车了，所以到坡底经常会发生事故。

交通部公路科学研究院曾做了个罗富高速安全性评价报告。报告显示，这个地方的纵坡比达到了6%，即往下走100米，海拔就会下降6米。这种情况是非常容

易出事故的，但当初为什么会如此设计呢?

周荣贵(交通部公路科学研究院研究员)：公路技术标准和路面设计规范对最大纵坡坡度的规定是，对于高速公路，从120千米/小时到60千米/小时这个范围区间，最大纵坡从3%到6%。但是对于云贵川地区，规范实际上还开了一个口子，就是在辅助说明里：对于复杂地区，经过技术经济论证，最大纵坡还可以放宽1%，也就是说，对于60千米/小时的高速，最大纵坡可以放到7%。

但是罗富高速公路，还是按照最大纵坡6%来控制的，所以它从纵断面设计角度，是完全符合我们现行的公路工程技术标准和路面设计规范的相关规定的。

罗富高速安全性评价报告中称：由于地形条件限制，局部路段的指标采用了规范的低限值，连续长下坡平均纵坡为4.517%，平行指标大于规范规定的一般值要求。如果道路不是刹车失灵的幕后黑手，那还会有其他原因吗?

2008年6月7日的粗酚泄漏事件中，肇事车辆核定载重22吨，实际载重33.6吨，事故发生时车速不低于146千米/小时。不难看出，车辆超载超速成为了事故频发的重要因素。

李洪文：我们的民警都有一个体会，下雨和雾天是不会发生事故的，因为在恶劣的天气，司机都提高了警惕，放缓了车速，会把车自动调成低档。

要想降低者桑路段的事故率，限速应该是最有效的方法之一。经过长安大学专家的论证，建议把大车的速度控制在40千米/小时以下。为此，在者桑路段，相继安装了几十条强制减速带，这在我国高速公路历史上尚属

动画模拟的罐体倾覆瞬间

首次，罗富高速也是唯一一条安装强制减速带的高速公路。

就在这连续下坡的12千米路段，连临时停车都大有学问，这么危险的路段对于新手司机来说，仿佛就是噩梦。

李洪文：有许多外省车、过境车驾驶员不熟悉云南特殊的地理环境，也不熟悉山区的道路特点，所以就没有严格地按照安全操作规范来操作。实际上，在交通部门规定的驾驶员安全操作规范有相应的规定，上坡用几挡，下坡用几挡来控制车速。由于道路的先天条件不好，再加上驾驶员安全意识不高，超速超载没有按规范操作，所以，就造成这12千米的路段事故急剧高发。

当地高速交警改建增建的避险车道

在多重管控措施的高压下，“魔鬼路段”的事故率有所降低，但是富宁高速交巡警大队仍然是整个云南最忙碌的交警部门之一。在大队部里，我们看到了他们搭建的短信平台，从县领导到驾驶员都能第一时间接收他们的短信提示。

魏凡成（云南省富宁高速公路交巡警大队民警）：短信平台的发送频率很高，每次发生交通事故，我们都对外发布路况信息，便于驾驶员有选择地出行，也提示后面的驾驶员谨防追尾。平时也做一些宣传工作。

李洪文：我们派一些民警，派一辆警车，随着车尾，在离车尾500米到1 000米冒着生命危险逆行，打开警灯警笛，提示后面继续驶来的车辆减速慢行、停下来，预防追尾事故发生，我们就是这样做预警工作的。

323国道的老路由于道路的弯度小，转弯的角度不够，所以无法让半挂大货车通行。当者桑段发生事故封路后，下行的大货车无法选择分流，只能停在高速公路上原地等待，等候路政和交警部门选择合适时机，封闭者桑上行路段，让下行的大货车借道通行。堵车的情形在当地已经见怪不怪。对于事故频发，尤其是危险化学品车辆事故频发，富宁县百姓别无选择，默默担负起了抢险的重任。

云南省富宁县者桑乡村民：罗富高速对整个云南来说有很大好处，但是对我们这些乡下人就没有什么多大的好处了。三五天翻一次车，我们要去抢险，忙都忙不过来。这个事情不是哪一个人固定的责任，是整个村的责任。

王毅：其他县的村民或领导都表扬我们，在处理环境突发事件上有经验。但是，我们这个经验是用巨大的经费、人力、财力换来的，我们不希望拥有这样的经验。我们本身就是一个国家重点帮扶县，没有更多的财力来做这些工作。但是发

衡昆高速者桑段附近的事故车辆停放场

下游被污染的河道

生这样的事故了，大家都说一定要想方设法把它堵住，哪怕再怎么花钱都要堵。从内心来讲，我们不愿花这样的钱，不愿有这样的经验。

魏凡成：我们打心眼里说，什么东西都不想，我们最希望的就是能减少事故发生。但由于事故受到地形条件的限制，肇事频率是比较高的。

那么，针对罗富高速者桑路段事故频发的情况，有没有科学的解决之道呢？

周荣贵：如果规范驾驶行为，严格执法，让驾驶员按照规定的速度去行驶；同时在车辆上强制加装车辆缓速器，这种持续辅助制动装置会改变传统的依靠主制动器刹车来控制车辆速度，长下坡这种不利的驾驶行为能够从根本上得到遏制。

车辆缓速器相当于给发动机安装个小马达，当车辆在长下坡时，缓速器启动，主动控制速度，而不用通过踩刹车来被动控制车速。缓速器在发达国家早已被广泛使用。欧洲有关法规规定，8人以上客车、载重10吨以上的卡车必须安装缓速器。在我国，缓速器已经在高级运营客车上强制安装，大大降低了事故的发生率。

（彭　韬　张　宁）

揭开“蒙眼看物”真相

CCTV10 中央电视台

蒙上眼睛还能看东西，一听就是假的，应该没有人会信这些吧？还真不是，因为这个培训收费很高，如果都不信，谁会交这笔钱呢？可是人们为什么相信呢？真有这样神奇的事吗？看看《走近科学》记者的调查。

在佛山一间标着“心灵视觉文化传播有限公司”的培训教室，我们见到了最先被媒体报道过的蒙眼神童孟繁（化名），她是培训公司投资人刘春嫦的女儿。

记者：几年级了？

孟繁：四年级。

记者：学这个多长时间？

孟繁：一天半。

仅仅学了一天半，孟繁能变成什么样的透视神童呢？

“透视神童”

人能看清物体，是外界信号进入我们的眼睛，通过视神经传达给我们的大脑，我们才产生视觉感受。蒙眼看物让我们觉得有悖常理，这一切有没有可能是作弊偷看呢？我们检查了蒙布，蒙好眼后还让孟繁抬头检查。奇怪的是，从眼角下面的确看不到有明显的缝隙。

记者：是用眼睛看的吗？

孟繁：不是。

“透视神童”2

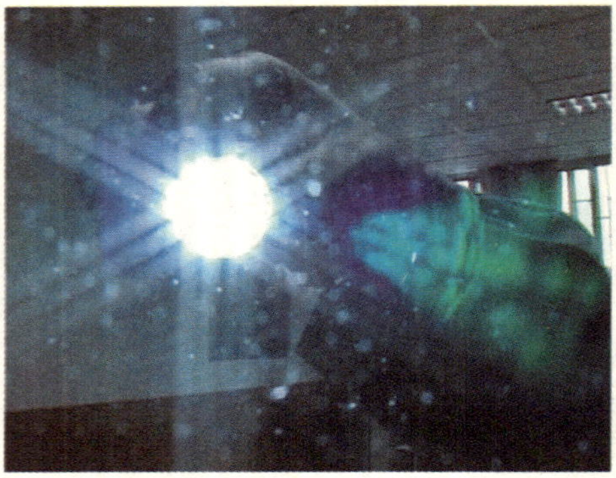

“透视神童”可以看到的强光

记者：是用哪看的？

孟繁：用脑电波。

记者：你的脑电波在哪？

孟繁：在这。（指耳朵前边）

脑电波是人的大脑在思维时产生的生物电流。这种电流非常微弱，只在神经元间传递，怎么能用它看到东西呢？在我们拍摄小学员蒙眼看物之前，培训机构的人就要求我们必须先了解有关的科学原理。因为课程的创办人——马来西亚的韩贵全老师出国讲课去了，只能由公司董事长、也就是孟繁的爸爸莫砺山简单告诉我们一些基本原理。

莫砺山（佛山市心灵视觉文化传播有限公司董事长）：其实所谓人的第三只眼，也就是我们说的盲视力教育。人本来也有这个能力，只是没有使用它，没有引导出来。

人类有第三只眼？第三只眼能被引导出来？既然通过培训能开发这一神奇的盲视力，能不能把我们记者也培训成具有盲视力的人呢？

莫砺山：我们不培养13岁以上的小孩，因为很多脑科专家、神经科专家讲到了这一点：13岁以上的小孩的松果体到了这个年龄就慢慢钙化，钙化的时候，这种脑电波发出的能力就没有了。

为证实13岁以下的孩子都能培训出这种能力，他们又增加了培训的小学员。这些小学员培训后也能蒙眼看物吗？

记者：你是用哪里看的，是眼睛吗？

伟豪：不是，是闻的。

小学员们不断给我们展示各种各样的蒙眼看物本领。我们仔细观察小学员们的动作，其中一些奇怪的现象让我们产生了怀疑。我们曾对其中一个小学员进行了一项测试，这个测试说明了什么呢？

小学员读牌时，我们紧贴孩子手拿的扑克牌，用手电打一束光到蒙眼的地方，孩子说太亮看不到牌了。大人说，光太亮了，就看不到。

人的眼睛有个独特的功能，遇到强光时，会收缩瞳孔控制进光量，这时只能看到亮度高的，看不见亮度低的。小学员在强光前看不到牌，正说明他很可能还是用眼睛看的。当我们就此提出怀疑时，培训方提出了一个有力的反证。这个反证是什么呢？

在我们之前，据说《佛山日报》的记者带着几位魔术师曾去揭秘，当时也提出了偷看的质疑，但是据说培训方当时让同来的魔术师做了一下体验，体验后魔术师也无话可说了。这个体验是怎么进行的呢？

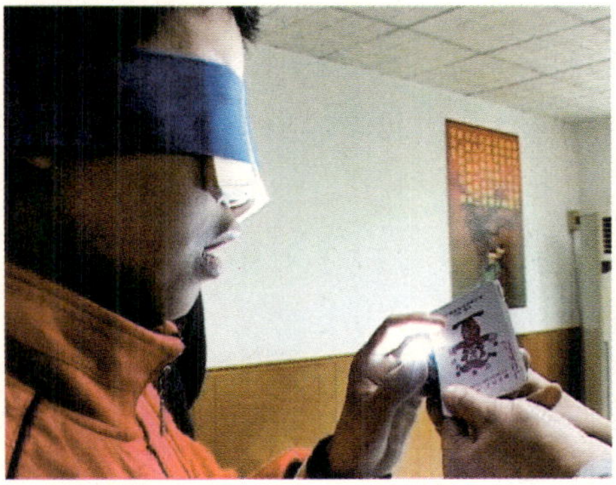

记者用手电筒测试“透视神童”

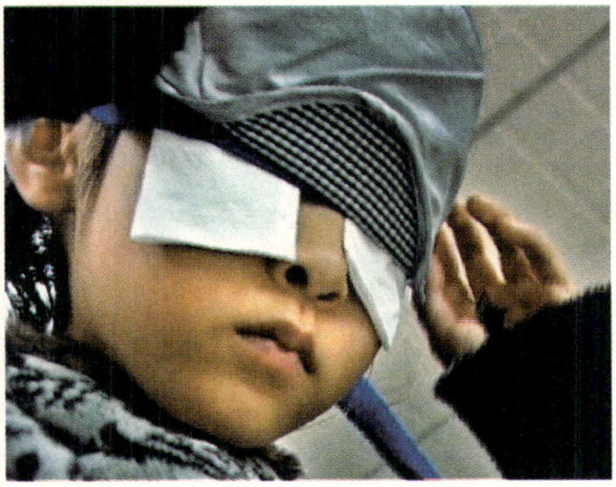

被蒙住眼睛的小孩

杨锐光（佛山市心灵视觉文化传播有限公司总经理）：我们韩老师把布绑在他眼睛上，问他能不能走，他一点都不敢动，说完全看不到。

蒙住眼睛真的一点看不见？真的连一点都不敢动了？报社请来的魔术师真的进行过这个试验吗？

沈晓峰（魔术师）：的确有这件事情，当时他走过来跟我说，“我把你蒙住了，你能看到我吗？你能追到我吗？”布绑得很紧很紧，我根本连眼睛都睁不开，什么都看不到。

绑一下试试，能不能从缝隙里看见呢？感觉确实看不见，因为根本不敢睁眼。为什么呢？一旦睁眼，紧贴眼睛的蒙布海绵接触到眼睛，我们的眼皮有保护眼睛的生理反应，平时有灰尘呀、小虫子什么的飞到眼前，我们的眼皮马上就会闭合起来，碰到海绵时也一样，马上就会闭上眼睛，眼睛闭上当然什么都看不见。既然用这样的东西蒙住眼睛，眼睛看不见，那蒙眼看物究竟是怎么看的呢？

就在人们找不到答案时，培训方又找到一个无法偷看的证据：网络上出现一段视频，一位拍客用红外摄像机拍摄，小学员在完全黑暗的环境里，依然能用脑波看到扑克牌。这一证据似乎推翻了我们之前有关偷看的所有怀疑。

如果不是偷看，小学员是怎么猜对眼前的东西的呢？培训方说，这是一种国际上新提出的科学理论，叫做盲视力。

刘春嫦（佛山市心灵视觉文化传播有限公司投资人）：盲视力意思是不需要通过眼睛来看见一个东西。

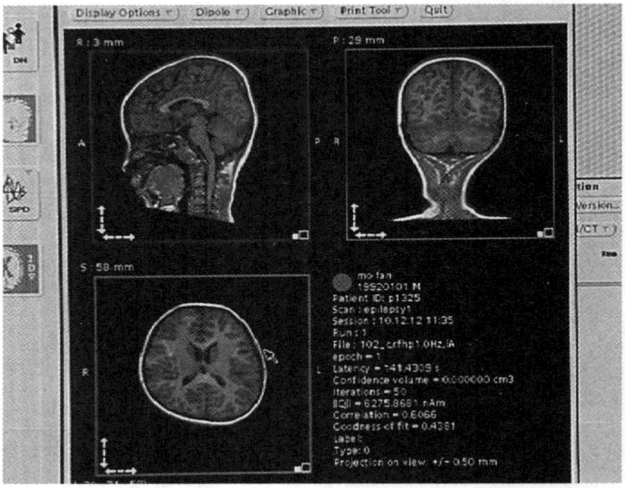

“透视神童”脑磁图检测结果

莫砺山：当间脑一旦被启动之后，它就会发生脑波，就像扫描一样，我们发传真、照相可以拿到文件、相片，但扫描也可以拿到相片。原理就在这里，因此开发了这个。

如果脑波能像扫描一样感受外界，那么物体离大脑越近，感受就应该越清楚。可事实如何呢？记者测试时，把两样东西故意从眼罩缝隙能看到的较远地方，举到靠近小学员的头顶位置，在这个过程中记者耍了个花招，迅速把其中一样放到自己身上，只把一件东西放到小学员头顶，这时候小学员的脑波却没能扫描到头顶上的东西。

为什么离大脑近的反而扫描不清楚呢？培训方用这张图明确告诉人们，这组方向明确的脑电波就是能看见东西的脑波。人类大脑内真有这样一个定向发射的脑电波吗？

黄勤（广东三九脑科医院首席专家）：脑电波没有方向，它是几百万个神经元堆在那里，杂乱无章，不可能定向发射，全世界科学家都没有发现这个现象。

专家坚决否认有这样的脑电波存在，《佛山日报》记者当初就是根据权威专家的论断，认定脑波看物根本不可能。但《盲视力培训是伪科学骗局》一文发表后，却出现了让人意想不到的怪现象。

李锋（《佛山日报》记者）：我们做完那个报道说是骗局之后，很有趣的现象就是，我们热线接到几个咨询电话，都问这个地方在哪儿，想给小孩报名。过了两天，我叫我同事去看，那里照样一切正常，刚好看到两个女士带小孩过来报名。

《走近科学》记者也看到，之后仍有家长送学生来培训。人们为什么愿意相信这个所谓的新科学？他们受了什么影响呢？我们在现场调查时，盲视力课程创办人韩贵全打来电话，对他的电话采访是不是可以让我们更了解真相呢？

韩贵全（盲视力记忆读书法课程创始办人）：你到网上看《科学美国人》今年5月号，里面有外国的专家、科学、医学家做了这样的测试，小镇的盲人可以穿过摆满障碍的地方，他们也发现这东西是存在于人类头脑里的。他们就说，我们人类除了眼睛能看到之外，头脑也是能看得到的。

头脑也能看到物体？在网络上搜索，有关盲视力研究的文章还真不少（有人称“盲视力”一词获选汉语2008年年度新词语），这真的是一种科学新发现吗？

周曙（中科院心理所脑行为研究中心学术委员会委员）：这个现象是20世纪60年代发现的，就叫盲视，是利用了残余的视觉功能。但是，这个病人仍然不能识别物体的颜色形状只能感受空间位置，感受它大致在哪个地方，准确性高于随机水平，但达不到常人水平，我们承认有这个现象。

脑科专家告诉我们，人能看到外界物体，是通过眼睛和大脑共同作用的结果，眼睛负责收集外界信息，大脑接受并处理信息后才能对外界有视觉感受。眼睛和大脑两方面中，无论哪方面出现损伤，都可能成为盲人。

黄勤：大脑枕叶受了损伤以后也看不到，皮层受损也看不到，叫皮层盲。

专家解释：所谓盲视力所研究的盲人，不是眼睛受损伤，而是大脑皮层损伤造成的盲人，他们的眼睛是好的。所以，盲视力的科学研究和蒙眼看物毫无相关之处，培训机构在这里偷换了概念。专家并且表示，现在有先进的脑磁图检测设备，完全可以检测出是不是用眼睛看到的东西。培训方会不会同意接受一次

记者亲自揭开谜底

检测呢?

杨锐光:我们很多学生的家长搞不懂你们那些仪器有没有辐射,不一定肯去。

脑磁图检测是一个什么样的仪器设备,到底会不会产生辐射?如果接受脑磁图检测,对小学员会有什么伤害吗?

冯毅刚(广东三九脑科医院医师):没有主动的发射,这是一个探测器,人的头产生的信号,它就吸收进去了。

记者:对人有伤害吗?

冯毅刚:没有。

当一切借口都被否定后,培训方终于答应带小学员来三九脑科医院检测。孟繁在测试之后,脑磁图会告诉我们什么呢?

冯毅刚:刚才给了一个视觉刺激后,脑磁图可以给定出一个枕叶的反应,这是一个正常的反应,没有别的波,也没有别的位置。

出现在大脑枕叶的反应说明了什么呢?黄勤教授告诉我们,人的视觉中枢就在枕叶。大脑不同位置的电磁反应能说明不同感官的兴奋。比较一下孟繁的脑磁图,出现反应的地方正好就是视觉中枢。

冯毅刚:就是这个枕叶的位置,兴奋点的位置,能看见这个绿点吗?有一个十字,刚才黄教授讲的这个位置就是这里。

人的大脑在活动时,会产生电磁波,脑磁图设备是将人脑出现的脑磁波收集放大、记录下来。被测试者如果是用不同感官接受了屏幕上出现的信号,脑磁反应会在大脑的不同区域出现。孟繁的脑磁波在哪个区域出现反应了呢?就出现在这个视觉中枢的地方,没有什么别的区域出现脑磁反应,这说明孟繁还是用眼睛偷看到东西的。但是有人会问了,理论上和试验结果都表明了蒙眼看物是假的,可是现实中他们到底是怎么做到偷看的呢?前边不是已经说了,魔术师被同样的道具蒙上过眼睛后看不到物体,那小学员是怎么偷看的呢?再说了,网络上红外摄像机拍的那段视频完全是在黑暗中,人睁着眼都看不到,他们怎么能偷看呢?

曾经到培训教室去揭秘未果的魔术师，后来又找到我们，他说经过跟同行反复研究，知道了蒙眼看物的秘密所在。当再次用同样的办法蒙上眼睛时，他的确看到了面前的牌。这是怎么回事呢？

绑的时候把眼睛闭紧，把空间撑开，绑完松开后，这时候你就会发现，空间就出来了。

依靠脸部肌肉变化的3个步骤：皱眉、放松肌肉睁开眼、眉骨上扬，蒙眼后再睁开眼，眉骨部分的肌肉会把蒙布往上挪移，既留出空间让眼睛能睁开，从眼角下边缝隙往外看，又能在抬头给别人看时闭上眼睛把缝隙掩盖。

在培训教室，记者用魔术师提供的技巧，把小学员的特殊能力都表演了一遍。不过这时，培训方又用另一个小学员的表现提出新的反问。这个叫伟豪的小学员在蒙眼读牌时，说只要把牌夹在手心里就能用脑波看到，他当时的确表现了这样的本领。

这能说明他不是偷看吗？我们从另一个角度的拍摄能告诉我们真相。

一切迹象都说明，偷看就是蒙眼视物的作弊手段，但还有一个谜团是需要解开的，那就是网络上那段用红外拍摄的视频。红外摄像机利用物体的不可见光，可以在完全无光的环境中拍摄，小学员在夜间拉上窗帘后的黑暗无光中，又如何能看到呢？

记者联系到网络视频的拍摄者，他说他当时特地带红外功能摄像机去揭秘的，自己也对这个现象无法解释。

记者：当时房间里是全黑的吗？

张云襄（拍客）：对，是全黑暗的。拉上窗帘后房间里没有光透进来，红外线摄影能拍到黑暗的东西。

记者请他在没有光线的宾馆卫生间里重现一下当时拍摄的情形，这时记者有了新的发现。虽然红外拍摄不需要光线，但拍客拍摄时，摄像机的显示屏是打开的。

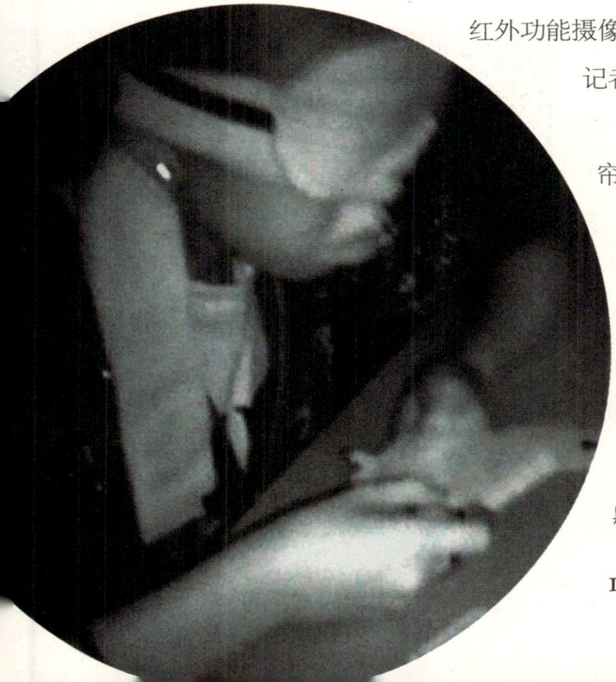

黑夜里也能“感应到”

蒙眼前先闭眼

在显示屏发出的微弱光线下，记者蒙住眼睛能不能看到呢？记者也分出了扑克的花色，说明偷看完全可能。

所有谜团都解开了，这个所谓盲视力培训就是个惯用的骗局：他们打着高科技的幌子，利用人们对国外新兴科研不够了解的特点，用骗局制造一些成功的典型，让人们容易上当愿意掏钱。不过，这时候我们还有一个心里最不愿意碰触的疑问，难道那些孩子都在说谎吗？

三九脑科医院心理科主任：在孩子成长过程当中，也就是儿童期在自我意识、判断力没有完全形成之前，在不断地暗示下，或者不断地不良教育情况下，他也会把一个事物从白的看出黑的。

孩子们是无辜的，他们并不知道怎样用脑电波去看，当他们努力从缝隙里看到时，那些教师就夸张地鼓励他们，说他们有了别人没有的能力，有了脑电波。小孩子分辨能力低，就会信以为真，这恐怕才是培训班必须招收13岁以下儿童的真正用意。

三九脑科医院心理科主任：将来有一天，孩子知道这是一场骗局时，会对孩子产生巨大的心理灾难。

为什么我们要这么兴师动众地和这些骗子周旋呢？主要是为了不能让孩子再受骗了。这些人是在打着科学的幌子骗钱，他们不仅在当地培训，还遍及四川和广东其他很多地方；不仅培训一个孩子收费4 800元钱，而且拉进来一个加盟商收费是30万。他们告诉我们，现在有很多人正在跟他们谈合作和加盟项目。如果我们不这样明明白白地揭穿他们，不知有多少孩子和家长还会受骗。希望大家擦亮双眼，社会上像这样的骗局恐怕还有不少。

（李　苏）

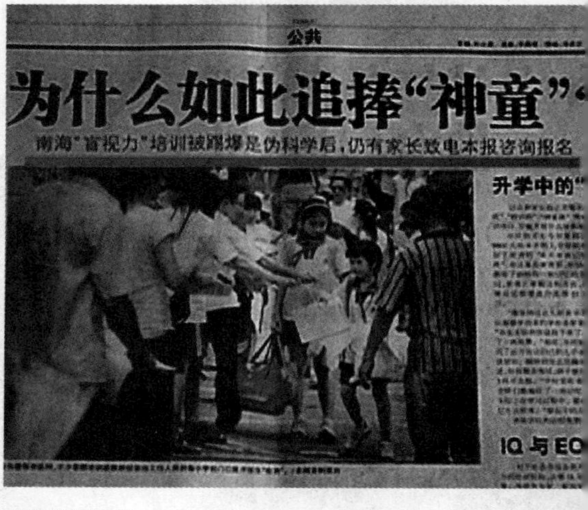
公共

为什么如此追捧"神童"

南海"盲视力"培训被踢爆是伪科学后，仍有家长致电本报咨询报名

升学中的"

IQ与EQ

揭穿报纸报道

揭秘“吸星大法”

以前武侠小说《笑傲江湖》里面任我行有一个吸星大法，但是里面的吸星大法是用特技做的，我说的是真人版的吸星大法。

这个小伙子名叫魏威，少林寺俗家弟子，自幼习武，师从少林寺第31代武僧，练就刀枪棍棒一身武艺，并自称创立当代武林绝学——魏威版的“吸星大法”。

吸星大法我们在武侠电影里看过，真人版的还真没见过。他的一个表演是利用手掌心吸起十几罐饮料。要知道，十几罐饮料加在一块有十几千克重呢，他是怎么把它吸起来的呢？相信很多读者看完后的第一反应都是，这哥们不会给自己手上抹了502胶水吧。

双手吸起1 500多千克重的汽车

2011年3月8日，河南嵩山少林寺。魏威今天将在这里挑战利用双手掌心的吸力拉动一辆汽车。在这辆车的行驶本上，我们看到它的总重量是1 550千克。此刻，魏威正在准备着，他将用几根铁丝将汽车和两个易拉罐连接起来，然后通过掌心吸住易拉罐最终拉动汽车。他能成功吗？

只见魏威半蹲在地上，两只手依次吸住两只易拉罐，深吸一口气，开始用力。

魏威一口气将这辆车拉出了近三十米，才慢慢地停了下来。

很难想象一个人竟然能用手掌心拉动这辆重达1 550千克的汽车。这里头究竟有什么玄机？魏威是天生神功，还是他的手掌生来与众不同呢？

记者：我能看看你的手吗？

魏威的手心里没有任何异物，他的手摸上去也没有任何明显的异常。那么，会不会是这两个易拉罐里有什么奥妙呢？

我们仔细地观察了这两个易拉罐，在它们的边缘上分别有两个小孔用来穿起铁丝，除此之外，它们就是两罐市面上很常见的瓶装饮料，保存完好，也没有开封过。

我们曾经在武侠小说和电影中看到过关于吸星大法的描述和演绎，那是一种很神奇的武功。掌握这门绝技的人不仅可以掌吸物体，还可以吸走他人的内力。然而，世间真的有这样的功夫吗？

李印东（北京体育大学武术学院教授）：小说中的所谓吸星大法，包括一些轻功等，确实能给读者以很好的幻想，但实际中，这些应该说是不存在的。

李印东从事武术教学及理论研究工作多年。他认为，现实生活中是没有“吸星大法”这种功夫的。那么，魏威究竟是怎么把这个易拉罐给吸起来，又把这么重的汽车给拉动的呢？

为了感受一下魏威这套“吸星大法”的奥妙，记者决定亲身体验一下其中的玄机。

记者尝试吸起铁罐

魏威：这样，把手放松。

记者：真疼。

魏威：五指绷紧，用胳膊全部绷紧，用力。

记者：不行。但你很轻松，一下就把它吸起来了。

魏威：这个就是长期训练的结果。

虽然记者几番尝试，并有魏威在旁认

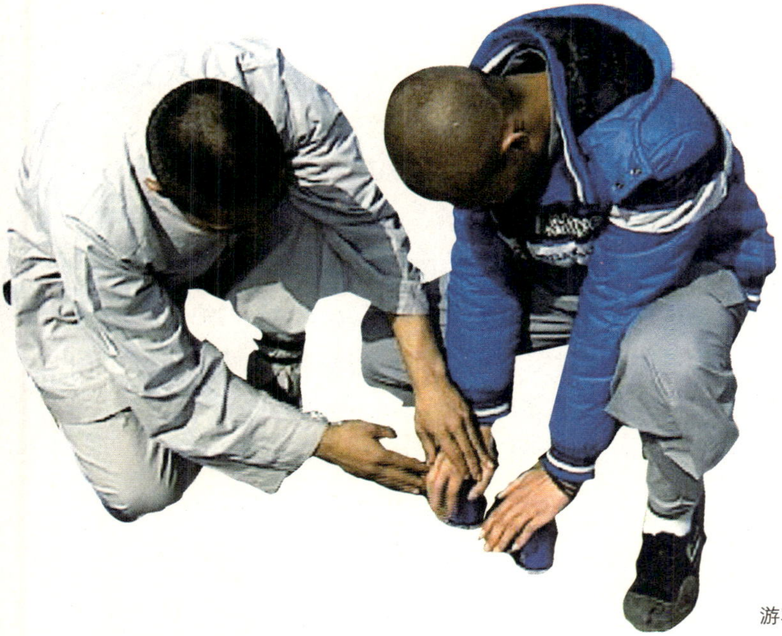

游客纷纷进行尝试

真指导，结果却是怎么也无法把易拉罐吸起来，更别说用它拉动汽车了。

记者：已经完全压了一圈，可是还是不行。

魏威：你看我的手大，刚开始直接就可以盖住了，你的盖都盖不住。

必须手掌够大，这会是成功的诀窍吗？

魏威的双手掌心吸物表演引来了不少人的围观，大家都纷纷感叹这"吸星大法"简直太不可思议了。我们从其中选择了几位手掌比较大的朋友，让他们也来试试。他们的表现又会怎么样呢？多人尝试失败……

终于有一个人成功地将易拉罐吸了起来，然而正当他准备把手抬起来去拉动车子，易拉罐却突然从他手心里松脱了。此后无论他再怎么努力，也没能再把易拉罐吸起来。

观众：感觉手挺疼的，不行不行，手都红了，吸不起来了。

记者：看看你的手，都已经压成这样了。刚才还是挺轻松的。

观众：看来咱们传统武术的功力还是很深，我们一时半会儿学不了。

看来，光有手掌大，还不一定能完成掌心吸物。

一瓶饮料的重量是360克，而这辆汽车却重达1 550千克，魏威究竟用什么方法

"吸"动它们的呢？魏威再次表演起他的"吸星大法"拉车绝技。这一次，他主动提出让记者和几位围观的群众上车以增加车身重量。

车上坐了4个人，如果按人均体重60千克计算，4个人的体重加全车重量接近1 800千克。这一次，魏威还能顺利地用双手掌心拉动这辆车吗？

少林小子掌吸汽车，其中到底藏着什么玄机？挑战逐渐升级，他能否再创奇迹？

魏威靠掌心的吸力拉动小汽车，这是挺绝的。但是专家说了，没有这样的绝世武功存在，那么这中间到底是什么诀窍呢？ 17世纪，德国人格里克在马德堡做了一个实验，他将密合在一起的两个半球中的空气抽走，形成真空，然后用8匹马分成两个马队，向着相反的方向拉这两个半球，奇怪的现象发生了。8匹马累得气喘吁吁，但两个半球仍是原封不动。直到最后增加到16匹马一起拉，这两个半球才分开成原来的两半。这就是著名的马德堡半球实验，这实验证明了大气压强的存在。魏威所谓的"吸星大法"也就是运用了这个原理。

在这我们也可以做一个演示。手头是两个生活中很常见的吸盘挂钩，把它们相对着一挤压，挤出里头的空气。这时候两个吸盘之间是吸得非常紧的，如果要试图把它们俩拉开，几乎已经是不可能的了。

让我们仔细观察一下魏威的动作，他首先把手盖住易拉罐的瓶口，手掌心用力挤压，将瓶口与掌心间的空气挤压出来，再逐渐将掌心上抬，形成一个类似真空的空隙，这样就能把易拉罐吸起来了。

并且魏威的"吸星大法"每次施展都是借助这样的易拉罐来实现。

李印东：这个器皿一定是圆形的口，而且口上面一定是非常平整的一个底，这个口要有一定的深度，就像吸盘一样，它必须往里凹进去才能做出来。

掌心吸物实际上必须做到手掌心与被吸物体之间的完全闭合，不然就会形成漏气而造成失败。然而在最初很长一段时间里，魏威都找不到一种合适的器具。他把家里能找到的圆形瓶口、带有凹槽的东西都翻了出来，杯子、碗碟、罐头瓶等，结果却都失败了。

在经过很多次失败之后，魏威才最终找到了这种易拉罐。

然而，这项练习的难度超出了他的想象。

魏威：刚开始就跟平常人一样，平时一个杯子一吸，吸个几秒钟掉了，就想着怎么样能让它不掉。自己就这样长期琢磨。每天走道，两个手都吸着碗走，走在大街上，别人还说这哥们怎么拿的。

经过长久的练习，易拉罐终于能够稳稳当当地吸在魏威的掌心里了。

魏威：一个易拉罐在我手上放着，吸20分钟不掉没问题。

然而此时，魏威面对的是1 550千克的汽车及4个成年人的体重，总重量在1 800千克左右，他能成功地拉动这1 800千克的物体吗？

随着魏威开始发力，车慢慢开始动了起来。然而，就在此时，意外发生了。

易拉罐突然从他掌心里脱落了。是此时小汽车的重量已经超过了掌心所受压强的极限了吗？还是哪里出了问题？

李印东：手在用力的时候，很可能产生抖动，它就会漏气。漏气是表演失败很重要的一个原因，这是其一。第二个，他有可能一开始排气没有完全排空，压强不足以托起物体，也会掉下来。

休息片刻之后，魏威决定再次挑战1 800千克的小汽车。开始表演前，记者发现魏威往自己的手上涂抹了一点什么。

记者：你擦的是什么？

魏威：就是咱们平时喝的矿泉水。

魏威为什么要在这时候往手上擦少量的水呢？这些水又会起到什么样的作用呢？

挑战1 800多千克第一次失败，做准备再次挑战

李印东：玻璃上，包括一个碟子在内，如果底下沾一圈水，有时候会沾得很紧，盘子不容易拔出来，所以水在这儿起的是密闭的作用。

手掌与易拉罐瓶口接触的时候，因为掌纹等原因会留下细小的缝隙，这时候，少量的水分能形成一个水膜，充分地填充这个缝隙。

挑战再次开始。已经经过两次挑战的魏威，体力消耗已经很大了，这一次，他能成功吗？

李印东：拉车的过程，启动是最难的，一旦车动了起来以后，轻轻给它力量，汽车

1 800多千克再次挑战成功

再次挑战1 800多千克

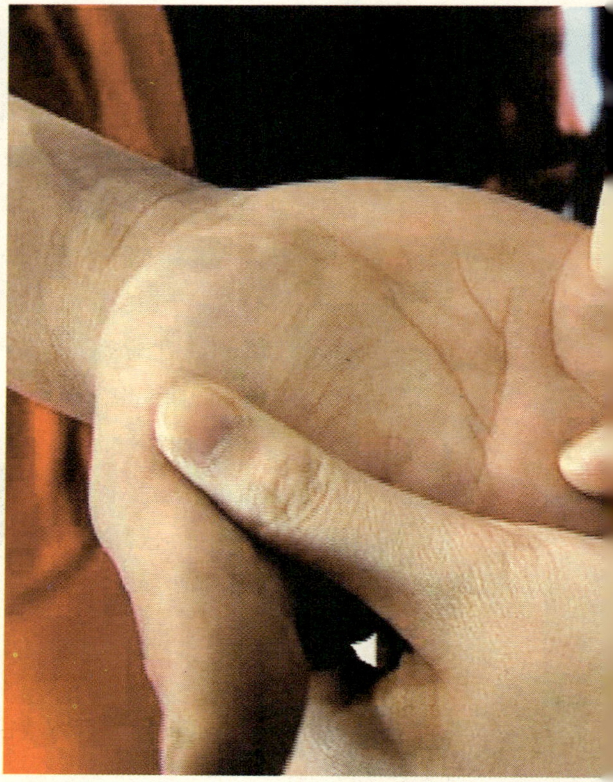

手掌柔软可以比较容易地挤出空气

就能转动，因为汽车的摩擦力并不是太大。

魏威开始发力，车动起来了。他成功地拉动了重达1 800千克的汽车。

看到魏威拉车很神奇，但实际上细想想，它其实也不是不可能完成的。咱们生活中会有这样的体会，去推动一个200千克柜子的时候，并不会特别费劲，特别是当它下头还有轮子的时候，比举起200千克重物容易得多了。但是，我们也想知道魏威掌心的吸力能够有多大。

到目前为止，我们知道了这里头的原理，就是把空气挤出来，形成一个真空，利用大气压强的原理。那是不是我们每个人也都能练成这样的功夫呢？我们决定找一帮真正的武林高手来试试。

这里是北京体育大学武术学院。

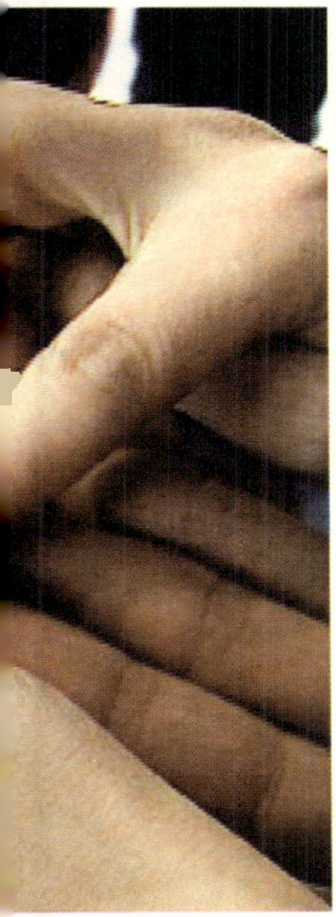

魏威今天将在这里表演他自称的"吸星大法"，然而，今天的观众却与平日有些不同，他们全都是北京体育大学武术学院的正经科班生。这里可以说是卧虎藏龙，这些看似年轻俊美的少男少女们，个个都是身怀绝技，可以说都是练家子。因此，魏威今天不敢马虎，准备拿出自己的看家本领。当这位少林小子遇到武林科班生的时候，又会有什么样的惊人之举呢？

这是一块特制的铁块，它的重量是12千克。12千克的重量，普通人单手将它举起已经有些吃力，而魏威准备用单手掌心将它吸起来，他能成功吗？

李印东：吸一个类似于啤酒、可口可乐这样的易拉罐，应该说是没问题，但稍微加点儿重量就很难。魏威能够吸的接近12千克的力量，这个应该说还是需要下一定的功夫。

同学们纷纷上前尝试用掌心吸起铁块，然而，这些练武术的同学都是第一次接触掌心吸物，几次感觉掌心已经吸住铁块了，但一用力，铁块就又立即松脱了。

看来，虽然大家都知道要利用大气压强的原理，然而，真正做到却仍然不容易。

我们再次仔细观察魏威的手掌，因为多年习武，他的手掌比一般人要厚实，另外由于经常挤压练习，他的手掌比一般人要柔软，可以很容易地挤出掌心与瓶口间的空气。

此时，一直在旁观看的李教授也终于忍不住上前，要亲自体验一下。李教授挑战的是7千克的铁块。

刚开始，李教授对于这个新功夫还明显有些不太适应，然而，不一会儿，李教授竟然成功地吸起了这块7千克重的铁块。

李印东：我做的时候是用技巧，就是用大拇指掌根比较圆的地方，把里边的空气挤压干净，通过移动到中间来完成的。

这种方法虽然与魏威的手法不太一样，但都能有效地挤压掉掌心与瓶口间的空气，巧妙地运用大气压强来实现掌心吸物。

接下来，魏威决定再露一手，他要表演他的压轴好戏吸桌子。

这是一张经过改装的桌子，两个易拉罐通过几个孔被固定在桌子上。它的总重量达到了15千克。一会，魏威将要用双手把它吸起来，在空中360度地旋转。这将是一个非常困难的表演。

魏威：当桌子甩起来，360度旋转的时候，往外甩的力量很大，等于说又加了一倍的力量。当时，胳膊上的臂力和手上的力量一定要控制好，稍微有那么一点控制不好，桌子就会掉下来。

桌子旋转很容易让手掌心与瓶口间出现空隙，因此，这其实是一个风险很高的表演。

15千克相当于一个6岁儿童的正常体重。然而，魏威却可以把这样重量的桌子吸起来在空中360度旋转。那么，魏威依靠手掌心与瓶口间的压强作用，所能吸起的物体重量的极限又是多少呢？我们决定来做一个测试。

桌子本身的重量是15千克，我们给它加上两块1.5千克重的杠铃片，此时桌子的总重量已经达到了18千克。魏威很轻松地就把它吸起来了。

接下来我们再次增加重量。现在桌子的总重量已经达到24千克。

魏威表示还可以增加重量。我们在桌子上加上4块1.5千克的杠铃片和一块5千克的铁块，此时桌子的总重量是26千克。

也许是受到现场热烈气氛的鼓舞，魏威决定挑战自己的极限。29千克也成功了。

实际上，魏威掌心吸物最多能吸起的物体的重量是有极限的，他不能超过易拉罐表面积所能承受的压强。通过计算可以得出不超过70千克。70千克，这两个易拉罐的表面积所承受的大气压所能拉动的最重物体。虽然我们说“吸星大法”本身是不存在的，但是武侠小说中所描绘的那种神奇景象是很让人憧憬的。魏威自称的这套“吸星大法”表演确实很吸引人，但其实只是巧妙地利用了大气压强原理，再加上他的特别努力练习，付出了比常人多得多的辛勤和汗水，才换来了精彩的表演，赢得了那一份热烈的掌声。所以我们说，很多神奇表演的背后，其实是蕴藏着很多科学道理的，运用好了，就会给我们的生活带来很多的乐趣。

（李　璇）